铸"基"未来
新型基础设施赋能新发展

Building a Foundation for the Future
New Infrastructure Enabling New Development

潘教峰 等◎著

科学出版社
北京

内 容 简 介

本书从科学技术史的角度梳理人类在农业、工业、信息社会时代下的基础设施发展历程，并基于社会跃升的思路分析未来知识社会的主要特征和基础设施的主要形态，以及新型基础设施与未来知识文明体系构建的重要关系。具体归纳新型基础设施的内涵和外延，总结新型基础设施建设的国际经验，立足我国社会经济发展的基本国情，结合我国社会主义现代化强国建设的中长期目标，系统提出我国现代智能制造和先进材料、农业和生物产业、能源资源和交通物流、科技、教育文化旅游体育卫生、生态环境、国家总体安全等十大体系的新型基础设施战略布局以及政策保障，为我国新型基础设施建设提供理论参考和实践经验支撑。

本书可为宏观决策部门、科研院所以及对新型基础设施建设感兴趣的广大读者提供决策支持和参考。

图书在版编目(CIP)数据

铸"基"未来：新型基础设施赋能新发展 / 潘教峰等著. —北京：科学出版社，2021.11

ISBN 978-7-03-069107-1

Ⅰ.①铸⋯ Ⅱ.①潘⋯ Ⅲ.①信息经济–基础设施建设–研究–中国 Ⅳ.①F492.3

中国版本图书馆 CIP 数据核字（2021）第 109088 号

责任编辑：杨逢渤 / 责任校对：樊雅琼
责任印制：肖 兴 / 封面设计：无极书装

科学出版社 出版
北京东黄城根北街 16 号
邮政编码：100717
http://www.sciencep.com

北京九天鸿程印刷有限责任公司 印刷
科学出版社发行 各地新华书店经销

*

2021 年 11 月第 一 版 开本：787×1092 1/16
2021 年 11 月第一次印刷 印张：24
字数：500 000
定价：268.00 元
（如有印装质量问题，我社负责调换）

《铸"基"未来：新型基础设施赋能新发展》研究组

组　　长　潘教峰

副 组 长　王晓明

主要成员　刘益东　万劲波　余　江

　　　　　杨国梁　温　珂　李　宏

　　　　　刘昌新　王海霞　王海名

序一　新型基础设施是现代化建设的战略支撑

新型基础设施建设（简称新基建）是以信息网络为基础，以技术创新为驱动，面向高质量发展需要，提供数字转型、智能升级、融合创新等服务的基础设施体系。根据国家有关部门界定，目前新型基础设施主要包括3个方面：一是基于新一代信息技术演化生成的信息基础设施，如以5G、物联网、工业互联网、卫星互联网为代表的通信网络基础设施，以人工智能（artificial intelligence，AI）、云计算、区块链等为代表的新技术基础设施，以数据中心、智能计算中心为代表的算力基础设施等；二是深度应用互联网、大数据、人工智能等技术，支撑传统基础设施转型升级，进而形成的融合基础设施，如智能交通基础设施、智慧能源基础设施等；三是支撑科学研究、技术开发、产品研制等具有公益属性的创新基础设施，如重大科技基础设施、科教基础设施、产业技术创新基础设施等。

当前，新一轮科技革命和产业变革迅猛发展，网络互联的移动化、泛在化，信息处理的高速化、智能化，促进创新链、产业链"代际"跃升；移动互联技术向物联网快速拓展，计算技术向高性能、量子计算发展，促使人类生产生活方式全面数字化，为新型基础设施提供了广阔的市场应用场景。在应对新型冠状病毒肺炎（简称新冠肺炎）疫情冲击中，以新型基础设施为支撑的新技术、新产业、新业态、新模式异军突起，展现出强大韧性和发展活力，新型基础设施建设刚刚开启就显现出强大力量。疫情常态化阶段，全球将迎来新一轮数字化发展高潮，对新型基础设施的需求将迅猛增长，并将呈现出一系列新的特征。

一是数字赋能。以5G、物联网、工业互联网、人工智能、云计算、区块链等为代表的新型基础设施，推动数字经济迅猛发展。数据日益成为经济发展的核心生产要素，产业结构升级将更多表现为数据作为核心要素投入，对传统产业的改造和新兴产业的发展程度，度量指标将更多体现为数据要素投入而带来的边际效率改善和全要素生产率的提高。数据规模、数据加工和数据治理能力，正在成为国际科技竞争的制高点。新型基础设施从根本上说就是服务数字经济的基础设施，其通过强大的数据采集、传输、存储与加工功能，增强数据作为核心生产要素的功能，对数字经济发展形成强大支撑。

二是需求牵引。5G、数据中心等新型基础设施离不开强大的市场需求牵引，工业互联网、自动驾驶、远程医疗、线上教育等多样化应用场景，形成广泛的产业化应用，推动新技术、新产业、新业态、新模式蓬勃发展。新型基础设施既要适度超前，更要与终端需求有效衔接，否则就会造成资源闲置或浪费。如果没有市场需求，再宏大的新型基础设施，再庞大的投资，都将是无源之水、无本之木。新型基础设施建设还要吸纳市场主体广泛深度参与，包括通过公共私营合作制（public-private partnership，PPP）模式推动政府和社会资本合作。这样做，一方面有利于新型基础设施与终端需求有效对接，另一方面也有利于新型基础设施跟上国际技术发展潮流，提升国际竞争力。

三是创新驱动。新型基础设施是数字技术革命的产物，并将加快数字技术与经济社会发展深度融合，推动计算、存储等技术突破，促进算法、模型等原始创新，进一步拓展生产可能性边界。我国已进入工业化中后期阶段，服务业比例逐步提高是发展趋势，而服务业资本有机构成较低，带来全要素生产率增长放缓，经济增长呈现结构性减速。新型基础设施能够推动服务业效率变革，大幅提升服务业效率，有效突破产业结构服务化带来的结构性减速，为经济发展拓展新空间、提供新动力，为现代化建设提供新的战略支撑。

四是普惠共享。新型基础设施为提升欠发达地区数字化能力，收窄地区间"数字鸿沟"、避免"马太效应"创造条件，并将推动发达地区和欠发达地区、中心城市与腹地深化合作，促进区域协调发展。新型基础设施将丰富数字服务方式、渠道、种类和内容，促进数字经济成果在不同知识、技能、年龄等人群间普惠共享，使人民群众享受更加美好的数字生活。新型基础设施还将构建起大中小企业融合发展的产业生态，促进不同规模企业分工协作和共同发展。

五是多方协同。新型基础设施依托电子商务、产业互联网等平台以及大数据资源，精准对接市场需求，促进全渠道、全链路供需精准对接，推动社会生产方式由规模化、标准化、批量化向定制化、个性化、分散化转变，加快产业发展的革命性变革。以产业互联网平台为信息枢纽，大中小不同规模企业以及产业链不同环节企业在技术、资金、人才、物流等方面的协同能力将全面提升。以信息流引领技术流、人才流和资金流，使得供需更对接、产业链更协同、资源配置更优化，社会治理水平和人民生活便捷度将大幅提升。

六是开放合作。新型基础设施畅通数据流通，促进数据开放共享，为经济社会各领域开放合作创造条件。加快在数据交换、数据接口、开放模式、数据安全、数据归属等方面统一标准和规范，打通产业链上下游企业数据通道，促进企业研发设计、生产加工、经营管理、销售服务等业务全面数字化，并通过与金融、物流、交易市场等生产性服务业的跨界融合，拓展企业开放合作空间和深度。各地方将大数据、云计算、人工智能等技术引入城市和社区管理，拓展城市居民参与社会治理的空间，提高社会治理现代化水平。

七是安全可靠。新型基础设施有利于建立统一的数据安全标准，建立涵盖信息网络、平台、应用和数据等全环节全链条全生命周期的安全保障体系，更加注重数据安全，更加注重保护个人信息，更加注重维护用户数字权利，有效实施最小范围采集、有限目的使用、有效时长存储等个人信息开发利用原则，有效遏制数据滥采滥用，严格规范个人信息采集存储与开发利用、企业数据流通共享、数据跨境流动等，有效保障个人隐私安全、企业数据权益和国家安全。

八是智治善治。新型基础设施有利于提升政府履行职能的信息技术支撑，推动政务信息资源整合共享，打破政府部门信息孤岛，提高政务服务效率和政府服务水平，构建与数字化发展相适应的政府治理能力。通过提升事前、事中、事后全生命周期的大数据综合决策等能力，促进政府治理精准化精细化。政务数据资源将更加开放，交通、旅游、医疗、卫生、教育、文化等重点领域数据资源开发利用将更加广泛和深入，智能化、专业化水平将大幅提升，有效支撑社会治理和智慧社会建设。

《铸"基"未来：新型基础设施赋能新发展》从战略性、基础性和长期性视角，对新型基础设施建设与发展进行全方位透视；以基础设施的历史脉络为切入点，认为基础设施的升级换代支撑着人类社会发展的平台呈阶梯型攀升，新型基础设施是推动人类社会从信息文明走向知识文明的关键支撑。知识文明的核心是创新，新型基础设施发展的核心问题也是科技创新，而这也是新型基础设施区别于传统基础设施最重要的特征。该书强调新型基础设施是服务国民经济的体系化基础设施，并从智能制造和先进材料、现代农业和生物产业、现代能源资源与交通物流、现代生态环境、现代教育文化等各领域详细分析了新型基础设施的重点应用方向，具有很强的应用参考价值。该书结构完整，内容丰富，值得参阅。

全国政协经济委员会委员、国务院发展研究中心原副主任、
中国国际经济交流中心副理事长

2021 年 7 月

序二　新型基础设施支撑引领新发展

2018年中央经济工作会议在安排2019年工作任务时指出，"加快5G商用步伐，加强人工智能、工业互联网、物联网等新型基础设施建设"，"新型基础设施建设"第一次出现在中央工作会议的新闻公报上。从此以后，该词频频出现，成为颇受人们关注的热词。

中国科学院科技战略咨询研究院潘教峰院长2020年初组织新型基础设施建设研究小组，牵头完成了书稿《铸"基"未来：新型基础设施赋能新发展》。潘教峰院长曾任中国科学院副秘书长、规划战略局（现称发展规划局）局长等职，2009年我参与了他组织的"中国至2050年重要领域科技发展路线图"项目研究。作为中国科学院科技战略咨询研究院科技智库特聘研究员，我在做战略咨询工作时与他有很多交流。他领导的科技战略咨询研究院是中国科学院率先建成国家高水平科技智库的综合集成平台，凝聚了国内外一批高水平的战略研究人才，这本新著是中国科学院作为国家高水平科技智库的重要成果之一。

《铸"基"未来：新型基础设施赋能新发展》一书高瞻远瞩、视野宽阔，既从人类文明"代际"跃升的角度纵观历史，强调人类正开始进入知识文明时代，需要新型基础设施的支持，又横向比较世界有代表性的国家和地区基础设施建设的经验启示，全面阐述涉及经济、民生和科技发展的十大新型基础设施体系，内容丰富，颇有见地，值得一读。

该书指出，人类处在文明发展进步的又一个重大转折时期，知识资源正在超越土地、水、植物、矿产、能源等自然资源，日益成为社会生产力发展的关键要素和首要资源。在知识文明中，人机融合成为核心，人类理性与机器理性相互补充，逐步实现社会理性的飞跃。两种智能和两种理性的结合是构建知识文明的基础，也是知识文明的特征。随着数字技术的完善，将产生一个与物理世界平行的数字世界。这个数字世界，不仅记录社会生产、消费的运行，还将优化和指导人类的生产、消费以及决策行为。新型基础设施一方面是构建数字世界的基础，另一方面是连接物理世界和数字世界的纽带，为实现两个世界的流动与循环提供保障。当新型基础设施构建完毕，知识文明也将真正到来。

新型基础设施是一个新生事物，人们对新型基础设施内涵的认识还在不断加深。2009年，中国科学院撰写的"创新2050：科技革命与中国的未来"系列报告，描绘了我国面向2050年实现现代化的图景和科技发展路线图，提出了"以科技创新为支撑的八大经济社会基础和战略体系"整体构想；加上支撑科技创新和制度创新的两大基础体系，该书提出了较完整的十大新型基础设施体系，涵盖信息、制造、材料、农业、生物、能源、物流、生态、环境、健康、科技、制度和治理等各个领域，既包括基于新一代信息技术演化生成的信息基础设施，如以5G、物联网、工业互联网、卫星互联网等为代表的通信网络基础设施，以人工智能、云计算、区块链等为代表的新技术基础设施，以数据中心、智能计算中心等为代表的算力基础设施等；又包括支撑传统基础设施转型升级的融合基础设施，如智能交通基础设施、智慧能源基础设施等；还包括支撑科学研究、技术开发、产品研制的具有公益属性的创新基础设施，如重大科技基础设施、科教基础设施、产业技术创新基础设施等，提供了新型基础设施体系的全景图。伴随着科技革命、产业变革和经济社会数字化转型进程深入推进，新型基础设施的内涵和外延也在不断升级和演变，需要持续跟踪研究。

该书不仅阐述了完整的基础设施体系，而且提出了我国新型基础设施的建设思路，即以数字化科技创新和智能化数字基础设施为双核，以现代能源资源和交通物流、智能制造和先进材料、现代农业和生物产业基础设施为经济基础设施主体，以现代教育文化旅游体育卫生基础设施为社会基础设施主体，以生态环境基础设施为环境基础设施主体，以国家总体安全和国家治理现代化基础设施为保障，与传统基础设施融合成现代化基础设施体系。我国新型基础设施应基于经济社会发展的大逻辑、大格局、大趋势，深化细化路线图设计，系统布局新型基础设施建设中长期规划和"十四五"规划，优化区域、行业布局，做好时、空、量、构、序统筹安排，不宜仅局限于当前热点领域，而忽视其他基础性、战略性领域，切忌走大水漫灌、盲目刺激的老路，更不能脱离国情、盲目建设。

借为该书写序的机会，我对新型基础设施也发表几点不很成熟的看法，供各位读者参考：

一谈到基础设施，人们首先想到的是看得见摸得着的硬件实物，从过去的"铁公机"到今天5G基站和超级计算机，都把钱花在建筑和设备等上面。近几年网上讨论软基础设施的文章已不少，涉及金融政策、税收制度、治理环境等方面。该书论述的十大新型基础设施体系中也包括教育文化旅游体育卫生、政策导向与治理体系等软基础设施。新冠肺炎疫情暴发之后许多人认为，中国经济新一轮发力的关键在发展医疗、公共卫生、教育、养老院等软基础设施，构建人文平台、民生平台和制度平台。我在这里强调的是狭义的软基础设施，即各种新型基础设施中的软件平台，包括关键产业所需的各种工具库、算法库、软件库建设，努力打造产业高质量发展所需要的完整工具链，大大降低开发人员的技术门槛。通过软基础设施建设的完善释放人才红利，可能是解决我国集成电路、人工智能等行业人才瓶颈的有效途径。

工业时代基础设施的核心是电力，信息时代智能化阶段基础设施的核心是算力，数据存储和通信的贡献最终也要通过计算能力体现出来。在看得见的未来，知识和智能都是计算机算出来的。20世纪初美国大力开展电力基础设施建设，并率先进入了电气时代，取代欧洲，成为世界中心。现在信息社会已进入智能化新阶段，所需要的基础设施主要不是解决联通问题，而是对物理世界和人类社会的理解，因此计算能力和大数据成为新基础设施的关键，可称为第三代信息基础设施。到了数字经济时代，"算力指数"可能会成为比"电力指数"更重要的经济指标。麦肯锡全球研究所（简称麦肯锡）的调研发现，传统制造业在算力上每投入1美元，可带来10美元的产出。算力的提升将为各行各业带来质的飞跃，筑起数字经济的新底座。新型基础设施最重要的特征是用比特引导原子，通过数据和知识的引导，带来更多的数字红利。因此，我们最应该关注的不是建了多大规模的计算中心或数据中心，而是借助算力获得了多少过去得不到的效益。传统的基础设施的使用寿命可延续几十年，但一台计算机的有效寿命一般只有5年，因此在短短的5年内，一定要让算力在设计、生产和消费环节中发挥作用，构建真正对经济和社会起到发动机作用的智能化基础设施。

基础设施的属性更多地表现为准公共物品的特征，即兼有公共物品和商品双重特征，这一特征在数字经济时代尤为明显。数字经济体具有平台化、数据化和普惠化的特点。商业化的互联网平台创造了全新的商业环境，各种类型的企业通过接入平台可获得直接服务消费者的机会，形成了"政府管平台，平台管企业"的平台经济新模式，商业化平台也就成了数字经济中自然形成的基础设施。2019全球市值前10名的企业中有7家是数字化平台公司（亚马逊、微软、苹果、谷歌、脸书、阿里巴巴、腾讯）。从充分发挥数字化平台的经济效益出发，我们不能不分青红皂白地一味反对扩大商业平台。但是，巨大的商业化平台可能形成垄断，欧盟已对谷歌的垄断行为提出了3项指控，要求罚款27亿美元。世界上不存在不受任何管制、完全市场化的基础设施。引导平台公司合规经营，遏制商用互联网平台可能的垄断行为，是保证数字基础设施健康运行的必要条件。由于数字化平台的特殊性，反垄断执法要专业化、精细化，强调经济分析，理性地测量平台算法的正负外部性。在新型基础设施的建设中，要发挥政府投资的"杠杆作用"，平衡政府投资和民间投资在新型基础设施建设领域的比例和结构，防止"大树底下不长草"。要防止个人信息环境与单一厂商的终端与网络服务绑定，真正实现"信息围着人转"。

基础设施建设既涉及当前的投资和就业，又惠及长远，需要瞻前顾后，环顾左右，统筹布局。我国基础设施的增量十分可观，基础设施投资额已超过北美和西欧国家的总和，但目前我国人均基础设施存量仅相当于西方发达国家的20%~30%。工业时代的基础设施我们还有欠账，最近引起国人高度关注的集成电路制造能力不足的问题实际上是第二代的信息基础设施不到位。因此，我们在重视第三代信息基础设施建设，即该书讲的"新瓶新酒"的同时，还要兼顾"新瓶旧酒"和"旧瓶新酒"。根据中泰证券对PPP项目投向的统计，2019年我国狭义新型基础设施的体量只有880亿元左右，仅占基础设施总投入的0.5%，狭义新型基础设施仅能拉动国内生产总值（gross domestic product，GDP）0.1个百分点，而交通、市政建设为代表的传统基础设施项目投资额占比在70%以上。基础设施建设要算经济账，把握好投资的规模和时机。盲目投资就会出现最近曝光的芯片加工企业一样的"烂尾"工程，但目光短浅、不敢投资就会失去产业转型的机遇。当前我国的新型基础设施建设不是过头了，而是缺乏系统性的战略规划，各部门、各地区的政策设计缺乏统一协调，监管机制不完善。新型基础设施投资是面向全局和长远发展的基础性、战略性、先导性、引领性投资，必须有系统性的战略眼光，才能为带动传统基础设施体系转型和升级提供强大的"以新带旧"的驱动力。由于新冠肺炎疫情的影响，目前是全球经济萧条期，经济下行期资本最便宜，投资最有效，应充分利用这一投资机遇期，加大新型基础设施建设的力度，通过基础设施把碎片化的市场连成一个整体，努力创造"新市场"和就业机会。

中国工程院院士、中国科学院计算技术研究所研究员

2021年7月

前　言

以5G、人工智能、量子计算等技术为代表的新技术革命在全球掀起了新一轮的创新浪潮，第四次工业革命已然来临。随着我国经济从高速增长阶段迈向高质量发展阶段，原有基础设施体系的不适应性问题逐渐凸显，立足新发展阶段、贯彻新发展理念、构建新发展格局，推进高质量发展，实施数字中国国家战略，基础设施体系也必然要进行战略性升级，因此，我们看到新型基础设施建设在"十四五"时期正式进入国家战略规划体系。中国科学院科技战略咨询研究院作为中国科学院开展国家高端智库建设试点的综合集成平台，长期研究国家科技发展战略和科技促进发展问题，较早提出了发展新型基础设施的建议，并启动了关于新型基础设施建设的探索性研究，提出了构建知识文明和社会跃迁的十大新型基础设施体系的政策建议。新型基础设施建设具有基础性、长期性、战略性等特征，并且涉及国民经济诸多方面，新型基础设施建设将对未来经济社会产生深远影响，有很多问题亟待深入持续研究。本书就是在此背景下产生的一项基础性研究工作。从历史上看，每一代基础设施的建设从兴起到基本形成体系往往历经百年，因此，2018年在参加中央有关部门决策咨询座谈会时建议我国应建设新型基础设施后，我感到有必要就新型基础设施建设这样一个利长远、打基础的重大战略问题开展建设理论和路径研究，为我国抓住面向知识经济时代的新一代基础设施建设的历史机遇发挥智库建言献策的作用。

本书由我牵头成立了《铸"基"未来：新型基础设施赋能新发展》研究组，负责整体框架和技术路线设计、研究工作统筹推进和新思路新观点凝练研讨，以集中研讨、分工协作相结合的形式开展课题研究和书稿撰写。研究队伍主要由中国科学院科技战略咨询研究院的科技政策、科技战略、系统分析与管理以及可持续发展等不同部门的研究人员组成，王晓明研究员负责具体组织工作并重点研究知识文明与新型基础设施、现代智能制造和先进材料基础设施，刘昌新创新副研究员协助开展组织工作并重点研究现代生态环境基础设施、新型基础设施建设政策体系，万劲波研究员重点研究新型基础设施的内涵和特征、中国新型基础设施的建设思路，余江研究员重点研究新型基础设施的国际经验，王海霞副研究员重点研究中国新型基础设施的建设思路、现代农业和生物产业基础设施，王海名副研究员重点研究数字化基础设施，杨国梁研究员重点研究现代能源资源和交通物流基础设施，李宏创新研究员重点研究现代科技基础设施，温珂研究员重点研究国家总体安全基础设施，并邀请中国科学院自然科学史研究所的刘益东研究员重点研究基础设施发展历史、现代教育文化旅游体育卫生基础设施。本书的撰写过程也是一个学术研究和深入讨论的历程。从 2020 年 2 月 21 日开始，每周组织一次研讨会，研究组累计开展了 19 次集中研讨。重点从新型基础设施的内涵、国际经验、重点领域布局及政策保障等方面深入研究，研究期间发表了诸如《如何实现新基建的代际飞跃》《构建现代化强国的十大新型基础设施》等系列研究成果，产生了广泛的社会影响。本书的撰写过程还遵循了智库研究 DIIS 方法，注重对实际情况的调研分析，注重通过专家研讨方式进行综合研判，同时面向国家战略规划需求，积极参与国家决策咨询工作，把学术研究、决策咨询、影响社会三者统一起来，通过持续努力，发挥智库研究的优势，为国家更好地推进新型基础设施建设提供决策支持和参考。

本书的特色是长周期视角以及理论和实际相结合。首先，"代际"跃升的思想贯穿全书。从历次工业革命的演变规律看，新科技革命下的代表性技术与典型基础设施之间具有内在一致性演变规律，是系统性的"代际"跃升。新型基础设施是支撑未来经济社会发展的软硬件基础设施网络，可为实现"新发展理念"提供持久性地公共服务支撑。本书力图从历史规律、未来知识社会的愿景出发，以长周期视角看待基础设施的建设和发展过程，分析基础设施的内涵演进与体系构建，并以此揭示新型基础设施的历史使命和发展定位。其次，新型基础设施是公共基础设施，必须紧密结合国民经济和社会发展实际。本书基于中国科学院撰写的"创新 2050：科技革命与中国的未来"系列报告之总报告《科技革命与中国的现代化——关于中国面向 2050 年科技发展战略的思考》中提出的"以科技创新为支撑的八大经济社会基础和战略体系"，以及支撑科技创新和制度创新的两大基础体系，探讨了面向 2050 年现代化强国的十大新型基础设施体系构成与结构，并立足当前，提出推进新型基础设施建设的战略布局、政策保障和安全治理等方面的建议。需要说明的是，由于空天海洋领域的基础设施等研究尚待深入研究，本书不做讨论。

在本书的研究与撰写过程中，研究团队还深入参与了国家相关部委的新型基础设施建设"十四五"规划研究，支持了国家的战略规划和决策。总体而言，希望本书的相关内容对政府和机构开展新型基础设施"十四五"时期的建设及更长远规划具有参考价值。

最后，感谢参与本书撰写的研究人员。本书共 14 章，参与书稿撰写的人员除了研究组成员外，还有薛俊波、田园、陈凤、王彦雨、李润虎、王云侯、王小理、刘怡君、李倩倩、苏娜、吕佳龄、崔婷、刘思彤、张越、张耀坤等。感谢国务院研究室综合研究司原司长宋大伟为本书的研究和撰写提供的宝贵意见。正是大家一致的努力，才促成了本书的完成。

2021 年 7 月

目 录

序一 新型基础设施是现代化建设的战略支撑
序二 新型基础设施支撑引领新发展
前言

第 1 章 基础设施发展历史 ··· 1
   1.1 基础设施的升级换代与人类社会发展的平台阶升 ·············· 1
   1.2 主要基础设施发展简史 ·· 4
   1.3 基础设施案例研究 ··· 29
   1.4 几点启示 ·· 37

第 2 章 新型基础设施的内涵和特征 ···································· 39
   2.1 基础设施的内涵演进与体系构成 ································ 39
   2.2 新型基础设施的内涵与机理 ····································· 42
   2.3 新型基础设施的特征、体系结构与类型 ······················· 46

第 3 章 知识文明与新型基础设施 ······································· 51
   3.1 知识文明与新型基础设施的关系 ································ 51
   3.2 新科技与新型基础设施的关系 ··································· 63
   3.3 新需求与新型基础设施的关系 ··································· 74
   3.4 新制度与新型基础设施的关系 ··································· 79

第 4 章 新型基础设施的国际经验 ······································· 85
   4.1 信息基础设施国际经验 ·· 85
   4.2 融合基础设施国际经验 ·· 96
   4.3 创新基础设施国际经验 ·· 108

第 5 章 中国新型基础设施的建设思路 ································· 120
   5.1 新型基础设施体系的未来蓝图与战略方向 ···················· 120
   5.2 新型基础设施的战略规划与实施路径 ·························· 124
   5.3 新型基础设施的地域性 ·· 128

第 6 章　数字化基础设施 ·· 132
6.1　数字化基础设施作用和意义 ·································· 132
6.2　通信网络基础设施 ·· 139
6.3　新技术基础设施 ··· 156
6.4　算力基础设施 ·· 167

第 7 章　现代智能制造和先进材料基础设施 ············ 175
7.1　制造业发展核心要素及其特征变迁 ······················ 175
7.2　现代智能制造和先进材料基础设施 ······················ 178
7.3　现代智能制造和先进材料的基础设施投资与治理体系 ······ 189

第 8 章　现代农业和生物产业基础设施 ··················· 194
8.1　现代农业和生物产业基础设施概述 ······················ 194
8.2　现代农业和生物产业基础设施的体系 ··················· 197
8.3　现代农业基础设施的投资与治理 ························· 206

第 9 章　现代能源资源和交通物流基础设施 ············ 209
9.1　能源资源和交通物流基础设施 ···························· 209
9.2　能源资源领域基础设施数字化 ···························· 211
9.3　交通物流领域基础设施数字化 ···························· 217

第 10 章　现代科技基础设施 ································· 226
10.1　现代科技基础设施的作用与意义 ······················· 226
10.2　现代科技基础设施的数字化建设 ······················· 230
10.3　我国科技基础设施的建设发展总体态势 ············· 233
10.4　我国科技基础设施中远期布局建议 ··················· 237
10.5　科技基础设施建设模式的构建 ·························· 241

第 11 章　现代教育文化旅游体育卫生基础设施 ······· 249
11.1　现代教育基础设施现状与展望 ·························· 249
11.2　文化旅游基础设施现状与展望 ·························· 256
11.3　体育基础设施现状与展望 ································ 260
11.4　医疗卫生基础设施现状与展望 ·························· 265

第 12 章　现代生态环境基础设施 ··························· 272
12.1　生态环境基础设施的系统辨识 ·························· 272
12.2　现代生态环境基础设施发展态势 ······················· 280
12.3　生态环境基础设施体系的治理 ·························· 295

第13章	国家总体安全基础设施	299
13.1	总体国家安全观的形成与内涵	299
13.2	国家总体安全基础设施的特征与构成	303
13.3	面向网络安全的基础设施	307
13.4	面向生物安全的基础设施	317
13.5	面向社会安全的基础设施	325
13.6	形成主动防御的安全治理能力	331
第14章	新型基础设施建设政策体系	335
14.1	新型基础设施建设的政策导向	335
14.2	国内外新型基础设施建设的政策现状	339
14.3	新型基础设施建设的政策设计	344
参考文献		351

第 1 章 基础设施发展历史

基础设施是支持特定历史阶段经济社会运行与发展的技术–社会系统（简称技术系统），它是社会发展所需要的资源配置支持系统。资源包括物质资源、能源资源、信息资源、知识资源，资源配置支持包括支持资源流动（物质流、能源流、信息流、知识流）和支持资源利用。基础设施促进或制约着社会的运行与发展。回顾人类历史上的基础设施演进与发展的历史，对新型基础设施建设的研究、设计和实施有着重要的启发作用。本章包括 4 部分：基础设施的升级换代与人类社会发展的平台阶升；主要基础设施发展简史；基础设施案例研究；几点启示。作为本书的历史研究部分，希望起到借鉴的作用。由于篇幅有限，本章以通史加案例的方式进行撰述。

1.1 基础设施的升级换代与人类社会发展的平台阶升

事物的发展过程有多种模式，有直线式、波浪式、S 曲线式、螺旋式、台阶式或阶梯式等。每一种发展模式都有其自身独特的动因和机理。人类发展的历史表明，人类社会的发展不是简单的线性和渐进式的，明显呈现出阶段性、平台阶升式特征，其原因是多方面的，其中基础设施的升级换代是最重要原因之一。基础设施是技术系统，包括技术和制度及管理等社会因素，技术与社会相互配合充分发挥基础设施的作用。

对人类社会发展的宏观描述取决于对社会发展动力的理解。社会发展的根本动力是什么？人们进行了不少探索，有斯宾塞（H. Spencer）等把达尔文（C. R. Darwin）的进化论提出的"生存竞争""优胜劣汰"论运用到社会研究领域；有马克思（K. H. Marx）提出的"生产力与生产关系""经济基础与上层建筑"矛盾冲突与适应理论；有汤因比（A. J. Toynbee）的"挑战–应战"论以及诺斯的"多元动力"论等。这些理论从微观、宏观、常态和暂态等不同角度给出了合理的解说与阐述，其共同之处在于"需要驱动"。概括起来人类有 3 类需要：趋利避害的需要、竞争取胜的需要、挑战应战的需要。这 3 类需要涵盖了个体、群体、微观、宏观、常态、暂态等不同类型和不同层次。上述理论的共同之处是认为社会发展受利益驱动、竞争驱动、应激驱动。如果我们相信知识增长是社会发展的根本原因，科学技术知识又是所有知识中最具有增长性的知识，那么就应该承认，马克思运用"生产力与生产关系""经济基础与上层建筑的关系"来解释社会发展，是至今为止最具独创性和解释力的理论。

马克思的理论阐明"生产力决定生产关系"，那么什么决定生产力呢？一些学者对此进行了探讨，林岗等（2000）指出是社会需要决定了生产力的发展。这说明"需要驱动"已被一些学者认同。"需要驱动"原理包括三大要素：一是3类需要（趋利避害、竞争取胜、挑战应战）是事物发展的驱动力；二是只有当这些需要至少能够成为某些人或某些利益集团实现自身目的的机会时，这些需要才能转化为现实力量；三是相关的技术条件和社会条件具备。也就是说，只有需要成为具体的人或集团谋取利益的机会时，才能成为驱动力；只有同时具备相关的技术条件与社会条件，需要才能成为可实现的驱动力。如果借鉴经济学中需要与需求（需要并且有能力购买）概念的差别，"需要驱动"原理也相应地称为"需求驱动"原理（刘益东，2007）。

基础设施与社会发展的关系正是满足需要和产生需要的关系，这为我们理解基础设施发展、演变、升级换代提供了简洁的分析框架，借鉴广义进化论的软硬结构模型（图1-1）（赵南元，1994），我们提出基础设施与社会运行发展的互动增强模型（图1-2）。

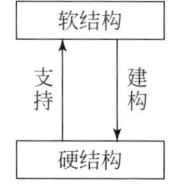 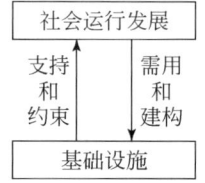

图1-1　广义进化论的软硬结构模型　　图1-2　基础设施与社会运行发展的互动增强模型

基础设施与社会运行发展的关系是因为社会运行发展的需用和建构产生了基础设施，基础设施的支持和约束又推动了社会运行发展，这种互动增强的机制是基础设施的重要特征。

基础设施的发展与演进具有若干特征，主要包括积累扩充、平台阶升、网络关联、适配互构、系统扩展等。基础设施不仅是"积累扩充"这一量的变化，更体现出平台阶升这种质的飞跃，使得人类社会发展也呈现出阶段性和平台阶升的特征。

平台阶升是事物发展演变的基本特征。从宏观上看，社会发展是台阶式的，马克思把历史演化看成是一个台阶式过程（陈平，2000），罗斯托的经济增长的阶段论和邓小平的阶段式发展战略,都呈现出社会发展的台阶式特征;从中观上看,企业的技术能力的发展是台阶式的(魏江,2002);从微观上看,人的认识能力的提高也是经历"渐修—顿悟"的台阶式发展过程。台阶式发展模式早已有之,它是对应线性模式或 S 曲线模式提出的,可以说,凡是具有持续积累和间断跃迁特点的事物,就有可能呈现平台阶升发展的特征。库恩的范式理论就突破了线性积累模式,而范式转换主要体现在科研平台和科研活动平台的阶升。1982 年,罗森伯格(N. Rosenberg)在研究技术发展过程的规律时提出"知识平台"思想,他认为技术发展是通过少数几个阶段性平台阶升实现间断性积累的结果;他把两个或两个以上知识面交叉产生新的知识,定义为知识上了一个平台。迈耶尔(M. H. Meyer)与阿特拜克(J. M. Utterback)在研究微观企业组织的动态核心能力时,提出了"产品平台"的概念,产品平台是指包含在一组产品中的设计思想和组成要素,当一个企业的产品平台出现后,就会形成同一平台下的多个产品。产品平台的特点是当核心技术发展到一定阶段后,又会形成一个新的产品平台(魏江,2002)。魏江(2002)的"平台—台阶"模式指出,企业技术能力跃迁之前的能力积累状态定义为"平台",技术能力跃迁的过程定义为"上平台",能力跃迁之后所处的平台和能力跃迁之前的平台之间差距定义为"台阶"。因此魏江把企业技术能力的增长轨迹归纳为"平台扩展—上台阶—新平台的扩展—上新台阶"的循环过程,而且每经过一个循环,实现一次量变到质变的飞跃。综上,我们指出社会发展具有平台阶升特征(刘益东,2007)。

纵观人类社会的发展与演变,其基础设施也具有平台阶升特点,基础设施的升级换代支持社会的阶段性发展。关于人类社会发展阶段有多种说法,人们可以用标志性工具和技术来命名不同发展阶段,如石器时代、铜器时代、铁器时代、蒸汽机时代、电力技术时代、计算机时代等;可以用社会主导产业来命名各个阶段,如农业社会、工业社会、信息社会等;可以用生产关系特征来命名不同发展阶段,如原始社会、奴隶社会、封建社会、资本主义社会、社会主义社会等;也可以以工业化程度及进展划分,如贝尔(D. Bell)的前工业社会、工业社会、后工业社会。这些说法都有一定道理,都是从不同角度来概括社会各阶段的主要特征。

基础设施是资源配置支持系统,资源包括物质资源、能源资源、信息资源、知识资源,资源配置支持包括支持资源流动(物质流、能源流、信息流、知识流)和支持资源利用,因此,基础设施不仅支持物质流、能源流、信息流、知识流的流动,还支持物质、能源、信息和知识的利用。任何时代都有这 4 项资源,但是侧重和其地位有所不同。作为资源配置支持系统的基础设施,不断发展演化推动着社会发展。从基础设施升级换代的角度看人类社会发展,也可以进行发展阶段的划分:

人类社会经历了基础设施1.0（物质资源配置支持系统主导）时代、基础设施2.0（物质资源配置支持系统为基础、能源资源配置支持系统为主导）时代、基础设施3.0（物质资源和能源资源配置支持系统为基础、信息资源配置支持系统为主导）时代，分别对应农业社会、工业社会、信息社会，按照事物发展的规律，正在形成基础设施4.0（以物质资源、能源资源、信息资源配置支持系统为基础，以知识资源配置支持系统为主导）时代，即知识社会时代。在信息社会，信息大爆发，占有信息并非难事，可贵的是有效处理信息，因此知识更加重要。实际上在基础设施1.0、2.0、3.0时代，都不同程度地存在物质、能源、信息、知识资源配置支持的活动，但是在不同时代，这4类资源配置的比例、品质和效率是不同的。

基础设施分为硬基础设施与软基础设施，这种提法早已有之。例如，C. Lee 在 *Infrastructure and Economic Development* 一文中把基础设施分为两类：经济基础设施和社会基础设施，每一类又分为硬基础设施和软基础设施。这种划分强调技术和社会各自的重要性，两者缺一不可（Lee，2011）。

1.2 主要基础设施发展简史

基础设施是技术-社会系统，每个时代有相应的技术社会系统，农业社会以公路、水运、邮政、水利系统为主，工业社会则在此基础上增加铁路、航空、电力能源网络系统等，信息社会进一步增加了信息网络系统。每一种基础设施都经历形成、发展、壮大、升级换代的过程，历经基础设施1.0、2.0、3.0时代。为了加深我们对主要基础设施的认识，这里择要列出部分系统发展简史。

1.2.1 公路发展简史

公路的发明及推广，与道路系统的发展有着密切的关系。在汽车发明之前，道路建设已经过长期的历史发展过程，其对于经济、政治、文化的繁荣至关重要。

在中国古代，"道路"名称始于周朝，原意为"导路"，秦朝时称"驿道"，元朝称"大道"，清朝由北京至各省会的道路称为"官道"。汽车出现后，则称为"公路"或"汽车路"（张银峰和彭彦彬，2007）。西周时期，道路的修建便受到政府重视，并建立了中国第一个道路网；秦统一六国以后，车轨标准统一，道路修筑也开始实行统一规划，并大力修建以咸阳为中心的驰道系统，这是中国交通史上的伟大工程，是遍布全国的驰道系统，可与罗马帝国的道路网相媲美（黄勇等，2005）；元朝时期，随着疆土的扩张，最终形成了贯穿至欧洲、可连接欧亚大陆的驿路系统，对于元朝政府巩固自身的政治统治、发展商业具有重要作用（郗恩崇，1999）。

1.2.1.1　早期道路系统及其作用

从世界范围来看，在 3000 年前的埃及，为运输修建金字塔的材料，埃及人修建了非常简易的道路，这也被称为世界上最早的公路；公元前 700～公元前 300 年，古希腊建造了基于宗教用途的道路，它可通往神殿；而古代西方最为著名的公路系统，便是古罗马帝国的道路系统：主干道一般高于路面 2 米左右，以确保车辆行驶安全；道路以直线为主，道路平整，主干道铺设以硬质材料为主，可供步兵使用。这一道路系统以罗马为中心向外散射，分为国道、地方道和乡村道，整个公路系统四通八达（黄勇等，2005），对维护帝国的繁荣发挥着重要作用。随着城市经济的发展，城市交通公路网迅速扩展到世界主要城市，甚至是一些中小城市也开始建立起来自己的街道系统。

道路的发展与运输工具的发展是相互促进的。例如，罗马帝国时期，轮式马车（四轮马车）已经逐渐成为主要的社会交通工具，用于货物的运输及人的代步，至 17 世纪，它逐渐成为一种重要的公共出行交通工具，四轮公共驿车几乎承担了所有的长途客运任务。传统的道路建设，路面易受损，且不平整，促进人们不断寻求改进公路建设的方法，拿破仑时代的法国工程师特雷萨盖（P. M. J. Tresaguet）的建路法和苏格兰人麦克亚当（J. L. Madam）所发明的碎石路建造法随之出现，奠定了现代道路建设的基础。麦克亚当革命性的碎石路建造法改变了世界各地道路的建造方法，逐渐成为全世界道路建设的标准，迅速推广到世界其他各地，特别是在美国被迅速应用。1811 年，拿破仑下令建造由 229 条帝国道路组成的路网，从巴黎一直延伸到边境，对于拿破仑的帝国扩张发挥了重要作用。这些道路都有编号，这在当时是一个创新（索斯沃斯和本-约瑟夫，2018）。

"公路"是"道路"的一种，它是随着汽车的发明及广泛应用而发展起来的。这一概念始于 20 世纪初（张银峰和彭彦彬，2007），英国《牛津现代英语辞典》（*The Oxford Modern English Dictionary*）将"公路"界定为"专门通行机动车辆的主干道路"，根据 2009 年《中华人民共和国公路管理条例实施细则》第二条，"公路"是"按照国家规定的公路工程技术标准修建，并经公路主管部门验收认定的城间、城乡间、乡间可供汽车行驶的公共道路"。作为公共基础设施之一，公路在整个社会的交通体系中发挥着不可替代的作用，其便捷性、大通量性、灵活性，自诞生之初便受到人们的重视。从公路的兴起、技术发展、普及、历史演变中，可以窥见整个交通基础设施的发展进程，以及其对整个社会、经济、政治、文化的重要作用。

1.2.1.2　工业革命时代蒸汽机车的发明及沥青公路铺设法的发明

工业革命时期，蒸汽机广泛应用于交通和运输领域，在蒸汽机应用领域处于领先地位的英国，逐渐将蒸汽机应用于公共运输领域（特别是蒸汽公共汽车领域），如 1827 年，英国嘉内（S. Game，1793～1873 年）公爵所研制的蒸汽公共汽车正式运营，成为历史上第一辆正式运营的蒸汽汽车，它可载乘客 18 人，速度最高达 19 千米/小时。在蒸汽机车生产技术方面，美国凭借其强大的工业能力，在世界占据绝对优势地位，如当时美国的自动汽车公司在 1899～1902 年便生产了 4000 辆蒸汽汽车（叶蔼云，1998）。

蒸汽汽车作为交通工具的出现，使得人们对道路质量提出了更高的要求，传统的碎石路已难以胜任，于是发明了在碎石路面铺设沥青的技术（黄勇等，2005）。英国德比郡的乡村巡视员胡利（E. P. Hooley），在偶然情况下发明了将煤焦油和铁厂矿渣混合起来覆盖碎石路面的新型建路法，大大提高了路面的平整度和硬度。胡利的方法再一次革新了公路建造模式，使得公路的耐久性、平整性大大提高，特别适合汽车的通行。自 20 世纪 20 年代以来，大部分的碎石路通过胡利的方法进行了改进，并在世界各地推广开来。

此后，沥青铺设方法不断改进与创新。此外，道路建设的标准化及管理工作也取得了突破。例如，1925 年美国公共道路办公室（Office of Public Roads）统一了交通信号技术标准；1930 年美国成立了交通工程师协会，并于 1939 年成立了公共道路管理局（Public Roads Administration）。

1.2.1.3 汽车时代的来临及高速公路革命

19 世纪末，汽车的普及，使得一种新型的公路得以出现——高速公路。高速公路的发展是公路发展史上的里程碑事件，其汽车运行速度、效率、安全等方面，相比普通公路均有了很大提高，同时对于军事、经济及社会的发展发挥了不可替代的重要作用，根据中国《公路工程技术标准》（JTG B01—2014）定义：高速公路为专供汽车分方向、分车道行驶，全部控制出入的多车道公路。高速公路的年平均日设计交通量宜在 15 000 辆小客车以上，设计速度每小时 80 至 100 千米（谭诗樵，1992）。早期的高速公路建设是以军事用途为首要目标，并在战后发挥了巨大的经济及社会效益（陈佩雄，2005），发达的高速公路不仅是交通现代化的主要标志，也是一个国家现代化的重要标志（贺定光，2009）。世界高速公路的发展经历了 20 世纪 20～40 年代发展雏形期、50～70 年代第二次世界大战后的快速发展期、80 年代以后的全面发展期 3 个阶段（唐涌，2010）。

（1）高速公路的发展雏形期（20 世纪 20～40 年代）

世界上首条高速公路是德国的艾伏斯公路，于 1921 年 9 月正式通车，长 10 千米。

世界上第一条特许经营的汽车专用高速公路由意大利私人公司兴建于1924年，长约515千米，始于米兰，终于瓦雷泽。世界上第一条现代意义上的高速公路是德国于1932年修建的，约18千米，始于波恩，终于科隆，并初步形成了高速公路建设的设计、施工及管理规范。1939年，德国全长3000多千米的高速公路网基本成形。需要指出的是，德国高速公路网建成之后，其主要服务于战争，由于当时的汽车价格过于昂贵，居民汽车拥有量较少，高速公路的民间利用率较低。

在德国的带动下，荷兰、美国、英国等也开始修建本国的高速公路，并制定相关规划，但由于战争，规划并没有得到很好的实施。

（2）第二次世界大战后高速公路的快速发展期（20世纪50~70年代）

在第二次世界大战期间，高速公路网为德国的军事部署、后勤保障提供了重要支撑，助力其独创的"闪电战"战术。第二次世界大战后，西方发达国家和东欧各国逐渐认识到了高速公路对交通、物流、经济等方面的重要作用，特别是随着汽车工业的发展、民间汽车拥有量的增加，高速公路的作用日渐明显。各国纷纷加大对高速公路的投资，至20世纪70年代，全球高速公路行驶里程已达10万余千米（唐涌，2010）。同时，与高速公路相关的其他设施也逐渐发展起来，包括多层的立体交叉构筑模式、交通监视装置和防撞网等。

1956年，美国颁布《联邦资助公路法案》，开始兴建州际公路网，将美国各主要城市连接起来，计划打造一个总里程达6.6万千米的国家高速公路网，称为"艾森豪威尔州际和国防公路网"。20世纪80年代中期，美国已拥有高速公路8.4万千米，约占当时全世界高速公路网通车里程的60%（贺定光，2009）。这项新法案鼓励采用许多新的和革命性的沥青铺装技术和设备。1986年美国成立国家沥青技术中心，用于改进、创新沥青的性能。

一些欧洲国家高速公路建设也进入了快车道。1949年，英国颁布《道路专用法》，首次赋予了部长可指定特定道路上只能行驶特定车辆的权力，为高速公路建设提供了法律上的保障。到20世纪70年代，英国大力发展本国高速公路，英国几乎所有的重要产业中心，均可通过高速公路在一天之内到达（交通部科学技术情报研究所，1987）。20世纪50年代中期，联邦德国恢复高速公路建设工作，至20世纪70年代末，高速公路已达4500千米左右，高速公路建设里程占据整个欧洲的1/4。70年代，欧洲各国逐渐将国与国之间的高速公路网连接起来，形成跨国的国际交通线路，代表性的如哥本哈根—罗马线，以及鹿特丹—维也纳线（林新杰，2013）。

日本政府高度重视高速公路建设，于20世纪60年代提出"一日行动圈"高速公路发展方案,日本的公路车辆均可以在 2 小时以内进入高速公路。1985 年日本投入使用的高速公路里程达 3500 千米。

随着高速公路网建设的加快,公路在整个社会运输总量中所占比例愈来愈大,逐渐成为最为重要的客、货运输方式,到 20 世纪 70 年代,这些国家公路运输方式所完成的客、货运输量,在全社会的客、货运输总量中,已超过铁路成为完成比例最高的运输方式。

(3) 高速公路的全面发展期 (20 世纪 80 年代以后)

20 世纪八九十年代,世界各国几乎都在发展高速公路,发展中国家特别是中国、印度开始大力发展高速公路,力图通过高速公路网建设,来加速本国的物流运输,从而带动整个国民经济的发展。至 80 年代末,全世界已有 60 多个国家和地区建设了高速公路,通车总里程约 18 万千米(何增荣和傅荧,2005)。中国的高速公路建设取得了世界瞩目的成就,截至 2014 年底,中国高速公路总里程达 10.6 万千米,居世界第一位。美国高速公路里程约为 9.2 万千米,居世界第二位,加拿大高速公路里程约为 18 570 千米、德国高速公路里程约为 12 400 千米、法国高速公路里程约为 11 300 千米、西班牙高速公路里程约为 9763 千米、意大利高速公路里程约为 6957 千米、日本高速公路里程约为 6514 千米。

(4) 高速公路经济及社会效益分析

综上所述,公路和高速公路的出现及发展取决于社会需求和汽车的发明发展,国家需求更是举足轻重。汽车的出现及发展,铺路技术的突破,技术规范、国家政策和法律的支持都在公路和高速公路的发展中发挥重要作用,当然最重要的是产生显著的经济与社会效益。当前,高速公路在世界各国交通领域发挥着至关重要的作用,并产生巨大的经济和社会效益,举例如下。

第一,大幅缩短车辆运行时间,提升其在整个国家交通体系中的作用。高速公路的平均时速为 100 千米左右,通行能力及平均车速是一般公路的几倍甚至十几倍,如中国沈大高速公路建成以后,其车辆平均时速由此前的 35 千米提升到 80 千米,全线运行时间由过去的 10 小时缩短到 4 小时,从而极大地提升了运输行业的经济效益。又如英国,虽然高速公路仅占公路网的 1%,但其机动车辆运营里程约占全国的 10%,而货运车辆里程则更为惊人,约占 25%。英国的高速公路网占干线公路的 16%,但所承担的交通车辆里程却占 37%(交通部科学技术情报研究所,1987)。

第二,降低运输成本,可大大节省燃油油耗。1967 年英国道路研究所发现,在高速公路上的汽车油耗远比普通公路低,小汽车低 10%~20%,而货车则低 10%~

26%，日本相关研究也证明这一点，如日本名神高速公路，运输成本较一般公路低17%，平均每千米节省运费12日元。又如中国沈大高速公路的全线贯通，缩短了行车距离，提高了行驶速度，燃油消耗降低，按设计交通量计算，每年可降低运输成本4亿元（徐家钰和程家驹，1995）。

第三，降低交通事故率。高速公路的事故率比普通公路要低得多，如根据英国道路研究所的相关研究，1966年，每一亿车千米，英国高速公路与农村公路、城市公路的事故率比为1∶3∶7（交通部科学技术情报研究所，1987）。

第四，高速公路建设还在提升国家经济、增强工业整体竞争力等方面发挥重要作用。高速公路可大大提升沿线物流量，为沿线资源的开发及利用提供了便利，且往往在沿线地区会建立许多新的工业基地，提振当地经济发展。沈大高速公路的修建，连接了沈阳、辽阳、鞍山、营口、大连五大城市，沟通了大连港、营口港，使辽东半岛这一工业走廊连成一个整体，使城市之间、城乡之间经济、社会节奏和信息传递加快，改善了投资环境，吸引了外商投资，推动了大连经济开发区和营口出口加工区的建设，形成了沿高速公路的新经济圈（王亚军和江永贝，1998）。高速公路建设所带来的直接收益是巨大的，如英格兰和威尔士高速公路总投资约为28亿英镑，但其在时间及资源成本节约方面，所带来的直接收益却达52亿~65亿英镑（按1976年价格算）（交通部科学技术情报研究所，1987）。

第五，促进社会运输资源的合理化。高速公路的出现，会与火车、船舶等运输方式整合起来，形成联运网，从而促进工业、外贸的整体发展。日本的高速公路仅占其国家公路里程的0.3%，却承担了8.7%的客运量和34.5%的货运量，成为日本经济的大动脉（王亚军和江永贝，1998）。

1.2.2 铁路发展简史

1.2.2.1 铁路机车的诞生（19世纪二三十年代）

铁路是工业社会最具特色的基础设施，为工业社会发展做出了巨大贡献。铁路的发展源自工业革命时期的英国。18世纪末，改进型蒸汽机的推广为铁路机车的发明奠定了基础。1814年，英国工程师史蒂文森（G. Stephenson）制造出第一台蒸汽机车"布吕歇尔号"，被称为"铁路之父"。当时，英国正处于工业革命时期，对于煤炭、矿石的高效运输需求强烈，以满足工业发展的需求，特别是英国矿山开采运输直接推动了铁路的诞生，铁路和英国的工业革命互为催化剂。铁路的出现是近代工业革命诞生的结果，同时，它在很大程度上也促进了工业革命的发展（王麟，2015）。

19世纪20年代，英国开始在城市间修建蒸汽机车铁路，最为著名的是史蒂文森推动修建的斯托克顿—达灵顿铁路，斯托克顿、达灵顿靠近英格兰东北部出海口，且附近煤炭丰富，铁路可以满足煤炭及矿产资源的大规模出口。斯托克顿—达灵顿铁路于1825年开通，史蒂文森首次采用了1.435米标准轨距，此后这一轨距为世界大多数国家铁路建设所采用，但由于史蒂文森所提供的蒸汽机车的质量不过关，这条线路大部分时间仍然用马拉火车的方式运行。随后，约50千米长的利物浦—曼彻斯特铁路修建以后，史蒂文森的蒸汽式铁路机车开始被大量使用，并大获成功。自此后的20年里，英国形成了狂热的铁路投资狂潮，如1843~1850年，英国铁路建设投资达1.09亿英镑（王麟，2015），国内总投资的20%均投向铁路。

随着英国铁路运输的成功，法国、美国等也开始跟进，其目的是发展经济，同时也是为了推动国家建设、提升国家在世界上的竞争力。1825年，法国开始修建第一条长约58千米的铁路——圣艾蒂安—里昂，并于1829年开通，用于煤炭运输，同时也开始运输大量旅客。美国铁路比较著名的是巴尔的摩—俄亥俄铁路，这条铁路于1828年启动，1831年开通至弗雷德里克（长约97千米），1837年抵达哈珀斯费里。但是当时的欧洲绝大多数国家，铁路发展缓慢，政治动荡、战争等使得很难对铁路做大量投入，到19世纪30年代中期，铁路仅零散地分布在一些国家（沃尔玛尔，2014）。

1.2.2.2 铁路在欧洲、美国的推广(19世纪30年代至19世纪中期)

直到19世纪30年代，欧洲各国才开始推进本国的铁路建设步伐，当时铁路发展较快的国家有比利时、德国等。比利时自19世纪30年代起便大力推动本国的铁路网建设，并构建了当时世界上最为密集的铁路网。德国也是大力推动铁路建设的国家之一，当时，德国发展铁路被视为一种国家建设运动，可以在一定程度上打破当时各邦之间的相互割据局面。美国自19世纪30年代末，在巴尔的摩—俄亥俄铁路的带动下，开始了大规模的铁路网建设，这一过程一直持续到19世纪末期，到1860年，美国的铁路通车里程已达9.65万千米（诺顿，2018）。

1.2.2.3 跨洲铁路的修建（19世纪下半叶至19世纪末期）

19世纪下半叶开始进入跨洲铁路建设时代，铁路建设不再仅限于本国特定城市或地区之间，而是形成跨各个洲，或是横跨不同国家之间的铁路大动脉建设时代。这种跨洲铁路建设从美国开始，逐渐扩展到南北美洲、俄罗斯、非洲等地，并成为强化国家不同地区之间、国与国之间经济、文化、社会交流与发展的重要途径。

北美洲的跨洲铁路建设。美国早期铁路建设主要限于阿巴拉契亚山脉以东，而西部交通以马车、运河为主，效率极低且容易受天气影响。为此，1862年，美国总统林肯批准通过了第一个建设太平洋铁路法案，希望将美国东西海岸连接起来，美国第一条横贯大陆的铁路——联合太平洋—中央太平洋铁路正式开始修建，由联合太平洋铁路公司和中央太平洋铁路公司共同修建。1869年通车，全长约3200千米，被称为"19世纪最伟大的工程之一"，它将美国东西两大区域连接起来（高芳英，2011），为美国经济发展做出了巨大贡献。到19世纪末，美国已完成5条跨洲铁路的修筑，铁路建设里程已达到40.22万千米（沃尔玛尔，2014），极大改变了美西部的经济、生活面貌。加拿大也修建了本国的几条跨洲铁路——加拿大太平洋铁路、加拿大北方铁路等，其中加拿大太平洋铁路是加拿大第一条跨洲铁路，横跨西部温哥华至东部蒙特利尔。

南美洲的第一条跨洲铁路名为跨安第斯山铁路，往返于智利洛斯安第斯与阿根廷门多萨之间，总长248千米，于1910年正式营运，这条铁路大大缩短了自瓦尔帕莱索至布宜诺斯艾利斯的往返时间：之前需要耗时11天，铁路修建后，时间缩短到36小时。

俄罗斯的跨洲铁路。1861年，俄国沙皇亚历山大三世宣布西伯利亚大铁路开始动工修建，从莫斯科起到符拉迪沃斯托克，线路全长9332千米，其中车里雅宾斯克以西线路，于19世纪中建成；以东线路长7416千米，于1891年开建，1916年全线通车（王麟，2015）。西伯利亚铁路的修建，强化了俄国沙皇对西伯利亚和远东的控制，还可以更便捷地将当地的矿产资源（如森林、煤炭等）运送到当时沙皇统治的中心城市，如莫斯科等。

1.2.2.4 铁路的黄金时代（19世纪末至第一次世界大战前）

19世纪末，铁路在美国、欧洲各国、南非等已经广泛普及，铁路的广泛建设，将人类带入现代工业社会，在第一次世界大战爆发之前，世界铁路里程已达101万千米（沃尔玛尔，2014），到20世纪初，数百万人日常出行均乘坐火车，彻底变革了人们的生产、生活方式，以及经济、军事、政治格局，影响深远，正如一位美国铁路史学家所言："在我们的历史中，铁路几乎在所有重大事件中扮演着重要角色。它在加速大西洋沿岸大都市的出现、西部人口和供应的增加、吸引和运输移民，以及在捕手、牛仔、矿工和农民的涌入等方面都起着重要的作用。"（沃尔玛尔，2014）铁路的修建改变了人类的生活和旅游方式，开阔了人们的视野，成为推动社会进步的重要力量。铁路的修建还大大增加了货物运输量，推动了国内及国际贸易，还推动了铁路相关产业的发展，促进了世界各地分工，加速了特色产业的形成。

1.2.2.5　铁路运输的辉煌、衰退及复兴（第一次世界大战至20世纪60年代）

在战争时期，铁路发挥着重要的作用，铁路的大运量对于战争期间资源、人力的调配异常重要。第一次世界大战期间，汽车、飞机尚没有发展成熟，铁路的作用就更加明显。第一次世界大战后，铁路发展依然强劲，至1920年，全世界铁路里程达103万千米，而到第二次世界大战爆发时，这一数字升至126万千米（沃尔玛尔，2014）。

到20世纪30年代左右，铁路运输受到来自汽车等新型运动工具的挑战，加之经济危机的来临，使得铁路运输逐渐进入衰退期。例如，1920年美国铁路载客量为12亿人次，而到了1933年载客量仅为4.3亿人次，下降了约2/3。第二次世界大战结束初期，由于汽车业的迅速发展，加之世界各国的庞大公路计划，铁路的发展进一步受限（沃尔玛尔，2014）。

与西欧、美国铁路运输的衰退不同，第二次世界大战后的苏联、中国，其铁路运输则进入了大发展阶段。例如，中国在第二次世界大战后便大力发展铁路，将其视为优先考虑的运输方式，使得中国的铁路运营里程快速增长；同时，中国还大力推进铁路技术的变革，如铁路电气化进程的加速推进。苏联更是大力发展本国的铁路系统，希望通过发展铁路来加速本国的现代化进程，铁路的电气化取得了巨大进步，至20世纪50年代，其大部分铁路已经实现了电气化；60年代起，苏联开始推进国际铁路的发展，苏联至巴黎、维也纳等地的铁路相继开通。

1.2.2.6　高速铁路时代（20世纪70年代至今）

进入20世纪70年代，世界逐渐进入高速铁路时代，它使得铁路运输速度进入时速200千米范围。1964年，世界上第一条高速铁路——日本东京—大阪高速铁路正式通行，也被称为"东海道新干线"，全长515.4千米，运营时速达210千米。世界开始进入高速铁路时代，至2017年底，日本新干线总运营里程达2700千米，且速度也不断提升，当前"新干线"的时速达300千米。继日本之后，法国也开始推进高速铁路建设。1976年，法国第一条高速铁路——TGV东南线开始建设，并于1983年投入运营，全长417千米，2017年底，法国高速铁路总里程已达2700千米，目前运营最高时速达320千米（刘涟清等，2019）。德国、意大利也加入"高速铁路俱乐部"。

中国则是世界高速铁路的后起之秀，2017年底中国高速铁路里程达25 000千米，已成为名副其实的世界高速铁路第一大国，占世界高速铁路运营总里程的 2/3（刘涟清等，2019）。中国高速铁路研究始于 20 世纪 90 年代初，1990 年铁道部（现中国国家铁路集团有限公司）正式提出兴建高速铁路，1998 年广深铁路电气化设计时速达 200 千米，成为中国高速铁路建设的开端。2002 年，中国第一条真正的高速铁路——设计时速 200~250 千米的秦沈客运专线建成，"中华之星"电力动车组在秦沈客运专线创造了当时中国最高铁路时速 321.5 千米。2007 年中国铁路开始第六次大提速，首次在各主要干线（京哈线、京广线、京沪线、京九线、陇海线等）运行时速 200~250 千米的动车，2008 年，中国第一条时速达 350 千米的高速铁路——京津城际铁路开通（中国铁路总公司，2016）。根据 2016 年修编后的《中长期铁路网规划》，至 2020 年，中国高速铁路达 3 万千米，覆盖 80% 以上的大城市，并且到 2025 年高速铁路修建里程为 3.8 万千米（中国铁路总公司，2016）。当前，中国是世界上高速铁路发展最快、系统技术最全、集成能力最强、运营里程最长、运营速度最高、在建规模最大的国家（佟立本，2017）。

中国高速铁路的发展，具有非常明显的外部效益，如提升中国制造业整体水平、带动出口、提高中国物流水平等，此外，还大大缩短了中国各地间的空间距离，提升了整个中国的物流运输效率。中国的高速铁路技术不断发展与完善，形成了一系列围绕机车制造的高技术产业体系，提升了中国制造业整体水平。例如，自主掌握了时速 350 千米的高速机车制造技术，研制出新一代高速列车 CRH380 型高速动车组，使中国的高速铁路机车制造技术跨入世界第一梯队行列（路风，2019）。

中国的高铁技术出口到世界其他国家，成为国家技术名片之一。2017 年，中国标准动车组被正式命名为"复兴号"，时速达 350 千米；2018 年，京沈高铁启动高速动车组自动驾驶系统现场试验并取得成功，标志着中国智能高铁技术日益成熟，使中国高铁技术在世界范围内领跑。

高铁建设还可以推动周边沿线区域的经济发展，成为推动当地经济发展的催化剂。高铁的通行，使得沿线城市之间空间距离大大缩短，有助于各城市间资源的优势互补，有效促进沿线经济的一体化与资源的优化整合，如京津城际开通后，线路通过的 11 个城区中有 5 个启动了沿高铁线的城市发展规划。此外，高铁还具有促进沿线旅游事业的发展、提高铁路运输管理水平、提升国防能力等作用。

1.2.3 海运发展简史

作为基础设施，海运是不可或缺的重要组成部分，这里主要论述美国、日本、欧盟和中国的海运情况。

1.2.3.1 美国海洋运输及产业的发展

美国建国以来有 200 多年的历史，在海运发展过程中，美国以马汉的"海权论"作为理论基础，以自身强大的工业实力和资源储备为物质基础，以强大的海军为工具，以世界海权控制为目的，把自己建成海上强国。美国作为世界主要海运和贸易大国，依靠强大的军事实力，使得商业航道、海外利益和国际影响得到了保障。同时，美国在海运强国的建设上实行"海权控制模式"：依托美国强大的政治、军事、技术和经济力量，形成综合威慑力和海权控制力，建立国家安全舰队保障国家安全需要，并辅以货载保留政策和海运补贴政策（张诗雨，2016）。

从美国发展的历程上看，19 世纪下半叶，随着美国完成工业革命、西部开发初具规模，对外扩张需求开始出现，马汉的海权理论应运而生，成为指导美国早期海洋战略的纲领性思想，并一直沿用至今。马汉海权理论的核心观点是海上主导权对国家乃至世界命运发挥着决定性作用。所谓海权不仅包括舰队、基地、港口等海洋军事力量，也包括以海外贸易为核心的海洋经济力量，实际上是如何通过夺取制海权以控制世界的理论。这一理论暗合当时美国对外扩张的需求。在海权论的影响下，20 世纪初，美国海军实力由 1870 年的第 12 位跃升至第 5 位。第二次世界大战结束后，美国开始在世界推行全球化的战略，分别以军事战略和经济战略作为支撑，而这两个战略都与交通运输尤其是海运有着密切的关系，美国在很大程度上就是依靠有效的海运系统巩固了其在全球经济增长和军事扩张上的领先地位（韩立民和李大海，2013）。到 21 世纪 10 年代中期，美国拥有 1000 多条港口航道、4 万千米的内河航道、沿海运河和沿海航道以及 3700 多个码头，它们共同为 300 多个港口服务，用以装卸和进行客货运输服务。同时这些航道和港口与 24.5 万千米铁路、74 万千米运输管道和 7.2 万千米州际公路相连（张诗雨，2016）。由此可以看出，美国仍然是世界上首屈一指的海运强国。

1.2.3.2 日本海洋运输及产业的发展

第二次世界大战前，日本就很重视本国海洋运输及产业的发展，是当时世界上的海洋大国之一。但第二次世界大战后，日本战败使得本国海运企业受到了严重的打击，海运部门船舶损毁率高达 80.6%，远远高于国民财富损毁平均比的 25.4%（张诗雨，2016）。但日本工业生产能力保存完好，并在良好的国际机遇以及稳定的国内环境下迅速崛起，再度成为海洋大国。日本于 1948 年通过"指定造船计划"对海运行业进行恢复发展，海运企业通过加入计划扩充运力，而政府的利息补贴及银行的船舶融资为日本造船企业在全球物流界崛起提供了强有力的资金保障。1963

年,针对海运不景气以及本国造船企业竞争力较弱等特点,日本迅速通过了海运再建的两部法律,对日本历史上最大的海运企业进行合并和船舶融资利息补贴指导,这些政策都大大推动了日本海运行业的发展。

20 世纪 80 年代以后,日本成为仅次于美国的世界第二经济大国,海运方面的贡献功不可没,其相关船队规模已经超过了 5000 万载重吨。日本的贸易量也因此大幅度增长,1946 年日本出口量仅为 110.4 万吨,到了 1990 年,已经达到了 7040.4 万吨,出口量也由 1946 年的 147.6 万吨急剧增加到 1990 年的 69 909.9 万吨(张诗雨,2016)。

世界航运交易会 2012 年 6 月 11 日公布的数据表明,日本海运行业产值规模居世界第二位,控制着全球载重吨位海上运输能力的 15.8%。

1.2.3.3 欧盟海洋运输及产业的发展

欧盟,由欧洲共同体发展而来,成员国包括西班牙、葡萄牙、英国、德国等传统海洋大国,这些国家在 13~18 世纪,带领欧洲其他国家开辟新航道,发现新大陆,开创了大航海时代,也开启了欧洲主导世界的世纪。这段时期欧洲海运得到了飞速发展,并形成了海运霸主的地位。在历史的进程中,欧洲是工业革命的发源地和世界大战的主战场(徐鸿德,2004)。海洋权益的竞争与海洋经济的发展日益得到了各个国家的重视,并在发展海运上达成高度共识。近几百年来,欧洲作为世界海运发展的引领者,在海运规则、海运标准和海运服务等方面均发挥着领航作用。虽然在近 30 年间的发展中,欧洲再也没有一个全面领先世界的"海运强国",但传统的海洋强国已经组成"欧洲经济共同体"(王桂林,1997),其在海洋经济领域的影响仍不可小觑。

对于欧洲来说,经过几百年的沉淀和磨合,高度发达的海运文化和海运发展的共识成为欧盟大力发展海运的主要动力。从欧盟海运行业整体实力上看,政治、军事和经济实力均很强大,对世界主要海运通道的影响力和船队规模均处于世界领先地位。2010 年,希腊、德国、挪威和丹麦海运船队规模分列世界第一、第三、第六和第九位,仅这 4 个国家控制运力就达 4.2 亿载重吨(金启明,2003)。

1.2.3.4 中国海洋运输及产业的发展[①]

中国海运行业从中华人民共和国成立至今,发生了质的飞跃,可以说是从无到有,从有到优,并逐步确立了海运大国的地位。1949 年之后,中国进入和平时期,

---

① 本章涉及中国各行业数据暂未统计香港、澳门和台湾数据。

以经济建设为中心逐渐成为社会发展的主旋律。但从横向的国际比较来看，中国虽然已稳坐世界海运大国之位，但距离海运强国还具有不小的差距。在世界海运行业蓬勃发展的同时，中国的海运行业也在迅猛发展，由中华人民共和国成立初始阶段的海运"贫瘠"到海运大国，再到现今向海运强国转型，取得了世界瞩目的成绩。中国该如何从海运大国向海运强国转型，值得深思和持续努力。

从造船业来看，"十一五"期间，中国船舶工业发展出现了跨越式的增长，国际地位显著提升，中国的造船业在世界上已经占据了一席之地。根据《中国船舶工业年鉴》的统计，2010年中国造船完工量为6120.5万载重吨，占世界造船完工量总量的41.9%，跃居世界第一位。从港口吞吐量来看，截至2011年，世界前25大港口中有12个港口属于中国，占据了整个榜单一半的位置；前10个港口中就有6个属于中国，上海更是以3173.90万标箱蝉联世界第一位，这些都表明了中国的港口吞吐量已经处于世界前茅。从港口布局方面来看，全球前十货物吞吐量港口基本分成"上海港、宁波—舟山港""新加坡港""欧洲鹿特丹等其他十强港口"为中心的三大方阵。三大方阵在全球货运市场中竞争激烈，并维持较高的增长率，在竞争过程中，中国的领先地位已经进一步凸显。因此国际港口的总体布局已从原来的"中韩欧三足鼎立"逐步朝着"中国先导"的态势发展。虽然从造船业、世界主要航运国家（地区）商船队以及港口吞吐量等数据上来看，中国海运方面的实力已经属于名副其实的世界海运大国。但是与美国、欧盟、日本等仍有差距，且由于创新匮乏、人才缺乏、理念落后等原因，其船运企业的核心竞争力也有待提高。

加强科技自主研发能力，提高船舶的工业附加值，是中国海运行业发展的必要条件。中国目前虽然是世界第一的造船大国，但关于船舶方面的基础研发还远远不够，创新能力不足，船舶工业许多关键技术以及产品仍然受制于国外企业，目前中国船舶配套国产化率较低，不足60%，与造船业发达国家的标准国产化率达80%以上甚至接近100%相比，中国国产设备装船率还处于较低的水平，缺乏自己的核心技术和世界领先的领域，这也造成中国造船业"受制于人"的局面。加强自主研发能力，提高船舶的附加值，这是中国造船业未来发展的必然趋势。

提升原始创新能力是中国海运行业发展的根本动力。中国在新型船只的开发以及新船型的概念设计上与世界海运强国仍然有很大的差距，不仅技术储备欠缺，而且以"太阳能"船、"风帆"船、"电力推进"船、"双燃料"船、"核动力"船等为代表的特种高新技术船舶的研发设计方面也明显落后于海运强国。虽然中国造船业目前居于世界首位，但订单船只往往以建造常规船只为主，收到的订单也主要集中于散货船，而像超大型油船、集装箱船、液化天然气运输船、豪华邮轮等需要高技术含量以及高附加值的船只订单相对较少。比较而言，韩国的订单则以大型集装箱船、液化天然气运输船和离岸设备等高附加值船只为主，中国与韩国的差距不小。因此，提高原始创新能力，是中国造船业获得长足进步与跨进世界海运强国之列的关键（张诗雨，2016）。

基础设施不仅反映在技术方面，政策管理方面同样重要，应拓宽法律涉及的广度，让法律充分发挥其监管的作用。在国际上很多国家的法律、法规都值得中国借鉴，其中有一部法规很有代表性，即《鹿特丹规则》，这是一部十分全面的法律法规。目前，中国的海运法律化程度比较低，经过中国立法机构的审议并且通过的法律，只有《中华人民共和国海商法》《中华人民共和国海上交通安全法》等少数几部法律法规，亟待加强。

1.2.4 民航基础设施发展史

民航是工业社会、信息社会的重要交通工具，其基础设施包括机场、航路、空中交通管制系统以及其附属设施和相关的规章制度，世界民航涉及国家众多，这里仅论述美国和中国民航的发展简史。

1.2.4.1 美国民航发展简史

美国航空业出现在 20 世纪 30 年代，此时开始有航空公司负责邮件货运运输，并逐渐发展出短途航空客运。同时，美国国内运输市场中，处于黄金时期的铁路运输正遭遇公路、水路和航空的多方面竞争，不公平以及过度竞争损害了交通运输业的正常发展。针对航空运输业，为避免航空业的恶性竞争，1938 年美国《民用航空法》出台。同时美国航空运输委员会成立，对航空公司的成立、航线申请以及运价进行规范管制，促进航空公司盈利与发展。美国航空业处于有管制的寡头竞争状态。在接下来的几十年中，美国航空业一直受到民用航空局的严格管制，缺乏外部竞争，服务质量和票价都无法令消费者满意，放松管制成为大势所趋。为了通过适当竞争，提高民航业服务效率，美国航空业颁布了一系列法律法规放松管制。其中，1958 年颁布《联邦航空法》，给予联邦航空署安全规章的制定权，同时《民用航空法》废止；1978 年颁布《民航放松管制法》，强调政府减少对航空业的控制；1981 年，美国航空运输委员会航线管制权利取消；1983 年，终止美国航空运输委员会对航空运价的管制；1985 年，美国航空运输委员会解散；1989 年，美国民航公司进出与兼并收购实行自由化。美国民航业逐渐进入自由竞争状态。

放松管制使得美国航空公司数量增加，票价下降，服务质量与安全程度提升。但好景不长，随着进入市场的航空公司数量急剧增加，自由竞争激烈，大量民航公司破产或被兼并。1978 年后的 10 年间，美国共有 198 家新航空公司进入市场，到

1987年，只剩下74家仍在运营。进入20世纪90年代，全球经济进入周期循环低谷，加之美国对伊拉克发动战争，原油价格抬升，美国航空业生存环境尤为严峻。1990~1992年，美国航空共亏损超过100亿美元。20世纪90年代后期，1994~2000年，由于美国经济处于向上周期，美国航空业需求增速明显高于供给增速，美国民航业整体平稳盈利。

2001年互联网泡沫破灭结束了美国航空业的"好日子"，美国航空业再次进入亏损周期。

2010年之后，开始缓慢复苏，在2010~2016年盈利不断扩大。美国民航业的繁荣发展，离不开其基础设施的不断发展完善，美国联邦航空局2018年9月向美国国会呈报的《国家综合机场系统计划（2019—2023年）》显示，美国共有各类机场19 627个，其中列入《国家综合机场系统计划（2019—2023年）》中的通用航空机场2941个。据统计，美国有59%的现役通航飞机停放在这些机场，64%的通航飞行活动在这些机场进行，38%的机场符合联邦政府2023年前"机场改善计划"的补贴要求。这2941个通用航空机场，美国联邦航空局将其分为国家级、地区级、本地级、基本级、未分类，共5大类。

国家级通航机场共88个，位于美国大都市地区，靠近主要的商业中心，为全美和全球范围的飞行活动提供支持。这些通航机场也是飞行繁忙的运输机场的备降机场。美国联邦航空局已指定70个国家级的通航机场作为运输机场的减压机场。这些机场平均驻场飞机249架，包括30架喷气式飞机，支持很高强度的飞行活动。5%的国家级机场可以得到政府补贴。

地区级通航机场共492个，位于美国大都市地区，为人口相对较多的地区提供航空服务。这些机场可支持全美州际和某些长距离的飞行活动及高强度的飞行活动，其中，53%的机场提供有限的航空运输服务。美国联邦航空局指定140个机场作为运输机场的减压机场。地区级机场中有12%可以得到政府的补贴。美国联邦航空局认为，美国目前上述通航机场能够满足全国通用航空的不同需求，发挥通用航空的作用。

1.2.4.2 中国民航发展简史

20世纪上半叶，中国民航业没有得到应有的发展，1949年以前，国内用于航空运输的主要航线机场仅有36个，包括上海龙华、南京大校场、重庆珊瑚坝、重庆九龙坡等机场，大都设备简陋。中华人民共和国成立之后，民航事业不断发展壮大，大致经历了5个发展阶段，即1949~1957年的初创时期，1958~1965年的调整时期，1966~1976年的曲折发展时期，1977~2001年的新发展时期，2002年至今的高速发展时期。

（1）初创时期（1949～1957年）

中华人民共和国成立后的民航事业创建初期的第一批飞机有29架。"一五"时期，初步更新了机型。到1957年底，中国民航已拥有各类飞机118架，绝大部分机型为苏联飞机。在这一时期，民航重点建设了天津张贵庄机场（现天津滨海国际机场）、太原亲贤机场、武汉南湖机场和北京首都机场（现北京首都国际机场）。1958年北京首都机场建成，中国从此有了一个较为完备的民航基础设施。

（2）调整时期（1958～1965年）

由于受"大跃进"的影响，中国民航在这一时期的头几年遭受了较大的冲击和挫折。1961年开始，民航系统认真贯彻执行中央"调整、巩固、充实、提高"的方针，民航事业重新走上正轨，并取得较大的发展。到1965年，国内航线增加到46条，国内航线布局重点，也从东南沿海及腹地转向西南和西北的边远地区。通用航空的发展在这个时期稳步上升。1965年末，中国民航拥有各类飞机355架（秦灿灿，2008）。为了适应机型更新和发展国际通航需要，在此期间，新建和改建了南宁、昆明、贵阳等地的机场，并相应改善了飞行条件和服务设施，特别是完成了上海虹桥国际机场和广州白云国际机场的扩建工程。

（3）曲折发展时期（1966～1976年）

这一时期的前5年，民航业受到了严重的破坏和损失。1971年9月后，在周恩来总理的关怀下，中国民航将工作重点放在开辟远程国际航线上。到1976年底，中国民航的国际航线已发展到8条，通航里程达到41 000千米，占通航里程总数的41%；国内航线增加到123条。1971～1973年，中国民航从苏联先后购买了伊尔-62型飞机和安-24型飞机，从美国购买了10架波音-707型飞机，从英国购买了"三叉戟"飞机。这样，中国民航各型运输飞机总数达到117架，能够较好地贯彻"内外结合、远近兼顾"的经营方针。

（4）新发展时期（1977～2001年）

党的十一届三中全会以后，中国民航事业加快了前进步伐，并取得了非常大的成绩。1980年3月5日，《人民日报》发表题为《民航要走企业化的道路》的社论，社论明确提出中国民航必须走企业化的道路。1980年3月，中国民用航空总局（简称民航总局）再次改为由国务院领导的直属局。此后，中国民航在管理体制方面进行了改革，包括：为改变独家经营的局面，以原有 6 个管理局为基础，分别组建了 6 家国家骨干航空公司；积极支持各地、各部门创办航空公司；将机场和航务管理分开，机场成立独立的企业单位；航务管理归属政府部门，受地区管理局领导。民航总局作为该时期国务院管理民航事业的部门，不再直接经营航空业务，主要行使政府职能，进行行政管理。通过购买、国际租赁等方式，到 1990 年末，中国民航已拥有各型飞机 421 架，其中运输飞机 206 架，通用航空和教学校验飞机 215 架。

大、中型客机的引进要求民航机场有与之相适应的发展水平和配套设施。民航机场建设出现了前所未有的兴旺局面。截至 1990 年底，有民航航班运营的机场总数达到 110 个，其中可起降波音-747 型飞机的机场有 7 个。"八五"期间，中国民航继续保持快速发展势头，到 1995 年，全行业完成货物运输总周转量 71.4 亿吨千米，旅客运输量 5117 万人次，货邮运输量 101 万吨，5 年年均增长率分别为 23.4%、25.3% 和 22.2%，航线总数达到 797 条。1995 年末，中国民用飞机总架数达到 852 架，其中运输飞机 416 架，通用航空和教学校验飞机 436 架，运输飞机商载总吨位 7900，飞机座位数 6.05 万个。"八五"期间共完成基本建设和技术改造投资 320 亿元，新建、迁建机场 19 个，改扩建机场 15 个，同时，新开工了一些大型机场建设项目。到 1995 年末，有航班运营的机场 139 个，其中能起降波音-747 型飞机的有 14 个，能起降波音-737 型飞机的有 81 个（朱宝生，2012）。

（5）高速发展时期（2002 年至今）

2002 年开始，中国航空运输实现快速增长，这直接得益于国家改革开放的政策支持。2002 年，国务院批准了《民航体制改革方案》，深化民航改革开始进入实施阶段。改革的主要内容包括联合重组航空运输公司，机场实行属地管理（北京首都国际机场和西藏地区内民用机场除外），改革空中交通管理体制，改组民航服务保障企业，确保民用航空安全，改革民航行政管理体制，推进改革的配套措施，组织领导与具体实施。2002 年 10 月 11 日，中国航空集团有限公司、中国东方航空集团有限公司、中国南方航空股份有限公司、中国民航信息集团有限公司、中国航空油料集团有限公司和中国航空器材进出口集团公司（现中国航空器材集团公司），在北京人民大会堂隆重宣告成立，与民航总局脱钩，标志着民航体制改革迈出重大步伐。按照《民航体制改革方案》，民航体制改革之后，民航总局是国务院主管全国民航事务的直属机构，不再代行脱钩企业的国有资产所有者职能，承担民用航空的安全管理、市场管理、空中交通管理、宏观调控及对外关系等方面的职能。根据这样的职能定位，民航总局积极转变职能，减少行政审批，加强法规建设。与此同时，民航基础设施建设蓬勃发展，宁波栎社国际机场航展区扩建工程和敦煌莫高国际机场工程通过了验收并投入使用，哈尔滨太平国际机场飞行区应急改造工程，天津滨海国际机场飞行区整修加固工程，京沪航路雷达管制工程，沪穗航路雷达管制工程、移动雷达工程、航行情报发布系统一期工程按计划竣工。全球分销系统工程完成了主体验收，西安咸阳国际机场航展区扩建工程已基本完工。广州白云国际机场等续建项目进展顺利。一批新建项目已开工建设或正在进行前期工作。

这一时期，大力推进管理体系、安全飞行等规章制度建设，继续改革开放，中国民航业快速发展。根据《2019年民航行业发展统计公报》，截至2019年底，全行业完成旅客运输量65 993.42 万人次；国内航线完成旅客运输量58 567.99 万人次，比2018年增长6.9%，国际航线完成旅客运输量7425.43 万人次。2019年全行业完成货邮运输量753.2 万吨；国内航线完成货邮运输量511.2 万吨，国际航线完成货邮运输量242.0 万吨。截至2019年底，民航全行业运输飞机期末在册架数3818架，中国共有定期航班航线5521条，国内航线4568条，国际航线953条。按重复距离计算的航线里程为1362.96 万千米，按不重复距离计算的航线里程为948.22 万千米。

截至2020年底，国内运输机场（不含香港、澳门和台湾地区的数据）241个，比上年底净增3个。2020年新增机场有玉林福绵机场、于田万方机场、重庆仙女山机场。2020年，安康五里铺机场迁至安康富强机场。颁证运输机场按飞行区指标[6]分类：4F级机场13个，4E级机场38个，4D级机场38个，4C级机场147个，3C级机场4个，3C级以下机场1个。2020年，全行业全年新开工、续建机场项目114个，新增跑道4条，停机位377个航站楼面积170.8 万平方米。截至2020年底，全行业运输机场共有跑道265条，停机位6621个，航站楼面积1799.8 万平方米。2020年，全行业完成运输总周转量798.51 亿吨千米，比上年下降38.3%。国内航线完成运输总周转量587.67 亿吨千米，比上年下降29.2%；国际航线完成运输总周转量210.83 亿吨千米，比上年下降54.5%。2020年，全行业完成旅客运输量41 777.82 万人次，比上年下降36.7%。国内航线完成旅客运输量40 821.30 万人次，比上年下降30.3%；国际航线完成旅客运输量956.51 万人次，比上年下降87.1%。中国民航基础设施的发展与完善有力地推动了民航事业的蓬勃发展。

1.2.5 信息技术发展简史

技术进步给社会带来翻天覆地的变化，以致人们常用标志性工具和技术来命名社会发展的不同阶段，如石器时代、铁器时代、蒸汽机时代、电力技术时代、信息技术时代等。作为信息资源分配支持系统，信息基础设施在推动社会发展，特别是推动人类进入信息社会方面发挥着至关重要的作用。这里主要论述计算机、计算机网络和通信技术等发展史（刘益东，2011）。

1.2.5.1 计算机发展简史

计算机的发明和应用不仅大幅度提高了人类记忆和计算的能力，提高了感官能力［如计算机断层扫描（computed tomography，CT）、雷达、全球卫星监测系统、互联网、物联网］，也提高了人类的体力（如数控机床、机器人），更为重要的是，计算机及计算机网络的大规模应用，改变了人们的思维方式、行为方式、合作方式、研究方式、管理方式和社会组织方式，使人类的认知能力、行为能力和社会组织能力提升到一个新的阶段，社会进入信息技术时代。

纵观计算机的发展历程，大致经历了机械计算机、机电计算机、电子计算机和新概念计算机四大阶段。

1673年，莱布尼茨（G. W. Leibniz）研制了一台能进行四则运算的机械式计算器，称为莱布尼茨四则运算器，而真正实用而且产生社会影响的计算机是美国工程师霍勒里斯（H. Hollerith）发明的电动制表机，其被用于美国1890年的人口普查的数据处理。1911年霍勒里斯与他人合作创办了计算机-制表-记录公司，即国际商业机器公司（IBM公司）的前身。随着电磁继电器等电工技术的发展，机电计算机取代运算缓慢的机械计算机，机电计算机由德国工程师楚泽（K. Zuse）在德国研制，其余三者都是由美国的贝尔实验室、哈佛大学的艾肯（H. Aiken）和IBM公司研制（胡守仁，2006a，2006b）。

经过上述铺垫，电子计算机才正式登上人类舞台，自从世界第一台电子计算机——电子数字积分计算机（electronic numerical integrator and computer，ENIAC）问世以来，电子计算机发展到今天已经历了5代：第一代电子计算机（1946~1959年）、第二代晶体管计算机（1960~1964年）、第三代集成电路计算机（1965~20世纪70年代初）、第四代大规模和超大规模集成电路计算机（20世纪70年代初至今），从20世纪80年代开始人们研制新一代计算机（第五代）。

这里对计算机发展阶段的划分，是以决定计算机性能的逻辑元件的发展变化为依据的。前四代计算机都是冯·诺依曼（J. von Neumann）结构计算机，对于从20世纪80年代开始研制的新型计算机，如智能计算机、生物计算机、量子计算机等，由于划分方法与前面有所不同，因此我们将它们统称为新一代计算机。电子计算机的问世是社会需要和技术进步相互作用的结果，是对历史上各种计算技术及相关技术的继承、融合与创新。

(1) 第一代电子计算机（1946～1959 年）

20 世纪 40 年代及 50 年代初一组电子计算机的发明和冯·诺依曼等发表的长达 101 页的《关于离散变量自动电子计算机的草案》（简称"101 页报告"）的论文，标志着第一代电子计算机的诞生。这一组计算机包括 ABC（Atanasoff-Berry computer）、ENIAC、EDVAC（electronic discrete variable automatic computer）和 UNIVAC Ⅰ（universal automatic computer I）计算机，ABC 是阿塔纳索夫–贝瑞计算机，其拉开了电子计算机的序幕；ENIAC 是电子数字积分计算机的简称，通常被誉为世界上第一台电子计算机；EDVAC 即离散变量自动电子计算机，是具有存储程序的通用电子计算机，它是冯·诺依曼等提出的新型计算机设计思想的产物；UNIVAC Ⅰ 是由 ENIAC 的主设计师莫希利（J. Mauchy）和埃克特（J. P. Eckert）设计的通用自动计算机，它在美国 1950 年全国人口普查的统计当中崭露头角，在 1952 年美国总统选举结束后仅用 45 分钟的时间就准确预报了艾森豪威尔（D. D. Eisenhower）当选，使美国全国为之震动，让世人深切感受到了电子计算机的威力。

1945 年 6 月，诺依曼、戈尔斯廷（H. Goldstine）、勃克斯（A. Burks）3 人联名发表了计算机史上里程碑式的文献"101 页报告"，首次提出了现代计算机结构的理论模型——存储程序计算机模型，确定现代计算机设计的基本原则：包括采用二进制，计算机控制器、运算器、存储器、输入设备、输出设备五大组件构成等，按此方案制成的计算机也通称为冯·诺依曼机。第一代电子计算机的主要特点是用电子管作为逻辑元件，用磁鼓或汞延迟线作为主存储器，主要用于科学计算，运算速度一般是每秒几千到几万次，存储器容量为几千字节。编写程序最初是直接用机器指令，后采用汇编语言，到 1954 年第一个完全脱离机器硬件的高级语言——FORTRAN 问世。"硬件"和"软件"两个术语在这一时期出现。这一时期，电子计算机已经开始在社会上应用，到 20 世纪 50 年代末期，美国已有十几家电子计算机公司，IBM 公司因成功研制 IBM650 计算机，而奠定了其在计算机行业的领军地位。

(2) 第二代晶体管计算机（1960～1964 年）

电子计算机升级换代的主要动因是逻辑元件的更替，第二代晶体管计算机的核心特征就是用晶体管代替电子管作为计算机逻辑元件。1947 年 12 月，美国的肖克莱（W. Shockley）、巴丁（J. Bardeen）和布拉顿（W. H. Brattain）在贝尔实验室成功研制出晶体管，并因此而共同荣获了 1956 年诺贝尔物理学奖。晶体管具有性能可靠、寿命长、体积小、功耗低、成本低廉、转换速度快等特点，人们开始用晶体管研制新型计算机。IBM 公司推出的 IBM7000 系列计算机（如 IBM 7090 系统）是第二代晶体管计算机的代表。这时的计算机在应用方面已不仅限于科学计算，而是扩展到了事务处理等广泛领域，开始迈向计算机的综合应用。

（3）第三代集成电路计算机（1965 年至 20 世纪 70 年代初）

电子计算机进入快速发展期是集成电路出现以后的事情，1958 年美国人基尔比（J. S. Kilby）和诺伊斯（R. Noyce）分别发明了最早的集成电路，基尔比因此获得 2000 年诺贝尔物理学奖，这项被诺贝尔奖评审委员会誉为"为现代信息技术奠定了基础"的划时代发明，把电子计算机的发展引入到高速发展的轨道，1965 年由英特尔公司创始人之一摩尔（G. Moore）提出来的摩尔定律很好地描述这一发展速度的概貌。摩尔定律是指集成电路上可容纳的晶体管数目，约每隔 18 个月便会增加 1 倍，性能也将提升 1 倍，而价格下降一半。

1964 年 IBM 公司研制成功的集成电路计算机 IBM360 标志着电子计算机进入第三代。IBM360 系列的研发经费高达 50 亿美元，是美国"曼哈顿计划"（20 亿美元）的 2.5 倍，它也是计算机发展史上最成功的通用计算机系列，它的问世有力地推动了电子计算机的发展和应用。此外，这一时期小型机的发展也不容忽视。小型机的功能接近低档通用计算机，价格却比大型机低一两个数量级，且便于维护，在商业管理、教育和科学计算领域应用广泛。

（4）第四代大规模和超大规模集成电路计算机（20 世纪 70 年代初至今）

电子计算机进入第四代的显著标志不仅是用大规模和超大规模集成电路作为计算机的逻辑元件和存储器，而且呈现出微型化和巨型化两个发展方向。此外，在处理方式、体系结构和软件方面也有新的发展和特点。一般认为，美国伊利诺伊大学研制的 ILLIAC-Ⅳ计算机是第一台全面使用大规模集成电路作为逻辑元件和存储器的计算机，它标志着电子计算机的发展已到了第四代。巨型计算机的代表是克雷公司的克雷系列。1976 年，"克雷 1 号"（CRAY-1）问世，运算速度达到每秒 2.5 亿次，这是当时计算机的最快运算速度，美国气象中心、美国国防部等均成为 CRAY-1 的用户。微处理器和微型计算机的出现与发展是计算机发展史上的革命性事件，1968 年成立的英特尔公司发挥了至关重要的作用。1971 年，英特尔公司的费金（F. Faggin）实现了他的同事霍夫（T. Hoff）的构想，研制出世界上第一台四位微处理器 4004，虽然该芯片集成的晶体管数目仅为 2300 个，但是这是继晶体管、集成电路之后的又一里程碑式的发明，它标志着一场计算机革命的到来。至 1998 年微型计算机的数量已经过亿。随着互联网的普及，微型计算机得到更广泛的应用。

在第四代计算机阶段，软件的作用也日益突出。20世纪50年代中期，软件占计算机系统总成本的20%以下，到70年代后期上升到50%以上。为克服周期长、可靠性差的"软件危机"而出现的软件工程，极大地改进了软件质量，提高了计算机系统的整体性能。

（5）新一代计算机

至今，电子计算机仍在不断发展，超大规模集成电路和极大规模集成电路将在未来一段时间内仍作为计算机的关键元件。更富发展前景的计算机是新一代计算机，包括人工智能计算机、生物计算机、量子计算机、超导计算机等。整体上看，目前，人工智能计算机的研制仍处在探索之中，主要途径有符号处理与知识处理、人工神经网络、层次化的智力社会模型和基于生物进化的智能系统等。

生物计算机是以生物芯片代替半导体硅片的计算机，它利用蛋白质的开关特性，将蛋白质分子制成生物芯片。量子计算机是实现量子计算的计算机，它遵循量子力学规律进行数学、逻辑运算，存储和处理量子信息。这些新型计算机目前尚未进入实用阶段，但是一些突破时有发生，如2019年9月20日，多家英媒披露，科技巨头谷歌公司的内部研究报告显示，其研发的量子计算机成功在3分20秒时间内完成传统计算机需1万年时间处理的问题，并声称是全球首次实现"量子霸权"，这意味着量子计算机离实际应用已为期不远。

1.2.5.2 互联网发展简史

继交通网、水网、电网、电话网之后，互联网成为对人类社会产生巨大影响的技术网络，《互联网世界》统计数据显示，截至2020年5月31日，全球互联网用户数量达到46.48亿人，占世界人口的比例达到59.6%。基于互联网的电子邮件、信息检索、电子商务、电子政务等已经成为人们日常生活、学习和工作的一部分。从历史起源上看，国际互联网的前身是成立于1969年12月的阿帕网（Advanced Research Project Agency network，ARPAnet），ARPA（Advanced Research Project Agence）是美国国防部高级研究规划局的简称。国际互联网发展史内容繁多，其中以分组交换与分布式网络、传输控制协议/网络间协议（transmission control protocol/internet protocal，TCP/IP）、超文本标记语言（hyper text markup language，HTML）与万维网、浏览器和电子邮件的发生最为重要或影响最大，通过它们可以概括地了解国际互联网的发生和发展。

（1）阿帕网诞生的关键：分布式网络、分组交换与中介信息处理器

保持通信畅通十分重要，对于军事领域来说尤其如此。美国兰德公司的巴兰（P. Baran）在20世纪60年代初中期提出分布式网络与分组交换技术以最大限度地保持通信正常工作。在分布式网络中，无中心控制点，各网点都有多余途径通往相邻点，这样任一点遭破坏，信息仍可绕过它进行传送。分组交换技术就是把传送的信息拆成若干个分组，并都注有标识和编号，这些分组可以各自为政、见缝插针地传送到目的地，然后再根据编号重新组装起来。如果有的组块传丢了，发出站就再补传一次，用纠错重发的规则来保证信息传输质量。几乎与此同时，英国国家物理实验室的戴维斯（D. Davies），也独立提出了同样的总体概念和设计，现在使用的交换的单位分组就是戴维斯首先提出的。1967年，美国国防部高级研究计划署、信息处理技术处（IPTO）处长泰勒（B. Taylor）萌发了把3台不同地区、不同型号的计算机联成网络的设想，并把罗伯茨（L. Roberts）请来做总设计师。翌年，信息处理技术办公室向国防部高级研究计划局提出"资源共享的电脑网络"研究计划得到批准。研制实现分组交换技术的"中介信息处理器"成为关键的一步，罗伯茨确定了有关技术参数和要求，通过竞标的方式，最终由马萨诸塞州的BBN科技公司研制完成，后来"中介信息处理器"发展成为路由器。

1969年，通过中介信息处理器，加利福尼亚大学洛杉矶分校、斯坦福研究所、加利福尼亚大学圣巴巴拉分校和犹他大学的计算机实现联网，1969年12月正式投入运营，在1972年10月的国际计算机通信大会上，连接美国各地40台计算机的阿帕网演示获得巨大成功和反响，从此阿帕网正式登上历史舞台，这就是国际互联网的起源。

（2）TCP/IP

TCP和IP是计算机网络极其重要的技术基础，它们是由瑟夫（V. Cerf）和卡恩（R. E. Kahn）合作发明的。1974年，TCP的第一份报告发表，4年后TCP改为TCP/IP；1982年，美国国防部宣布TCP/IP为国防部使用标准；翌年，阿帕网正式转换成TCP/IP系统。TCP/IP把阿帕网、国家科学基金会网络（NSFnet）和北卡罗来纳大学与杜克大学的研究生创建的网络（USEnet）连在一起，这时的阿帕网称为ARPA-Internet，后简称Internet（因特网），这就是国际互联网的来历。1990年，阿帕网完成使命，退出历史舞台。

（3）万维网、浏览器、电子邮件

万维网（world wide web，WWW）的出现和实行把网络资源的利用推进到了一个新阶段。它改变了人们利用网上信息的方式，不再是"先传输获取，后阅读利用"，而是直接单击用户感兴趣的网上内容就能阅读或利用，即它允许用户通过网上计算机，存取另一台网上计算机上的信息。万维网是 Internet 上那些支持 WWW 协议和超文本传输协议（hyper text transport protocol，HTTP）的客户机与服务器的集合，通过它可以存取世界各地的超媒体文件，包括文字、图形、声音、动画、资料库以及各式各样的软件。万维网是英国科学家伯纳斯-李（T. Berners-Lee）于 1989 年设计开发的，1991 年登录互联网以来发展非常迅速，乃至万维网几乎成了互联网的代名词。

对于大多数网民来说，上网主要是浏览和收发电子邮件。第一款浏览器是伯纳斯-李发明的，风靡全球的浏览器马赛克（NCSA Mosaic）是国家超级计算机应用中心（National Center for Supercomputer Applications，NCSA）的安德里森（M. Andreessen）创编的，后来安德里森辞职并建立了网景通信公司，并于 1994 年 10 月发布了他们的旗舰产品网景导航者（Netscape Navigator）。在马赛克问世的头一年，万维网在一年内的访问量暴涨 341 634%，万维网网站也从 130 家增加到 2738 家。电子邮件更是互联网得到普及的一项重要技术和服务，至今，许多网络服务商仍然把提供免费电子邮件服务作为经营的基本策略之一。

综上所述，在互联网发展过程中，以上技术的发展和应用发挥了决定性的作用，它们是技术创新与服务创新相结合的典范。

1.2.5.3　通信技术发展简史

信息技术包括许多内容，无疑最具代表性的有计算机和通信两大类。在通信当中，无线电、电话、微波通信、卫星通信、光纤通信、移动通信、信息高速公路和新型通信是重要的通信技术领域。这里着重对卫星通信和光纤通信领域进行简述。

（1）卫星通信

卫星通信系统主要由通信卫星、地球站及测控跟踪系统等组成，通信卫星主要是地球静止轨道卫星。一颗静止轨道通信卫星大约可以覆盖地球表面的 40%，3 颗静止轨道通信卫星可以实现除两极部分地区外的全球覆盖，在覆盖区内的任何地面、海上、空中的通信站能同时相互通信。1958 年美国发射世界上第一颗试验通信卫星，1965 年，美国发射了世界上第一颗实用商业通信卫星"晨鸟"（Early Bird），后改称为"国际通信卫星Ⅰ"（IntelsatⅠ），它开始为北美和欧洲之间提供通信服务，这标志着卫星商用通信时代的到来。1984 年，中国发射第 1 颗试验通信卫星，1986 年成功发射实用通信卫星，1988 年发射第 4 颗通信卫星，1990 年又发射了第 5

颗通信卫星，构成了国内卫星通信网。2000年，采用东方红三号卫星平台发射的1颗通信卫星和2颗北斗导航试验卫星均顺利升空，标志着中国通信卫星发展到了一个新阶段。

铱系统是一项雄心勃勃的通信计划。1997~1998年，美国铱星卫星通信公司发射了几十颗用于手机全球通信的人造卫星，通过这些卫星可在地球上的任何地方拨出和接收电话信号。但是由于经营不善，2000年美国铱星卫星通信公司宣布破产。从技术角度看，与静止轨道卫星相比，铱星具有轨道低、传输速度快、信息损耗小、通信质量高的优点，而且它不需要地面接收站，移动手持卫星电话可以与卫星直接连接，可方便地用于边远地区、自然灾害现场等特定场合。目前卫星通信已经成为通信体系的骨干力量，美国的全球定位系统（global positioning system，GPS）、俄罗斯的全球导航卫星系统、欧盟的伽利略定位系统和中国的北斗卫星导航系统都具有全球通信导航功能。

（2）光纤通信

光纤通信是以光波作为信息载体，以光纤（光导纤维）作为传输媒介的一种通信方式。自从20世纪60年代初激光器发明以后，人们就可以产生单色相干光，使得高速的光调制（按一定规律改变光波的强度、相位、振幅、频率或偏振状态等参数的方法）成为可能。此后，人们开始探索通过大气传输光通信的试验，均告失败。1964年，高锟提出在电话网络中以光代替电流，以玻璃纤维代替导线，进行通信。1966年，高锟发表了题为《光频率介质纤维表面波导》的论文，首次提出光导纤维在通信上应用的基本原理，提出以石英基玻璃纤维作长程信息传递将带来一场通信革命，并具体指出当玻璃纤维损耗率下降到20分贝/千米时，光纤维通信就会成功。光纤通信的出现和发展不仅为通信事业开拓了新局面，也为互联网的大发展提供了技术基础。光纤通信发展迅速，光纤通信系统的传输容量从1980年到2000年增加了近1万倍，传输速度也大幅度提高。作为信息社会的基础设施，光纤通信发挥着越来越大的作用。高锟被世人誉为"光纤通信之父"，也因为在"有关光在纤维中的传输以用于光学通信方面"取得了突破性成就，获得2009年诺贝尔物理学奖。

通信技术的发展日新月异，新技术不断出现，如近年来兴起的量子通信以高效率和绝对安全等特点而日益引起人们普遍关注。量子通信是指利用量子纠缠效应进行信息传递的一种新型的通信方式，主要涉及量子密码通信、量子远程传态和量子密集编码等，将有可能成为新一代通信技术。

计算机、互联网、通信技术及其设备构成了信息社会基础设施，它们不仅实现信息流动，也对信息进行处理，充分体现出信息资源配置支持系统的功能。

从上述公路、铁路、海运、航空和信息技术的发展简史可以看出，作为农业社会、工业社会、信息社会的基础设施，它们发挥着对社会运行与发展的支持作用，同时由于自身的局限，也制约着社会活动的效率与品质。是否重视基础设施建设，对社会发展和国家竞争力有直接影响，基础设施的升级换代也与社会发展关系极为密切，甚至达到互为因果关系的程度。

1.3 基础设施案例研究

1.1节和1.2节对几种有代表性的基础设施发展简史进行了论述，可以从中看出不同社会形态，基础设施的变化和作用，本节选择中国大运河、美国铁路系统、美国信息高速公路分别作为农业社会、工业社会、信息社会的基础设施代表，来做案例研究，它们也分别是基础设施1.0、2.0、3.0时代的代表。

1.3.1 基础设施1.0时代的代表：中国大运河

基础设施与社会运行及发展是相互影响的，基础设施对社会起到支撑和约束的作用，社会对基础设施起到需用和建构的作用，这种特点在人类社会早期已经体现出来了。大约发生于1万年以前的农业革命，是人类历史上第一次划时代的革命性变革，人类发明了农业和畜牧业，放牧、饲养动物和栽培植物等以获取食物，开始定居生活。从狩猎和采集向定居农业的这一转变，使人类提高了扩大资源基数的能力从而导致了根本性的经济革命，人类进入农业社会。考古学家柴尔德（G. Childe）称其为新石器革命，认为它从根本上改变了人类进程，大大加速了学习过程（诺思，2003）。人口的增长可宏观地反映出农业革命引起的社会发展。研究表明，更新世时期末期的人口总数大约在800万，在此前的100万~200万年的年人口增长率在0.0007%~0.0015%。农业出现后，人口年增长率估计为0.036%。到公元1年，人口已达到3亿左右。公元1~1750年，人口年增长率大约保持在0.056%，人口总量达到8亿左右。此后，公元1750~1800年，人口年增长率迅速提高到0.44%，19世纪为0.53%左右，20世纪上半叶达到0.79%，20世纪下半叶则增至1.7%，1999年人口已突破60亿（诺思，2003）。

社会分工和国家的出现是农业社会的重要变革，随着生产力缓慢的发展和人口的增加，人们为了不误农时，保存食物，兴修水利，需要发展出数字和文字来测算历象、记录被保管的物品和组织众多的人力。这就要求一部分人从日常的劳动中解放出来，专门从事这些工作。因此社会就出现了分层和分工（张祥平，1995）。分工，便于拥有"闲暇"的受养者从事技术发明和总结经验，因此人类的生产活动和社会活动进入了更有组织的阶段，技术和经济的发展得到有利推动（张祥平，1995）。分工既有利于技术发展又可产生物质交流的需要，因此需要交通基础设施；农业社会兴修水利、抵御自然灾害，因此需要水利基础设施；在农业社会，国家的出现产生了对国家疆域内的管理和控制的需要，因此需要交通和通信基础设施。秦始皇统一六国之后，强大统一的行政控制、内部经济商业贸易的密切交流都需要有发达的通信交通运输系统、精确的土地丈量技术和绘图技术等。

中国大运河是基础设施1.0时代的伟大典范。在农业社会，水利资源是最重要的资源，作为基础设施的水利工程成为支撑经济社会发展的重要因素。农业社会的基础设施，即基础设施1.0时代，最重要的功能之一就是支持对水利资源的配置。截至2020年9月，世界上有91处古代灌溉工程被收录为世界灌溉工程遗产，中国有19处灌溉工程入选，是拥有遗产工程类型最丰富、灌溉效益最突出、分布范围最广泛的国家。中国古代水利基础设施在世界上极具代表性，这里以中国大运河为例说明农业社会基础设施的机制与功能。

中国大运河是世界上最长的古代运河，是中国东部平原上的一项伟大水利工程，是世界文化遗产。中国大运河始建于公元前486年，包括隋唐大运河、京杭大运河和浙东大运河3部分，全长2700千米，开凿至今已有2500余年。京杭大运河是其主体部分，南起余杭（今杭州），北到涿郡（今北京），流经天津、河北、山东、江苏和浙江，沟通海河、黄河、淮河、长江和钱塘江五大水系，全长近1800千米。它是世界上最长的一条人工运河，是苏伊士运河长度的9倍以上，是中国重要的一条南北水上干线。其发挥着运输和灌溉的重要作用，有力促进了中国经济、政治和文化的发展，在中国乃至世界范围内堪称农业社会基础设施的伟大典范。

京杭大运河历经漫长时间的修建才得以完成，其主体部分的开凿修建主要包括3个阶段：开创时期（公元前5世纪，春秋战国时期）、第一次大沟通时期（公元7世纪，隋唐时期）、第二次大沟通时期（公元13世纪，元朝时期）。作为农业社会基础设施，京杭大运河在4个方面发挥了重要作用：①先进的交通运输。加强了中国南北交通和交流，南粮北运、军资调配、军事布防等各种物资漕运。②发达的水利灌溉。大运河与钱塘江、长江、淮河、黄河与海河五大水系勾连，解决相关的水利灌溉和防洪问题。③造就先进的水利工程技术。其水利工程体系由水道工程、水源工程、工程管理和附属设施工程四大工程系统构成，在18世纪英国工业革命之前，堪称世界水利工程、土木工程技术的最先进的代表之一。④造就先进的管理系统，维系中央集权和国家统一。有效减少了区域分割和地方主义，加强国家行政管理，确保了国家统一。大运河的修建和运行，改变了中国地理环境，形成了南北东西全方位的巨型水系网络，促进了运输的发达、农业的发展、国防的强大、商业与文化的繁荣，推动了运河沿岸经济社会的蓬勃发展和名城名镇的崛起，为中国在农业时代成为世界发达国家之一做出了巨大贡献。作为农业社会的基础设施，充分体现了技术设施的硬基础设施和组织管理的软基础设施的相辅相成，是基础设施建设与运营的光辉典范。

在农业社会，水利工程是那个时代的高科技，其基础设施的水平几乎决定了经济和社会的发展水平。中国大运河的案例充分说明，基础设施是软硬结合的技术-社会系统，其技术创新固然重要，但配套的组织管理创新同样重要。中国大运河的成功修建和运行表明，先进配套的组织管理系统的成功至关重要。大运河组织管理制度是庞大复杂的运河体系得以运转的重要保障，元代至明初为大运河组织管理制度的开创期，大运河管理制度呈现出动态演进与朝代更替错位的特征，其发展变化是应对社会发展需求而做出的动态回应与调整。漕运与河道、中央与地方、文官与武官所构成的组织管理体系，表现出大运河管理制度的二元结构，反映出中国大运河在管理方面已达到很高水平（钟行明，2018）。农业社会基础设施已经充分证明基础设施是技术-社会系统，硬基础设施（技术设施）与软基础设施（组织管理、体制机制）的有机结合是成功的关键。

1.3.2　基础设施2.0时代的代表：美国铁路系统

大规模公路和铁路的建设与运行，使得人类进入工业社会，其中铁路的发展最具代表性。这里以美国铁路发展历程作为案例加以分析探讨，选择它的原因如下：一是铁路是典型的基础设施，是第一次工业革命的象征之一，是工业社会基础设施的代表；二是铁路运输包括物质流、能源流（运输煤炭、石油等）、信息流，铁路既是工业社会的基础设施也是信息社会的基础设施，美国铁路开始更多的是运输邮件，在信息社会它同样是支持物质资源、能源资源、信息资源等配置的重要基础设施；三是铁路作为基础设施，包括硬基础设施和软基础设施，后者的作用十分突出；四是关于美国铁路的作用有不同意见，都是权威学者，从中可以得到更多启发。

1.3.2.1　美国铁路发展概况

英国的史蒂文森于1825年开始建筑世界上第一条铁路，美国紧随其后，于1828年开始动工修建铁路。美国铁路发展史可分为3个阶段。

第一阶段：黄金时期（1830~1916年）。

1830年，21千米的"巴尔的摩—俄亥俄"铁路建成通车，这是美国历史上第一条铁路,拉开了美国"铁路时代"的序幕。1833年,从南卡罗来纳州的查理斯顿至汉堡的铁路顺利通车,并首次采用美国自主设计的蒸汽机车运行,铁路建设的热潮由此兴起。到1840年,美国共修筑铁路4534千米,成为当时铁路里程最多的国家。1910年,美国铁路线有56.9万千米,约占当时世界铁路总里程的50%。1916年,美国铁路里程达到40.6万千米,构成了多线平行的路网结构,铁路行业员工170万人,铁路公司多达6000多家。这一时期的铁路运输承担了98%的货运周转量和77%的客运周转量。其中,太平洋铁路是第一条横贯北美大陆的铁路,为美国的经济发展和现代化做出了重大贡献,被英国广播公司评为世界七大工业奇迹之一。美国铁路市场处于自由竞争的开放阶段,虽然发展很快,但是也出现了私人投资多、铁路数量过多、分散建设和无序竞争等问题(汪建丰,2005)。

第二阶段:衰落时期(1917~1980年)。

20世纪初,为打破铁路垄断运输市场、促进公路和航空等其他交通基础设施的发展,美国政府采取了一系列管制措施,导致铁路市场衰退。铁路运价由政府统一规定,各铁路公司不能自主决定运价,也不能根据客户运量的多少给予运价优惠,这挫伤了铁路公司技术创新的积极性。到20世纪60年代末,超过半数的铁路客运线路被废弃,客运业务面临完全丧失的困境。1970年美国政府接管客运业务,成立了美国市场上目前唯一的全国性铁路客运公司——美国国家铁路客运公司,于1971年投入运营。

在这一过程中,美国政府发挥了至关重要的作用,各种法令(表1-1)使铁路公司失去了市场活力,铁路行业由盛转衰(汪建丰,2005)。

表1-1 美国铁路管制改革的主要内容

时间	法令	主要内容
19世纪	格兰其法令	规定最高运价表等,对美国中西部铁路运输乱象进行规范
1887年	管制商务法	成立州际商务委员会,裁定公平合理运价;禁止不同地区、托运人、商品间的差别待遇;禁止长短途运价差异;禁止铁路企业联营,以维持竞争等
1903年	埃尔金斯法(反回扣法)	处罚给以回扣或其他好处的行为;规定回扣属违法行为;背离公布运价或者坚持被法院禁止的运价为违法行为
1906年	哈布恩法	增加州际商务委员会的权利
1910年	曼恩-埃尔金斯法	州际商务委员会有权终止运输企业改变运价,并对已经交付运费者给以补偿

第三阶段：复苏时期（1981年至今）。

为重新振兴铁路行业，美国政府于1980年通过了著名的《斯塔格斯铁路法》，取消了先前很多对铁路的管制措施，2008年实现铁路总投资5850亿美元，铁路线和机车的质量得以提升，运输效率和铁路运量也随之提高，截至2013年底，美国铁路营业里程约26.1万千米，居世界首位。根据美国运输部2016年的统计，美国货运铁路每天运送货物约5500万吨，以"吨/千米"来计算的运量在美国各类运输方式中排名榜首。美国运输部2015年在官方网站发布白皮书《展望2045：美国综合交通发展趋势与战略选择》指出，未来30年美国人口将增加23%，美国人对出行方式的多样化需求增加。人口增长与经济活动趋向于大城市，铁路客运的吸引力和竞争力会有所提高。美国政府采取颁布法令（表1-2）、设置管理机构等措施，成效比较明显（Withuhn，1993）。

表1-2 放松管制改革的主要内容

年份	法令	主要内容
1980	斯塔格斯铁路法	允许铁路公司根据市场的需要适当调整运价；铁路公司可采用合同运价、签订协议来运输；不再强制要求铁路公司继续亏损线路的经营；明确强调铁路公司收益要具有充分性；在不需要防止铁路公司滥用市场势力侵害托运人利益的情况下，最大限度地拓宽管制的豁免范围等
1995	州际商务委员会终止法	撤销州际商务委员会，于1996年成立地面运输委员会，对管制范围、内容等进行界定和调整

1.3.2.2 铁路是技术系统，是硬基础设施和软基础设施的有机结合

铁路作为一个技术系统，包括技术、产品、管理、制度，也可以说是硬基础设施和软基础设施的有机结合。在技术和产品方面，美国铁路是引进英国技术并进行一系列技术革新和改进，以适应美国高低不平的地势等美国国情。在管理和制度方面，铁路不仅是基础设施也是第一个高技术网络，铁路催生了管理上的革命和美国社会的文化变革，推动了美国现代化进程。各地铁路需要协调，因此出现了美国全国统一时间和4个时区的划分。为了配合铁路时刻表，民众开始使用钟表和手表，促进了钟表业的发展。铁路运行所需大量协调工作而催生了职业管理者和白领阶层，甚至引发经理革命：企业由雇来的经理管理，而不再由拥有者管理。修筑铁路需要巨额资本，美国铁路企业几乎一开始就走上了股份制道路，从此股份制公司作为一种组织创新形式风靡世界。

铁路企业的特点还引发一系列管理创新。在管理上形成了一套分权的、权力机构与职能部门分设的组织形式——这就是后来M形组织结构的雏形。与之相适应

的近代财务会计、统计制度的基本方法也逐渐发展起来。铁路要求准确可靠、全天候、大规模、低成本的运输运营，为后来制造业中现代企业的成长提供了必要条件；铁路企业的组织管理创新成为后来制造业企业的组织管理创新的基础，揭开了美国"管理运动"的序幕。一些管理学家得益于在铁路领域的工作经验而做出理论创新，如美国著名管理学家孔茨（H. Koontz，1908—1984 年），曾任美国铁路联合会副主席助理，是西方管理思想发展史上管理过程学派的主要代表人物之一。

铁路网是典型的技术系统，近年来，学术界在研究美国 19 世纪末的工业革命时越来越关注"技术系统"的重要性。"技术系统"强调的是，有重大社会意义的技术，如蒸汽机、火车头、电灯、电话、电报，重要的不仅是某个硬件的发明，而是硬件与软件连接在一起的一整套技术系统的发展。例如，从电灯到发电站、输电网，用户、组织和社会网络，铁路网则是铁轨、机车、车站、通信系统、供电系统、管理系统、货物、旅客、治安、政府部门、政策等的集合。从技术系统的角度来理解技术和基础设施，便于对技术、管理、组织、基础设施（硬基础设施、软基础设施）的社会性、系统性、技术与经济社会互动进行认识和把握。

很多历史学家认为，技术系统的涌现是现代社会最主要和最重要的标志之一。19 世纪初，工业化的过程在有心关注的人看来似乎是一系列相当不连续的事情，如隔壁村子里建了一座纺纱厂，一个商人在河流的上游设立了一座面粉厂，若干千米外新设了一个火车站。到了 19 世纪末，几乎所有的美国人都意识到，工业化的进程已经今非昔比了，它创造出了相互连接起来的、各种物质的和社会的网络。而所有美国人，无论是富有的还是贫穷的、年轻的或年老的，都越来越生活在这些网络之中（王作跃，2017）。

美国著名技术史学家休斯（T. P. Hughes）提出技术系统是理解技术史的关键。他认为，美国历史文化最具特色的不是其民主政治、自由企业制度，而是美国人一贯对技术的热忱，尤其表现在 1870 年所开启的长达一个世纪的技术热潮和技术创新。休斯提出，在 19 世纪的最后 30 年里，美国人重塑了自己的世界，把自然世界改造成了技术世界，即一个强调秩序、系统和控制的世界，从而完成了一个"美国创世纪"。他认为，美国的这百年技术热潮奠定了美国现代化的基础，其意义，可以与文艺复兴在意大利历史、维多利亚时代在英国历史上的意义相媲美。而在这个改造自然的过程中，最重要的不是单个技术的发明，而是囊括了这些发明的技术系统（王作跃，2017）。可以说，铁路网是 19 世纪和 20 世纪初的典型技术系统。

1.3.2.3 美国高铁失败，说明以往成功不代表可以继续成功

早在 1964 年日本新干线投入运营时，美国就开始构思高铁计划，并于 1965

年出台了《高速地面运输法》，拨款 9000 万美元用以建设东北走廊的城际高速客运铁路。1993~2000 年克林顿政府执政期间，联邦铁路局又批准了共计 11 条高铁建设计划。2009 年，奥巴马声称，将启动 20 世纪 50 年代艾森豪威尔开始的州际高速公路工程以来最为宏大的基础设施投资计划，修建 13 条高铁线路，惠及 31 个州。除了佛罗里达州迈阿密至奥兰多的高铁项目如期进行外，其余以失败告终。可见，美国铁路以往的成功经验不能照搬。

1.3.2.4 基础设施具有替代性，需要考虑机会成本和优先序

对于铁路而言，汽车、水运就有替代性。既然是物质流、能源流、信息流，就有多种技术手段实现同样的流，即替代性。铁路业作为经济起飞的先行产业，带动了 19 世纪美国经济和多种产业的迅速发展，这已成为学界的主流观点。但是，这一观点在 20 世纪 60 年代受到以福格尔（R. Fogel）为代表的美国新经济史学家的批评与修正。对这位 1993 年诺贝尔经济学奖获得者的获奖研究表明，铁路对 19 世纪的美国经济增长并非不可或缺。福格尔通过定量研究分析了铁路与经济增长的关系，进而指出假设没有铁路，美国的适航运河网络也能满足经济增长对运输业的需要。福格尔继承了芝加哥学派经济学家的学术传统，认为美国政府对铁路业的慷慨援助未必有效，负面效应倒是很明显。大规模的铁路投资导致重复建设和资源浪费，这突出体现在赠地政策和财政援助方面。这些讨论说明，基础设施应该充分考虑投入产出、机会成本、优先序等问题。美国铁路兴衰史也充分说明处理好政府与市场的关系至关重要。美国公路的成功是政府计划的，铁路则因政府管制而衰落，所以要具体问题具体分析。技术系统是多元主体，激励均衡至关重要。

美国铁路发展史证明，基础设施，不仅需要技术创新，也需要管理创新、组织创新、制度创新、政策创新、系统创新，需要考虑机会成本和优先序，基础设施是硬基础设施与软基础设施合理的有机结合。

1.3.3 基础设施 3.0 时代的代表：美国信息高速公路

互联网诞生于美国，上述已有关于互联网发展简史的论述，在此不再赘述。互联网的快速发展，引起美国政府的重视。1991 年，布什总统向国会提交了《国家的关键技术》的报告。该报告对于美国当时的信息技术发展提出了总体要求，要实现信息化和全球化，就必须依靠完善的网络，它是美国保持全球技术领先的重要条件。1993 年克林顿政府提出《国家信息基础设施：行动计划》（也称为"信息高速公路"计划），这个计划是用光缆和相应的软硬件设备以及网络体系把美国所有的政府机构、学校、公司、医院、图书馆等不同的机构和每个家庭都连接起来，建成

一个全国性的计算机化的高速信息网络,通过它向所有美国人迅速准确地提供各种信息,共享海量的信息资源。它将有助于发动一场新的信息革命,而这场革命将彻底改变人们的生活、工作和相互交往的方式,最大限度地发挥美国人的才干,推动国家的经济增长,保持美国的全球竞争优势。

1994年,美国副总统戈尔又提出了建设世界范围信息高速公路的倡议,即"全球信息基础设施"。美国总统克林顿在1994年1月的《国情咨文》中对"全球信息基础设施"近期计划的最低要求是,争取在2000年以前"把全国的每一个教室、每一个诊所、每一个图书馆、每一个医院都联系在一起,形成一个全国范围的信息高速公路"。中期计划是到2005年,使大部分美国家庭入网,实现多媒体普及化。长期计划要求是用15~20年的时间(2010~2015年)建成"一个前所未有的全国——最终是全世界的——电子通信网络,四通八达,将每个人都连在一起,并能提供各种可能的通信服务"。信息高速公路的建设和拓展,新技术、新商业模式层出不穷,技术创新与服务创新的结合实现了网络快速发展与大规模应用。

长期以来,美国政府一直重视信息基础设施。在国家成立早期,美国政府就投资于邮政系统的建设,邮政局数量从1788年的100个发展到1840年的13 468个(钱德勒和科塔达,2008);在20世纪中期,美国政府同样投资开发新的通信方式和计算技术。互联网只不过是美国政府所取得的一系列举世瞩目的成就中最新的一项,这些成就还包括电力网的普及、全国公路系统的建设以及全国固定和无线电话网络的不断扩展和完善。信息在美国社会中一直起着重要作用。它对国家的政治、行政管理、经济活动,以及信息处理和通信来说都是必不可少的。信息以前是并且仍然是国家经济基础设施中一个几乎看不见的组成部分——它之所以几乎看不见,是因为它非常普遍,从人们获得的技能和知识,到厨房餐桌上可见的报纸、床头的祈祷书、办公桌上的电话和计算机,几乎无处不在(钱德勒和科塔达,2008)。美国信息高速公路建设表明,条条大路通罗马,光纤系统的互联网与卫星互联网有一定的互补性和互替性,可根据机会成本来统筹设计实施。信息高速公路建设,开发和优化国家信息基础设施,将有助于发动一场信息革命,这场革命将永远改变人们的生活、工作和相互交往的方式,甚至改变国家的疆域和世界格局。诸如:

1)人们几乎可以生活在任何地方,通过电子"高速公路"与他们的办公室"通信",而不会错失就业机会。

2)所有学生可有机会共享最好的学校、教师和课程,而无须考虑地理、距离、财力或身体状况。

3)无论何时何地,当你需要时,都可以立即通过联机方式获得美国保健系统和适应其他重要社会需求的服务。

4）信息高速公路构建的赛博空间，改变了国家疆域与世界格局。

美国信息高速公路的建设与运行的成功，清楚地表明基础设施作为资源配置支持系统，可以在很大程度上影响乃至决定着社会的运行与发展。

1.4 几点启示

综上所述，通过对基础设施性质及其与社会发展关系的探讨，回顾历史上公路、铁路、海运、民航、信息技术这5项基础设施的发展，对中国大运河、美国铁路系统、美国信息高速公路3个分属农业社会、工业社会、信息社会的有代表性的基础设施典型案例的分析，得出5点结论。

1）基础设施是支持社会运行与发展的技术-社会系统，包括技术与组织管理、体制机制，它是社会所需要的资源配置支持系统，资源包括物质资源、能源资源、信息资源、知识资源，资源配置支持包括支持资源流动（物质流、能源流、信息流、知识流）和支持资源利用。对于基础设施与社会运行发展来说，社会运行发展的需用和构建产生了基础设施，基础设施的支持和约束又推动、规范了社会的运行与发展，这种互动增强的机制是基础设施的重要特征，为探讨基础设施建设与社会运行发展的关系提供了一个简洁的分析框架（见图1-2）。

2）迄今为止，人类社会经历了农业社会、工业社会，正处于信息社会，发达国家开始步入知识社会，不同社会形态的基础设施不同，也各有侧重，基础设施的特点很大程度上反映了其支撑的社会形态的性质，基础设施与社会运行发展的关系如图1-2所示，可见基础设施的至关重要。农业社会的基础设施以物质资源配置支持系统为主导，可谓基础设施1.0时代，满足社会的物质资源配置的需要，道路交通和土地成为农业社会的核心要素；工业社会以物质资源配置支持系统为基础、能源资源配置支持系统为主导，在基础设施1.0时代的基础上升级为基础设施2.0时代，满足社会物质资源与能源的配置需要，能源和资本成为工业社会的核心要素；信息社会以物质和能源资源配置支持系统为基础、信息资源配置支持系统为主导，在基础设施2.0时代的基础上升级为基础设施3.0时代，满足社会对科技与信息资源配置的需要，科技与资本成为信息社会的核心要素；按照事物发展的规律，社会将进入知识社会，在基础设施3.0时代的基础上升级为基础设施4.0时代（新型基础设施应该是其重要组成部分），而成为知识社会的基础设施，其以物质资源、能源资源、信息资源配置支持系统为基础、知识资源配置支持系统为主导，满足社会对人才和知识的资源配置的需要，人才和知识成为知识社会的核心要素，基础设施4.0时代的主要功能就是让人才和知识充分发挥作用，造福社会。基础设施的升级换代是促进社会发展变化的驱动力量，以软硬基础设施演进的视角可以更好地理解社会变迁、更好地预测未来发展。

3）基础设施是技术系统，它不仅需要技术创新，也需要服务创新、管理创新、组织创新、制度创新、政策创新、文化创新、系统创新，基础设施是硬基础设施与软基础设施合理的有机结合，而且软基础设施的重要性容易被忽视，因此应该更加给予及时重视，从技术系统的角度分析、设计新基础设施，至关重要。

4）基础设施具有替代性，因此需要考虑机会成本和优先序，需要自上而下、自下而上地有机结合，需要充分发挥政府和市场各自的作用。中国地域广阔、区域发展不平衡、行业种类丰富，更应该重视研究新型基础设施建设的机会成本和优先序问题，优化资源配置，力争事半功倍。

5）回顾历史的意义在于要明确基础设施不仅是实现物质流、能源流、信息流、知识流的流动，而且还是对物质资源、能源资源、信息资源、知识等资源的利用配置给予支持，基础设施是各种资源配置的支持系统，应以此理解、设计、建设、运营新型基础设施。新型基础设施建设区别于以往的基础设施建设的核心之处在于对知识的流动和利用给予实现与支持，充分体现知识社会是学习型社会和创造型社会的特征，尽快打造高品质、高效率的知识资源配置支持系统，以支持和规范即将到来的知识社会。

第 2 章 新型基础设施的内涵和特征

基础设施既是过去发展的成果，又是未来发展的条件。对基础设施持续进行适量先行投入，是保证未来经济社会持续健康发展的必要条件。中国是基础设施建设大国，基础设施存量位居世界前列，但存在发展不平衡、不充分的问题。中国人均基础设施存量仅相当于发达国家的 20%～30%，发展前景广阔。在以 5G、人工智能、物联网、大数据中心等新一代信息技术为代表的新科技及应用创新的推动下，催生了新一代基础设施，开辟了基础设施发展的新空间。随着中国经济进入高质量发展阶段，传统基础设施体系的不适应性问题凸显，迫切需要以新型基础设施建设带动传统基础设施转型升级，加快构筑现代化基础设施体系。从中长期趋势看，基础设施体系现代化有广阔的发展空间和应用前景，科技革命、产业变革、城镇化、创新、协调、绿色、开放、共享发展和数字化转型是传统基础设施转型升级和新型基础设施建设的内在动力。本章对基础设施的内涵演进与体系构成进行回顾、总结，对新型基础设施的概念内涵与内在机理进行界定、剖析，对新型基础设施的发展动力与特征、体系结构与类型进行阐释、探讨，旨在以科学合理的新型基础设施建设引领带动基础设施体系现代化，构筑知识文明的新型基础设施。

2.1 基础设施的内涵演进与体系构成

基础设施一词在英文里为 infrastructure，infra 为拉丁文，意为"在下部"，structure 为"结构"，两者结合起来的字面理解为"基础结构"或"基础设施"，意为"一个国家或一个组织保持运行所必需的系统或结构"。因此，基础设施可以理解为整个系统或组织保持运行所必需的基础性结构。我国的大运河（建于公元前 486 年）、都江堰（建于公元前 256 年）以及西方的罗马水道（建于公元前 6 世纪）证明当时人类已有对社会发展的基础设施进行建设的公共观念。

2.1.1 从社会成本视角理解基础设施的内涵

基础设施与其支撑服务的对象构成"相互定义"的一个系统。按通常理解，基础设施是为经济生产和社会生活提供重要公共服务的设施。从投资的角度看，基础设施是公共先行资本，为经济、社会和环境的可持续发展创造投资机会，包括运输、电力、通信、给排水、水利设施、管道燃气等所有基础产业和公用事业设施，必须先行于收益快的私人生产投资，构成经济社会发展的基础支撑，是国民经济发展的分摊成本，具有公共物品和准公共物品的特征。在市场失灵的情况下，政府基于全社会成本-收益分析做出供给决策，并用税收等收入进行支付。

广义的基础设施可从社会成本的意义上理解，不仅包括狭义的基础设施即公共先行资本，而且还包括教育、科学研究、文化艺术、环境、公共医疗卫生、立法司法行政管理系统、国防、公共安全等领域，为社会直接生产活动提供要素支撑和环境服务，使私人直接生产投资更加有效率，生产的收益更高，其费用由社会分摊，也具有公共物品和准公共物品特性。公共间接资本能提高整个社会发展的竞争力和获利能力，具有间接经济效益，属于广义的基础设施范畴（图2-1）。基础设施主要由公共物品和准公共物品构成，由于公私合作，一些公共物品和准公共物品也由私人部门参与提供，以致出现了商品类型的基础设施，比如，政府特许私人投资修建并收费的高速公路、铁路等基础设施。

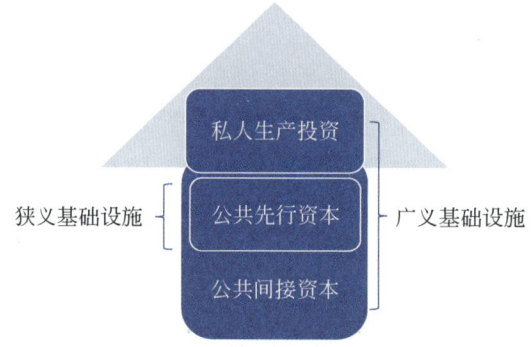

图2-1　从社会成本视角理解基础设施

2.1.2　从发展视角理解基础设施的内涵演进

世界由物质、能量和信息组成，能量是物质和信息流动的动力，信息是人类了解、调控物质和能量流动的信号。由于物质流、能量流和信息流的顺畅和制度保障，人类社会得以生存发展。人类社会的基础设施是满足人类生存发展需要的基础条件和支撑，并受到发展理念的影响。从基础设施内涵逐渐丰富的历史可以看出，人类对社会发展的认识逐渐深刻，对基础设施内涵的把握也逐渐深刻。早期人类更重视支撑经济发展的基础设施建设。1965年，经济学家汉森（Alvin Hansen）在《不平衡增长和区域发展》中最早提出基础设施包括社会基础设施和经济基础设施。

社会基础设施包括为人民生活投资的间接资本，如健康和教育投资。经济基础设施是用于支持经济生产和一般经济活动的间接投资，主要包括公用事业设施（电力、管道燃气、通信、供水、污水、废弃物收集和处理）、公共工程（道路、重要的水坝和灌溉水渠）和运输（铁路、港口、水路和机场、城市交通网络）。从发展内涵看，基础设施不仅仅限于生产的基础设施，还包括支持生活条件（如供水）和保护环境（固体废弃物处理和污水处理）的基础设施。随着人类对社会、人文、环境、创新发展的重视，基础设施的内涵、外延与使命定位与内容体系进一步拓展。

基础设施是特定阶段保障人类社会物质流、能量流和信息流顺畅、安全、高效流动的软硬件系统网络设施，为经济、社会、环境发展提供持久性公共服务支撑。基础设施既是过去发展的成果，又是未来发展的条件，其建设应用的整体水平，决定了未来发展所能承载的愿景与发展空间。因而，对基础设施持续进行大量的先行投入是保证未来经济社会持续健康发展的必要条件。未来，随着人类对发展的认识更加全面、深刻，基础设施的内涵、外延与使命还将会有意想不到的拓展。正如英国原首相卡梅伦曾在一次演讲中说：基础设施是现代生活中不可或缺的魔力棒，其重要的价值在于，它能使我们今天连想都不敢想的事情明天就变成现实。

2.1.3 基础设施体系随着发展进程逐步丰富拓展

早期人类关注经济，重视支撑经济发展的基础设施，后来逐步重视支撑社会、人文、环境、创新发展的基础设施。未来，伴随着科技革命、产业变革和经济社会数字化转型进程加快，基础设施体系的内涵、外延与使命还将会有进一步的拓展。

在农业社会，农业基础设施是经济基础设施的主体。水是农林水产的关键要素，水利设施的好坏直接决定农业发展水平与农民生活质量。农田水利基础设施是农业生产的基础支撑，既包括灌溉、水利、储藏等设施，又包括大江大河的疏浚治理、水运等设施，还包括如都江堰、郑国渠等水利工程，为提高农业生产力奠定了重要基础。

在工业社会，工业和服务业基础设施是经济基础设施的主体。电力、机械设备、交通等在生产生活中的作用日益突出，交通运输、管道运输、电力网络等成为重要基础设施。例如，英国工业革命后，原有港口、水运体系难以满足运输需要，蒸汽机的发明助推铁路基础设施迅速发展，加速推进工业化进程。随着汽车、飞机的发明，公路、机场等交通基础设施进一步拓展，加速推进全球化基础设施建设进程。

在信息社会，科技与信息化是经济发展的主要驱动力。以科技与信息化产品及服务驱动引领经济社会可持续发展。数据和信息成为经济社会发展的关键要素，互联网成为重要基础设施，基础设施体系进一步拓展为科技和信息化基础设施，经济、社会、环境基础设施，国家安全与治理基础设施（图 2-2）。

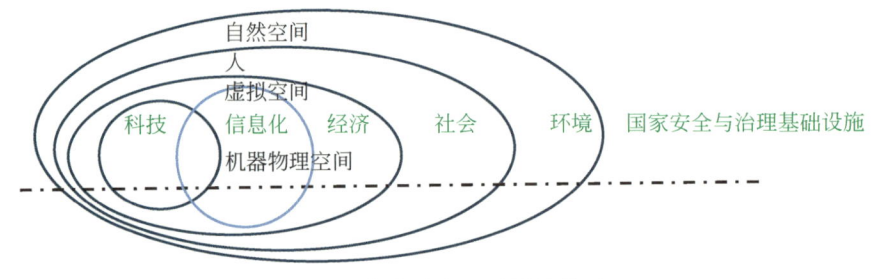

图 2-2　信息社会基础设施体系

2.2　新型基础设施的内涵与机理

"人事有代谢，往来成古今。"新型基础设施源于传统基础设施，新发展源于传统发展，对"代际"跃升的理解与发展理念和时间尺度有关。在不同历史时期，发展与新发展、传统基础设施与新型基础设施深度融合，共同促进发展。

2.2.1　新型基础设施的内涵界定

从社会发展长周期来看，发展和新发展之间、发展和基础设施之间是动态演化的。一些基础设施早期作为社会分摊成本，后来因为有大量私人生产投资进入，成为基础产业，就进入发展的范畴。"创新、协调、绿色、开放、共享"的新发展理念，符合我国国情，顺应时代要求，深刻揭示了实现更高质量、更有效率、更加公平、更可持续发展的必由之路，是关系我国发展全局的发展方式的深刻变革，是管全局、管根本、管长远的价值导向，指明了中长期我国的发展思路、目标、方向和着力点，具有战略性、纲领性、引领性，对破解发展难题、增强发展动力、厚植发展优势具有重大指导意义。就创新驱动发展而言，新型基础设施与传统基础设施共同成为"全面创新"驱动引领"全面发展"的基础支撑（图 2-3）。

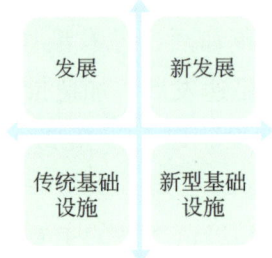

图 2-3　新型基础设施支撑引领经济社会创新发展

新型基础设施相对于传统基础设施而言，是新发展和高质量发展的重要支撑，是为未来阶段保障人类社会物质流、能量流和信息流更加顺畅、安全、高效流动的软硬件设施网络，为经济、社会、环境发展提供有质的"代际"跃升特征的持久性公共服务支撑。未来社会的生产、流通、分配、消费、弃置等活动及土地、劳动力、知识、技术、人才、资金、信息、管理等要素的供给、流动与组合，体现为物质流、能量流和信息流的网络化、数字化、智能化，需要新型基础设施体系的系统支撑。

2020年4月20日，国家发展和改革委员会对社会广泛关注的新型基础设施建设相关问题进行回答，认为新型基础设施是以新发展理念为引领，以技术创新为驱动，以信息网络为基础，面向高质量发展需要，提供数字转型、智能升级、融合创新等服务的基础设施体系。目前来看，新型基础设施主要包括3个方面：一是信息基础设施。主要是指基于新一代信息技术演化生成的基础设施，如以5G、物联网、工业互联网、卫星互联网为代表的通信网络基础设施，以人工智能、云计算、区块链等为代表的新技术基础设施，以数据中心、智能计算中心为代表的算力基础设施等。二是融合基础设施。主要是指深度应用互联网、大数据、人工智能等技术，支撑传统基础设施转型升级，进而形成的融合基础设施，如智能交通基础设施、智慧能源基础设施等。三是创新基础设施。主要是指支撑科学研究、技术开发、产品研制的具有公益属性的创新基础设施，如重大科技基础设施、科教基础设施、产业技术创新基础设施等。伴随着科技革命、产业变革和经济社会数字化转型进程深入推进，新型基础设施的内涵、外延也不是一成不变的，需要持续跟踪研究。

2.2.2 中央密集部署加快推进新型基础设施建设

近年来，党中央多次强调新型基础设施建设，重视在现代化基础设施体系中统筹战略、规划和建设布局。从"补齐农村基础设施和公共服务设施建设短板""加强新一代信息基础设施建设"到审议通过《关于推动基础设施高质量发展的意见》，再到"加快推进国家规划已明确的重大工程和基础设施建设""打造集约高效、经济适用、智能绿色、安全可靠的现代化基础设施体系""加快5G网络、数据中心等新型基础设施建设进度"等，充分体现了统筹推进传统基础设施建设和新型基础设施建设的重要思路。

党的十八大以来，我国新型基础设施建设取得了明显成效，对高质量发展的支撑作用正在加快释放。从信息基础设施看，取得跨越式发展和进步，高速光纤已覆盖全国所有城市、乡镇以及99%以上的行政村，4G网络用户超过12亿户；从融合基础设施看，助推转型升级的作用日益凸显，智慧城市建设路径更加清晰，信息技术积极赋能城市精细化管理;从创新基础设施看,有力支撑了科学技术研究,国家发展和改革委员会已布局建设55个国家重大科技基础设施,在科技创新和经济发展中发挥了引领作用。新型基础设施建设将重构研发、设计、生产、分配、交换、消费各环节,催生新技术、新产品、新产业、新业态、新模式,带动经济质量变革、效率变革、动力变革,进而对社会、环境、国家治理和人民生活产生重大影响。

新形势下,新型基础设施建设受到广泛关注,有稳增长、调结构、惠民生及"六稳"① 和"六保"② 的内在需求,但不宜将"新一轮基础设施"等同"新型基础设施",更不能脱离国情,盲目建设。与传统基础设施相比,新型基础设施内涵更丰富,也即内容更新颖,体系更健全,有系统性、质的"代际"跃升,才能适应"人类迈向知识社会时代、实现经济社会数字转型"的大趋势及需求。特别是数字时代的新型基础设施,涵盖数字化基础设施、传统基础设施数字化改造和基于数字化平台的集成管理,能更好推动经济数字化转型升级和数字经济发展。立足新发展阶段,新型基础设施建设要以完善高质量的现代化基础设施与公共服务体系为目标,坚持实事求是、量力而行、以新带旧、新旧结合原则,全面贯彻新发展理念,打通物质、能量和信息"大动脉",保持经济社会发展综合平衡和新旧动能接续转换,全面赋能高质量发展,更好支撑构建新发展格局。

新型基础设施建设是强基础、利长远的战略性、先导性、全局性系统工程,是深化供给侧结构性改革的重要载体,需要汇聚各方智慧和力量共同推进。新型基础设施一端连接着巨大的投资与需求,另一端连接着不断升级的消费市场,必将成为未来中国经济社会高质量发展的重要支撑。既要深化行政管理体制机制改革,提高政府治理能力,为产业基础高级化和产业链现代化清除障碍、搭建平台、注入动力;也要充分发挥市场机制作用,弘扬企业家精神,强化领军企业带头作用,构筑良好的场景应用建设和创新生态。

2.2.3 新型基础设施的内在机理

不同社会形态、不同发展阶段对应不同"代际"的基础设施。"代际"主要表现为物质流、能量流和信息流的产生、传输、组合方式和效率不同。日本提出建设超级智能社会5.0,指继农业社会、工业社会、信息社会之后的一种新型社会形态。当前人类社会正在向智能社会迈进,在人-机-物智能技术的推动下,机器将从人类

---

① "六稳"指稳就业、稳金融、稳外贸、稳外资、稳投资、稳预期。
② "六保"指居民就业、保基本民生、保市场主体、保粮食能源安全、保产业链供应链稳定、保基层运转。

的工具和从属逐步上升为伙伴，通过物质流、能量流和信息流的网络化、数字化、智能化，人类社会、虚拟空间、自然空间、机器物理空间将发生联通互动、数字孪生、虚实交融，形成以人为中心的人-机-物三元融合的新社会形态，数字经济、智慧国家、智慧城市、超级智能社会，是人类迈向新社会形态的阶段性表现。

从物质流、能量流和信息流的网络化、数字化、智能化视角可以理解新型基础设施的内在机理。智能社会的新型基础设施，内核是引领未来的新一代战略型、网络型的科技和数字化基础设施，当前以5G、人工智能、大数据、工业互联网、物联网等基础设施为代表，内容体系如图2-4所示。

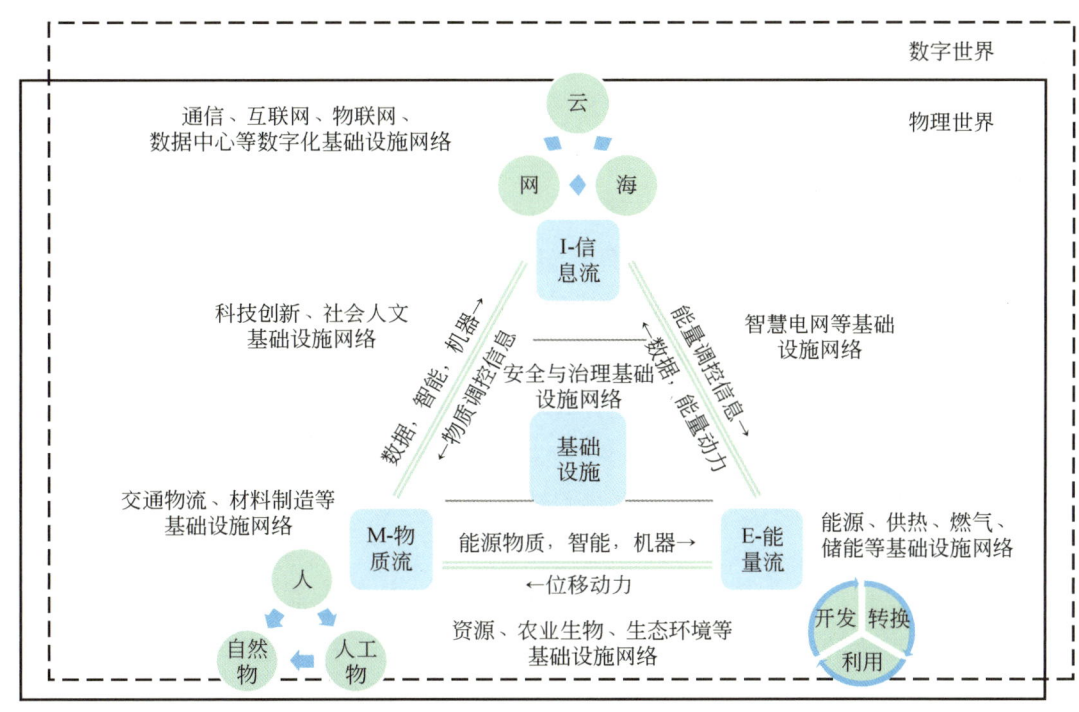

图2-4 新型基础设施的内在机理与内容体系（基于物质流、能量流和信息流视角）

信息以物质和能量为载体，是物质和能量存在状态的标识。信息可以被人（生物）、机器等所感知、存储、提取、识别、传递、变换、处理，可以被复制、共享、显示、检索和利用。基础设施是联通物质流、能量流和信息流的"分布式"网络设施：①物质流由"人-自然物-人工物"物质运动来表征，相关基础设施包括保障人类生产、流通、分配、消费、弃置等物质位移活动的公共服务网络设施，从能量流获得物质位移动力，从信息流获得物质调控信息；②能量流由"开发-转换-利用"表征，相关基础设施包括保障人类开采、开发、转换、利用、存储、运输能量的公共服务网络设施，从物质流获得能量物质及智能、机器，从信息流获得能量调控信息；③信息流由"云-网-海"表征，相关基础设施包括保障人类开发、收集、存储、处理、分发数据信息的公共服务网络设施，从物质流、能量流获取数据、智能、机器及能量动力支撑，调控物质流、能量流的开发与运行。

2.3 新型基础设施的特征、体系结构与类型

当前，新一轮科技革命、产业变革和数字转型正在推动科学、技术、创新和经济、社会、环境发展深度融合。新需求、新技术、新产业、新业态、新模式、新消费、新制度推动新旧动能加速转换，深刻改变着国际科技经济分工格局和竞争格局。未来30年，现代化强国建设的目标任务是明确的，在民生、新科技、新产业、区域发展、新能源、国家安全与治理等方面，还有大量的新型基础设施投资需求。

2.3.1 新型基础设施的发展动力与特征

新型基础设施的形成机制决定其新特征。首先，新型基础设施的基础在于信息，依托5G、人工智能、工业互联网等新一代信息技术演化生成的基础设施构成信息基础设施，是数字时代新产业发展的重要支撑；其次，新型基础设施重在融合，将互联网、大数据、人工智能等技术，深度应用于传统基础设施转型升级，形成了广泛的融合基础设施；最后，新型基础设施的底层在于科技创新，包括支撑基础科学研究，共性技术、前沿技术、颠覆性技术及关键核心技术开发，新产品研制等具有公益属性的创新基础设施，如重大科技基础设施、科教基础设施、产业技术创新基础设施等。

源头创新是新型基础设施建设的内在驱动力。科学革命是认知能力的飞跃，技术革命是实践手段的飞跃，产业变革是生产方式的飞跃，社会变革是发展方式的飞跃，这些飞跃往往以基础设施系统性、质的"代际"跃升为先导，或者倒逼新型基础设施产生和大规模应用。如火车、汽车、飞机的发明，带动了以铁路、公路、机场为代表的基础设施建设。创新是引领发展的第一动力，决定未来发展的速度、效能、可持续性，需要有相应的基础设施支撑引领。加快新型基础设施建设契合了经济高质量发展的新要求。未来社会，新型基础设施的主要动力来自源头创新的推动。只有"努力实现科学新发现、技术新发明、产业新方向、发展新理念从无到有的跨越，成为科学规律的第一发现者、技术发明的第一创造者、创新产业的第一开拓者、创新理念的第一实践者"，才能塑造更多依靠创新驱动、更多发挥先发优势的引领性发展，才能面向未来，持续打造发展新引擎、培植发展新动能、拓展发展新空间。主要国家围绕科技创新策源地和制高点的竞争日趋激烈，只有率先发现基础科学规律、开发应用原创性引领技术的国家，才可能形成原创性、引领性、带动

性强的战略性产品和战略性产业。

新要素驱动和要素新组合是新型基础设施的孵化器。创新本质上是新要素驱动和生产要素的新组合。如同网络的价值与网络使用者数量的平方成正比（梅特卡夫定律），一个国家知识生产的创新机会与其知识累积、传播交流程度成正比。党的十九届四中全会将"数据"列为新生产要素。与土地、劳动力、资金等传统要素供给的有限性不同，知识、技术、信息、数据等新生产要素的供给具有共享性、累积性和倍增性，对基础设施支撑有更高的"互联互通""开放共享""安全保障"要求。需要协调好有效市场、有为政府和有序社会3种机制，以数字化为代表的新型基础设施将带动治理能力的提升，为构建现代化治理体系提供基础支撑。工业时代的要素组合方式以他组织、独占性竞争和集中式为主，基础设施主要由政府供给；智能时代的要素组合方式以自组织、创造性竞争和分布式为主，领先企业和机构成为基础设施供给者，中小企业、机构和公众以众创形式参与到应用场景和创新生态建设之中。例如，5G、互联网、云计算、大数据中心等具有分布式和去中心化的特征，有利于数字化基础设施、传统基础设施数字化及数字赋能的融合应用。

数字赋能是新型基础设施发展的加速器。随着数字技术与网络技术的深入融合，数据正呈指数型增长，而以大数据、云计算、人工智能、物联网、区块链等新一代信息技术产业化应用为标志的数字经济，需要一套完整的数字化基础设施作为支撑。以数字基础设施为代表的新型基础设施催生"未来已来"。高性能国家数字孪生体和国家知识基础设施，为经济社会发展提供了巨大的开放共享基础平台，通过物质流、能量流和信息流的网络化、数字化、智能化，保障物质流、能量流和信息流更加顺畅、安全、高效流动，使供应链、产业链、创新链、价值链、人才链、资金链、政策链、信息链等功能更齐全、融通发展、安全可靠，减少资源错配和浪费，提升资源整合利用效率，进而提高全社会创新力、生产力和竞争力，更好地满足公众美好生活需要。2020年3月，工业和信息化部印发《中小企业数字化赋能专项行动方案》，国家发展和改革委员会、中共中央网络安全和信息化委员会办公室印发《关于推进"上云用数赋智"行动 培育新经济发展实施方案》。基于数字化基础设施及融合应用，大力培育数字经济新业态，以数据流引领物资流、人才流、技术流、资金流，形成上下游和跨行业融合的数字化生态。政府通过创新和产业政策引导，可支持有平台搭建基础、有长远生态需求、有创新带动能力的企业和社会资本提前介入新型基础设施建设，促进产业基础高级化和产业链现代化。

开放共享是新型基础设施发展的内生动力。新旧基础设施体系跃迁需要经历长时间的新建、更新、改造、升级过程。"融合科学""会聚技术"作为基于多学科知识交叉来解决重大经济社会问题的新型科研范式，需要建设开放共享的数字化知识基础设施。补短板、缩小区域及城乡发展差距的传统基础设施建设项目，是迟早要建的有效投资项目，也需要基于新科技进行技术升级和数字化改造，提升广义新型基础设施的数字化、智能化水平，进而带来巨大的经济和社会效益。挖掘潜力、增加优势的狭义新型基础设施项目，要发挥我国人口众多、市场广阔的优势，构建现代化新型基础设施体系，提升基础设施建设及应用的标准化、数字化、智能化治理能力。

经济社会发展需求拉动与制度变革是新型基础设施建设发展的外在牵引力。科技革命、产业变革、数字转型同时伴随着体制机制和制度的变革。在全球范围内广泛集聚优质、可持续的新要素，保障区域、国家、跨境基础设施均衡发展，需要提升新型基础设施建设及应用的治理能力。《中共中央 国务院关于构建更加完善的要素市场化配置体制机制的意见》就扩大要素市场化配置范围、促进要素自主有序流动、加快要素价格市场化改革、健全要素市场运行机制等进行了系统部署，对以市场化机制推进新型基础设施建设及应用，加强知识产权保护，弘扬科学家、企业家精神和创客文化，营造创新友好市场环境和社会环境有重要的指导意义。

在创新推动、数字赋能和知识经济、智慧社会发展的需求牵引下，新型基础设施具有创新性、系统性、基础性、公共性、先导性、均衡性、安全性和智慧化、生态化、可持续性等特征，为发展新的生产、生活和组织方式，满足人民日益增长的美好生活需要提供绿色、智能、普惠、创新、包容、安全的公共服务设施。

2.3.2 新型基础设施的体系结构与主要类型

离开支撑对象无法理解新型基础设施及其体系构成。新型基础设施建设不仅要补传统意义上的基础设施建设短板，解决当下发展中的紧迫问题，还要为国家未来长远发展打牢基础，更多关注战略性新兴产业和未来产业，培育新的产业和经济增长点，应体现国家意志，顶层设计、统筹布局，才有可能在新一轮科技革命和产业变革中立稳潮头，在未来经济竞争乃至综合国力竞争中占据主导地位。

从基础设施形式与内容两个维度看，现代化强国的新型基础设施之"新"，主要包括4种类型（图2-5）。狭义的"新"仅指"新瓶新酒"，即科技与信息化基础设施，现代能源资源、智能制造和先进材料等基础设施是"新瓶新酒"类新型基础设施。例如，5G、大数据中心、人工智能、工业互联网、光源、平方千米阵列射电望远镜、新能源汽车充电桩等。除了"新瓶新酒"类型外，广义的新型基础设施还包括3种类型：第一类是"新瓶旧酒"，即基础设施数字化，如智慧物流、智慧交通、智慧港口、智慧农业、智慧医疗等基础设施；第二类是"旧瓶新酒"，即有系统性、质的"代际"跃升特征的基础设施升级，如空天海洋、特高压、城际高速铁路和城际轨道交通等有质的"代际"跃升特征的基础设施更新、拓展;第三类是"新制度",围绕国家新发展理念、新战略部署的软硬基础设施,即国家总体安全与治理基础设施,如安全与治理标准、风险监测预警体系与防控体系、法律法规与制度等软硬件设施。这些广义的新型基础设施赋予传统基础设施以新的内涵,能更好地支撑新时代的经济社会发展。

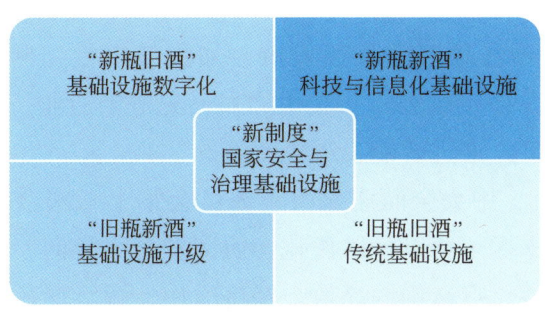

图 2-5　新型基础设施的 4 种类型

从图 2-2 基础设施内容体系来看,智能社会新型基础设施内容体系也由以下部分组成:科技与信息化基础设施是内核;经济、社会、环境基础设施升级及数字化是主体;国家总体安全与治理基础设施是保障,共同支撑社会主义现代化强国建设。

2.3.3　以新型基础设施带动基础设施体系现代化

2018 年 10 月 31 日,中共中央政治局就人工智能发展现状和趋势举行第九次集体学习,习近平总书记强调,要推动智能化信息基础设施建设,提升传统基础设施智能化水平,形成适应智能经济、智能社会需要的基础设施体系。官方表述"新型基础设施建设"概念,源于 2018 年底中央经济工作会议,明确要求加快 5G 商用步伐,加强人工智能、工业互联网、物联网等新型基础设施建设,同时也强调要加快教育、养老、医疗、文化旅游等服务业发展,加大制造业技术改造和设备更新,加快补齐农村基础设施和公共服务设施建设短板,加强自然灾害防治能力建设,这些领域都需要新型基础设施建设的支撑。

党的十九大以来,国内外形势发生深刻变化,对新型基础设施建设提出了更高要求。从国内来看,我国已经全面建成小康社会,实现"第一个一百年"目标,正在向"第二个一百年"目标迈进,全面建设社会主义现代化国家,科技正在爬坡过坎,创新支撑引领经济社会高质量发展的任务复杂艰巨;从国际上看,科技革命、产业变革和世界百年变局不断向纵深演进,大国竞合博弈愈演愈烈,国际形势的不稳定性和不确定性明显上升,全球性挑战更加突出,抢占科技制高点、把握未来发展主动权的竞争日趋激烈。中国经济从高速增长转向高质量发展，科技创新从跟踪追赶向引领发展转变，对基础设施体系支撑能力提出了新要求。要在现代化强国建设的总体战略框架下全面准确地理解"新型基础设施建设"的内涵深意。

2019年在全国人民代表大会和中国人民政治协商会议期间，政府工作报告明确要求，加快5G商用步伐和IPv6规模部署，加强人工智能、工业互联网、物联网等新型基础设施建设和融合应用，同时部署了相关基础性、战略性任务。2019年中央经济工作会议强调，要着眼国家长远发展，加强战略性、网络型基础设施建设。2020年1月，国务院常务会议要求，要大力发展先进制造业，出台信息网络等新型基础设施投资支持政策，推进智能、绿色制造。

2020年2月14日，中央全面深化改革委员会第十二次会议指出，基础设施是经济社会发展的重要支撑，要以整体优化、协同融合为导向，统筹存量和增量、传统和新型基础设施发展，打造集约高效、经济适用、智能绿色、安全可靠的现代化基础设施体系。2020年3月4日，中共中央政治局常务委员会召开会议，习近平总书记强调，要加大公共卫生服务、应急物资保障领域投入，加快5G网络、数据中心等新型基础设施建设进度。2020年4月1日，习近平总书记在浙江考察时指出，要抓住产业数字化、数字产业化赋予的机遇，加快5G网络、数据中心等新型基础设施建设，抓紧布局数字经济、生命健康、新材料等战略性新兴产业、未来产业，大力推进科技创新，着力壮大新增长点、形成发展新动能。加强新型基础设施建设意味着加大政策支持力度，特别是投资支持政策。2020年4月17日，中共中央政治局召开会议，再次强调加强传统基础设施和新型基础设施投资，促进传统产业改造升级，扩大战略性新兴产业投资，核心是积极扩大有效投资，调动民间投资积极性。2020年5月，习近平总书记在山西考察时强调，大力加强科技创新，在新技术、新材料、新装备、新产品、新业态上不断取得突破。5月22日，政府工作报告再次强调，要加强新型基础设施建设，发展新一代信息网络，拓展5G应用，建设充电桩，推广新能源汽车，激发新消费需求、助力产业升级。

总之，新型基础设施是支撑未来经济社会发展，有系统性、质的"代际"跃升特征的软硬件设施网络，带动传统基础设施体系转型升级是新型基础设施建设的重要使命。从这个意义上讲，新型基础设施投资是面向全局和长远发展的基础性、战略性、先导性、引领性投资，必须确保科技体系更新颖，工程体系更健全，融合应用更便捷，有系统性、质的"代际"跃升，才能为带动传统基础设施体系转型升级提供强大的"以新带旧"的驱动力。社会上普遍关注到热点领域的新型基础设施建设任务，但对带动基础设施体系现代化总体布局重视不够，这些任务要统筹推进、协同发展。

第 3 章 知识文明与新型基础设施

人类经济社会的进步和人类文明的发展,与科技的发展息息相关。而这两者的发展,都离不开各种类型基础设施(如水利设施、道路设施、能源动力设施等)的支撑。不同的文明阶段,因其生产力水平和科技水平的高低不同,对于基础设施的需求也不同。与此相对应,不同的基础设施,也将产生不同的社会经济组织模式和生产生活方式。文明从农业文明发展到工业文明,进而发展到信息文明,乃至知识文明,文明在发展,也需要新型基础设施提供支撑。本章主要介绍知识文明与新型基础设施的关系,首先从知识文明的演进历程、物理世界和数字世界的融合来分析知识文明追求的目标与核心特征;在知识文明时代,数字科技将日渐成熟,数字科技的发展也需要新型基础设施的支持,数字科技化与科技数字化相互促进,这也揭示了科技创新体系与十大新型基础设施体系的关系;在知识文明时代,人类的需求也将会发生新的变化,这种新需求的满足,离不开新型基础设施的支持,而新型基础设施也会不断催生新的需求;同时,新型基础设施的建设也需要进行技术创新与制度创新。

3.1 知识文明与新型基础设施的关系

随着文明的发展和演进,人类社会将进入知识文明,这是一种与前期文明相比有较大差异和巨大进步的文明。由于在信息文明时代信息技术的发展,数字化技术涌现并渗透于社会中,数字科技化和科技数字化[①]应用,使得在物理世界之外,诞生了数字世界,两者构成了平行世界。而平行世界的发展,离不开新型基础设施的支持。

---

① 数字科技化和科技数字化:在物理世界和数字世界的映射互动体系中,包括数字技术、数据科学以及两者之间的互动转化。数字技术与数据科学之间的互动转化主要表现为:一是数字技术需要借助数据科学实现技术的突破和升级,即数字科技化;二是数据科学需要数字技术的支撑才能实现科学的数字化,即科技数字化。

3.1.1 知识文明简介

3.1.1.1 文明的发展和演进

人类文明演进经历了漫长的岁月，大约 5000 多年前人类逐渐摆脱蒙昧，进入文明时代，而在经历了农业文明到工业文明，乃至信息文明的发展历程后，如今又处在孕育形成知识文明新形态的重大转折期。

在农业文明时代，农业是社会发展的主要动力，社会生产以手工劳动为主。在工业文明时代，机械化、电气化代替手工劳动，拓展人的能力，使人类臂力（机械力）、腿力（移动能力）、脑力（计算能力）得到外化，极大地提高了生产效率，社会生产力得到飞跃发展（潘教峰，2017）。在信息文明时代，信息技术成为经济增长、社会发展的重要手段。信息成为一种新的资源，经济的发展、社会的进步、人的交流，都离不开信息，通过信息的沟通和链接，经济、社会、人逐步迈入网络化阶段。

当前，我们处在文明发展进步的又一个重大转折时期，即人类社会正在向知识文明时代演进。知识资源正在超越土地、水、生物、矿产、能源等自然资源，日益成为社会生产力发展的关键要素和最重要的资源。

3.1.1.2 不同形态文明的资源特征

不同的文明时代，社会发展的主要资源不同。农业文明时代，主要资源是土地、水、生物、气候等自然资源；从物质形态上来看，主要是物质流。工业文明时代，主要资源是化石能源、矿产资源和生物质资源等自然资源，以及资金、厂房、设备等要素资源；从物质形态上看，与农业文明时代相比，除了物质流外，还扩充了能量流。信息文明时代，除了工业文明时代的资源外，又产生了以光能、风能等为代表的新型可再生清洁能源，以及信息、人力资本等新型要素资源；从物质形态来看，除了传统的物质流、能量流，又增加了新的信息流。知识文明时代，资源要素得到了进一步的扩展，除了自然资源、新型可再生清洁能源、信息等要素之外，知识资源成为引领发展的主要因素，从物质形态上看，还扩充了知识流。知识创新成为社会发展的核心要素，知识创新与应用成为经济增长、社会进步与可持续发展乃至人类全面发展的主要驱动力。各种文明中若干要素的主要差异体现见表 3-1。

表 3-1 各种文明中若干要素差异体现

差异体现	农业文明时代	工业文明时代	信息文明时代	知识文明时代
典型基础设施	运河、水渠、驰道、驿站等	铁路、公路、电网、机场、石油管道等	通信网、互联网、信息高速公路等	5G/6G技术、数据中心、工业互联网、人工智能等
主要生产要素	土地、自然资源、农业劳动力	土地、资源、能源、资金、技术、产业工人	土地、能源、资金、信息技术、产业工人	土地、能源、资金、产业工人、人力资本、数据
主要产业	农业	农业、工业、服务业	农业、工业、服务业、信息产业	农业、工业、服务业、信息产业、数字产业
主要产品	农产品	农产品、工业品、服务	农产品、工业品、服务、信息产品	农产品、工业品、服务、信息产品、虚拟产品
科技与科研方法	不具有单独的科技，经验为主 方法：观察	独立的科技、领域科技发展迅速 方法：实验	计算机信息技术融入 方法：仿真	领域科技、数字科技，知识集成 方法：第四范式
知识	零星的、分散的	知识丰富	知识交叉	知识集成
"五流"①的应用情况	物质流为主，能源流、商流很少	物质流、能源流、资金流、商流，但是信息流不丰富	物质流、能源流、商流、信息流、资金流丰富，但比较分散	物质流、能源流、商流、信息流、资金流丰富，且相互之间实现融合
能源和动力	传统生物能源/人力、畜力	化石能源/蒸汽机、电力、内燃机	化石能源、核能、太阳能、风能等/电力、内燃机	清洁新能源、生物质能源、再生能源、氢能/电力、内燃机及新型动力

注："五流"具体指的是物质流、能量流、资金流、信息流、商流。

知识作为新的资源，与传统物质资源相比，具有共享普惠、无限增值的本质特征，克服了传统物质资源排他性和消耗性的固有缺陷，并能引导物质资源的可持续利用。在知识流的整合下，信息流将得到新的高效利用。在未来，物质流、能量流和信息流将得到更高程度的融合，而这种融合，离不开新型基础设施的构建。

3.1.1.3 知识文明内涵及核心特征

(1) 知识文明的内涵

知识文明，是人类社会未来文明的新形态。在这种新的文明形态中，人类对自然的利用，不仅要突破传统的有形的物质流、能源流，高效地利用无形的信息流。还将通过物质流、能源流、信息流的高效融合，以及物联网、移动互联网、通信、大数据计算、人工智能等技术的综合应用，在物与物之间、物与人之间实现互联，把智能融入万物，实现无缝对接、协同计算（李国杰和徐志伟，2017）。

在知识文明时代，借助智能技术的推动，将出现通过知识资源使人类社会、虚拟空间、自然空间、机器物理空间联通互动、数字孪生、虚实交融的景象，形成以人为中心的人–机–物三元融合的新社会形态（潘教峰，2017）；将出现人和机器两种智能，出现人的理性与机器理性并存的局面。相比早期的农业文明、工业文明和信息文明，知识文明实现了一个新的质变和跃迁。

（2）知识文明的核心特征

知识文明的核心特征是人–机–物三元融合。物联网、移动互联网、通信、大数据计算、人工智能等技术使物与物之间、物与人之间实现互联，并通过协同仿真、分布计算、跨平台管控等智能处理技术实现人与万物的协同工作。

科技创新使人的机械力、智慧力、繁殖力不断外化，使独立于自然人而自主存在的"机器智慧"渐成可能。从长期看，人工智能、脑科学等新科技的发展，将改变人与机器的关系，机器将逐步具备特定智慧功能，并从人类的工具和从属角色，逐步上升成为伙伴角色。

在知识文明社会，除了人的智慧外，还将出现机器智能，即人机两种智能并存；而机器智能，将会使得知识创造的主体发生根本性的变化。在早期的农业文明、工业文明中，人是知识创造的唯一母体，人通过对自然的认知，通过归纳、演绎的分析，创造了知识。即使到了信息文明时代，产生了专家系统或者决策支持系统，决策的主体仍然是人，仍然依赖专家的判断。随着机器发展出特定的智慧功能，机器可以对信息、数据进行处理，进而产生判断和决策，这就使得在知识主体——人脑之外，产生了新的知识创造者——机器，而且由于机器具有独特的算力优势，可以根据已有的知识进行快速的迭代，从而比人更快地获得知识、利用知识，并进一步创造新知识。知识自动化通过对历史数据资产的深度挖掘，利用机器学习技术，把人的经验和技术诀窍进行显性化和模型化表达，实现知识的持续积累和不断继承。谷歌的阿尔法狗（AlphaGo）在围棋赛中战胜人类顶级棋手，便是利用了机器算力和快速迭代的优势。

与两种智能相对应的，在知识文明社会，出现了两种理性：人的理性和机器的理性。与其他生物不同，人是具有理性的，人的理性是基于人的知识。但是，人的理性是有限的，而这种有限性来自人的生物属性、社会属性的约束，从而使得人的决策只能在一定有限的范围内具有理性。当受到认知范围、感情因素、自我利益等因素干扰时，人通常会做出非理性的选择，这种非理性的选择，可能对个体、群体乃至社会造成不利的影响，甚至产生严重的后果。

机器的理性是基于算法的理性，这种理性不会受到生物属性和社会属性的约束，而且由于算法、算力和迭代速度的优势，机器理性能以相对于人的理性在更长远的时间范围，以及更广的知识范围内做出更具有优势的决策。机器理性是对人的理性的辅助和补充，从而能够帮助人类社会实现更高程度的理性。

农业文明、工业文明以及信息文明都以人为核心，整个社会的理性是以人的理性为基础的。知识文明中，人–机–物三元融合成为核心，人的理性与机器理性相互补充，实现了人类社会理性的飞跃。

3.1.1.4 知识文明追求的主要目标

知识文明最终追求的目标是实现"人与自然"和"人与人"两者之间的和谐发展。人类文明的发展史，是一部科技发展史、社会进步史、经济发展史，也是人类改造自然、利用自然的发展史。在文明的演进中，人类不断发明新的科技，利用新的资源和能源，提高经济发展水平，人类社会文明水平不断提高。

但是在文明演进的过程中，人类始终面临着挑战——由于发展不平衡带来的经济、物质的差异。在农业文明时代，由于社会基本的经济基础是农业，商业和城市居于少数，这种经济、物质差异相对较小，社会追求的目标是自给自足、相对安逸的小农经济生活。到了工业文明时代，由于大规模工业化、城镇化的快速发展，以及工农业生产的效率差异，城乡差距、地区差距、收入差距迅速扩大，同时工业大生产对能源、资源的需求急剧扩大。在工业文明时代，企业均以利润最大化为目标，忽视了社会责任，导致了巨大的外部性；人以个人效用最大化为目标，追求自身的享乐，而忽视了社会福利，最终导致了经济发展的巨大差异。这种差异，既表现为发达国家和发展中国家、落后国家的差异；也表现为一国内部发达地区和落后地区的差异；还表现为高收入者和低收入者之间的差距。在"人与人"的矛盾和不平衡之外，"人与自然"的矛盾和不平衡也同样突出：对自然资源的过度开采、对化石能源的过度依赖、对环境的过度破坏，导致了各种自然和环境问题，水、空气、土壤被严重污染，各种自然灾害频发。人与人之间、人与自然之间，出现了极大的矛盾，社会、经济、人文和自然出现了极大的不平衡。在信息文明时代，这种不平衡和矛盾虽然有所缓和，但是并没有从根本上解决。

面对这些挑战和矛盾，必须对经济发展的方式和驱动力做出根本性的改变和变革。

知识文明时代，科技和创新将成为社会发展的主要驱动力。以新一代信息技术（如人工智能）、新能源技术、新生物技术、新材料技术等为主要突破口的新科技革命,将从蓄势待发状态进入群体迸发的关键时期,颠覆性技术不断涌现,引发新一轮产业革命,推动全球创新格局重大调整,深刻改变人们的生产和生活方式。

移动互联网、物联网、大数据、量子计算机、新的移动通信技术(5G/6G技术)将重塑信息科技及产业的发展格局。产业数字化和数字产业化将得到快速和深刻发展,数字孪生将深入生产和生活的各个方面。

能源向绿色低碳、智能、高效、多元方向发展,多能互补、分布利用成为总的趋势,可再生能源将成为全球能源消费的主体。资源的利用向矿产资源、水资源和生物资源的高效开发、综合利用以及持续、稳定、安全供给的总体方向发展。整个社会对能源和资源的消耗将大幅度下降,因人类对资源和能源的消耗导致的资源环境问题,将得到极大的缓和,并最终走向根本性解决。

新的革命性生物技术例如脑机接口、仿生四肢、光遗传学、分子生物学、基因编辑、超高分辨率显微镜等将得到广泛的应用,深刻改变人们对于生命、健康的理解和认识,人类的寿命将得到延长,健康水平将得到极大的提升,生活质量也将发生根本性改善。

新材料及其技术在生产和生活领域将得到广泛应用,例如智能材料、纳米材料、先进复合材料、增材制造、轻量化等。新材料技术将使能源得到更好利用,更好地实现生产生活的绿色、低碳和环保;新材料技术将和新信息技术、新生物技术、高端智能制造等进一步融合,极大地提高生产效率,改变原有的生产方式,并提高生活的质量。

在新一轮科技革命的推动下,未来的生产将会发生更加深刻的变化:可能使传统的农业、工业、服务业等产业的生产过程逐渐趋同,边界越来越模糊,甚至融为一体;生产过程将更关注个性化定制,消费者将在更大程度上参与设计和制造过程;生产方式将从大规模、集中式生产向个性化生产转变,制造商、供应链的地理格局将发生根本改变。

知识文明时代的社会应该是一个民主法治、公平正义、诚信友爱、充满活力、安定有序、人与自然和谐相处的和谐社会。人类将不断共创共享知识资源,创造新的知识需求,创造以知识为基础的新的工艺、服务、新兴产业和全球市场,增强构建和谐社会的物质基础;科技创新将不断深化对自然界、人类社会发展规律的系统认知,为自觉而及时地调整人与自然的关系,系统认识经济社会复杂系统的演化调控规律提供科学依据,不断丰富构建和谐社会的知识基础;科学知识、科学精神、人文精神、科学思想和科学方法的广泛传播,将引导人们树立科学的世界观、价值观和发展观,将有效激发全社会的创新意识和全民的创新兴趣,将引导形成科学的、文明的生活方式,不断丰富和谐社会的文化基础(路甬祥,2020)。

3.1.2 从物理世界和数字世界看知识文明的体系构建与核心特征

智慧国家、智慧城市、智能社会、数字经济都是人类社会正向人−机−物三元融合社会迈进的阶段性表现。世界各国纷纷出台战略、规划和政策，希望抓住这一历史机遇，抢占未来发展制高点，我国也大力推动互联网+和智慧城市建设（潘教峰，2017）。从全球来看，不同尺度的智慧国家、智慧城市、智慧社会、智慧经济的发展计划和规划层出不穷，相关案例如下。

案例1：新加坡——智慧国家。2014年新加坡提出"智慧国家2025"的10年计划，其核心理念是"3C"——连接（connect）、收集（collect）、理解（comprehend）。连接就是提供一个安全、高速、经济且具有扩展性的全国通信基础设施；收集就是通过遍布全国的传感网络获取更理想的实时数据，并对重要的传感器数据进行匿名化保护、管理以及适当进行分析；理解就是通过收集来的数据建立面向公众的有效共享机制，通过对数据用户进行分析，以更好地预测民众的需求，提供更好的服务。该计划就是构建"智慧国家平台"，建设覆盖新加坡全国数据收集、连接和分析的基础设施与操作系统。

案例2：欧洲——智慧城市。欧洲建设智慧城市起步较早，实施了"电子欧洲"行动计划、信息社会发展战略等，在智慧城市基础设施建设与相关技术创新、公共服务、交通及能源管理等方面进行了多项成功实践。欧盟的生活实验室网络（Open Living Labs — European Network of Living Labs，ENoLL）于2006年由芬兰发起。ENoLL将城市打造成为开放创新空间，营造有利于创新涌现的城市生态，并以生活实验室为载体推动智慧城市建设。例如，荷兰阿姆斯特丹通过生活实验室构建，让政府部门、企业、科研机构及用户，参与协作的体验、设计创新与示范推广，推行可持续能源、节能建筑、智能家居、电动汽车等。

案例3：英国——智慧社会。英国学者提出"迈向智慧社会"——智慧医疗保健和健康管理、智慧城市、智能家庭和可控个人、智能工作、工作中的智能合作以及通过社会媒体平台的智能社交。2015年起英国政府陆续发布有关未来城市的研究报告，主要包括未来城市的科学、愿景、智能绿色基础设施、技术、土地使用、健康、能源、材料、产业等。

案例4：日本——超智能社会。2015年，日本《第五期科学技术基本计划（2016—2020）》提出建设"超智能社会"（也称为"社会5.0"），从社会形态发展角度描述了未来智能的发展趋势和应用前景。其对"超智能社会"的界定是能够将所需的物品、服务在所需之时按所需之量提供给所需之人，精细化地应对各种需求，使每个人都能享受到高质量服务。其5个重点是绿色能源体系建设、医疗健康研究与服务、先进的基础设施、生产与社会数据增值利用、农作物生产自动化。其3个关键要素是：①以大数据为背景，不同领域交叉融合，可向任何人提供高质量服务；②人工智能技术和机器人技术改变劳动环境，机器人将安全和高效地部分代替人；③物联网、大数据、人工智能、机器人等是开启超智能社会的关键因素，日常生活中产生的各种数据信息将被收集利用。在推进实施方面，日本多部门提出构建"超智能社会"的脉络，如日本产业技术综合研究所发布《2030年研究战略》，提出创新协同机制、法律保障机制、人才与教育环境、核心技术研发支撑等措施[①]。

案例5：西门子数字工厂。西门子数字化工厂的核心是 ERP、PLM、MOM、WMS、DCS[②] 五大系统的全面集成，并以制造执行系统（manufacturing execution system，MES）为中枢核心，形成智能制造创新平台。其中，ERP 是将企业的三大流——物质流、资金流、信息流，进行全面一体化管理。PLM 是对企业知识型资产进行管理，实现对产品的数据管理、项目管理、变更管理、协同管理、标准化管理、安全管理等，为制造企业提供一个可伸缩的研发管理平台。MOM 是通过协调管理企业的人员、设备、物料和能源等资源，把原材料或零件转化为产品的活动。WMS 是通过入库业务、出库业务、仓库调拨、库存调拨和虚仓管理等功能，对批次管理、物料对应、库存盘点、质检管理、虚仓管理和即时库存管理等功能综合运用的管理系统进行有效控制并跟踪仓库业务的物流和成本管理全过程。DCS 是数据采集与监控（supervisory control and data acquisition，SCADA）系统可编程序逻辑控制器（programmable logic controller，PLC）的生产现场控制系统。

在数字化工厂中，基于同一个底层的数据库，可以把所有的人、信息技术（information technology，IT）系统、自动化系统连接在一起，为现实工厂在虚拟世界里建立一个"数字化双胞胎"。

对于一个企业来讲，从研发开始，到生产规划、制造工程、生产执行，这是一整个生命周期过程。在数字化工厂中，从研发开始，数据模式不断扩大，一直到生产，整个流程从头到尾都是在一个数据库中不断扩展。通过数字孪生，虚拟工厂（数据模型就是虚拟工厂）和真实工厂实现了互动甚至同步。

---

① 案例1至案例4，主要转引自：潘教峰. 2017. 新科技革命与三元融合社会——关于雄安新区建设的宏观思考. 中国科学院院刊，32（11）：1177-1184.

② ERP（enterprise resource planning）即企业资源计划；PLM（product lifecycle management）即产品生命周期管理；MOM（manufacturing operations management）即制造运营管理；WMS（warehouse management system）即仓储管理系统；DCS（distributed control system）即分散控制系统。

3.1.2.1 知识文明的体系构建

（1）知识文明提法的演进

波普尔在《客观知识》中，提出"三个世界"理论，即物理世界、精神世界、客观知识世界。他把物理世界称作"世界1"，包括物理的对象和状态；把精神世界称作"世界2"，包括心理素质、意识状态、主观经验等；把"世界3"用来指人类精神活动的产物，即思想内容的世界或客观意义上的观念世界，或可能的思想客体世界，它包括客观知识和艺术作品，而且这"三个世界"是相互作用的。

在农业文明时代，知识的产生速度相对较慢，产生的知识是对客观世界的总结和记录，而且这种记录是零散的、少量的、非连续的，文学、艺术、历史等是这种知识的体现。而且，用知识改造自然的能力相对弱小，世界的主体是物质世界，精神世界相对单一。

在工业文明时代，由于科技的发展，人类对客观世界的认识范围急剧增大，科学研究成为独立的职业，知识的增长速度和数量均有了质的飞跃，人类对物理世界的总结和记录大大丰富；随着人类改造自然、利用自然能力的增强，精神世界也更加丰富。

在信息文明时代，科技飞速发展，尤其是计算机技术以及互联网的出现，极大地改变了社会的生产和生活方式。计算机技术的出现，使得人类的计算能力得到了质的飞跃，信息的产生、存储以及传递方式也发生了深刻的变化。信息成为除劳动、资本、能源以外的一种的资源。而信息技术的发展，为平行世界、数字孪生的发展奠定了技术和设备的基础。

德国的工业4.0是平行世界和数字孪生的雏形，也是在工业生产中的一个现实表现。"工业4.0"概念包含了由集中式控制向分散式增强型控制的基本模式转变，目标是建立一个高度灵活的个性化和数字化的产品与服务的生产模式。德国的工业4.0旨在通过充分利用信息通信技术和网络空间虚拟系统——赛博物理系统（cyber-physical system，CPS）相结合的手段，将制造业向智能化转型。工业4.0强调生产工艺与信息技术融合，赛博物理系统的核心技术是传感器+微处理器+执行器+联网能力，赛博物理系统强调实体装置和控制网络的连接。通过在制造业中采用物联网和服务网，可以实现人的控制在时间、空间等方面的延伸，这在本质上就是人-机-物的融合。产品将更加个性化，生产高度灵活的工厂可以迎合消费者对产品个性化、多样化、不断改变的要求，可以通过现代化的手段，制造小批量、定制化的产品，而且消费者也参与了生产的设计过程，在一定意义上，模糊了生产者和消费者的界限。利用网络，生产可以分散，从而可以分散能量供应。进一步的革新性的变化是能源的供应，随着分布式家庭光伏发电技术的大规模采用，生活性能源的生产者与消费者的边界也逐渐模糊。

数字孪生技术，最开始应用在工业领域，并逐步向农业领域拓展。当前，数字孪生技术在服务业及向更高级别的行业延伸和拓展，《英国国家数字孪生体原则》就是这样的一种尝试。国家级数字孪生体将为社会、经济和环境等带来巨大益处，主要包括：提升公众生活便捷性，通过高性能国家级数字孪生体基础设施改善社会体验；创新业务模式，提高业务效率，使涵盖投资者、所有者、资产管理人、承包商、顾问、供应商的整个价值链受益；减少资源浪费，提升资源重用效率，在建设环境中实现循环经济。

中国的学者提出了"X5.0"[①] 和平行世界的构想[②]，认为在未来以虚实平行互动为特征的智能技术时代，不但物理世界有一个你，在虚拟的网络世界（数字世界）里还有多个平行的"你"，时时刻刻伴你生活、学习、工作……这个虚拟的"你"可以在许多方面督促、帮助和指引物理空间中的你，与你一起成长、变化，协助你解决各种问题。

（2）知识文明的体系构建

在虚拟的数字世界中，领域科技和领域知识经过知识引擎和机器智能，并通过从数字科技化到科技数字化的大循环，才得以实现纵向集成；在知识引擎和机器智能下，自然系统、经济系统和社会人文系统3个系统内部的知识也实现了系统内部的横向集成；纵向集成和横向集成实现以后，物理世界和数字世界经过从数字科技化到科技数字化的大循环之后，系统集成也将得以实现。知识的纵向集成、横向集成和系统集成这3个集成实现以后，人的智能和机器智能第一次掌握了全域而非烟囱式或分隔式的知识，建立在全域知识基础上的人类理性和机器理性将对如何应对人类挑战给出全新的解决方案，并对物理世界的自然系统、经济系统和社会人文系统做出新的判断和认识。在新的解决方案和判断认识的基础上，可以对人与人之间、人与机器之间的关系做出全新的解释和重构。人的理性和机器理性将得到进一步的完善。

构建知识文明的体系，单靠人的智能、人的理性，不足以应对未来人类的发展。现在我们面临新的挑战，需要结合人机两种智能、两种理性。两种智能和两

---

① X5.0指的是，就技术的发展而言，在机械化、电气化、信息化、网络化之后，现在进入了第5个技术发展阶段——平行化，即平行时代"X5.0"。

② 此构想由中国科学院自动化研究所王飞跃教授提出。

种理性的结合,既是知识文明构建的基础,也是知识文明的特征。可以说,随着两种智能、两种理性的深度融合,知识文明的体系将逐步构建完成。

3.1.2.2 知识文明的核心特征分析

知识文明时代将第一次构建物理世界与数字世界以及它们之间的对应关系。在知识文明时代,除了实体的物理世界,还存在着一个虚拟化的数字世界,随着知识文明的发展和演进,数字世界将逐步丰富和完善,并最终和物理世界一一对应,产生一个平行的世界。

数据是数字世界一切的基础,正如物理世界的普通物质一样,没有了数据,数字世界也将不复存在。知识文明时代,数据成为经济、社会发展的生产要素与关键资源,通过数据驱动为经济社会发展提供动力。在早期的文明时代,生产要素主要是资源、能源、资本及劳动力。知识文明时代,数据成为新的生产要素和关键资源,它不同于矿产资源、化石能源等物质性资源,它是一种可重复挖掘的并可再提炼升值的新型资源。

知识文明时代,通过数据、信息与知识建立内在逻辑的科技进步(数字科技更多地体现在算力、算法上),实现知识生产、传播、使用的自动化,进而实现机器智能。而在农业文明中,知识的生产、传播和使用主要依靠少数的知识分子,科学研究并没有成为单独的职业,技术的改进主要来自农业生产的实践,技术进步缓慢;在工业文明和信息文明中,科学研究成为单独的职业,知识的生产、传播和使用在速度和频率上有了质的飞跃,但是知识的生产依然依赖于人的智能,人是知识生产的唯一母体;在知识文明时代,依靠智力引擎和数字科技的算力、算法优势,人的智能得到扩展,可以实现知识生产、传播和使用的自动化,从而实现机器智能,从而第一次出现人类智能以外的新的智能。

知识文明时代,通过数据、信息与知识在物理世界与数字世界体系内的流动、循环、反馈,形成数字、物理浑然一体的平行世界。随着数字科技的发展,物理世界的数字化逐步完善,应用领域从生产延伸到消费,以及整个社会经济体系。物理世界中自然系统、经济系统和社会人文系统以及所反映出来的学科知识,通过感知层、网络层和数字层的数字映射,在数字世界经过数据处理、仿真建模和知识自动化,形成新的知识,并反馈到物理世界,形成循环。人的智能与机器智能协同,产生的数据、信息与知识在物理世界与数字世界体系内的流动、循环、反馈,得以不断创造价值,并指导生产、消费和决策。

3.1.3 新型基础设施在知识文明体系中的定位和历史使命

3.1.3.1 新型基础设施在知识文明体系中的定位

在知识文明、平行世界以及数字孪生中,新型基础设施既是平行世界的载体,又是对应其功能的主要经济社会的关键资产。平行世界的构建,离不开物理世界经过感知层、网络层、数字层的数字映射,这种映射需要物联网、通信网、数据湖(data lake)的设备和技术支持,而这些设备和技术正是新型基础设施的一部分。早期的文明,其基础设施主要在物理世界发挥作用,如农业文明时代的运河、水渠、驰道、驿站等,工业文明时代的铁路、公路、电网、机场、石油管道等,信息文明时代的通信网、互联网、信息高速公路等,基础设施服务对象主要是人,以及物质的生产和消费。基础设施是经济社会发展的基础,基础设施的构建也先于文明的发展,并为文明的发展和进化提供坚实的基础;同时,基础设施也是所处经济社会的关键资产和标志。离开了这些基础设施,经济社会的发展将受到严重影响,甚至文明的演进也会受到影响。

3.1.3.2 新型基础设施的历史使命

新型基础设施区别于传统基础设施的最主要特征是:它是连接物理世界和数字世界的桥梁,是构建与连接两个世界的关键载体与纽带。传统基础设施主要是在物理世界发挥作用,而新型基础设施一方面是构建数字世界的基础,另一方面通过网络实现物理世界与数字世界的连接,最终为实现两个世界的流动与循环创造物质条件。

新型基础设施经历了信息化、数字化、网络化、智能化的不同阶段。新型基础设施的信息化阶段,正是信息文明向知识文明的过渡阶段。从发展进程来看,信息化围绕物理世界的基础设施,而新型基础设施指向数字孪生的构建,其最终使命是完成数字世界的构建以及与物理世界的连接,并将两个世界构建成一个完整的体系。随着数字化范围的扩大和完善,新型基础设施需要满足数字孪生和平行世界的网络化及智能化需求。随着新型基础设施的体系构建不断完善,知识文明和平行世界的支撑基础将越来越强。当新型基础设施构建完毕,知识文明也将真正到来,新型基础设施建设演化过程也就完成了。在知识文明体系下,新型基础设施将不断演化、升级,在为知识文明提供基础支持的同时,也必将为新文明的孕育提供新的萌芽和启示,从而形成文明和基础设施的互动演化和相互促进。

3.2 新科技与新型基础设施的关系

科学的发展和技术的进步以及应用，需要仪器设备和基础设施的支持。在早期的工业文明和信息文明中，科技的发展范围主要针对的是客观的物理世界。而在知识文明的体系中，诞生了新的数字科技，这是与传统的领域科技在研究对象和外在表现上有着显著差异的科技。新科技需要新型基础设施的支持，也对新型基础设施的建设产生了新的需求。随着新科技的发展，新科技与新型基础设施也在融合，并不断强化知识的纵向集成、横向集成和系统集成三大集成，推动知识文明形态下的新型基础设施发展。

3.2.1 新科技与新型基础设施的关系

3.2.1.1 领域科技与数字科技

所谓领域科技，指的是针对自然世界物质构成的不同特点、不同功能、不同运行和联系机制，开展针对自己领域的研究，并为社会、经济提供解决方案的科学理论及其技术组合。领域科技与客观世界的物质、能量的流动密切相关。

数字科技是利用物理世界的数据（描述物理世界的符号集），通过算力和算法来产生有用的信息和知识，并构建与物理世界形成映射关系的数字世界，以指导和优化物理世界中经济和社会运行的科学技术。

数字科技主要围绕数据的产生、流动到信息和知识的产生、流动、使用等全流程，实现物理世界和数字世界的交互作用，具体包括两个方面：一是实现从物理世界到数字世界的数字化映射，这需要经过数据的采集、流动到使用等过程；二是通过数字世界的模拟运行优化，并通过预测、决策反馈给物理世界，帮助物理世界更好地优化运行过程。

领域科技与数字科技的根本区别在于：前者的研究对象是客观的物理世界，后者的研究对象是在客观的物理世界基础上映射衍生的数字世界。前者的外在显示，在科学基础上，主要表现为不同的学科，如基础科学中的数学、物理学、计算机科学、数据科学、逻辑学、电子学、化学、统计学、光学、生命科学等；在经济系统中，主要表现为不同的产业和行业，如农林牧渔业、采掘业、制造业、交通运输业、建筑业、服务业等；在社会人文系统中表现为文教卫生、公共事业等。

所谓物理世界的数字化，指的是通过感知层（芯片、传感器、微处理器、全光信息、量子信息等）、网络层（5G/6G、卫星互联网等网络融合和传输等）、数字层（存储、数据结构化/非结构化等）等相关的科学技术，将物理世界的运行特征进行数字化，打造一个数字世界。物理世界和数字世界的对应关系如图3-1所示。

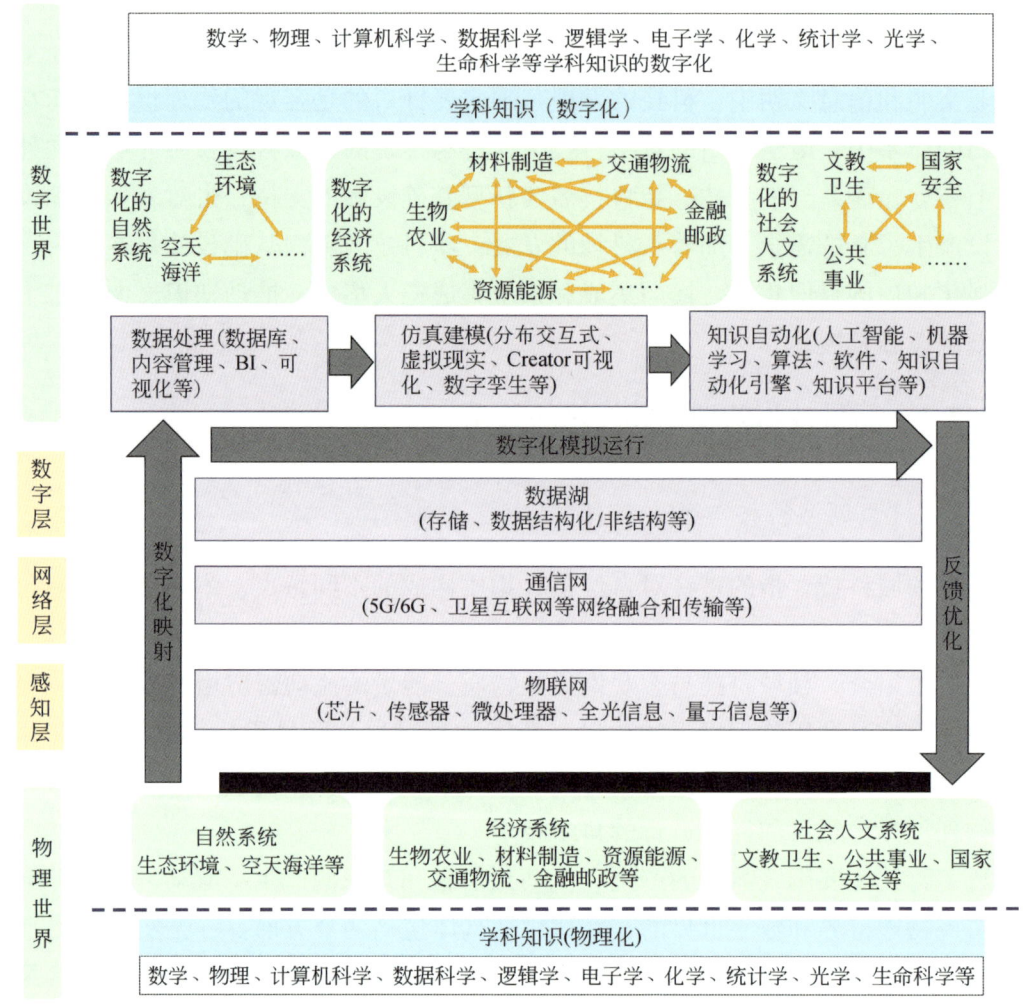

图 3-1 物理世界和数字世界的对应关系图

3.2.1.2 新科技与新型基础设施的对应关系

科学是正确反映客观事实的本质和规律的系统化、理论化的知识体系，以及一系列相关的认识和研究活动。它是人类对未知世界的认知能力，是对外部世界和人的精神活动的现象与规律的总结和应用。这种认知能力，随着人类文明的发展而不断演化和进步，同时人类认知的范围和能力也在逐步扩大。在农业文明时代，科学基本是零散的，不成体系的；在工业文明时代，科学体系得以建立，人类认知范围和能力得到了极大的扩展；在信息文明时代，人类认知范围逐步扩大，人类对虚拟世界的认知初露端倪；在知识文明时代，科学的认知范围将有质的飞跃，扩大到物理世界和数字世界的平行世界，科学的范式也将出现新的变化。

技术思想家阿瑟（B. Arthur）认为，技术是实现人类目的的一种手段，技术也是实践和元器件的集成，技术是可供某种文化中利用的装置和工程实践的集合。从本质上看，技术是被捕捉并加以利用的现象的集合，并且技术是可以自我进化的。科学构建于技术，而技术是从科学和自身经验两个方面建立起来的。科学和技术以一种共生方式进化着，一方参与另一方的创造，一方也接受、吸收、使用着另一方。两者混杂在一起，不可分离，彼此依赖（阿瑟，2018）。技术集中体现了人类改变物质、能量和信息的能力。在农业文明时代，技术的改变，主要体现在对于物质的宏观的、表层的利用，对于能量的利用能力非常低。在工业文明时代，这种认知和改变的能力得到了快速的提升，对于物质的利用，深入到了物质的内部及其核心，开始大规模利用化石能源，能源的开采和利用在种类、数量和质量上都出现了质的飞跃，出现了各种学科和行业、领域，此时的科技，主要局限于领域科技，融合和交叉相对较少。在信息文明时代，这种改变的能力，扩大到了信息，人类可以利用信息作为资源，开展相应的活动，不同领域的科技融合能力得到了新的提升。在知识文明时代，除了领域科技，还将出现数字科技，物理世界和数字世界互相映射和对应，平行世界将逐步建立、完善。

科技创新体系是将技术与人类的需求（物质需求、精神需求）用经济的方法进行对接，最终服务人类社会的发展与需求。在农业文明时代，科学研究没有成为独立的职业，人类需求的满足，主要的支撑和进步来自对实际生产和生活经验的总结，并不存在现代意义上的科技创新体系。在工业文明时代，随着科学和技术的进步，人类需求的数量和质量都得到了极大的满足，而且人类的新需求在不断产生，这种新需求又进一步拉动科学、技术的发展，从而实现了互动式的促进。在信息文明时代，人类的需求和科技的互动式的促进得到了进一步提升，物质需求得到满足的同时，精神需求的数量和质量有了新的特征，信息交流与传播速度和质量的提升，为人类的精神需求提供了解决之道。在知识文明时代，人类的精神需求的绝对数量和相对比例将会超过物质需求，精神需求的质量和种类也有了新的提高，数字世界的需求对人类的行为将产生新的影响。人类的精神需求，将不止局限于物理世界的产品，还扩展到数字世界的产品。数字世界不仅是对物理世界的映射，在数字世界，人的行为特征、产品交易、虚拟货币等也将被重新定义。

在人类文明历史的演进中，科技一直是人类社会发展的第一驱动力。但是在农业文明、工业文明以及信息文明时代，这种驱动作用主要是驱动物质世界与人类的发展。到知识文明时代，科技，尤其是数字科技，将帮助人类构建数字世界以及物理世界与数字世界一体的平行世界。

数字世界是物理世界直接的映射,这个映射的过程,需要经过以物联网为代表的感知层,以通信网为代表的网络层,以及以数据湖为代表的数字层;同样地,从数字世界到物理世界的反馈优化,也需要数字层、网络层及感知层的辅助,但数据的流向相反。感知层、网络层及数字层在实体上的表现,正是以5G/6G、物联网、工业互联网、卫星互联网等为代表的通信网络基础设施,以数据中心、灾备中心等为代表的存储基础设施,以人工智能、云计算、区块链等为代表的新技术基础设施,以及以数据中心、智能计算中心为代表的算力基础设施。这些基础设施,是新型基础设施的重要组成部分,也是沟通物理世界和数字世界这两个世界的桥梁与纽带。知识文明的构建,离不开知识自动化和数字世界;而知识自动化和数字世界的构建,离不开新型基础设施。新型基础设施的建设和不断完善,也为知识自动化和数字世界提供了支持。

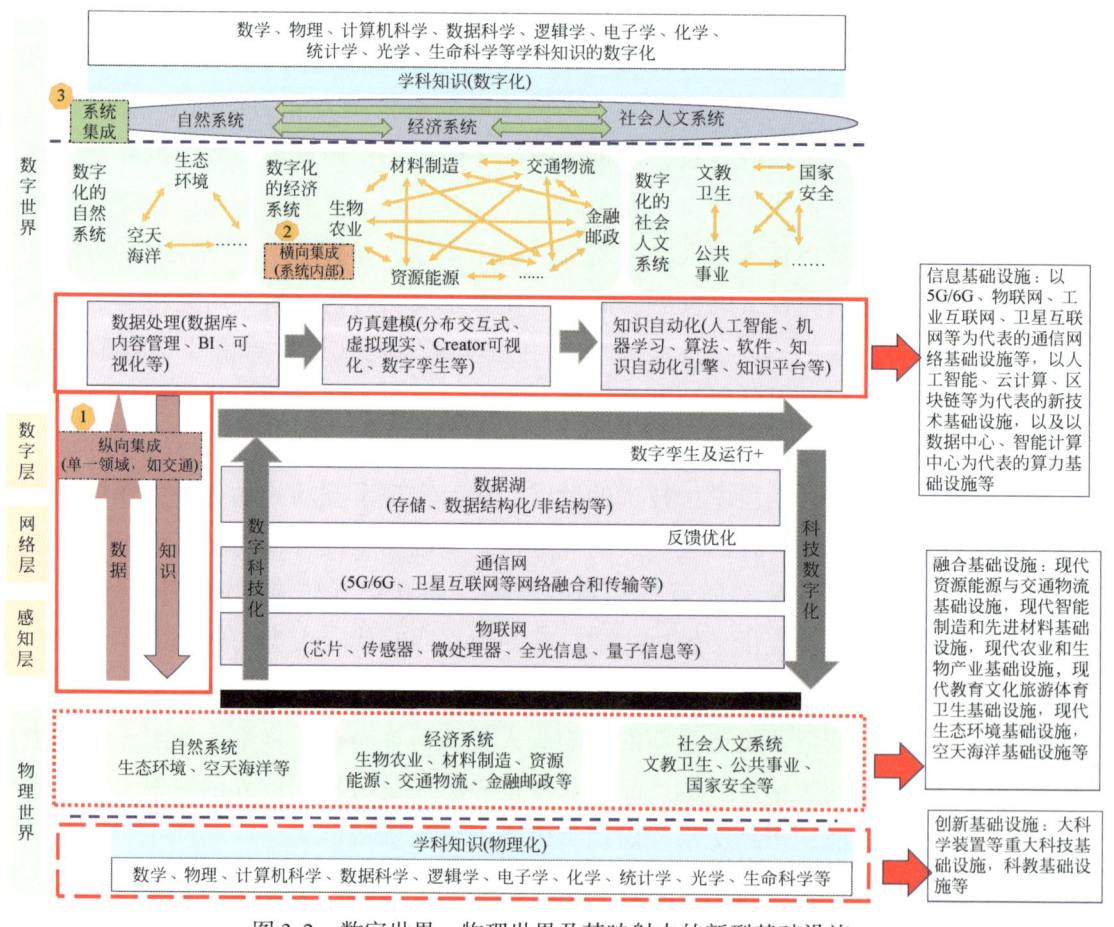

图3-2 数字世界、物理世界及其映射中的新型基础设施

物理世界包括自然系统、经济系统和社会人文系统，以及对其认知的体现——学科知识。在数字世界的映射构建过程中，既需要建设新型的数字化基础设施，也需要对原有的基础设施进行数字化改造。从长期发展趋势来看，科技革命必将带来新的技术，新的技术将带来新的产业，新的产业发展需要新的基础设施，新的基础设施和新的产业将带来经济社会的深刻变革，并对发展模式提出新的要求，如协调、绿色、开放、共享、智能、集成，这同样对新型基础设施建设提出新的要求，这也是新型基础设施发展的重要驱动力。相关的对应关系如图 3-2 所示。

3.2.2 新科技与新型基础设施发展方向

未来知识文明社会的发展，对科技提出了新的要求，为了适应这个要求，需要对未来新科技进行前瞻性的谋划和布局，也需要对科技创新体系做出适应新科技的调整和完善。

"创新 2050：科技革命与中国的未来"系列报告，以可持续能源和资源、智能制造和先进材料等为特征的新一轮科技革命和产业变革为背景，描绘了我国面向 2050 年实现现代化的图景和科技发展路线图，提出了"以科技创新为支撑的八大经济社会基础和战略体系"的整体构想，并分阶段刻画了八大科技体系建设的特征和目标（中国科学院，2009）；再加上支撑科技创新和制度创新的两大基础体系，构成了十大新型基础设施体系（潘教峰和万劲波，2020a）。其中八大科技体系与新型基础设施对应关系见表 3-2。

表 3-2 八大科技体系与新型基础设施对应关系

八大科技体系	新型基础设施	实例
信息网络体系	数字化基础设施	以 5G/6G、物联网、工业互联网、卫星互联网为代表的通信网络基础设施，以数据中心、灾备中心等为代表的存储基础设施，以人工智能、云计算、区块链等为代表的新技术基础设施，以数据中心、智能计算中心为代表的算力基础设施等
	现代科技基础设施	大科学装置等重大科技基础设施、科教基础设施、产业技术创新基础设施等
可持续能源和资源体系	现代能源资源和交通物流基础设施	智慧能源、智慧物流、智慧交通等
先进材料和智能绿色制造	现代智能制造和先进材料基础设施	智慧制造、数字孪生、智慧材料、3D 打印等
生态高值农业和生物产业体系	现代农业和生物产业基础设施	智慧农业、智慧农机装备、农业减灾防灾基础设施等

续表

八大科技体系	新型基础设施	实例
普惠健康保障体系	现代教育文化旅游体育卫生基础设施	智慧教育、智慧医疗等
生态与环境保育发展体系	现代生态环境基础设施	环境监测网络,风险预警、监测网络体系等
空天海洋能力新拓展体系	空天海洋新型基础设施	基于天地一体的地面设施和控制系统,基地科考站、空间站、卫星和航天器系统等
国家与公共安全体系	国家总体安全基础设施	安全与治理标准、安全基础设施等
	国家治理现代化基础设施	智慧城市、城市大脑、农村治理信息服务平台,科学决策和智慧管理治理系统及设施网络等

此外,知识文明的构建,也需要安全(数据安全、国家安全、网络安全)和社会治理的制度保障。在社会需求拉动、新科技支撑及制度保障的助推下,未来新型基础设施将向低碳化、数字化、网络化、智能化、集成化方向发展。

数字化基础设施包括基于新一代信息技术演化生成的通信网络、新技术、存储及算力等基础设施,如5G/6G网络、大数据、人工智能、物联网、云计算、区块链等,涵盖了通信、算法、算力等方面。智能化数字基础设施,是产业数字化的工具,是实现物理世界到数字世界映射的重要条件和技术支撑,为进一步构建平行世界提供了可能,也为物理世界的自然、经济和社会人文系统的融合集成提供了数字化工具。它可以重塑数字产业化及产业数字化发展格局,带来一系列经济及战略利益。提升感知、传输、数据中心和应用平台等设施网络化、数字化、智能化水平,确保新型基础设施、数据及网络体系符合安全标准。

对于数字化基础设施来讲,5G是一个重要的发展方向。通信产业的发展,推动了信息产业的发展和迭代升级,也推动了人类经济社会的发展和繁荣。从应用和业务层面来看,4G及其之前的移动通信主要聚焦于以人为中心的个人消费市场,从5G开始,消费主体将从个体消费者向垂直行业和细分领域全面辐射。特别是在5G与人工智能、大数据、边缘计算等新一代信息技术融合创新后,工业、医疗、交通、传媒等垂直行业得以进一步赋能,在虚拟现实与增强现实中,超清晰视频、车联网、无人机、联网无人机、远程医疗、智慧电力等细分领域有着广阔的应用前景,更好地满足物联网的海量需求以及各行业间深度融合的要求,从而实现从万物互联到万物智联的飞跃。从发展来看,1G到6G的移动通信演进历程如图3-3所示。

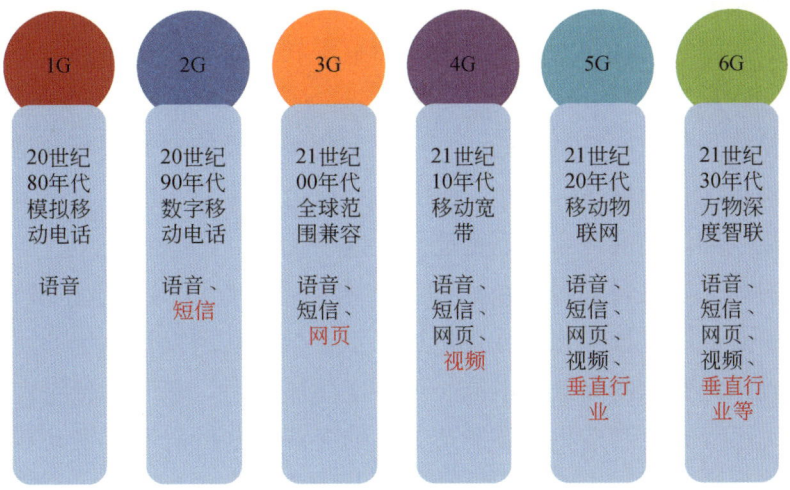

图 3-3　1G 到 6G 的移动通信演进历程
资料来源：赛迪智库无线电管理研究所，2020

6G 未来将以 5G 提出的三大应用场景（大带宽、海量连接、超低延迟）为基础，不断通过技术创新来提升性能和优化体验，并且进一步将服务的边界从物理世界延拓至虚拟世界，在人–机–物–境完美协作的基础上，探索新的应用场景、新的业务形态和新的商业模式。

未来的商业模式，可能有人体数字孪生、空中高速上网、基于全息通信的 XR[①]、新型智慧城市群、全域应急通信抢险、智能工厂+、网联机器人和自治系统等。

包括重大科技基础设施、科教基础设施及融合创新基础设施等在内的数字化科技创新基础设施，如支撑重大科学研究、技术开发的大科学装置、大试验平台等，是重要的创新型基础设施。可以支撑构建数字时代科技创新体系，支撑科学、技术、工程、产业及社会等创新体系交叉融合，对基础研究、应用研究、数据密集型科学及创新创业创造活动均形成有效支撑，促进众多学科基本和关键瓶颈问题的解决（潘教峰，2017）。

在未来，人类将进入新能源与可再生能源为主的新时期。煤的洁净和高附加值利用技术、电网安全稳定技术、生物质制取液体燃料和原材料技术、可再生能源规模化发电技术、深层地热工程化技术、氢能利用技术、新型核电和核废料处理技术、新型能源技术（包括海洋能、新型太阳能电池和核聚变）等技术的突破，将促

---

① XR（extended reality），扩展现实，指通过计算机技术和可穿戴设备产生一个真实与虚拟组合的、可人机交互的环境。扩展包括增强现实（augmented reality，AR）、虚拟现实（virtual reality，VR）、混合现实（mixed reality，MR）等多种形式。换句话说，XR 是一个总称，包括 VR、AR 和 MR。

进特高压、智能电网、微电网、分布式能源利用、新型储能、氢能、核能等能源基础设施的建设和推广，从而大幅提高能源与资源利用效率，推动新型基础设施的低碳化发展。

交通、物流是传统的基础设施，利用数字化基础设施对其进行改造、升级、赋能、增效，构建综合、智慧、绿色、平安的交通运输体系和综合交通运输网络，实现交通和物流基础设施的数字化、智能化、网络化。

智能制造和先进材料的科技革命和新技术，可以促进制造业和材料的智能化、绿色化升级，并最终将智能化、绿色化贯穿于整个产品的设计、生产、使用和回收全过程，实现能源资源的高效、清洁、可再生循环利用。基于信息物理系统的智能装备、智能工厂等智能制造将引领制造方式的变革。这将有助于推动新型基础设施的低碳化、绿色化发展。

现代农业和生物产业基础设施，支撑我国构建高产、优质、高效、绿色的现代农业和安全、高值、高效、优质的生物产业体系，支撑农业现代化，保障粮食与农产品安全、生物安全。

现代教育文化旅游体育卫生基础设施，支撑构建满足我国十几亿人口需要的普惠教育、文化、旅游、体育与卫生健康保障体系，推动生命科学研究向定量、精确、可视化、交叉会聚方向发展，医学模式由疾病治疗为主向预防、预测和早期干预为主转变。

空天海洋新型基础设施，拓展未来发展空间的保障，支撑构建我国空天、海洋、极地、深地空间拓展能力及体系，支撑航天强国、海洋强国建设，保障国家空天、海洋、极地、深地权益和国土安全。提高我国空间探测、对地观测、极地监测、深海探测、空间态势感知和综合监测、预警能力，向着更深、更遥远的宇宙、海洋、极地和深地迈进，支撑蓝色经济及空间技术市场化、商业化。

新型基础设施的发展，不同于传统基础设施的一个重要方面是，它既包含硬件设施，也包含软件设施，其中之一是保障社会经济平稳、和谐、韧性、安全发展的制度体系，包括国家总体安全基础设施和国家治理现代化基础设施，如安全与治理标准、制度等软件设施。例如，虚拟网络空间的管理与服务模式，法规、治理体系、标准等软环境保障。而且"软基础设施"往往是决定"硬基础设施"成效高低乃至最终成败的重要因素。在关于安全和治理制度类的新型基础设施中，社会计算与平行管理是一个重要的工具。平行管理就是在对已有事实认识的基础上，利用先进计算手段，借助人工系统对复杂系统的行为进行"实验"进而对其行为进行分析，实虚互动，得出比"现实"更优的运行系统。对于社会态势的分析与预警，可以构造各式各类的人工系统，进行建模分析，应用于实际复杂社会系统的管理和控制。

3.2.3 科技数字化与新型基础设施的融合发展

3.2.3.1 领域科技与数字科技本身的融合发展

科技数字化(科技创新的第四范式与知识自动化)与数字科技化共同支撑知识的纵向集成、横向集成和系统集成,推动知识文明形态下的新型基础设施发展。领域科技未来的发展,需要依托数字科技来实现突破和飞跃,在科学数据(观察数据、仿真数据)如洪流一样产生的情况下,如果没有强大的算力与有效的算法支撑,这个突破和飞跃很难实现。领域科技与数字科技的融合发展,需要新的研究范式来支撑。

图灵奖获得者、微软亚洲研究院技术院士格雷(J. Gray)认为,科学研究分为4类范式,依次为实验科学、模型推演、仿真模拟和数据密集型科学发现(data-intensive scientific discovery)。其中,数据密集型科学发现,也就是现在我们所称的"第四范式",其演化如图3-4所示。

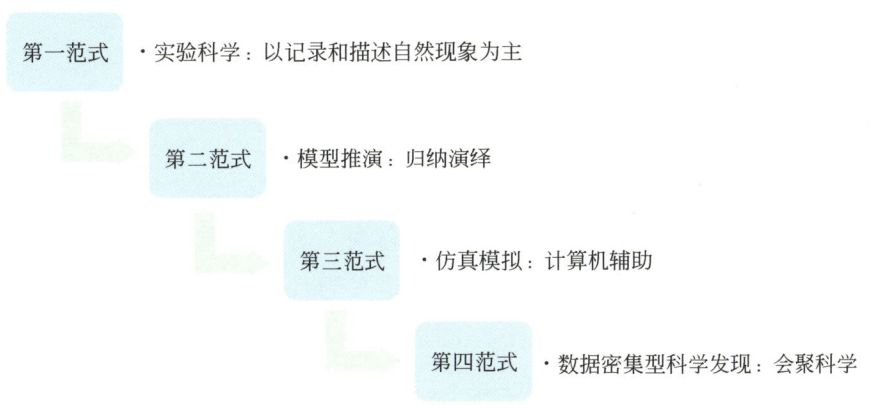

图 3-4　科学范式的演化

在这种新的研究模式下,仪器收集数据并通过模拟方法产生新数据,然后进行软件处理,再将形成的信息和知识存储于计算机中。在这个工作流程中,科学家只有在相当靠后的步骤才会参与其中并审视他们的数据,这种数据密集型科学发现的技术和方法与以前迥然不同,所以,从计算科学中把数据密集型科学发现区分出来,作为一个新的、科学探索的范式非常有价值。

人类最早的科学研究,主要以记录和描述自然现象为特征,称为"实验科学",这就是"第一范式"。然而这种模式,受到当时实验条件的限制,难以完成对自然现象更精确的理解,于是科学家开始尝试尽量简化实验模型,去掉一些复杂的干扰,只留下关键因素,然后通过演绎进行归纳总结,这就是"第二范式"。随着电子计算机技术的出现和成熟,利用电子计算机对科学实验进行模拟仿真的模式在科学研究中得到迅速普及,科学家可以通过对复杂现象的仿真模拟,得出相关的结论和结果,这就是"第三范式",典型案例如模拟核试验、天气预报等。未来科学的发展趋势是,随着数据的爆发式增长,计算机将不仅能做仿真模拟,还能进行分析总结,得到理论。数据密集范式理应从第三范式中分离出来,成为一个独特的科学研究范式。也就是说,过去由科学家从事的工作,未来完全可以由计算机来做。这种科学研究的方式,被称为"第四范式"。第三范式是"人脑+电脑",人脑是主角,而第四范式是"电脑+人脑",电脑是主角。

面对数据洪流,尤其是科学数据的洪流,新的数字基础设施为知识发现和知识自动化提供基础,并将知识自动化后产生的知识返回到学科知识中,从而大大丰富学科知识的内容和体系。这样的新型基础设施,可以提高科学发现的效率(图3-5)。

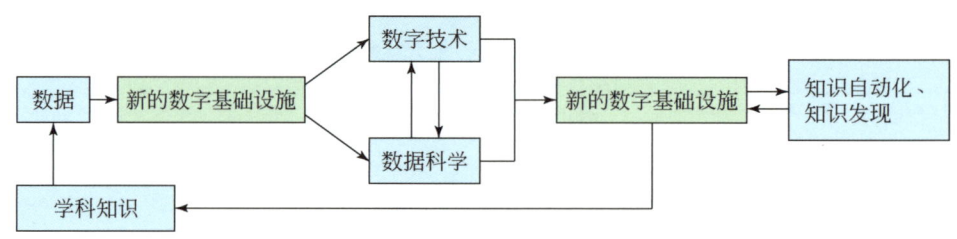

图3-5 新的数字基础设施在知识发现中的作用

知识自动化,在广义上并无精确的定义,粗略地可以定义为是一种以自动化的方式变革性地改变知识产生、获取、分析、影响、实施的有效途径。狭义的知识自动化则可视为广义知识自动化的应用,可以定义为基于知识的服务,包括基于信息的服务、基于情报的服务、基于任务的服务、基于决策的服务(decision-based services)。无论是广义的还是狭义的定义,知识自动化的关键是如何将信息等与任务和决策无缝、准确、及时、在线地结合起来,从而自动完成各种知识功能与知识服务(王飞跃等,2017)。

领域科技与数字科技的融合发展,推动了面向知识的三大融合,即领域融合(各个领域的知识在领域内形成闭环)、系统融合(自然、经济和社会人文系统的融合)以及在虚拟的数字世界中的融合。

领域科技在领域内的知识融合,需要数字技术的支撑,才能实现学科的融合和知识自动化,并且随着数字技术的升级,数据科学也将不断形成新的量级和挖掘出新的数字世界运行规律。在这个过程中,学科将不断融合,形成融合科学的新范式。融合科学的发展,同样对数据的开放共享提出了新的要求(肖小溪等,2020)。

3.2.3.2　知识的三大集成与新型基础设施的融合

新型基础设施，是以新的形式、方式和组织模式，对三流（物质流、能量流和信息流）进行转移、调控、交换，满足人们的物质和精神方面的需求，为社会经济的良好运转提供支撑。在某种程度上可以说，新型基础设施是对传统基础设施的升级或者革命性改造，通过新的模式和方式发挥其功能，而这离不开新科技的支撑。

阿瑟认为：正如时代创造着技术，技术同时也创造着时代。技术的历史，不仅仅是单个发明和技术的编年史，如印刷机、蒸汽机、贝塞麦炼钢工艺、无线电、计算机，它也是时代的编年史，定义着所处的时代（阿瑟，2018）。新型基础设施，也和技术甚至文明息息相关，不同的技术对应着不同的基础设施，不同的文明对应着不同的基础设施。

以 5G/6G、物联网、工业互联网、云计算、人工智能、区块链等技术为基础，催生了新的通信网络基础设施，并对传统的交通、能源等基础设施进行升级和集成，形成了智慧交通、智慧能源等融合基础设施，使得传统的基础设施以新的面貌或者形态出现，同时又大大提高了支撑经济社会发展、满足人类需求的效率和能力。

新型基础设施，同样为数字科技、领域科技提供了支撑，如以数据中心、智能技术中心为代表的算力基础设施，对科学计算、科学发现，以及决策优化提供支撑。

领域科技的发展，推动了技术的发展，新技术的出现，将会引起经济社会中需求、供给的变化，也将对生产和消费的模式产生深远的影响。早期的传统基础设施中，铁路的出现，引起了货物运输成本的变化，对生产者的布局会产生影响，同时对消费者的居住地选择也会产生影响；高速铁路的出现，为人们的出行方式提供了新的选择，对于其他运输方式也产生了冲击。新的技术催生新的产业，新的产业对基础设施也将有新的需求。

传统的基础设施，随着建设的完成，技术也逐渐趋于固化，技术的改进，限于与该基础设施密切相关的枝节部分。传统基础设施调控的主要是物质流和能量流，物质流和能量流的排他性和损耗性，以及传统基础设施的分立性也限制了相互之间的集成。而对于新型基础设施，数据流、信息流是其调控的重要对象，数据具有可重复使用性、非损耗性，进行深度挖掘和使用后可以实现增值，而且易于融合。这就使得新型基础设施并不是完全固化的基础设施，而是与技术实现共同进化的基础设施，集成性和平台性决定了其具有一定的柔性。通过数字科技化的反馈优化，新型基础设施可以获得更快的技术更新支持，也可以通过更加紧密的融合提升自身支持经济社会发展、满足人类需求的效率和能力。通过知识自动化，数字世界具有了更好的智能性，反馈到物理世界，新型基础设施也被赋予了新的智能性。

3.2.3.3　知识的三大集成与知识文明形态下的新型基础设施

基础设施对社会经济的发展具有基础支撑作用。但是传统的基础设施之间是分立的。例如，机场、铁路、港口、电网、管道、公路、水利等传统基础设施是一个超级复杂系统，但其建设、运营整体上是独立的。这种分立的原因，在于其服务对象不同，目的性和功能性不同，其发挥作用的内在机理不同，对于物质流、能量流和信息流的传输、调控、利用的方式、方法也不同。

以物联网、云计算、边缘计算、人工智能、移动终端、数字孪生等为代表的智能数字基础设施，在不断融合、迭代升级中，为未来经济发展提供高经济性、高可用性、高可靠性的技术底座，构建起一个数据驱动的平台化、集成化、生态型的基础设施。数字基础设施功能的发挥在很大程度上取决于多种技术的集成交互，技术迭代的频率更快、相互依赖性更强、整体功能演进的速度更快。

数字科技化支撑知识的纵向集成、横向集成和系统集成。而知识的三大集成，将会大大地促进数字世界的集成，这种集成又通过科技数字化反馈到物理世界，从而促进物理世界的集成，其中一个重要的方面是基础设施的集成。由于有了数字世界，基础设施之间有了共性，而这种共性就是数据，通过数据的集成化及反馈，各项基础设施，可以构成基于数据驱动的平台化、集成化的基础设施网络。

新型基础设施可以对工业、农业、交通、能源、医疗等垂直行业赋予更多的发展动能，有效推动产业生态多方面融合。通过数据的收集、计算、模拟、反馈，不仅可以推动数字经济、智能经济等新业态增长，还可加速释放新能源汽车、远程医疗、电子商务等领域的发展潜力，从而创造更多新市场、新需求。

3.3　新需求与新型基础设施的关系

随着经济生活水平的提高，人类需求的类型和质量也在不断扩展和提高，从物质以及服务的需求扩大到精神的需求，而且随着文明的演进和发展，精神需求所占的比例以及精神需求的类型将会不断扩大。在未来的知识文明时代，精神需求与数字世界的联系将会越来越密切，而数字世界的发展也将为精神需求的满足提供更好的条件。数字世界的发展，同样离不开新型基础设施的支持。人类的新需求是新型基础设施发展的动力。

3.3.1 新型基础设施以新需求为转型动力

人的需求包含物质需求和精神需求,这种需求的满足需要通过对商品和服务的购买来实现。在实现需求的过程中,通过投入一定的原材料、能源、资金和劳动力,商品和服务在生产端被生产出,并通过中间的商品市场(包含多级的经销商)进行交易,到达消费者的手中,进而被消费(物质流)。在劳动力市场上,工人通过提供劳动力给生产者,获取货币。经济的运转,还需要货币的融通,因此还有资本市场参与其中。在经济社会的运行中,伴随着商品和服务的生产和交付,资金流在反向流动,同时,还伴随着能量流、信息流及商流的交互,"五流"的日益复杂,为新型基础设施的建设与发展提供了转型动力。

从全球化的趋势来看,人与人的交流越来越频繁,商品和服务的流动越来越多,生产者和消费者的选择范围也在日益扩大。生产者要在全球内配置产业链,如手机生产商在多个国家布局自己的研发、零部件采购、代工基地;消费者的需求也有了全球性的选择,如一个消费者购买的食品可能来自东南亚,电子产品可能来自美洲,化妆品可能来自欧洲,旅游可能在非洲大草原。生产越来越复杂,需求越来越多样性,伴随着物质流、能量流、资金流、信息流、商流的交互更加复杂,这对为智能制造提供支撑的数字化基础设施,智慧能源、智慧物流和交通等新型基础设施带来了新的需求。

从区域的角度来看,区域之间的差距有扩大的趋势,为了消除这种差距,对传统的基础设施进行数字化改造和升级,把能源、交通、医疗等行业的应用深度和广度持续拓展,为落后地区提供新的电商网络、远程医疗等,将有效地提升生产效率和质量,满足消费者的需求,这为相应的新型基础设施提供了新的发展机遇。

从国民经济体系来看,产业的分工越来越细,产业之间的联系也越来越复杂,而消费者的需求越来越多样,产品的定制化需求成为趋势。传统的大规模生产不能满足新的需要,消费者在产品设计过程中将会提前介入,并在售后中有更多的反馈,从而帮助生产者改进产品的设计,在此过程中,信息流、商流的交互数量会越来越多、频率会越来越高,这对数字化基础设施、工业互联网、通信等新型基础设施提出了新的要求。

从城市的发展来看,城市规模越来越大,人口越来越多,城市的功能日益复杂,交通日益拥堵,环境日益恶化,能源消耗不断扩大,物质流、能量流、资金流、信息流、商流在城市中相互交织,城市治理的难度越来越大。智慧城市的建设是未来的发展方向,这对现代能源与交通物流,现代教育文化旅游体育卫生基础设施提出了新的需求。

从科技的发展来看，领域科技与数字科技不断融合，科学研究的观察数据和仿真数据越来越多，催生了数据密集型科学发现的"第四范式"及会聚科学，同时对科技创新的模式也提出了新的要求。知识自动化和机器智能可为科学提供更强大的辅助，数字化科技创新基础设施的建设日益提上日程。

从人文与社会来看，人的需求中精神需求的绝对量和相对量都在上升，精神需求的满足，更强调的是满足感和体验感。新的虚拟现实、增强现实、人工智能等技术，可以在数字世界更好地满足人的精神需求和虚拟需求。例如，增强现实和虚拟现实的数字博物馆体验，虚拟的旅游体验，甚至更大规模的虚拟社区等都会为消费者带来新的体验。这对人工智能、云计算、数据中心等数字基础设施提出了新的需求。

整个平行世界中"五流"的流向示意图如图 3-6 所示。

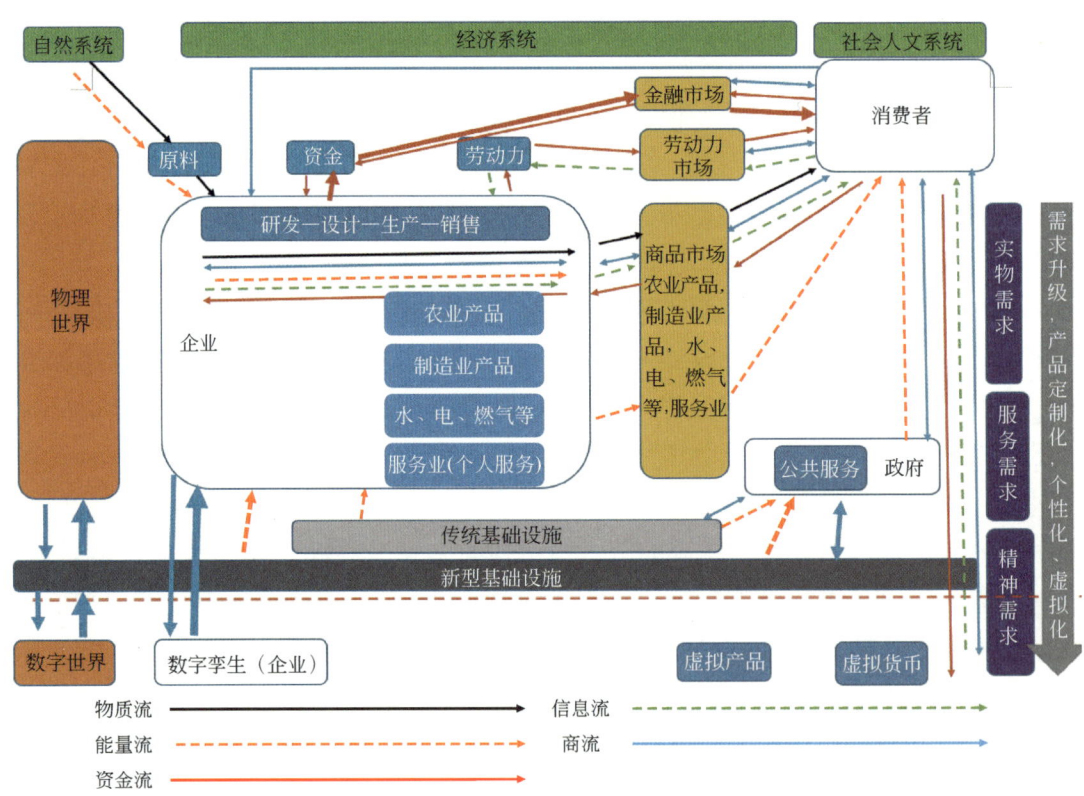

图 3-6 平行世界中"五流"的流向示意图

在这个体系中，包含了政府、企业和消费者这 3 个参与经济体系的主体。企业的生产，需要物质原料、资金以及劳动力的投入。整个物理世界，包含了自然系统、经济系统和社会人文系统。经济系统中包含商品市场、劳动力市场及金融市场。消费者的需求是不断升级的，未来的产品向定制化、个性化和虚拟化发展。随着数字化的不断完善和发展，在虚拟世界构成了一个与物理世界对应的数字孪生世界。物理世界和数字世界之间有信息的交流，共同构成了平行世界。

需求的升级，需要提供产品及服务的生产者和市场对产品与服务的生产方式、组织模式、提供方式等做出新的调整和升级，智慧制造、数字孪生是其中的重要发展方向，而这为新型基础设施的发展提供了动力。

3.3.2　新型基础设施的未来新需求

需求的升级，除上述谈及之外，还表现在对精神、服务及软件需求的增加。这种增加，不仅表现在绝对量上，也表现在相对量上。而且对于新的需求，消费者在数字化、智能化、绿色化、个性化上提出了更高的要求。一个简单的现实例子是，早期的手机，仅仅具有通话功能，后来有了信息功能，接着有了网络的功能，到了智能手机时代，其功能大大增强，可以满足摄影、音乐、游戏、支付、社交等需求，初期的通话功能反而退居其次了。这种数字化、智能化需求的提高，背后需要基础设施的支持，如5G、电子支付系统、通信基础设施等。随着消费观念的变化，绿色化也成为趋势和共识，这对产品生产过程和使用过程的能源消耗、材料回收都提出了新的要求，也对未来新材料、智慧能源等新型基础设施的发展提出了新需求。

需求的另外一个显著变化是需求的数字化，这种数字化不仅表现在物理世界产品和服务的数字化特征，更重要的是表现在对于数字世界的虚拟产品的需求。通常意义上，消费者的需求，不管是实物产品，还是服务，都是在现实世界中，都是能够客观感受到的，如购买的电子物品、消费的食物、享受到的观影服务等。但在虚拟的数字世界中，消费者购买的产品都是虚拟的，没有客观实体形态，是一种心理的体验或者过程，如虚拟世界的游戏、虚拟社区等。在虚拟世界中，人可以设定不同的角色，进行有关的生产、消费、社交等。虚拟世界的产品，可以通过虚拟货币进行交易，虚拟货币和现实的货币之间有一定的兑换比例。

这些虚拟货币并非独立的，是能够和现实世界中的货币进行兑换的，并非严格意义上在虚拟世界中因为生产和交易的发展而创造的货币。这种兑换也为现实世界和虚拟世界的联系提供了纽带。在时下现实的世界中，有些人专门从事打游戏的工作，通过游戏获得升级后的装备，然后将其出售，从而实现从虚拟币到现实货币的转换。对这一部分人来讲，其投入是现实世界的电脑和网络设备、自己的时间，产出的产品是虚拟世界的游戏装备,而这种产品最终可以转换为现实货币。当他们受雇于一定的组织者时,组织者可以通过现实世界和虚拟世界的溢价获得利润,这便具有了提供虚拟产品的生产行为特征(陈维宣和吴绪亮,2019)。从这个意义上讲,虚拟世界和现实世界是交互的,其边界是模糊的。

当这种虚拟货币独立于现实货币,在虚拟的数字世界中自行产生时,才真正具有了和物理世界中货币相类似的特征。但是,这时的虚拟货币,并不是现实货币的数字映射,而是数字世界的一种独立存在。到了此刻,数字世界的内容会更加丰富起来。

人的需求,经历从数字化到网络化、再到智能化的阶进性升级演化过程。相应地,满足这种需求的生产、交易和消费的方式,也必然要做出相应的调整。这种调整必然带来产业的变革,必然带来新型基础设施的新需求、新发展。

3.3.3 两个世界与新型基础设施的融合发展

现场知识是隐性知识,是隐藏在各知识主体头脑中的,并且能体现为技能、诀窍、技巧、洞察力、经验、心智模式和群体成员的默契等,不容易用语言来表达,不宜用特定符号编码或者不能编码的知识。传统意义上的工匠的知识,具有隐性知识的特征。隐性知识和显性知识转化的过程通常有4种,即社会化、外部化、综合化和内部化(野中郁次郎和竹内弘高,2006)。在隐性知识外部化,即隐性知识转化为显性知识的过程中,智能技术,如自助服务、文档工作流、内外网站内容管理、搜索引擎和全文检索、数据仓库和在线分析、智能模拟、数据挖掘和知识挖掘等,为隐性知识显性化提供了辅助(王林军,2010)。可以将工匠的知识,转化为数字化的显性知识。随着机器智能的升级,知识自动化的程度将大大提高。

对于领域科技来讲,学科的专业性越来越细导致了知识碎片化。在大数据时代,以大数据为基础和以新算法为桥梁的知识创新,推动了所有领域的科技革命。科学技术的研究路线发生了从寻找普适规律到寻找数据和新算法的巨变。知识的系统化要求积累大量的知识碎片,通过逐步的类比和综合分析,把相关信息连接贯通成为整体(杨文采,2019)。机器智能代替人去思考,由于其逻辑推理速度快和知识存储容量大,可以在虚拟世界实现知识从碎片化到整体化的集成,并通过科技数字化,对物理世界进行指导和优化。

人工智能可以利用其算力和算法的优势,代替人的智能去处理程序化、重复性高的工作,随着人工智能的升级,人工智能的应用越来越多。但是人工智能的应用增多,必将会出现人工智能对人的替代,一个直接的结果就是影响就业。然而,人工智能的应用也相应地产生了新的辅助工作,会催生新的行业,带动就业,创造新的就业机会。人工智能的应用会改变就业的结构,但从长期总体趋势来看,创造效应会大于替代效应;而且,复杂的决策和情感社交性质的工作还是需要人来完成。

3.4 新制度与新型基础设施的关系

与传统基础设施不同,新型基础设施不仅具有价值载体的功能,同时具有了价值创造的功能。此外,可再生能源与数据的无限复用使得新型基础设施第一次建立在不受稀缺性约束的零边际成本和边际收益递增的基础上。新型基础设施的这些特性,使得其需要新的制度创新来进行投资、建设和运营。

3.4.1 基础设施的基本属性

关于基础设施是属于公共物品(主要由政府提供)还是商品(主要由市场提供),需要从公共物品和商品的属性角度来综合审视。从历次工业革命的社会经济发展看,基础设施的属性更多表现为准公共物品的特征,即兼有公共物品和商品的双重特征。

对于公共物品来讲,典型特征是非竞争性和非排他性。所谓非竞争性,是指某人对公共物品的消费并不会影响其对其他人的供应,即在给定的生产水平下,为另一个消费者提供这一物品所带来的边际成本为零。所谓非排他性,是指某人在消费一种公共物品时,不能排除其他人消费这一物品,或者排除的成本很高。与之相对应,商品则具有竞争性和排他性。

从公共物品的角度,即便是由政府或政府投资的企业提供,也同样受经济规律的约束,因为用于基础设施的资源投入具有稀缺性,资金投入具有选择性(不同投资项目的替代性选择);从商品的角度,传统基础设施的运营要受到政府的管制(因为对于投资者来说,不是使用人越多收益越大,而是存在一个低于社会效益最大化的商业利益最大化使用率),政府要通过特许经营和价格管制调节商业利益与社会效益的矛盾。

基础设施的本质特征是建立在构成物质稀缺性的基础上的,因此需要遵循经济规律。但从国家的角度来看,要同时实现经济效率最大化和社会效益最大化是不可能的,因此从政治利益的角度必须要通过国家力量或政府直接提供基础设施,或者对由市场提供的基础设施进行行政管制。

所以,完全市场化的基础设施(不受任何管制)是根本不存在的。通常情况下基础设施的主要模式有如下几种:政府投资+政府运营、政府投资+国有企业运营+政府管理、政府投资+私营企业运营+政府监管、私人投资+私人运营+政府监管。

从经济所有制的角度来看，主要看混合模式中政府投资及政府监管的比例和力度，而这又和国家的基本经济制度相关。

3.4.2 新型基础设施与传统基础设施的本质差别

新型基础设施以信息网络为基础提供数字化转型、智能升级、融合创新等服务。由此可见，新型基础设施的主体是信息网络，主要功能是面向经济社会搭建数据、信息的采集、传输、存储、计算和反馈系统，以实现数字经济与实体经济融合发展。新型基础设施的数字化、网络化、智能化及融合化等特征，决定了它与传统基础设施在资源要素投入、边际成本、边际收益和价值功能等方面都有本质的区别。

从资源要素投入角度来看，新型基础设施具有轻物质资源、重技术要素的投入特征。传统基础设施由于以承载物质流和能量流为主，其建设投入也以金属、化工、水泥、建材等传统材料为主，且消耗量巨大，具有典型的重资产、重物质投入特征。我国重化工业发展的高峰时期，约30%的钢铁和水泥等建材投入基础设施建设领域。与传统基础设施相比，新型基础设施的形态主要是传感和通信网络、数据中心、存储和计算设备，建设投入的物质形态主要是各种硅基半导体材料和微电子金属材料，一方面资源消耗量远远少于传统基础设施建设，受物质和环境的约束比传统基础设施建设要小；另一方面则对技术的投入要求高，特别是在摩尔定律的驱动下，计算机和通信等领域持续的高研发投入清晰地表明新型基础设施的重技术要素投入特征。2018年，我国计算机、通信和其他电子设备制造业研发投入占当年度全国规模以上工业企业研发投入的17.6%，相比之下同年度铁路、船舶等传统基础设施建设依赖的运输设备制造业的研发投入的占比只有3%[①]。

从资产运营的角度来看，新型基础设施具有边际成本递减的趋势特征。传统基础设施一旦建成，需要在整个生命周期内持续运营。其运营成本构成除了设备的折旧、能源物料消耗相对固定外，还涉及土地占用、设施维护人员开销等成本，从长期看都呈持续上涨的趋势。此外，基础设施运营的长期性使其全生命周期的运营总成本远高于初期的建设成本，因此基础设施尽管为经济社会发展提供强有力的支撑，但也给国家和地方财政带来巨大的压力。相比之下，新型基础设施运营成本构成与传统基础设施有很大不同，以5G为例主要体现在人员成本构成比例低，能耗成本比例高；另外一个特点是技术进步快、代际更新周期短。从运营的角度看，新型基础设施的能耗成本会随着新能源的普及推广呈现边际成本递减的趋势，而技术

---

① 根据2019年全国科技经费投入统计公报，2020年科技统计年鉴计算得到。

研发投入以及体现在代际更新的设备投入则会在新型基础设施的前期发展阶段维持在一个较高的水平。

从运营内容的角度来看，新型基础设施创造的价值具有边际收益递增的趋势特征。传统基础设施主要承担物质和能量的运输和储存功能，主要是通过优化物质和能量的空间和时间再配置实现价值。但总体来看，价值实现功能相对单一，且增值的空间受基础设施的容量限制，增容的成本很高。而新型基础设施的运营内容——海量数据几乎可以无限复用，由于网络效应的存在，其价值只会越用越高。这一特性决定了新型基础设施创造的边际价值是不断递增的，这与传统基础设施建成后边际创造价值递减的性质不同。

此外，知识文明时代下的新型基础设施不仅仅是人类知识应用的载体，同样具有知识创造（知识自动化）的功能。

3.4.3 新型基础设施投资运营模式创新

新型基础设施投资运营模式主要涉及投资和运营主体、资本构成和运营的商业模式（营利还是非营利）。模式选择背后的逻辑既取决于新型基础设施的特有属性，但又脱离不开传统分析基础设施的基本方法，也就是公共物品（主要由政府提供）、商品（主要由市场提供）和准公共物品（既可以由政府提供，也可以由市场提供）的分析框架。

可再生能源与数据的无限复用使得新型基础设施第一次建立在不受稀缺性约束的零边际成本和边际收益递增的基础上，这是知识文明时代的新型基础设施区别于工业文明时代基础设施的本质特征。

传统基础设施的属性表现为公共物品和准公共物品的特征，为新型基础设施的模式设计提供了一个基点，即轻物质投入、重科技投入，边际成本递减、边际收益递增的属性，这为新型基础设施的投资运营模式创新打开了广阔的空间。

从创新效率的角度，新型基础设施需要发挥市场的激励作用。新型基础设施的投入和运营受资源稀缺性约束较小，受技术和组织方式的影响较大，对创新能力的要求较高。因此，从效率的角度，新型基础设施需要充分调动包括国有企业、民营企业（尤其是高新技术民营企业）和外资企业在内的多元市场主体力量，在市场激励机制的作用下发挥好企业的创新活力，让企业在新型基础设施的投资运营中发挥更大作用。

从资金筹集的角度，新型基础设施需要建立多元化投融资模式。从长期来看，新型基础设施边际成本递减和边际收益递增使其具有广阔的价值创造前景，兼具社会效益和经济效益特征；从短期来看，新型基础设施建设与新产业、新模式、新业态紧密关联，应用场景丰富，对产业带动潜力巨大，具备对金融资本和社会资本的吸引能力。因此，需要通过建立多元化的投融资模式，充分发挥政府资金对投资的引导带动作用，调动金融资本和社会资本参与建设的积极性，在发挥好政府规划引导作用的前提下，让私营部门尤其是民营企业成为新型基础设施的投资主体之一。

从组织特征的角度，新型基础设施的市场主体需要有效监管。新型基础设施的网络化、平台化具有一定的自然垄断性，但不同于传统基础设施有一个最佳使用人数的门槛，对于提供新型基础设施的市场主体来说使用的人数可以无上限，经济效率最大化和社会效益最大化是可以兼得的，但市场主体有利用自然垄断获取超额利润的能力和冲动，仍然需要政府对新型基础设施的市场主体进行有效监管。

从社会效益的角度，新型基础设施需要完善监管体系和监管机制。新型基础设施尽管具有广阔的盈利前景，具有吸引企业和社会资本投资的巨大潜力，但其基础设施的本质属性决定了新型基础设施要成为服务社会最广大群体的公共品，而不是专为特定主体和群体服务的私有品，这就要求新型基础设施的发展要兼顾经济效益和社会效益。一方面在模式设计上要发挥混合所有制如PPP的优势，另一方面要尽早考虑设计与之相对应的监管体系和监管机制，把新型基础设施的发展纳入有完善监管的轨道上来。

因此，新型基础设施建设在起步阶段重点是要克服投资不足的瓶颈，需要政府的引导性投资带动社会资本，突破初始门槛实现起飞，这一阶段的主导模式应该是政府投资引导社会投资+国有资本主导的混合所有制企业运营+政府有效监管模式。在快速发展阶段，重点解决有效监管下的技术创新和服务优化，可以采用社会投资+民营资本主导的混合所有制企业运营+多元协同有效监管模式。

3.4.4 新型基础设施的制度创新

新型基础设施投资运营模式创新的背后是制度创新作为保障和支撑。完善与新型基础设施相关的制度同时也是完善我国社会主义市场经济制度的重要组成部分。

发展新型基础设施需要完善特许经营办法和市场准入制度。交通、能源等传统基础设施领域的准入受到政府部门较严格的管制，一般采取特许经营制度，我国现行的《基础设施和公用事业特许经营管理办法》给出了社会资本参与基础设施建设和运营的相关规定。但该办法适用的是能源、交通运输、水利、环境保护、市政工程等传统基础设施，并不包括新型基础设施所涉及的信息基础设施、融合基础设施和创新基础设施，需要进一步修订完善才适用新型基础设施建设。2015年试点、2020年全面实施的市场准入负面清单制度，虽然开启了我国市场准入新范式，为新型基础设施的市场准入提供了很好的政策起点，但新型基础设施作为一项需要长期大规模资金投入的市场行为，需要从制度层面界定政府和企业的边界，明确经营方式、参与主体的权益保护、投资回报等具体内容，保证基础设施的持续性和稳定性。

发展新型基础设施需要用好 PPP 模式推进投融资制度创新。新型基础设施所需要的资金投入规模，单纯靠政府难以持续支撑。再加上起步阶段新型基础设施建设拉动经济的规模效应和乘数效应不如传统基础设施，进一步压缩了政府部门的资金投入空间。因此，政府部门与具备相应能力的市场主体合作，才是新型基础设施投融资效率最高的路径选择。为了激发社会资本参与的积极性，新型基础设施可以采用使用者付费的方式获得正当回报。如此，PPP 模式天然适合新型基础设施建设，应把新型基础设施建设纳入 PPP 项目计划当中。因此，有必要进一步优化针对新型基础设施建设 PPP 项目的金融工具配套政策，降低社会资本参与 PPP 项目的门槛，利用好 PPP 等新型融资模式助推新型基础设施发展。

发展新型基础设施需要处理好产权保护和创新活力之间的平衡。新型基础设施的核心技术是以云计算、大数据、5G/6G、人工智能、区块链等为代表的先进数字化技术。但是，这些技术仍在快速演化之中，发展方向存在很大程度的不确定性。一方面，许多技术的演进采用"开放+共享"模式，通过放弃传统产权主张以实现最快速集成该领域全人类最新智力成果。为维持面向新型基础设施高水平的技术创新活力，有必要延续这种开源共享模式。另一方面，为有效促进创新活动不断向前发展，客观上又要求运用知识产权制度加强对新型基础设施参与实体创新成果的保护。此外，新型基础设施的关键生产要素——数据尚缺乏清晰的产权界定和有效的保护，迫切需要加强数据产权有关的界定和保护工作。因此，新型基础设施发展过程中，需要创造性地解决产权保护和创新活力之间的平衡问题，在保护创新活力的前提下保障参与主体的正当权益。

发展新型基础设施需要通过监管模式创新处理好发展与规制的关系。不论采取何种运营模式，新型基础设施的持续健康发展都离不开有效的政府监管。新型基础设施作为现有经济活动的延续，必然受到既有较为完善的制度体系的约束。新型基础设施在监管对象层面涉及主导项目的政府部门以及参与投资的市场主体，监管范围层面包括市场准入、经营方式、融资模式、产权保护、生态保护等多个维度，监管主体层面涉及发展改革、财政、国土资源、环境保护、金融、安全监管等不同职能部门，监管异常复杂。若照搬传统监管模式难免存在信息不同步、协调难度大、监管不到位等多方面问题。此外，新型基础设施投资还涉及运营模式等方面的创新，具体实践可能会进入现有监管规制的盲点。因此，需要制度层面的创新来解决实践层面的问题。在互联网+和大数据等先进数字技术推动下，多元协同监管不失为新型基础设施建设的一个潜在有效的监管模式。通过理论与实践结合，围绕法规体系、监管标准、职能定位等多个角度，借助互联网和大数据分析技术，构建适应新技术、新需求的多元协同监管新模式，可从操作层面确保监管到位、有效，既降低投资运营风险，又保护投资主体权益。

第4章 新型基础设施的国际经验

伴随着新一轮科技革命和产业变革的持续深入，人类社会正面临着从信息社会向知识社会的转型。新型基础设施将通过各类数字技术和手段将物理世界和信息世界进行无缝、实时连接，通过大量的数据积累，依托知识模型，无限逼近真实物理世界，以数据循环推动信息循环和知识循环，提高知识创造效率并推动知识生态形成，有效推动人类从信息社会向知识社会演进。

本章以美国和欧盟等技术领先和市场潜力巨大的新型基础设施强国和地区，以及日本、韩国、新加坡等技术领先的新兴基础设施大国为例，结合这些国家和地区在面向未来知识社会转型过程中新型基础设施战略布局，分别选取信息类、融合类和创新类基础设施的部分代表性项目，重点阐述各类基础设施在顶层设计、规划建设、投融资和运营管理等方面的实践，并给出经验启示。

4.1 信息基础设施国际经验

20世纪90年代，信息基础设施建设在世界主要国家和经济体陆续开展，并迅速扩展至全球。信息基础设施的建设极大地提高了信息的获取与交流能力、提升了生产效率、改善了人类的生活方式，对经济和社会的快速发展具有明显的促进作用。随着信息基础设施建设的不断完善，以信息基础设施为支撑，多元的应用场景、新型的产业模式以及全新的国家治理体系得以发展，这进一步扩大了以美国等为代表的信息技术产业领先国家和地区的国际影响力。市场的竞争、政治的博弈，在推动技术应用水平不断提高的同时，也催生出对新一代信息技术的需求。以5G、人工智能、工业互联网等为代表的新一代信息技术应运而生，拉开了第四次工业革命的序幕。世界各主要经济体纷纷制定出台相关政策规划，将新一代信息基础设施建设作为国家重要战略部署规划，以抢占新时期政治经济的主导权。

目前，新一代信息基础设施建设尚处在开局阶段，如何制定科学系统的发展规划、规范资金的使用与主体的行为、完善相关政策法律等配套设施等问题亟须解答。通过对国际信息基础设施发展的研究，挖掘其中的经验与教训，对于新一代信息基础设施的建设具有重要的借鉴和指导意义。

4.1.1 世界主要国家和地区信息基础设施概要

世界主要国家和地区都将对信息基础设施的部署作为抢占新时期政治经济主导权的重要驱动力。美国是信息基础设施建设与信息技术创新的先行者，在信息网络建设、超级计算、人工智能等方面全球领先，同时提出了"智慧城市"等一系列新概念引领全球信息基础设施的演化发展方向。欧洲一些国家信息网络建设全球领先，特别是在2G与3G时代，爱立信、诺基亚等企业主导了全球2G、3G标准。中国和欧洲分别推出了全球领先的4G标准。但是欧洲在5G、人工智能、大数据等为代表的新一代信息技术发展与应用中并未处于领跑位置，在技术层面落后于中国和美国。日本在芯片、电子元件等支撑信息基础设施发展的核心领域具有国际竞争优势，但是缺乏领先的平台型企业。

在信息基础设施部署中，通信网络类基础设施是信息基础设施的核心。目前，通信网络类基础设施发展方向主要集中在无线通信网络、工业互联网、物联网等几个领域。无线通信网络方面，20世纪90年代初欧洲一些国家着手通信网络类基础设施的布局，在2G、3G建设方面引领全球。进入4G、5G建设阶段，美国、韩国、中国等国家纷纷加强规划和部署，目前中国在该领域处于世界领先地位。工业互联网方面，德国提出"工业4.0计划"，美国先后出台"先进制造伙伴关系计划""先进制造业战略计划""国家制造业创新网络计划""美国先进制造领导力"等战略计划，这些国家在工业互联网发展方面为世界提供着宝贵的经验。物联网方面，美国首先提出"物联网"发展的概念与方案，随后日本、韩国、中国等纷纷从国家战略层面进行布局。目前，物联网在智慧交通、智慧医疗、智慧物流等行业发挥着重要的作用。

4.1.2 美国信息基础设施发展路径

20世纪90年代，美国率先实施的"信息高速公路"计划，使其在信息基础设施建设与信息技术创新方面成为全球的领导者，并且推动了5G、人工智能、大数据等为代表的新一代信息技术的发展。目前苹果公司、谷歌公司、IBM公司、英特尔公司、惠普公司、微软公司、亚马逊公司等著名的美国生产企业，主导着当今计算机、通信和网络领域的发展潮流，其强大的半导体、微处理器、计算机和通信设备的制造能力，领先的人工智能、大数据等新一代信息技术，以及持续的创新能力，构成了美国信息技术产业的基础架构。

4.1.2.1 "信息高速公路"计划

（1）核心技术萌芽期

美国信息领域核心技术的萌芽期开始于第一块集成电路的诞生，一直到美国"信息高速公路"计划的提出。该时期计算机软硬件与互联网技术获得革命性的突破，这些核心基础技术的突破支撑了美国信息基础设施的建立。

第一，计算机软硬件的突破促进了算力基础设施的萌发。

计算机硬件方面。1958年第一块集成电路的诞生，不仅标志着单位面积电路上集成元器件规模指数型增长的可实现性，同时也为个人计算机的出现打下了坚实的基础。1972年，第一台小型计算机出现，随后苹果公司、康懋达（Commodore）公司和Radio Shack公司陆续推出了一系列商用小型计算机，确立了个人电脑"硬件+软件+驱动"的基本配置。1976年，苹果公司推出第一台个人计算机（personal computer，PC），开启了PC行业的发展热潮，鼠标、手提计算机等硬件随之诞生并迅速进入市场，PC在美国得到迅速普及。

计算机软件方面。20世纪70年代末，微软公司推出了MS-DOS操作系统，1984年销售额超过1亿美元。1985年，Adobe公司开发出苹果打印机支持软件。同年，康懋达公司推出世界上第一种多媒体处理软件Amiga，从此人类能够用计算机数字化处理视频、音频信息。

第二，互联网技术瓶颈的解决支撑了通信基础设施的建立。

通信网络载体方面。1966年，华裔学者高锟（C. K. Kao）博士发表一篇题为《光频率的介质纤维表面波导》的论文，从理论上证明了用光纤作为传输媒体实现光通信的可实现性，并预言了超低耗光纤通信的可能性。1970年，第一根低损耗的石英光纤与第一只在室温下连续波工作的砷化镓铝半导体激光器相继研发成功。1976年，美国在亚特兰大的贝尔实验室地下管道开通了世界上第一条光纤通信系统的试验线路，从此，光纤通信从理论变为实际。1977年，世界上第一条光纤通信系统在美国芝加哥市投入商用，速率为45Mbit/s。之后，随着技术进一步发展，光纤的传输速度与容量不断提升，传输损耗不断降低，光纤以其大容量、高速度、低损耗的特点成为通信网络传输的重要载体。

通信网络技术方面。1972年首届计算机后台通信国际会议上，阿帕网正式面世，标志着现代计算机网络的诞生。1980年，传输控制协议/因特网互联协议（transmission control protocol/internet protocol，TCP/IP）成为UNIX操作系统的标准通信模块,并广泛应用于高级研究计划局所属的计算机中。1983 年,TCP/IP 成为 ARPAnet 的标准协议。1986 年,美国国家科学基金会基于 TCP/IP 建立了按地区划分的计算机广域网,并提供了单个计算机用户之间建立对话的功能,这一成功使得 NSFnet 彻底取代了 ARPAnet 成为因特网的主干网。1989 年,加拿大、丹麦、芬兰、法国、冰岛、挪威、瑞典 7 个国家相继连入 NSFnet,接入的主机数超过 10 万台。同年,欧洲粒子物理实验室的研究人员开发出一种共享资源的远程访问浏览器产品,并在 1991 年发行万维网。

(2) 信息高速公路建设扩张期

美国"信息高速公路"计划发布之后,全民建设热情高涨,美国国家信息基础设施规模呈爆炸式增长,信息基础设施建设进入黄金时期,但是与之相伴的是资本投机行为的盛行。2000 年 3 月 10 日,美国纳斯达克指数在到达 5048.62 的最高点后突然断崖式下跌,互联网投机泡沫破裂。该时期以美国政府协调、企业主导、用户为中心的"官产用"融合创新的组织模式、利益分配机制与多元融资渠道推动了信息基础设施的发展。

第一,推行政府协调、企业主导、用户为中心的"官产用"融合创新的组织模式。

美国制定的《国家信息基础设施:行动计划》等政策文件,确定了信息基础设施建设的原则与方向。政府对信息基础设施进行投资,如在 1993 年 9 月至 1994 年 9 月,美国政府的技术再投资计划中与《国家信息基础设施:行动计划》有关的项目总共获得了 1.2 亿美元的政府资助,商务部国家电信与信息管理局对各地公共设施联网的项目进行了 2700 万美元的资助。此外,美国为信息基础设施提供更为良好的公共服务,如政府信息的公开透明化等。

企业作为建设主导者承担主要的投资建设任务。企业在政策与法律的制定中发挥着重要的作用,如企业界可以与美国国家信息基础设施工作组和国会共同提出加速信息基础设施建设的政策和计划,指导并监督建设过程,集中处理电信政策、信息政策和应用方面的问题。

以用户为中心强调运营时注重用户偏好,积极回应用户反馈,根据用户需求驱动企业技术、服务的提升,根据用户偏好调整高校、科研机构以及企业的创新方向。

第二,规范技术转让程序与利益分配机制,促进高校、科研机构技术产业化与军用技术的商用。

"信息高速公路"计划实施过程中,美国出台了《国家技术转移与升级法案》《技术转让商业法》等扶持政策,形成了一套比较完整的信息技术政策体系,协调了各方面的利益,保证了核心政策的有效贯彻和计划的顺利实施。截至2000年,技术成果转化率已达到80%。美国政府通过颁布《国家安全科学技术战略》《防务全面审查报告》等政策法规,明确军事高技术产业政策,强调统筹"军转民"和"民参军"的发展思路,发挥军用创新成果的溢出效应,带动相关民用产业竞争力提升。

第三,依托风险投资与证券交易创业板等多元融资渠道激励信息基础设施建设发展与软件技术创新。

美国建立了相对完善的风险投资与证券交易创业板等多元的融资渠道,使得信息技术企业获得足够的资金支持,并吸引了大批国外资本加入,如网景通信公司在纳斯达克上市时,一夜之间筹资20亿美元,在4年中市场估值增长240多倍。据统计,1990年美国风险投资为5亿美元,到2000年风险投资总额则高达1000亿美元,10年间增幅达到200倍。多元融资渠道不仅加速了如世通公司等信息网络基础设施建设企业的发展,也催生了网景通信公司等互联网工具软件企业与雅虎等门户网站企业的兴起,刺激信息基础设施发展与软件技术创新。

4.1.2.2 数字经济背景下新型信息基础设施战略选择

互联网投机泡沫破裂后,资本市场与产业市场进行了深刻反思,改变了发展思路,将信息基础设施作为支撑,在应用层面进行突破,发展出多元的应用场景、新型的产业模式以及更强的国家治理能力,并且随着应用水平不断地提高,逐渐催生出对新一代信息技术的需求。

第一,进行先导性、持续性的战略规划与顶层设计。

美国通过《互联网非歧视法》、《面向21世纪的信息技术计划》、《北美产业分类体系》(2002年)、《北美产业分类体系》(2007年)等政策法律的颁布与实施,确定了互联网行业的发展方向,营造了良好的互联网市场环境,对互联网应用的快速发展奠定了政策与法律基础。

2009年,当全世界都在应对金融危机的时候,美国已经在布局未来发展路径。美国在这一年发布了《美国创新战略》,强调大力发展先进的信息技术生态系统,政府正式开始着力引导新一代信息技术的发展。2010年,美国发布了《连接美国:国家宽带计划》,主要内容为宽带建设和无线互联网接入,为新一代信息技术的发展奠定基础。

美国在新一代信息技术的各个领域进行了系统的规划布局，出台了一系列法律、政策和报告，从国家战略层面推进技术的开发与利用（表4-1）。

表 4-1　美国新一代信息技术发展法律、政策和报告汇总（部分提供）

技术领域	年份	法律、政策、规划和报告	重要内容
5G	2017	频谱规划	开放频谱资源发展5G
	2018	加快下一代无线基础设施的部署	减少或消除无线基础设施部署成本和负担，优化监管，刺激新无线基础设施的投资与建设
	2018	联邦通信委员会建立5G频谱拍卖程序	5G网大规模铺开提上日程
	2018	5G FAST 计划	推动频谱进入市场、更新基础设施政策、更新规章制度，促进5G发展
	2019	联邦通信委员会采取措施使5G毫米波频谱可用	联邦通信委员会将毫米波频谱作为国内5G的核心
	2020	美国5G安全国家战略	美国保护第五代无线基础设施的框架
工业互联网	2009	重振美国制造业框架	加大对新技术研发和产业化投入
	2010	制造业促进法案	加大制造业投资，通过关税与税收减免降低制造业成本
	2011	实施21世纪智能制造	推进智能制造发展的目标和路径，建立智能制造系统平台，降低智能软件与系统成本
	2012	先进制造业国家战略计划	优化政府投资，加大研发投资力度
	2016	美国国家制造创新网络战略计划	促进创新技术向规模化、经济和高效的本土制造转化，形成稳定商业模式的创新中心
物联网	2016	发展物联网创新与增长	优化政策体系，加强机构协调，把握物联网发展机遇
	2016	确保物联网安全的战略原则	为物联网设备和系统开发商、管理者及个人提供网络安全实践准则建议
	2017	促进物联网发展	明确物联网发展现状与现实意义，提出物联网发展的4点框架建议
人工智能	2016	国家人工智能研究和发展战略计划	确定长期投资、加强合作、保障系统安全、优化开发环境、兼顾伦理和道德、建立评估体系、人才保障等战略方针
	2016	为人工智能的未来做好准备	分析人工智能发展现状、发展潜力以及潜在危险，提出诸多应对措施

续表

技术领域	年份	法律、政策、规划和报告	重要内容
人工智能	2018	人工智能与国家安全，人工智能生态系统的重要性	阐释人工智能生态系统的组成、当前人工智能投资情况、人工智能在国家安全领域中的应用等，并为打造强健的人工智能生态系统提出了具体建议
	2019	国家人工智能研究和发展战略计划	肯定2016年《国家人工智能研究和发展战略计划》，并增加了公私合作战略
	2019	维护美国人工智能领导力的行政命令	要求联邦政府机构将更多资源和资金投入到人工智能的研究、推广和培训中，以保证人工智能的优先发展地位
	2020	美国人工智能行动：第一年度报告	从投资人工智能研发、释放人工智能资源、消除人工智能创新障碍、培训人工智能人才、打造支持美国人工智能创新的国际环境等方面进行了重大进展总结
大数据	2012	大数据研究与发展倡议	强调发展大数据前沿核心技术的重要性，并且要利用该技术推动科学与工程领域的发明创造，增强国家安全和教育转变
	2012	数字政府战略	通过大数据的开发利用，在提升政府治理能力的同时提升全国创新能力提升
	2014	美国开放数据行动计划	将政府信息作为公共物品向社会开放，提高数据的利用率，提升社会创新能力
	2014	大数据：抓住机遇，保存价值	强调在发挥大数据正面价值的同时，警惕大数据的应用对隐私、公平等长远价值的负面影响
	2016	联邦大数据研发战略计划	建立技术研发、数据可信度、基础设施、数据开放与共享、隐私安全与伦理、人才培养和多主体协同的7个维度的体系设计，着力打造面向未来的大数据创新生态系统
	2018	国家网络战略	发展大数据的同时，保护国家网络信息、关键基础设施，打击网络犯罪

资料来源：根据公开资料整理。

第二，前瞻性引领新一代信息基础设施的变革方向。

随着信息技术的发展，应用场景的优化，人们需要更便捷、更智能、更安全、更舒适的用户体验。在巨大的市场需求下，大数据、人工智能等概念被重新重视，物联网、云计算、区块链等概念相继诞生，各大信息技术企业也开始着手新一代信息技术的布局。谷歌公司将人工智能与量子计算作为下一轮技术布局的重点，微软公司、亚马逊公司定位于云计算与物联网，脸书公司则将目光投向了虚拟现实与增强现实领域。

第三，基于"官产学研"协同创新模式推动新一代信息技术的发展。

美国科研过程一般为政府、企业、高校和研究机构单独或联合发起某项研发活动，然后单独或联合对该研发活动进行资助，促成大量创新成果，并将其产业化、商业化，根据法律或约定进行利益分配。例如，在工业互联网的发展中，由美国国防部牵头的数字制造与设计创新研究院，美国能源部牵头的智能制造创新研究院，联合出资近3亿美元，支持制造共性技术的创新应用；由美国高校、研究机构和企业共同发起的智能制造领导联盟，为中小企业建立智能制造系统平台，降低智能制造成本；由通用电气公司、美国电话电报公司、思科公司、IBM公司和英特尔公司成立工业互联网联盟，推出 Predix 操作系统，帮助制造企业开发自己的工业互联网应用；美国国家标准与技术研究院为工业互联网确立国家标准，助推这种新型商业模式。同时，风险投资企业对新型信息技术发展发挥了重要作用，据调查，2018年美国创业企业投融资总额达到995亿美元，互联网和电信通信行业是融资热点行业，其中人工智能领域的融资达到93亿美元。

第四，将高技术企业作为新一代信息基础技术创新的核心主体，形成政策与规划双向促进机制。

20世纪80年代起，美国企业对科技投资迅速增加，其在产业界的科技研发投入逐渐超越政府投入，成为最大的科技研发投入主体。一方面，为促进美国企业的科技创新水平，美国对科技创新企业实行税收优惠，并且以政府担保的方式支持中小型科技企业的发展；另一方面，美国通过优化创新创业环境，激发企业创新活力，如"创业美国计划"宣扬创业精神，鼓励大众创业，并为初创公司提供大量启动资金；《启动法案》为外国创业者在美国开创和扩大公司提供投资融资便利；《莱希-史密斯美国发明法案》大幅缩短专利申请时间。同时，美国允许科技企业参与政策与规划的制定，如在人工智能的相关政策与规划制定中，谷歌公司、脸书公司、微软公司、IBM公司、亚马逊公司、苹果公司等企业以及美国信息技术产业理事会、美国电气电子工程师学会等行业组织都担任了重要角色，并提出了诸多重要建议。

第五，信息基础设施催化新业态快速发展。

随着信息基础设施在全国范围内的建设，互联网将美国民众广泛地连接在一起，催生了各类面向广大用户的新型互联网产业，电子商务、搜索引擎、网络游戏、社交网络等一系列基于信息基础设施的应用型产业陆续兴起，亚马逊公司、谷歌公司、脸书公司等在各自的行业领域里脱颖而出，得到迅速发展。面向用户的互联网企业在激烈的市场竞争环境中，需要时刻关注用户需求，不断提高自身服务水平，这种形式倒逼着企业对信息基础软硬件、网络系统、数据收集储存分析等信息技术的不断创新。

4.1.2.3 新型信息基础设施发展新阶段

美国次贷危机后，美国政府为了促进经济快速恢复，保证其在世界上的持续领导能力，率先将下一阶段的发展重心定位于以工业互联网、人工智能、大数据等为代表的新一代信息技术。该时期信息基础设施发展领域广泛，可大致分为网络类、新技术类、算力类3个方向。

第一，与传统行业融合发展网络类信息基础设施。

美国通过融合发展的方式促进网络类信息基础设施的进步。例如，美国通过智慧城市的建设来促进物联网的发展，2015年9月，美国政府启动跨部门的"智慧城市计划"，通过物联网技术与交通等行业的融合，解决市政面临的挑战并改善政府服务，如投入超过1.6亿美元开展从联网车辆试点到应急响应技术的研究。2016年，美国政府再次为该计划追加预算8000万美元，集中投资于气候变化、交通、公共安全、城市服务等领域的物联网技术应用。美国将工业互联网作为振兴制造业的抓手，通过对制造行业的大量投资与大额减税，以及对工业互联网技术的研发与推广，促进制造业与工业互联网的协同发展。

第二，以龙头企业为主导发展新技术类信息基础设施。

美国的龙头企业对新技术类信息基础设施的发展做出了巨大贡献。谷歌公司2011年建立Google Brain项目，在人工智能领域提前布局。2016年谷歌公司的战略布局从"移动先行"转向"人工智能先行"，并推出云人工智能计划。人工智能的发展促成了谷歌的Waymo公司在无人驾驶方面的绝对领先优势。2014年，微软公司的战略布局从"移动互联网"转向"云计算"，推出微软云计算操作系统计划，打造出"软件+服务"的新模式，并迅速占领了20%的全球云计算市场，实现了计算机公司向互联网公司再到云计算公司的成功转型。亚马逊公司作为一家不满足于传统产品销售模式的在线销售公司，率先发起了从"微服务"向"订阅服务"公司的理念转型，并掀起了云计算的巨大变革，目前亚马逊公司已占领40%的全球云计算市场。另外，亚马逊公司也在不断加大对机器学习、人工智能、物联网、机器人等领域的创新投入，Alexa语音助手、Prime Air无人机配送服务、亚马逊Kiva机器人等产品相继推出。

第三，在安全与发展的双标准框架下推进算力类信息基础设施的进步。

美国在重视以数据为核心的数据中心、智能计算的发展同时，也积极应对数据的安全问题。在大数据的发展方面，2012年白宫科技政策办公室发布《大数据研究与发展倡议》，强调发展大数据前沿核心技术的重要性，并且要利用该技术推动科学与工程领域的发明创造，增强国家安全和转变教育模式。同年，美国政府发布《数字政府战略》，旨在通过大数据的开发利用，在提升政府治理能力的同时提升全国创新能力。2014年美国政府发布《美国开放数据行动计划》，将政府信息作为公共物品向社会开放，提高数据的利用率，提升社会创新能力。2016年的《联邦大数据研发战略计划》提出推动大数据技术创新的3个抓手，分别为大数据基础技术研究、大数据应用技术研究和大数据网络基础设施的支持技术研究。在大数据应用安全方面，2014年美国政府发布《大数据：抓住机遇，保存价值》白皮书，强调在发挥大数据正面价值的同时，警惕大数据的应用对隐私、公平等长远价值的负面影响。2018年发布的《国家网络战略》提出发展大数据的同时保护国家网络信息、保护关键基础设施和打击网络犯罪。

4.1.3 美国信息类基础设施建设的模式总结和经验启示

第一，围绕技术发展方向进行先导性、持续性的战略规划与政策顶层设计。

20世纪90年代初，美国首先认识到信息技术的价值，率先开展"信息高速公路"计划，并相继发布《国情咨文》《国家信息基础设施：行动计划》《信息高速公路：影响发展问题》《信息高速公路：科技挑战概述》等一系列政策文件，确立了调整国防与民用投资比例、促进民间投资、保证系统安全、保护知识产权、保护个人隐私、控制使用价格、改善政府服务、加强政府协调、促进商业竞争、促进技术革新等战略性规则，依托其先发的优势以及持续性，保证美国在信息革命中的主导地位。

2009年，在全球金融危机肆虐之时，美国发布《美国创新战略》，率先谋划新一轮信息技术革命，着力打造新型信息技术发展的良好生态环境。并且在大数据、人工智能、工业互联网等各个领域先后进行持续性的战略规划，从国家顶层设计上刺激新一代信息技术的发展。

第二，实现对于核心基础技术与产业的进一步突破，发挥核心企业对于产业发展方向以及产业链、创新链的引领带动作用。

美国政府率先将以大数据、人工智能、工业互联网等为代表的新一代信息技术从商业领域上升到国家战略层次，从国家顶层设计上加强核心信息技术的研发、应用与商业化推广。

美国企业在国家战略方针的指导以及市场对新一代信息技术的需求下，迅速转变自身战略布局。谷歌公司的战略从"移动先行"转向"人工智能先行"，重点突破人工智能技术，并以无人驾驶为应用导向布局未来市场；微软公司战略从移动互联网转向云计算，打造全新的"软件+服务"运营模式；亚马逊公司在微服务模式上首先实现云计算技术的突破，完成从传统线上销售向订阅服务转型，并且在机器学习、人工智能、物联网、机器人等领域加大投资，试图在用户体验、智慧物流等方向形成新的产业链、创新链。核心企业的技术创新不仅改变了自身的发展模式，也对整个产业结构与社会生产、生活方式产生巨大影响。

第三，发挥市场主体在新型信息基础设施运营中的作用，建立多元化的政府-市场合作模式。

美国在新型信息技术发展和新型基础设施运营中特别注重多主体的合作，如在20世纪90年代，美国采用政府协调、企业主导、用户为中心的"官产用"融合创新的组织模式，有效开启并稳步推进了美国的信息基础设施建设。在工业互联网发展上，美国采用"官产学研"四位一体的协同创新模式，在美国制造业相对衰落的情况下，依然保持工业互联网技术的不断进步，并处于世界领先地位。美国不同科技发展项目往往有不同的社会主体参与，形成了多元化、自组织的政府-市场合作模式与利益分配机制。在多元化的政府-市场合作模式之中，又存在相对固定的合作逻辑，即政府在顶层战略设计、政策法律资金支持、协调主体之间关系、营造良好发展环境等方面发挥重要作用，企业则发挥自身主观能动性，成为技术创新、工程建设与运营方面的主要投资者与承担者。

第四，拓展风险投资、证券交易创业板及政府引导基金等多元化的融资模式。

美国风险投资、创业板、政府引导基金等多元化的融资模式刺激着信息基础设施建设运营与信息技术的创新。20世纪90年代，美国信息基础设施建设得到大量风险投资，促进了如世通公司等信息网络基础设施建设企业、网景通信公司等互联网工具软件企业与雅虎等门户网站企业的迅速崛起，刺激了信息基础设施发展与软件技术创新。在新一代信息技术的发展中，风险投资亦发挥着巨大的作用，2018年人工智能领域获得了93亿美元的融资，促进了该领域的快速发展。在风险投资的助力下，2018年美国新诞生53家新型独角兽公司，该年美国140家独角兽公司的总估值达到5261亿美元。另外美国政府的引导基金在推广信息基础设施建设、促进中小企业信息技术创新等方面也具有重要意义。例如，政府引导基金的支持下，美国相对落后的地区发展了信息基础设施；美国的小企业投资计划在1994~2008年投资小企业的创新项目约3万项，投资资金约300亿美元，极大地促进了美国中小企业的发展，对美国科技创新做出了巨大贡献。

第五，加强信息基础设施部署的数据安全与产业安全。

美国在信息基础设施建设的同时，格外注重数据安全与产业安全，并形成了一套信息基础设施安全协同治理体系。第一，美国从顶层设计层次来构建信息安全治理环境。美国相继发布《国家安全战略》、《国家网络安全网络空间可信身份国家战略》草案、《在网络空间实现分布式安全——用自动化的集体行动建立健康有弹性的网络生态系统》、《网络空间国际战略》、《网络空间行动战略》等一系列信息安全战略，在顶层的国家制度设计中保障信息基础设施部署的数据安全与产业安全。第二，加强信息基础设施整合。一方面，整合信息基础设施运营管理主体，防止多头管理。2002 年，美国将信息安全领域相关的 22 个部门整合为国土安全部，综合管理和保护信息基础设施。2009 年，美国将国家通信协调中心、联邦政府计算机应急反应小组以及一些私营机构整合为国家网络安全和通信集成中心，对网络基础设施进行综合性安全管理；另一方面，整合社会数据资源，实现数据资源高效利用。从 2010 年起，美国联邦政府提出《联邦数据中心整合计划》，通过云计算优先策略减少数据中心数量，不断推进数据中心产业的优化和升级。第三，健全信息安全协同利益协调机制。2009 年，美国新设立了网络空间安全办公室，对各个部门信息安全事务进行全面统筹协调。同年，美国国防部专门设立了网络司令部负责实施信息安全培训以及协调军事机构在网络空间中的有效运作。2010 年，美国通过《网络安全法案》的修订，要求政府及私营机构应在信息安全领域内加强信息共享，并在发生网络安全紧急情况时加强彼此协作。2013 年，美国签署了《提高关键基础设施网络安全》的行政命令，指出各个部门应遵守相关政策和指令来协同解决信息安全问题，政府与私营机构应共享网络威胁信息。

4.2 融合基础设施国际经验

随着 5G、工业互联网、人工智能、物联网、数据中心等数字化技术的发展和新型信息基础设施建设的不断推进，新兴互联网和数字信息技术加快赋能传统产业的数字化转型。数字经济和新兴实体互联网经济的深度融合，呈现出巨大的发展潜力。赋能型融合产业和各类赋能型基础设施作为新兴产业，承接了信息基础设施和数字化建设的成果，并为其创新信息基础设施的发展提供了实践经验和新技术支撑，尤其是侧重于面向互联网产业转型升级和现代互联网产业管理体系创新构建的新型融合类基础设施，其重要性和战略意义日益突出。纵观当前全球赋能型融合产业和各类赋能型基础设施的数字化发展和形成历程，部分发达国家基础设施起步早、发展快，融合类基础设施已初具规模。通过对先进国家和地区发展案例的梳理和总结，能够对未来融合类基础设施建设提供宝贵经验，具有重要的指导意义。

4.2.1 智慧城市融合基础设施国际经验

自20世纪开始，众多国家和地区都开始致力于推动城市发展的智慧化，将最前沿的科技与通信技术整合，以提高能源与资源的使用效率及服务能力，希望打造出可持续发展的城市。具体来看，20世纪90年代末，以新加坡为首的亚洲城市，逐步开始智慧城市发展，当时随着电子计算机和网络系统的逐渐普及，信息技术的应用广泛增加，产业逐步升级转型，交通管理向智能化转变，有效解决了常见的"城市病"。2007年，欧盟组织在《欧盟智慧城市报告》中正式提出了"智慧城市"的创新战略构想，从智慧城市经济、智慧城市流动、智慧城市环境、智慧城市公民、智慧居住、智慧城市管理6个维度对全球智慧城市的建设和管理进行了框架设计。这是一项关于智慧城市理论与实践有机结合的创新性探索。2008年美国的IBM公司在《智慧的城市在中国》报告中提出了"智慧城市"的概念，并举例说明城市的公共交通、能源、供水、环保等核心系统应该广泛地综合采用物联网、云计算、人工智能、数据挖掘等信息技术和工具，形成感知、决策、执行的自动智能循环，使城市核心系统能够敏捷、协同、智能地满足智慧城市建设和管理的各种功能要求。这一框架设计思路的实际目的就是强调城市中各种功能的核心系统建设及运行要达到高度的协同优化和自动化，追求城市核心系统功能整体的高度智能化，即追求系统智能化的城市——智慧城市。

德勤咨询公司发布的《超级智慧城市报告》指出，截至2017年，全球已有1000个以上的城市将创建智慧城市纳入城市的发展愿景，其中600多个城市拟定了相关的发展计划，欧洲、北美、亚洲等一些国家和地区处于技术领先地位，较为典型的案例有新加坡、德国的智慧城市实践，其各具特色的建设经验具有重要的参考和借鉴意义。

4.2.1.1 新加坡是"以人为本"、创新管理制度的智慧国家建设模式

2006年6月，新加坡政府提出了"智慧城市2015"战略计划蓝图，致力于将新加坡建设成为一个以移动互联网和通信技术为发展核心，以信息为经济驱动力的现代化、智能化网络经济国家。此项国家战略计划蓝图详细描绘了移动互联网电子信息和移动通信将如何迅速改变人们的日常生活、工作、学习以及交流方式，如何在移动信息时代，打造一个覆盖全球信息、电子通信核心技术并构建信息生态系统的智慧国家。

2014年，在"智慧城市2015"战略计划各项基础设施建设目标全部完成的基础上，新加坡政府正式公布了"智慧国家2025"的10年计划。作为智慧城市的升级版，"智慧国家2025"计划强调的是要通过网络数据共享等多种方式，充分发挥

人的主观能动性，帮助人们实现更为科学的决策。该计划的三大核心理念是基于"以人为本"的收集数据、连接数据和理解数据，提出通过建设覆盖新加坡全国数据收集、连接和分析的基础设施与操作系统，将收集到的各种感应数据反映到公共交通、能源供应、医疗保健等系统中，并根据所获数据预测公民需求，提供更好的公共服务。

（1）智慧城市规划和建设中的制度创新

在新加坡的实践中，政府将智慧城市的建设上升到了国家战略的高度，政府的全力推动、政策的引导是新加坡智慧城市成功建设的核心因素，而坚实的产业支撑和高素质的人才供给，则是新加坡智慧城市成功建设的重要保障。

设立政府首席信息官制度是新加坡政府推动智慧城市信息化项目建设中一项重要的技术性制度。通过创新，该制度有效地解决了技术性制度的实施职能部门和政府信息管理职能部门之间信息不对称的问题。在智慧城市制度的管理实施过程中，国家信息与通信发展监督管理局作为负责单位，向各职能部门分别派遣首席信息官，以负责相关的智慧城市信息化项目建设和管理工作。国家信息与通信发展监督管理局除肩负着管理政府首席助理和信息官的行政管理职责之外，还主要负责制定政府信息通信的总体规划、管理智慧城市信息化建设的项目以及监督各种信息化系统的执行情况。具体工作内容包括：为政府各部门制定重要的信息技术标准、政策、指导方针，监督其实施的流程以及管理重要的通信网络基础设施。该技术性制度的实施有助于指导和统一各级政府职能部门关于智慧城市信息化项目建设和管理的思路，减少智慧城市信息化项目建设在实施过程中的技术壁垒和问题，实现政策总体规划和信息化落实的有效融合。

（2）"以人为本"理念贯穿始终

新加坡政府第一次提出"社会公众始终是智慧城市建设中的核心"，并先后出台了一系列举措，践行"以人为本"的理念，充分吸纳政府和社会力量的积极参与。一是建立民生公共服务平台。该平台以社区和市镇居民的需求为服务导向，通过多种方式整合政府直属公共部门、公用事业经营单位、商业公共服务部门等多方资源，围绕新加坡智慧轨道交通、智慧企业文化、智慧健康医疗、智慧教育以及家政服务等常见的领域，提供"一站式"的便民服务。其具体内容涵盖了政府业务申请受理、督查督办、处理意见、信息收集和反馈、跟踪咨询及回访等服务事宜，为市镇居民办理业务提供了极大的便利。二是广泛地吸纳社会力量。一方面，从自身的国情和实际出发，提出了由政府建设和发展具有社会亲和力的智慧社区理念。在高度重视公民国籍多元化的背景下，灵活民主的社区和市镇居民理事会（即新加坡市镇理事会）制度应运而生。新加坡市镇理事会隶属于新加坡国家发展部，由新加坡政府相关部门任命的官员、选区的国会议员和相关专业人士共同组成，是负责城市公共社区和住宅物业管理的机构。通过该制度，市镇居民能够更多地了解和参与新加坡智慧城市的管理，如参与公共社区环境改进的计划、公共社区环境的日常清洁管理工作、园林的保养维护工作等，从而极大地增强市镇居民对城市管理的认可感和对城市的归属感。另一方面，由于目前新加坡是一个多元种族、多元文化、多元语言和宗教的国家，各类社会团体和组织在凝聚新加坡社会力量、促进新加坡社会和谐与进步方面发挥着无可替代的作用，因此政府在其运维的过程中充分发挥了对社会团体和组织的协调和指导作用。在新加坡实施普遍注册管理制度与严格监管制度等措施的前提下，政府容许民间团体的生长，鼓励市镇居民融入社会发展进程。目前新加坡的很多大型社会团体和组织都起着收集和畅达民意的重要作用，如新加坡的志愿社会福利运动团体、义工福利组织、宗教福利组织等，这些社会团体和组织主要活跃在社会基层，分布在经济和社会公共服务的各个领域，覆盖着不同的种族、年龄、行业等，它们听取民意，为民服务。其中较为知名的是人民协会，其主要工作是通过举办对话会，解释有关政府的政策，听取广大市镇居民对有关政策的建议和意见，协调各类社会关系。

（3）建立先进的数据库系统

新加坡"智慧国家2025"计划围绕"3C"核心理念，积极布局和建设智慧城市政府数据库和基础设施。一是在现有智慧城市的基础设施上广泛地部署新型智慧城市政府传感器和设备，实现对新型智慧城市政府数据的实时、动态采集；二是搭建智慧城市政府数据库管理系统，开发包括公共数据和其他私人数据的"数据市场"，促进对智慧城市政府数据确权、分享和开发；三是构建一个具有丰富数据应用环境和先进可视化数据处理技术的城市虚拟化数据平台，基于先进的城市信息系统建模处理技术、大量的可视化城市数据和信息，大规模地仿真新加坡市内的真实环境和场景。

4.2.1.2 德国是因地制宜、自下而上的智慧城市建设模式

智慧城市的建设主要涉及环保、交通等诸多领域，各个国家智慧城市的建设根据实际情况存在差异，其中德国的绿色智慧生态城市发展战略是在"能源转型"作为国家发展战略的重大背景下提出的。总体来看，德国的智慧生态城市建

设突出强调了"生态环保、节能低碳减排、可持续发展"的核心理念，这与德国的智慧城市发展背景和历史、发展战略目标及其总体发展战略息息相关。德国自第二次世界大战以来，全面启动了城市废墟的生态化治理和现代化重建，核心理念就是始终坚持世界生态城市原则，注重全球绿色生态城市体系建设。以德国弗赖堡、海德堡、柏林、法兰克福、纽伦堡等城市已经成为世界各国绿色智慧生态城市的典型代表。生态城市建设着重以可再生能源的利用、能源质量和效率的提升等作为核心，而绿色智慧生态城市则基于智能互联网技术，将生态城市建设与智慧城市建设相结合，强调整合城市能源的综合解决方案。同时，德国还十分重视公共信息网络基础设施建设，以便充分利用智慧城市建设和运行中产生的各类基础数据、信息、知识、资源等。整体来看，德国的智慧城市建设呈现出因地制宜、自下而上的特点。

（1）因地制宜的试点制度

德国主要城市的智慧城市建设多集中在节能、环保、交通等领域，但在具体建设项目的类型选择和运营方式上，各地都有各自的建设重点和建设特色。例如，柏林重点建设和发展了电动智慧交通和环保节能智慧住宅两个项目，其建设由柏林伙伴有限公司等部门负责。该伙伴公司是柏林市政府部门旨在支持和促进柏林经济社会发展而特别出资成立的一个智慧城市专门机构。法兰克福十分注重绿色经济发展，目标是建设一个绿色智慧城市，比较著名的建设项目包括环城式的绿带、被动式的节能住房、垃圾再综合利用设施等，其建设由法兰克福环境保护局等部门负责。弗里德里希哈芬市目前已经在医疗、教育等多个领域成功启动了40多个大型智慧城市的建设项目，包括远程健康诊疗、在线幼儿园、智能仪表等；另外，该市在赢得由德国电信组织的T-city竞赛之后，市政府成立了弗里德里希哈芬虚拟市场有限公司来负责智慧城市的建设。

在进行具体智慧城市建设项目规划时，各地政府都会做认真仔细的前期市场调研，充分考虑当地自然资源禀赋、经济水平、产业基础、信息化水平、市镇居民素质等各种因素，并在此基础上进一步考虑当地市镇居民的实际需求。另外，一些主要城市如柏林、法兰克福、科隆等，在策划关于智慧城市的项目时，都会根据当地市镇居民的意见和建议对智慧城市项目规划方案内容进行修改和完善，并充分鼓励市镇居民的参与，通过多种手段让市镇居民及时深入地了解、积极参与并融入智慧城市的建设项目中，成为智慧城市项目的主要承担者。

（2）以市镇居民生活质量改善为根本的、自下而上的运营模式

德国的智慧城市项目建设没有统一的模式，但各地区都十分注重有效运用不断更新的如云计算、大数据、物联网等信息技术，为市镇居民和企业提供便捷、经济且对环境友好的城市公共服务，解决在城市化的进程中可能出现的交通拥堵、环境污染、资源紧张等社会问题。德国智慧城市项目建设主要涉及的领域包括信息基础设施、公共服务平台、智慧环保、智慧轨道交通、智慧健康医疗、智慧教育、智慧社区等，这些都与市镇居民的日常生活和需求密切相关。所有能够有效促进市镇居民的生活质量改善、提高城市的竞争力和管理水平的实践，即被认定为是智慧城市的建设。

与其他国家的智慧城市运营建设模式不同，德国在联邦和地方政府层面并没有关于智慧城市建设项目的总体规划和相关政策的规范性文件，各城市在"让城市变得更节能、更智能"的理念和共识下，自主地进行智慧城市的建设和尝试。在建设过程中，各地政府都拥有较大的经济自主权，可以决定各自的智慧城市发展战略方向，联邦政府仅起协调的作用。较为重要和具有特色的是，德国正在组织一个专门研究智慧城市的国际学术论坛，任何一个人都可以把关于智慧城市的知识和想法直接提交给这个论坛，论坛结束后会形成一份学术报告，各地政府可以从中找到更多适合当地智慧城市发展的知识和想法。另外，还有一些专门机构对各地智慧城市建设项目提供规划咨询服务，如柏林伙伴有限公司和弗里德里希哈芬虚拟市场有限公司，其职能主要是为各地政府提供长期宏观智慧城市发展目标及规划的咨询服务，并可帮助各地选取最为适宜且具备发展潜力的建设项目。

(3) 政企合作，多方投资建设

德国的大型智慧城市建设一般都会优先选择 PPP 模式，即地方政府和相关企业合作的城市建设模式。根据提出某项目标建设主体的不同，德国的智慧城市建设会选择不同的建设资金来源，如欧盟、联邦地方政府、州政府、市政府以及其相关的企业等。柏林伙伴有限公司是德国建设数字化城市中第一个经济数字化促进合作机构，柏林市政府和柏林私营企业各占一半的股份。在柏林智慧数字化城市的建设规划方面，柏林市政府专门负责智慧数字化城市规划发展策略的研究制定，确定智慧数字化城市的建设六大目标和主题，同时负责柏林智慧数字化城市建设各方的工作组织和联系，并通过建立公开的城市数据共享平台，将柏林现有的 800 多个城市数据库全部向公众开放；而柏林伙伴有限公司则是提供一站式的服务，做好规划发展策略的制定与实施和 10 个数字化试点区的运营。波恩市政府为了制定和实施"数字化波恩"的战略，委托德国著名软件公司 Axxessio 信息公司帮助市政府设计软件，建立了数字化智慧城市建设平台，成立了由波恩市政府部门、企业、高校、工商联合会、社会公益组织等多部门的 70 多位成员共同参加的数字化智慧城市建设委员会,由市政府拨款75万欧元、200家私营企业出资270万欧元,并向州政府和欧盟相关部门申请支持资金,用来开展智慧数字化城市建设。

4.2.1.3 智慧城市建设的模式总结和经验启示

新加坡和德国的智慧城市建设模式各具特色,新加坡是自上而下的计划导向型模式,而德国则是自下而上的实用型模式(表4-2)。①在规划阶段,新加坡的政府首席信息官制度有效地解决了技术实施职能部门和政府管理职能部门信息不对称的问题;而德国因地制宜的试点制度使得各个城市可以有效利用资源禀赋,最大限度地发挥智慧城市的便民性。②在建设阶段,新加坡采取邻里警局制、智慧国及数码政府工作团制度;德国的以市民生活质量改善为标准,都充分体现了智慧城市的"以人为本"。③在运营阶段,新加坡的民生服务平台和德国的智慧城市论坛,都有效调动了民众热情,成功吸纳了社会力量进入智慧城市建设。④在投资阶段,新加坡以数字化基础设施为主,以政府为主体带动城市建设;德国则更多的是政企合作,实现了政府部门、企业、高校、工商联合会、社会组织力量的多方统一。总体来看,新加坡和德国的两种智慧城市建设模式,都可以为其他国家和地区智慧城市的建设提供重要参考。

表4-2 新加坡与德国智慧城市不同发展阶段建设模式

发展阶段	新加坡	德国
规划阶段	政府首席信息官制度	因地制宜的试点制度
建设阶段	邻里警局制、智慧国及数码政府工作团制度	以市民生活质量改善为标准
运营阶段	民生服务平台	智慧城市论坛
投资阶段	以数字化基础设施为主,并以政府为主导	政企合作,实现了政府部门、企业、高校、工商联合会、社会组织力量的多方统一

第一,智慧城市建设需贯彻"以人为本"的理念。无论是自上而下的政府主导的计划导向型模式,还是自下而上的实用型模式,智慧城市实践都需遵循"以人为本"的理念,以改善和提高市镇居民生活质量为出发点和落脚点。

第二,充分调动民众参与是成功的关键。智慧城市建设的最终目标是改善居民的生活,因此居民的参与对项目的成功至关重要。成功案例的经验表明,智慧城市项目建设中的居民参与,不仅有助于居民需求得到更精准的满足,还能加快推进智慧城市建设进程。

4.2.2 智能电网融合基础设施国际经验

智能电网技术是在替代传统的电力系统基础上，通过智能技术集成先进的信息系统技术、控制系统技术、储能技术等，以坚实的网络架构为技术基础、以可靠的信息通信基础平台为技术支撑、以先进的智能电网控制系统为基础手段，采集、分析和统计电网数据，实现对电网的智能化和自动化控制。它几乎完全贯穿了电网发电、输电、配电、用电、调度和国际网络数据通信整个系统全过程，能够有效实现"源–网–荷–储"一体化，并带动能源清洁化转型和电力市场化改革。目前各个国家和地区对智能电网建设都非常重视，电网乃至能源的智能化是今后融合基础设施的发展重点。目前较为经典的案例是美国和欧洲地区的实践。

4.2.2.1 美国是以政府主导的注重技术研发的自愈式智能电网建设模式

美国现代化智能电网的建设起源于2001年，多次大规模的停电，造成了巨大的经济损失，因此电力行业决心利用先进的信息技术对陈旧老化的美国电力设施系统进行彻底的改造。为有效提高美国电力系统的运行稳定性、安全性和自愈性，美国现代化智能电网的建设工作重点和关键在于通过先进的信息与通讯技术（information and communication technology，ICT）和新一代能源技术，发展出以智能自动化控制、智能信息化管理、智能自动化数据分析为三大特征的灵活应变的现代化智能电网。美国现代化智能电网建设的七大关键技术特征包括：自动修复、互动、安全、提供21世纪所需的电力质量、适应所有电力来源和储能方式、可市场交易、优化电网资产以提高运营效率。

从整体结构上来看，美国智能电网的发展阶段和模式可大致归纳为"战略规划研究+立法保障+政府主导推进"型，其发展大事记如图4-1。具体可分为3个发展阶段：①前期的战略研究与规划阶段（2001~2007年）；②后期的立法与保障阶段（2007~2009年）；③美国政府主导与推进阶段（2009年至今）。

（1）注重提升技术研发和控制能力，推进技术标准化

美国十分注重智能电网"智能"性的表现。虽然智能电网项目的主导力量体现在电力企业和政府的推动上，但其效率和安全性的核心取决于信息与通讯技术的水平和信息技术企业的竞争力。因此，美国的智能电网建设重点强调提升核心技术的研发和控制能力。

2003年美国能源部正式发布的"Grid 2030"计划中明确指出未来美国的电力

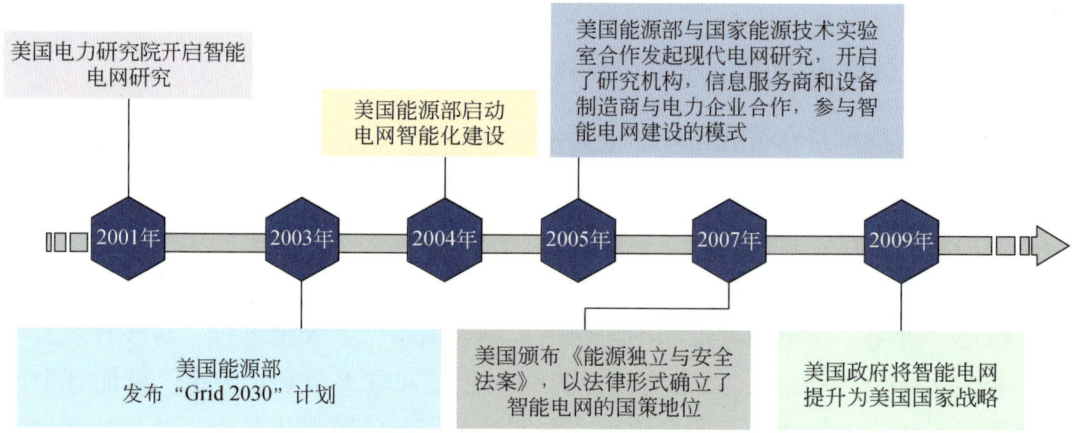

图 4-1　美国智能电网发展大事记

系统将应用无线通信网络技术进一步提升互联网和电力系统的运行及其控制的效率，建构一个有效率且可靠的互联网和电力无线通信网络。随后政府又提出了具体的国家电力规划和电力核心技术研发路线图，对未来智能电网研发项目建设所需要涉及的互联网和电力核心技术研发领域进行了明确的规划。2009 年美国奥巴马政府又在报告中提出计划投资 110 亿美元建设新一代智能电网，并重点支持和推进电力核心技术的研发。在《2010—2014 年智慧电网研发跨年度项目规划》中，政府特别强调了要在美国发展智能电网配送管理系统和智能电网客户端信息传感系统的互联网技术、智慧电网与新能源汽车的互联系统技术、电网通信的整合和安全网络技术，在努力创造高渗透性能源配送和充电网络基础条件的过程中，大力发展安全、高效和网络可靠性强的网络保护和安全控制网络技术，发展网络运作支持技术工具和通信技术等众多前沿技术和领域，吸纳多方力量进行共同研发。

此外，推动智能电网相关技术的标准化水平也是美国推进智能电网的重点之一。美国商务部及其下属的国家标准和技术研究院（National Institute of Standards and Technology，NIST）是智能电网技术标准化研究与发展的主要综合性研究机构和力量，专门从事研究智慧电网的可操作性与网络安全等各项关键技术标准的制定。

（2）政府主导的战略规划和投资建设

美国的智能电网项目无论在战略规划、投资建设还是运维环节，都体现了政府主导的鲜明特征。

在战略规划上，美国的智能电网项目建设规划是由政府部门主导组织制定的。2002~2007 年，美国依次形成了《国家输电网研究（2002 年）》《Grid 2030——美国电力系统下一个百年的国家愿景（2003年）》《国家电力传输技术路线图（2004年）》《电力输送系统升级战略规划（2007年）》等一系列可持续的重大战略研究与项目建设规划和报告，为美国智能电网项目建设的后续规划和推进工作指明了方向。随后，美国政府还陆续颁布了一系列的政策，加快部署了智能电网示范推广建设和投资扶持补助方案，完善了相关辅助措施，包括构建智能电网信息交流平台和启动人力资源培训等，还破除了有关体制内的障碍等。

在投资建设上，一方面，美国政府通过立法的形式确立了智能电网在国家发展战略的国策地位。2007年由布什总统签署的《能源独立与安全法案》、2009年由奥巴马总统签署的《美国恢复和再投资法案》，是美国智能电网发展过程中具有里程碑意义的两份法案。前者对于美国如何将智能电网的建设纳入整体战略发展规划框架的一系列问题（包括定期的报告、组织形式、基础技术研究、示范工程项目、政府资助、协调合作框架、各州政府职责、私有线路对法案的影响以及智能电网的安全性等）进行了详细和明确的政策规定；后者则进一步地加大了对智能电网和示范项目建设的规划和推进力度。另一方面，美国政府通过加大投资和政府补贴等形式推进智能电网建设。2009年美国政府提供了45亿美元财政拨款用于智能电网的相关工作，65亿美元财政贷款用于电网基础设施的建设工作，并且把对智能电网项目投资的政府补贴由20%进一步提高至50%，把政府补贴企业投资对象的范围逐步拓宽至国家电力运营公司以外的参与方。同年，美国能源部开设了智慧电网拨款项目，每年都会提供大量资金支持智能电网项目。2018年美国能源部投入了8130万美元资助了5个电力系统及基础设施项目，并利用总统2019财年的9600万美元成立了网络安全、能源安全和应急响应办公室，以加强美国能源部在网络和能源安全方面的能力。

在政府的支持和主导下，美国的智能电网在其宏观政策、组织管理机构、技术创新、标准管理体系等各个方面都初步取得显著的进展，为推动后续较大规模智能电网的建设工作奠定了良好基础。

4.2.2.2 欧洲国家是以欧盟部署、需求导向、面向应用的分布式电网建设模式

欧洲国家的智能电网建设与全球其他国家最大的区别是其规划、建设与发展并非以单个国家为主体，而是以欧盟为主导。欧洲一些国家正在发展新型智能电网的产业技术研究，推进者包括欧盟委员会、欧洲电力输电及干线配电运输系统开发运营股份有限公司、科研机构及相关配电设备的生产制造商，他们分别从相关产业政策、资金、技术、运营以及管理模式等多个环节积极投入，推进了技术研究和试点

工作，这些国家智能电网的建设目标和方向面向应用，并重视实现分布式能源的灵活接入和能源的可持续发展。

（1）欧盟是欧洲国家智能电网规划部署的主要力量

欧洲国家智能电网建设主要以欧盟成员国为主导，由独立的欧盟委员会负责制定欧盟整体智能电网发展的目标和整体战略方向，并提供相应的政策支持以及资金和技术支撑。1998年，欧盟在第五次世界电网框架建设计划中正式开设了"欧洲电网中可再生能源和分布式发电整合"的技术专题，开启了欧盟智能动力综合电网建设和发展的历史性序幕。2005年，"智能电网欧洲技术论坛"成立，对未来欧洲建设和发展智能动力综合电网的主要技术概念和方法进行了探讨和完善。2006年，欧盟理事会正式发布了《欧洲可持续的、竞争的和安全的电能策略》，并在该战略绿皮书中进一步明确指出，欧洲开始正式步入分布式新能源发展的时代，智能动力综合电网建设和技术的发展是保证欧盟电网安全和质量的一项重要关键技术，同时也是智能电网发展战略方向。2009年初，欧盟在一次有关智能电网的圆桌会议中，进一步明确要依靠欧洲智能电网的技术将欧洲北海及大西洋的海上风电、欧洲南部和北非的太阳能发电融入整个欧洲智能电网，以进一步实现可再生能源综合电网大规模集成的跳跃式快速发展。2011年，欧盟委员会又进一步发布了《智能电网：从创新到部署》，明确了未来欧洲重大智能电网项目建设的具体政策和方向。近些年来，欧洲始终以欧盟为中心，推动各成员国智能电网的协同发展，不断号召各成员国及欧盟委员会继续积极致力于推动智能电网建设，以提高能效并促进经济发展。

具体来看，在欧洲智能电网的建设初期，欧盟委员会已经要求各欧盟成员国于2012年9月前制订了一份关于普及和应用智能电网系统的具体执行工作计划和实施时间表。随后，欧盟先后出台《欧洲电网倡议》《能源基础设施一揽子计划》等相关政策，持续地支持各国对智能电网建设相关的技术及系统的应用层次等进行创新。同时为促进各国创新性智能电网技术的应用，欧盟在项目资金的审核、解决项目融资问题等方面也提供了支持。为更好地保障各欧盟成员国创新性智能电网建设和发展的技术一致性，欧盟还积极推动设立统一的欧洲智能电网标准。例如，在欧盟的支持和主导下，早在2009年3月欧洲就已经启动了适用于智能表系统建设的欧洲国家标准的制定工作，并于2012年底正式出台了适用于智能表系统设计的全球首个智能电网欧洲国家标准。

（2）以需求为导向，建立多种激励机制

欧盟在发展智能电网过程中，十分注重以智能电网需求为导向，因此在制定智能电网创新战略部署时，高度关注欧盟的智能电网技术和商业模式的转变和创新，即从"基于通信量"的商业模式逐渐转向"基于质量和效率"的智能电网商业模式。对于欧盟的电力企业来说，中小企业的广泛参与至关重要。同时，如何鼓励消费者适应新的智能电网体系也是建设中面临的重要问题。基于以上的认识，在智能配电侧的运营管理方面，欧盟从传统商业模式向智能配电转变的角度入手，建立了相应的智能电网消费者用电激励机制，鼓励消费者根据自身用电的利益对其消费行为和方式进行调整，确保智能电网的服务具有相当的固定用户和竞争力，并为此创造出了一个透明、公开的竞争用电服务市场。

此外，欧盟还建立了多种激励机制以提高智能电网的效率。例如，通过创新和监管的框架、最新颁布的能源政策与服务法令为欧盟各成员国提供一套激励和约束能源的政策机制，目的主要是鼓励企业提高效率，降低高峰投资需求，并创造更多的利润等。

（3）围绕能源可持续发展的应用目标开展建设

与美国关注智能电网技术端的出发点和创新方向有所不同的是，欧洲智能电网建设与发展最根本的战略出发点仍然是如何推动能源的可持续发展、减少清洁能源消耗及对温室污染气体的排放。相比于围绕智能电网的出发点，欧洲智能电网的建设与发展更偏向于能源应用市场导向，其发展目标主要是支撑可再生清洁能源与分布式可再生能源的灵活利用和接入，以及向国际用户提供双向互动的国际能源信息技术交流等。2017年欧盟委员会提出计划在2020年实现清洁能源利用及可再生能源消费占全球能源总消费20%的发展目标，并进一步完成欧洲智能电网的互通与整合等欧洲核心能源技术变革的主要内容。

4.2.2.3 智能电网建设的模式总结和经验启示

纵观目前美国和欧洲国家的全球化智能电网建设，美国智能电网建设的模式是以国家相关部门为建设主体、政府部门主导的方式进行和推进的，而欧洲国家的智能电网建设则主要是由欧盟委员会、欧洲电力输电及干线配电运输系统开发运营股份有限公司、科研机构及相关配电设备的生产制造商共同参与。在建设上，美国注重电力设施的升级改造，以技术创新发展自愈式智能电网，而欧洲国家则是在分布式能源灵活接入上发力，面向应用端，注重能源的绿色化发展、电网用户的双向互动和信息交流。总体来看，美国和欧洲国家的智能电网建设对其他国家和地区相关领域发展有如下启示。

第一,发展智能电网具有重要战略意义。随着目前世界其他各国对再生能源安全、清洁低碳、高效便捷的再生能源需求越来越高,进一步完善优化再生能源电网结构,提高再生能源电网综合利用率,是发展现代智能能源电网的主要目的,也是保障能源安全的关键举措。无论是美国的自愈式电网模式还是欧洲国家的分布式电网模式,诸多国家都已经将发展智能电网上升到了国家战略层面。

第二,平衡好技术端和应用端的政策规划。智能电网的高效率和安全保障离不开先进的技术,但智能电网并不仅仅是电力行业中数字化技术的渗透,而是整个产业乃至社会经济的系统性升级。智能电网发展的落脚点应当面向应用,以智能电网带动新能源发展,推进节能减排,拉动新能源汽车、电器装备等一系列相关产业领域的综合发展,做好技术和应用创新政策的平衡。

第三,标准统一是各区域智能电网协同发展的关键。美国、欧洲以及其他国家和地区的智能电网建设,都把标准的制定视为紧迫需求,动用强大的行政指令,促使市场主体、科研机构以及标准化组织和政府部门针对关键技术设立统一标准,这是智能电网有序快速发展的重要保障。

4.3 创新基础设施国际经验

创新基础设施是服务于一个国家或地区未来较长时间内科技综合实力提升、创新型人才引培和产业国际竞争力提升所必不可少的支撑条件和技术手段,涵盖重大科技基础设施、科教基础设施和产业技术创新基础设施等多种类型,具有投资规模大、公益属性强、市场机制弱,以及对科技、经济和社会影响周期长等典型特征。

创新基础设施建设是一个系统工程,需要以前瞻的发展愿景为指引,将全球科技和产业竞争态势与国家或地区自身的科技、教育、产业发展形势以及资源优势相结合,制定重点突出、部署超前、梯次接续的科技创新发展规划,同时要在科技创新发展规划整体框架下进行基础性、战略性、前瞻性创新基础设施的统筹部署。

从全球来看,美国、德国、日本、韩国等科技发达国家均十分重视有效支撑科学探索、技术开发的创新基础设施的战略规划、投资建设和开放运营。以重大科技基础设施为例,自第二次世界大战以来,为了应对科学界和产业界在科技前沿突破、经济社会发展和国家安全等场景下所面临的系列战略性、基础性和前瞻性的科技问题,美国、英国和欧盟等全球主要国家和地区投资建设了一系列重大科技研究基础设施(又称"大型研究基础设施""大型装置""大科学装置"等)。其中,针对本国或本地区创新能力需求制定面向长远的基础设施规划和部署路线图是国际上较为普遍的做法。例如，英国贸易与工业部科学技术办公室于2001年6月首次发布《大型装置战略路线图》并定期进行更新；欧盟理事会于2002年成立了"欧洲研究基础设施战略论坛"（the European Strategy Forum on Research Infrastructures，ESFRI），该论坛自2006年起发布《欧洲研究基础设施路线图》并两年进行一次更新。

美国和欧盟是全球创新基础设施部署重地。其中，欧盟是世界科技创新高地和创新知识的重要源头，欧盟委员会于1984年开始实施研发框架计划（framework programme，FP），由欧盟成员国和全球科研力量共同参与，重点聚焦国际研究前沿和竞争性科技难点，研发领域广、资金投入大，是世界上规模最大的官方综合性科技研发计划之一。依托接续实施的研发框架计划，欧盟系统构建和前瞻部署了规模化的创新基础设施体系，相关实践和经验对其他国家面向未来建设知识经济时代世界强国、带动产业经济发展、突破关键核心技术等具有十分重要的参考和借鉴意义。

4.3.1 欧盟研发框架计划实施概况

自1984年以来，从第一研发框架计划（FP1，1984~1987年）发展至现阶段的第九研发框架计划（又称"地平线欧洲"计划，2021~2027年），欧盟研发框架计划实施至今已延续超过35年。前七期研发框架计划均以数字命名（FP1~FP7），其中第七研发框架计划以2010年欧盟将创建世界上最具活力和竞争力的知识经济社会为战略目标，执行期由以往的4年增加为7年，且显著提高了对研究开发的投入（第七研发框架计划的研发投入是第六研发框架计划的近3倍），通过构建由"研究-教育-技术"三大支柱共同构成的新"知识三角"，促进创新和科技的进步。

为了应对2008年金融危机后欧洲经济萎靡不振的状况，有效恢复欧盟成员国的经济活力，2010年3月2日欧盟委员会提出建设"创新型欧盟"并制定了未来10年欧盟经济发展规划——"欧洲2020战略"。作为落实该旗舰计划的创新政策工具，欧盟委员会于2013年12月11日批准实施"地平线2020"计划（又称"欧洲研究与创新框架计划——展望2020"），融入了"开放"的理念，并进一步提升了计划整合度，拓展了覆盖面，重新设计了整体研发框架和项目申请、管理流程，并于2014年正式实施，这标志着欧盟的研究与开发资助进入了新阶段。

2018年6月，欧盟委员会进一步提出了预算达976亿欧元的"地平线欧洲"计划。该计划在与前期计划保持一定的连贯和协同的基础上，进一步强调了"开放"原则,覆盖了科学、产业和创新多个维度。在科学方面,该计划通过"开放科学"支柱使科学更卓越、更具影响力;在产业方面,该计划通过"应对全球挑战和提升工业竞争力"支柱设置重大任务,构建新一代欧洲伙伴关系从而形成合力;在创新方面,该计划通过"开放创新"支柱凝聚全球智力资源,正式设立欧洲创新理事会(European Innovation Council,EIC)促进突破性和颠覆性创新成果的转化。

欧盟在研究与创新方面的投资逐年增长,历届研发框架计划的资助额度和任务重点见表4-3。

表4-3 欧盟历届研发框架计划在研究与创新方面的投资和重点任务汇总

框架计划	实施阶段	经费/亿欧元	重点任务
FP1	1984~1987年	32.71	建设欧盟统一的研究区;
FP2	1987~1991年	53.57	保持科学技术的卓越;
FP3	1991~1994年	65.52	提升工业企业的竞争力;
FP4	1994~1998年	131.21	应对经济社会的挑战
FP5	1998~2002年	148.71	目标:提高欧盟工业竞争力和欧盟地区居民生活质量,注重解决欧盟地区面临的社会经济矛盾。 重点部署: 生活质量及生存资源管理(24.13亿欧元); 建立界面友好的信息社会(36.0亿欧元); 竞争力和可持续增长(27.05亿欧元); 能源、环境和可持续发展(21.25亿欧元)
FP6	2002~2006年	192.56	目标:促进欧盟成为未来世界科技的领先力量。 重点部署: 七个优先发展的研究领域(约120亿欧元); 交叉边缘项目
FP7	2007~2013年	558.06	目标:以创新和科技进步实现《里斯本战略》,致力于欧盟占领或保持世界某些领域领先地位。 重点部署: 合作计划(324.13亿欧元); 原始创新计划(75.10亿欧元); 人力资源计划(47.50亿欧元); 研究能力建设计划(40.97亿欧元); 欧洲原子能共同体计划(27.51亿欧元)

续表

框架计划	实施阶段	经费/亿欧元	重点任务
"地平线2020"计划	2014~2020年	770.28	目标：利用科技创新促进增长，增加就业，战胜危机。 重点部署： 三大战略优先领域： 卓越科研（244.41亿欧元）； 产业领导力（170.16亿欧元）； 应对人类面临的共同挑战（296.79亿欧元）。 4项单列资助计划： 人才广泛化，参与扩大化（8.16亿欧元）； 科学与社会，科学为社会（4.62亿欧元）； 欧洲创新与技术研究院（27.11亿欧元）； 联合研究中心非核能研究（19.03亿欧元）
"地平线欧洲"计划	2021~2027年	976	目标：通过研发创新投资产生科学、经济和社会影响，进而加强欧盟科技基础，培育欧盟竞争力，落实欧盟战略要务，为应对全球性挑战献力。 重点部署： 开放科学（258亿欧元）； 全球性挑战和工业竞争力（527亿欧元）； 开放创新（135亿欧元）

该计划体系的系统规划、实施举措、领域界定、资助力度、人才培养等各个方面，都在实际实施过程中进行适时调整和完善。通过系列研发框架计划的实施，欧盟不断整合优势资源、改革管理体制，在科技基础能力夯实、创新人才培养、工业竞争力提升、社会发展重大问题应对等方面取得了显著成效。同时，伴随着系列研发框架计划的实施，欧盟构建了规模化的创新基础设施体系，包括国际合作背景下的"重大科技基础设施""科教基础设施"和促进产业全球竞争力提升的"产业技术创新基础设施"等，着力提升了欧盟的科技创新能力，推进欧盟在创新驱动发展的轨道上行稳致远。

4.3.2 欧盟研发框架下的重大科技基础设施建设

在欧盟研发框架实施过程中，欧盟已建立体系化研究基础设施（即重大科技基础设施），在全球科技界形成了具有吸引力、世界一流的研发创新环境和区域。一方面，欧盟通过制定研究基础设施路线图来规划未来拟部署的大型科技基础设施，巩固并拓展欧盟在部分科技创新领域的国际领导地位；另一方面，为了促进已存在的、已计划的和将来建设的知识库或相关的基础设施所产出的研究成果（出版物、相关数据集、软件和服务等）的开放共享，欧盟进一步实施欧洲开放获取基础设施研究（Open Access Infrastructure Research for Europe，OpenAIRE）项目作为开放和可持续的学术交流基础设施，为欧洲公共资金资助的研究成果产出提供无限制和无障碍的开放获取。

（1）研究基础设施路线图的制定和实施

在研究基础设施部署方面，欧盟通过基础设施路线图的制定和研究发展实际需要相结合来规划和部署未来一定时间段内研究基础设施的建设。首个《欧洲研究基础设施路线图》经过"欧洲研究基础设施战略论坛"的严格评估及审批后于2006年发布。该研究基础设施路线图聚焦社会科学与人文科学、环境科学、能源科学、生物医学及生命科学、材料科学、天文学与物理科学、计算与数据处理七大领域，这七大领域与第六研发框架计划和第七研发框架计划所支持的领域相匹配，有效支撑了框架计划实施过程中对研究基础设施的需求。同时，在后续的基础设施规划更新过程中，"欧洲研究基础设施战略论坛"会对前一版路线图中的设施取得的进展进行系统评估并进行项目调整。

在"地平线2020"计划实施阶段，面对科研基础设施部署的超大规模投入和日益增加的复杂度，欧盟进一步强调对不同设备、服务、数据源的开放共享和广泛的跨国和跨区域合作，加强欧洲地区基础设施的整合，通过设立开放的集成式国家研究机构和e-基础设施构建基础研究设施的网络，支撑欧盟的数据化研究，推动跨学科的合作。此外，在构建基础研究设施网络的同时，欧盟也非常重视对基础研究设施的人员培养，增强人力资本的基础，提升基础研究设施的运行和使用效率。

（2）开放获取学术交流数据基础设施——OpenAIRE项目

OpenAIRE是受欧盟第七研发框架计划资助的（并受欧盟后续框架计划的支持）、致力于构建一个欧洲开放获取学术交流数据的基础设施。

OpenAIRE项目的发展过程可以划分为4个阶段，这4个阶段的划分和具体核心功能见表4-4。其中，OpenAIRE项目前两个阶段由第七框架计划资助，第三、四阶段由"地平线2020"计划继续支持。随着时间的推进，四代OpenAIRE项目在运行已有成功服务的同时，不断探索新的科学共享模式，其核心功能不断丰富，目标范围不断扩大。第四代OpenAIRE-Advance致力于支持欧洲地区及全球的开放获取任务，重塑学术交流系统，努力实现开放科学，提高开放性和透明度。

表 4-4　OpenAIRE 阶段划分和核心功能

项目名称	核心功能
第一阶段 OpenAIRE 2009 年 12 月～2012 年 11 月	实现欧盟委员会开放获取试点； 运营一个欧洲服务台系统，包括一个欧洲中心和国家开放获取服务台联络办公室； 与欧洲的其他开放存取相关活动保持联系，并利用其分层组织有效传播与开放存取相关的资料
第二阶段 OpenAIRE Plus 2011 年 12 月～2014 年 5 月	进一步拓展了原有数据基础架构范围，进而发展出涵盖所有研究学科和其他国家的丰富数据图表等材料
第三阶段 OpenAIRE 2020 A 2015 年 1 月～2018 年 6 月	在"地平线 2020"计划中开放研究数据的试点； 改善第七研发框架计划项目对研究结果的访问； 拓展技术互操作性的链接开放数据； 开发一套衡量欧盟资助跨学科研究影响的复杂指标； 探索新的同行评审方法——开放式同行评审； 加速全球互操作性的活动
OpenAIRE-Connect B 2017 年 1 月～2019 年 6 月	研究社区仪表板和捕获所有通知代理两个服务，提供开箱即用、可随需部署的工具
第四阶段 OpenAIRE-Advance 2018 年 1 月～2020 年 12 月	无缝连接所有研究工件，建立欧洲开放科学观察站； 赋予泛欧开放科学服务台权力，即 OpenAIRE 的 34 个"国家开放获取服务台"将有权增加其国家存在并发展地方一级的能力； 与国家研究基础设施节点合作，加强研究团体对开放科学的研究； 开发具有新技术、新功能的下一代存储库； 与全球伙伴合作，建立世界开放科学网络； 覆盖 10 000 个学校的网络，促进公民科学家利用开放科学的优势，实行开放式创新计划，使 OpenAIRE 更接近行业； 与欧洲开放科学云合作，创建一个具有可互操作性的联合服务集合

4.3.3　欧盟研发框架下的科教基础设施建设

在欧盟的研发框架计划实施的过程中，逐渐构建了从"资助卓越个人研究者和团队"（第六研发框架计划阶段），到"促进研究人员跨欧流动"（第七研发框架计划阶段），再到"覆盖研究人员全职业环节、多水平层次、科研和创业并重"（"地平线 2020"计划阶段）的创新型人才科教培育体系。

(1) 聚焦资助卓越个人和团队的人才培养模式

在第六研发框架计划阶段，相关计划为以艾滋病研究为代表的部分重要领域的各大研究机构以及独立研究团队提供了大量资助，其中，部分欧盟国家的独立研究团队从该计划中获得了多达数百万欧元的资助。

(2) 促进"研究人员跨欧流动"的人才引培体系

第七研发框架计划阶段以将欧盟创建为世界上最具活力和竞争力的知识经济社会为战略目标，建立了由"研究–教育–技术"三大支柱共同构成的新"知识三角"。与第六研发框架计划阶段重点聚焦欧盟内部研究人员的培养相比，该阶段特别加强了"研究人员跨欧流动"。具体来看，欧盟主要是通过"原始创新计划"和"人力资源计划"两个平台，来吸引人才和激励优秀的青年学者。

在预算75.10亿欧元的"原始创新计划"中，其通过设立系列基金，吸引了最具聪明才智的科学家投入欧洲科技研发体系，增强了欧洲的竞争力。其中，欧洲研究理事会（European Research Council，ERC）设立了针对年青学者和领军人员的资助基金，分别支持"事业初期的创业者"和"由领军研究人员领导的优秀、前沿的研究项目"。

在预算47.50亿欧元的"人力资源计划"中，其通过重点支持研究人员流动（包括支持欧洲研究人员去海外开展研究，也吸引非欧洲的精英科学家参与第七研发框架计划项目开展合作）及其专业发展来加强项目的国际合作。针对欧洲研究人员来说，接受奖学金资助去海外开展研究的科学家结束后须回国效力，并鼓励已在海外的欧洲研究人员回国；针对赴欧参加研究的第三国研究人员来说，该行动计划为其提供访欧个人奖学金，同时规定相关研究人员来欧洲后需参与以东道国研究为主的行动计划，并积极吸引海外的欧洲人和在欧洲的外国人科技"移民"。

(3) 覆盖研究人员全职业环节、多水平层次、科研和创业并重的科教培育体系

在"地平线2020"计划阶段，与前期的针对科学研究精英个体和部分团队引进、培育不同，该阶段一方面更重视对全球范围内研究人员跨国家或地区、跨部门和跨学科的交换及在职发展和培训，另一方面显著加强了对具有巨大潜力但处于早期职业生涯的研究人员和欧盟博士生的培养，以及对创业人才的支持。"地平线2020"计划中科教基础设施建设举措，见表4-5。

表4-5 "地平线2020"计划中科教基础设施建设举措

"地平线2020"计划中与科教基础设施相关的行动计划	行动计划中有关人才引培的目标	预算金额/亿欧元	单项经费比例/%
战略优先领域之"卓越科研"			
欧洲研究理事会	最优秀科研人员领衔的前沿研究	130.95	17
玛丽·斯科沃多夫斯卡-居里行动	科研培训和职业生涯发展计划	61.62	8
4项单列资助计划			
参与扩大化,人才广泛化	引入卓越具体举措,衡量人才的广泛程度和参与的扩大程度	8.16	1.06
科学与社会	建立科学和社会之间的有效合作,招募新的人才,培养科研人才的社会意识和责任感	4.62	0.6
欧洲创新科技研究所	支持知识和创新群体,促进产学研结合	27.11	3.52

资料来源:根据欧盟"地平线2020"计划官网整理。

首先,欧洲研究理事会计划框架重点对顶级研究人员进行资助。通过设立5类(包括初级、中级、高级、概念验证、协同效应)计划,分别对处于早期职业生涯的顶级研究人员(博士毕业2~7年)、处于职业巩固期的顶级研究人员(博士毕业7~12年)、10年内已经取得显著研究成果的各自领域的佼佼者以及少数卓越研究员和其团队间的协作研究实施差异化资助。

其次,"玛丽·斯克沃多夫斯卡·居里行动"(Marie Skłodowska-Curie Actions,MSCA)计划框架通过跨国界、跨部门的交换,为多个层次的研究人员(包括联合研究培训的博士、资深研究人员、所有职业层次研究和创新人员、国际研究培训和职业培训人员等)提供优质、新型的研究训练机会、条件和奖励计划,其资助的范围覆盖了研究人员职业生涯的各个阶段,支持研究人员获得更广泛的新技能。同时,该计划下也有多项措施推动博士和博士后参与到产业研究中,进一步寻求突破存在于学术界和企业之间的瓶颈障碍。

最后,在"地平线2020"计划的4项单列资助计划中,有3项都对人才引进、培养和跨领域合作提供了支持。其中,集人才、研发、创新于一体的研究机构——欧洲创新科技研究所是实现产学研紧密结合和创业型人才培养的代表性组织模式,通过对来自高等教育机构、研发机构和私营企业的系统整合,有意识拉通研发创新、技术转移和广泛的技术商业化应用,促进技术研发和商业转化的良性循环驱动,形成创新活动闭环。此外,该研究所设立的研发创新价值链、产学研用紧密结合的自主合作实体——"知识与创新共同体"(Knowledge and Innovation Communities,KICs),鼓励参与该实体的高等教育机构与欧洲创新和技术研究院为高等教育毕业学生联合颁发毕业证书,提升且认可人才在研发创新和创意创业方面的能力。

4.3.4 欧盟研发框架下的产业技术创新基础设施建设

虽然欧盟研发框架计划的核心在国际前沿和竞争性科技难点等方面，注重应用前的知识准备，但随着欧盟内外部环境及欧盟整体在全球科技和产业竞争格局地位的变化，从第七研发框架计划起，逐渐将"企业竞争力""产业竞争力""促进突破性创新、提升创新成果转化"等要求提升到整个研发框架体系的重要位置，通过一系列产业发展中制度创新和基础设施构建，进一步巩固欧盟在全球科技和产业竞争格局中的核心位置。

(1) 企业竞争力提升

与第六研发框架计划阶段"为了促进欧洲成为未来世界的科技领先力量而重点聚焦7个优先发展的研究领域"不同，第七研发框架计划首次将"企业竞争力"作为三大组成部分之一明确提出，进一步突出了研究和创新在欧盟科技、经济和社会发展中的核心作用，尤其是给企业的研究和创新提供了更清晰的市场导向。

(2) 产业竞争力提升

"地平线2020"计划对欧洲未来技术、工业发展支撑的范围从第七研发框架计划重点聚焦企业，拓展到"保持技术领先–疏通融资通道–激发中小企业创新"3个维度的系统部署。该计划的相关举措见表4-6。

表4-6 "地平线2020"计划中提升产业竞争力相关举措

提升产业竞争力的计划	相关举措
保持技术领先	以增强欧洲工业能力和商业前景为目的的科研和创新活动； 为研究开发和示范提供标准化和认证等专门支持； 重视关键使能技术
疏通融资通道	鼓励更多的商业天使投资、技术研发启动投资、泛欧货币基金风险融资； 激励研发和创新领域的私人投资和风险融资； 推出并支持企业技术转移过程的试点机制
激发中小企业创新	对中小企业提供直接和间接的资金； 提升中小企业内部对创新流程（从新想法的产生到产品在市场中盈利）的管理能力； 为中小型企业提供各种形式的支持，包括定制服务、定制项目（如创新管理能力建设、知识产权管理等）、服务提供方和决策方之间的沟通（如创新机构之间进行经验交流）； 为欧洲企业联络网提供直接支持，改善中小企业获得融资的机会

(3) 促进突破性创新和提升创新成果市场化能力

在"地平线欧洲"计划阶段,欧盟在系统推进包括突破性创新在内的各类创新的同时,也非常重视创新成果在产业和社会中的应用和市场化。

为推进突破性和颠覆性创新,更快地将欧洲先进科研成果转化为商业成果,一方面,"地平线欧洲"计划支持大量的创新者参与创新过程,加速实现突破性创新,促进市场快速增长,改善欧洲的整体创新格局;另一方面,欧盟委员会通过制度创新,在"开放创新"的支柱下,以 100 亿欧元左右的预算正式设立欧洲创新理事会作为一站式创新资助机构。较欧洲研究理事会重点聚焦于科学领域的研究活动、研究人员以及为其科学活动提供长期无偿资助(拨款)来说,欧洲创新理事会则更关注对创新活动和创新者而不仅仅是研究人员。同时,在投资方面,欧洲创新理事会与私营投资者密切合作,结合"探路者""创新快车道""加速器"等不同阶段,为突破性创新和市场创造型创新引入了定制化、差异化和更灵活化的融资方案,来支持最具创新性的初创企业和公司,促进有前景的创意从实验室走向现实应用。欧洲研究理事会与欧洲创新理事会的比较见表 4-7。

表 4-7 欧洲研究理事会与欧洲创新理事会的比较

欧洲研究理事会	欧洲创新理事会
聚焦卓越(吸引最优秀的研究人员)	聚焦卓越(吸引最优秀的创新者)
聚焦研究人员	聚焦创新者
消除限制因素(科学领域、合作伙伴)	消除限制因素(创新领域、合作伙伴)
通过同行科学评审方式遴选	由创新者同行遴选,并与私营投资者密切合作
提供长期无偿资助(拨款),资金有保障	将无偿资助(拨款)与股权/债务金融工具相结合,可灵活终止资助或调整方向; "探路者"资助计划为突破性创意在早期阶段提供支持; "创新快车道"资助计划为将研究成果推向市场的创新活动提供资助; "加速器"资助计划支持更成熟创意的开发和部署,通过无偿补助、贷款与股权投资相结合的混合融资方式,为因存在技术或市场风险而不能获得银行贷款、不能从市场上撬动大量投资的业务提供支持,弥合科研与大规模商业化之间的"死亡谷"

4.3.5 欧盟研发框架计划下创新基础设施建设模式总结和经验启示

可以看出,伴随着研发框架计划的实施,特别是进入 21 世纪以来,欧盟及时根据内外部环境变化做出重大变革，适时调整，系统构建了包括科学研究、科教和产业发展相适应的创新基础设施体系，形成了"科学–技术–产业–人才"交互影响的创新实践体系（图4-2）。

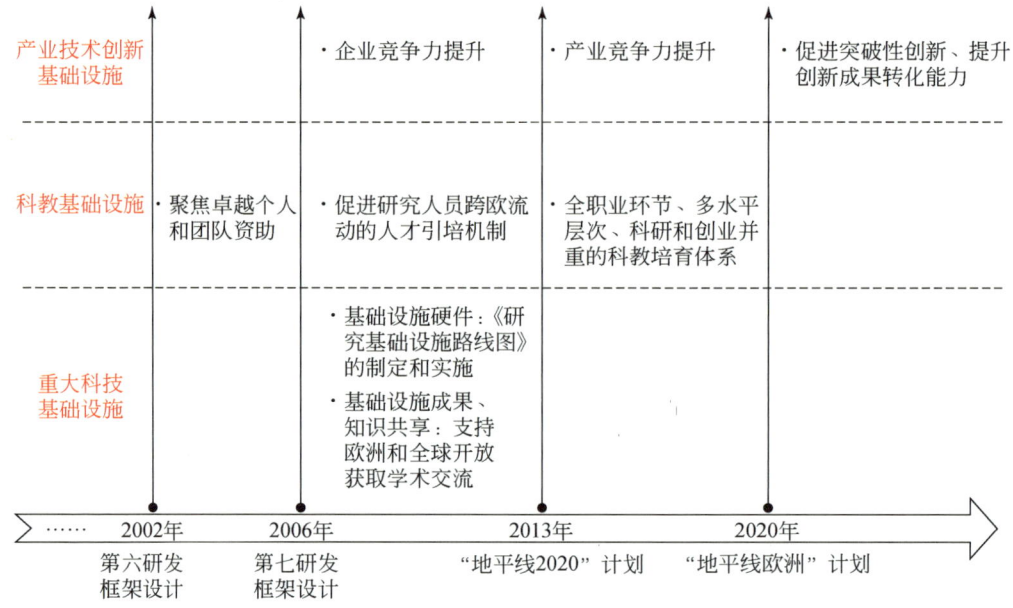

图 4-2　欧盟研发框架计划下创新基础设施建设总结

当前，科技创新活动日益频繁，知识创造的跨学科、跨领域特征凸显，这对以大科学装置为代表的创新基础设施的规划和建设提出了新的要求。欧盟依托其梯次接续的研发框架计划构建了比较领先的创新基础设施，相关经验具有重要的启示和借鉴意义。

第一，在动态调整的宏观科技战略和规划下统筹安排创新基础设施的前瞻部署。

创新基础设施与融合类基础设施存在显著差别，是涵盖科学研究、技术开发、产品研制等创新链中前端以及服务于科技创新人才引进和培育的体系化部署，是周期长、见效慢的系统工程，需要从高于创新基础设施本身以及科技战略和创新发展的宏观层次进行系统把握。欧盟研发框架计划作为统领欧洲占据全球科技竞争和产业竞争制高点的系统规划，不断根据欧盟地区及国际内外部环境的变化动态进行调整，体现了较强的继承性和一致性，也具有较强的灵活性和科学性，促进了服务于欧盟长期发展愿景和世界引领目标的创新基础设施的构建和完善。

第二，重大科技基础设施——开展重大科技基础设施路线图研究，主动谋划重大科技成果的开放共享。

人类的科学探索从早期重点聚焦部分特定领域（如高能物理、核物理、材料等）的科学研究活动，向全领域、跨领域和多部门协同的大规模科学研究活动拓展。重大科技基础设施是开展科学研究活动的必要手段，具有投资规模大、周期长、成本高等特点，需要进行系统规划和部署。欧盟在重大科技基础设施规划方面，开展了路线图研究，并结合国际科技发展新态势进行适时调整，两年进行一次修订。同时，欧盟非常重视重大科技基础设施成果以及其他科研类知识成果的开放共享，通过开放获取基础设施学术交流数据，实现对重大科技基础设施资源的全球共享，显著提高了相关设施的利用效率。

第三，科教基础设施——建立梯次接续的人才科教培育体系和人才引培机制。

欧盟在研发框架计划实施过程中逐渐构建了从"资助卓越个人研究者和团队"，到"促进研究人员跨欧流动"，再到"覆盖研究人员全职业环节、多水平层次、科研和创业并重"的创新型人才科教培育体系，并针对性地实施了定制化人才激励方案。该创新型、复合型人才的引进和培育机制，一方面有效实现了短期内科技和产业发展关键核心领军人才和团队的迅速构建，另一方面也充分尊重人才成长规律，形成梯次接续的人才供给态势。

第四，产业技术创新基础设施——实施"保持技术领先-疏通融资通道-激发中小企业创新"的建设模式。

在支撑产业发展的产业技术创新基础设施建设方面，欧盟以应用场景为驱动，实施"保持技术领先-疏通融资通道-激发中小企业创新"相协同的实践模式，通过采取为研究开发和示范提供标准化和认证等专业化服务、推出并支持企业技术转移过程的试点、激励研发和创新领域的私人投资和风险融资、为中小型企业提供各种形式的支持等举措，为欧盟在突破性创新和相关成果的产业化方面创造了良好的生态环境。同时，欧盟通过体制创新，设立欧洲创新理事会作为一站式创新资助机构，为科技创新研究成果从实验室走向现实应用提供了更多市场选择机制。

第 5 章 中国新型基础设施的建设思路

基础设施是国民经济和社会发展的基石。中华人民共和国成立以来，基础设施体系不断优化，设施质量持续提升，服务能力显著增强，有力地支撑了经济社会的发展。随着中国特色社会主义建设跨入新时代，经济社会发展对基础设施建设提出了更高的要求，即建设结构优化、集约高效、经济适用、智能绿色、安全可靠的现代化基础设施体系，为建设社会主义现代化强国提供坚强支撑。同时，党中央提出要"加快形成以国内大循环为主体、国内国际双循环相互促进的新发展格局"，关键是通过供给侧结构性改革，提高经济供给质量，挖掘消费潜力，这将对新型基础设施的建设和共享等带来深刻影响。

本章主要介绍现代化强国新型基础设施的蓝图与战略方向、战略规划与实施路径，从全球和区域两个层面刻画国际共享新型基础设施。

5.1 新型基础设施体系的未来蓝图与战略方向

实施创新驱动发展战略、加快建设创新型国家和科技强国，是决定中国现代化强国建设命运的重大抉择。现代化强国需要以现代化产业体系、现代化创新体系和现代化基础设施体系为支撑。随着中国经济由高速增长阶段转向高质量发展阶段，原有基础设施体系的不适应性问题更加凸显，基于新时代新使命，基础设施体系也必然要进行战略性调整。建设知识社会的新型基础设施，不仅要激活当前的传统动能、激发未来的新动能，从而推动经济社会高质量发展，还要为更长远的物质流、能量流和信息流的数字化及数字化的知识生产、连接、传播、应用打下坚实基础。

5.1.1 现代化强国新型基础设施体系的未来蓝图

中国科学院撰写的"创新 2050：科技革命与中国的未来"系列报告，以可持续能源和资源、智能制造和先进材料等为特征的新一轮科技革命和产业变革为背景，描绘了我国面向 2050 年实现现代化的图景和科技发展路线图，提出了"以科技创新为支撑的八大经济社会基础和战略体系"整体构想，并分阶段刻画了"以科技创新为支撑的八大经济社会基础和战略体系"建设的特征和目标。这是未来经济社会发展的基础,再加上支撑科技创新和制度创新这两大基础体系,共同构成了十大新型基础设施体系的未来蓝图(图5-1)。要在现代化强国愿景下细化新型基础设施建设的未来战略布局,切实落地"统筹存量和增量、传统和新型基础设施发展"的要求。

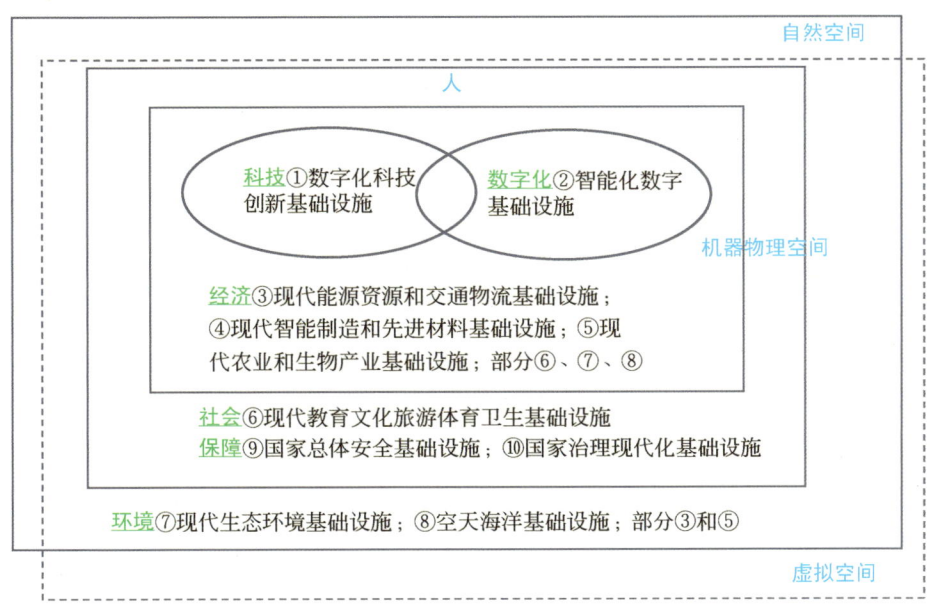

图 5-1　现代化强国新型基础设施体系的未来蓝图

面向 2050 年的十大新型基础设施体系,以数字化科技创新和智能化数字基础设施为双核,以现代能源资源和交通物流、现代智能制造和先进材料、现代农业和生物产业基础设施为经济基础设施主体,以现代教育文化旅游体育卫生基础设施为社会基础设施主体,以现代生态环境和空天海洋基础设施为环境基础设施主体,以国家总体安全和国家治理现代化基础设施为保障,与传统基础设施融合成现代化基础设施体系,将为建设现代化强国、塑造"美好未来"提供基础支撑。

新型基础设施体系的未来蓝图是现代化强国愿景的底层支撑,是面向未来的战略布局,应基于经济社会发展的大逻辑、大格局、大趋势,深化细化路线图设计,系统布局新型基础设施建设中长期规划和"十四五"规划,优化区域、行业布局,做好时、空、量、构、序统筹安排。目前,多地多部门都把 5G、大数据中心、城际轨道交通等新型基础设施作为 2020 年投资重点项目并加大投资力度,这种密集布局新型基础设施的行动,容易带来重复建设,或出现过度超前的布局。要以高质量发展为要求、以现代化强国建设奠基为目标,逐步将基础设施投资方向从传统领域转向新兴领域,投到符合新发展理念的重要领域;要统筹协调好政府、地方、企业、社会等各方资源，科学谋划，从规划、政策、资金等多方面多维度予以引导和扶持，从政府、市场和社会 3 个方面协同推动新型基础设施体系未来蓝图的实现。

5.1.2　可持续发展与新型基础设施体系密切相关

可持续发展目标（Sustainable Development Goals，SDGs）是联合国制定的包括 17 个子目标的全球发展目标，旨在从 2015 ~ 2030 年以综合方式解决人类经济、社会和环境 3 个维度的可持续发展问题，可以理解为人类发展方式的转型，相应地需要以"基础设施转型"为先导。其中，目标 2 涉及农业农村基础设施；目标 6 涉及清洁饮水和卫生设施；目标 7 涉及现代能源设施；目标 9 要求建造具备抵御灾害能力的基础设施，促进具有包容性的可持续工业化；目标 11 旨在建设可持续城市和社区，这都与"新型基础设施"相关。发展优质、可靠、可持续和有抵御灾害能力的基础设施，包括区域和跨境基础设施，以支持经济发展和提升人类福祉，重点是人人可负担得起并公平利用上述基础设施，这离不开良好的基础设施的支撑；所有国家根据自身能力采取行动，升级基础设施，改进工业以提升可持续性，提高资源使用效率，更多采用清洁环保技术及产业流程，这离不开绿色生产基础设施、生态环境基础设施和基础设施绿色化的支撑；加强科学研究，提升工业部门技术能力，大幅提升信息和通信技术的普及度，这离不开数字化科技创新与智能化数字基础设施和基础设施数字化的支撑。

5.1.3　新型基础设施体系的十大战略方向

目前，新型基础设施建设受到新一轮投资追捧，既要满足近期稳增长、调结构、惠民生的内在需求，更应着眼长远，"以整体优化、协同融合为导向，统筹存量和增量、传统和新型基础设施发展，打造集约高效、经济适用、智能绿色、安全可靠的现代化基础设施体系"。不宜仅局限于当前热点领域，而忽视其他基础性、战略性领域，更不能脱离国情、盲目建设。要在现代化强国愿景下统筹、有序推进十大新型基础设施体系，促进新旧基础设施体系互联互通、开放共享，加速整体转型升级，支撑经济社会数字化转型和新旧动能转换。要为未来 15 年中长期发展厚实产业基础、孕育科技创新、畅通经济循环、带动新消费、促进数字化转型提供坚强支撑，更要为未来 30 年长远发展打下坚实基础，创造发展新机遇、塑造发展新优势。

数字化科技创新与智能化数字基础设施是现代化强国基础设施的内核。支撑构建现代化创新体系，支撑科技革命与数字化转型，支撑构建"万物智联"的信息网络体系、战略计算平台和数字孪生体，支撑科学、技术、工程、产业及社会创新知识基础设施，支撑基础研究、应用研究、数据密集型科学及创新创业创造活动融通发展，促进各领域和各区域科学、技术、工程、产业及社会创新交叉融合发展，重塑数字产业化及产业数字化发展格局，支撑科技强国、网络强国、数字强国和智慧社会的建设，走安全、绿色、普惠的数字化道路。短期看，新型基础设施建设将起到稳投资、促消费、稳就业的作用。到 2025 年，中国 5G 网络投资将达到 1.2 万亿元，创造约 300 万个就业岗位；预计到 2030 年，5G 带动的直接产出和间接产出将分别达到 6.3 万亿元和 10.6 万亿元。据"博鳌亚洲论坛"2019 年年会会前报告预测，2020～2035 年全球 5G 产业链投资额将达到约 3.5 万亿美元，其中中国约占 30%；由 5G 技术驱动的全球行业应用将创造超过 12 万亿美元的销售额。据业内专家预测，5G、人工智能、工业互联网等新一代信息技术的投资拉动乘数效应高达 6 倍左右，预计到 2025 年，新型基础设施建设将给中国信息消费创造 8.3 万亿元产业规模。

现代能源资源和交通物流、现代智能制造和先进材料、现代农业与生物产业基础设施是现代化强国经济基础设施的主体。支撑构建可持续能源资源体系，支撑能源革命和资源革命，支撑建设综合、智慧、绿色、平安的交通运输体系，完善邮政、仓储物流等"通道+枢纽+网络"的基础设施体系，支撑资源强国、能源强国、交通强国、物流强国建设；支撑构建现代智能制造和先进材料体系及数字化生态体系，支撑制造强国和质量强国建设；支撑农业现代化，支撑构建高产、优质、高效、生态的农业和安全、高值、高效、优质的生物产业体系。

现代教育文化旅游体育卫生基础设施是现代化强国社会基础设施的主体。支撑健全"幼有所育、学有所教、劳有所得、病有所医、老有所养、住有所居、弱有所扶"等基本公共服务体系，支撑教育强国、文化强国、体育强国和健康中国建设。加强基础性、普惠性、兜底性民生基础设施建设，支撑构建满足全体人民美好生活需要的现代教育、文化、体育与卫生健康保障体系，增强社会基础设施的完整性、储备性和可及性，使发展成果更多更公平地惠及全体人民。

生态环境和空天海洋新型基础设施是现代化强国环境基础设施的主体。支撑构建人与自然和谐共处的生态环境保育体系，推进基础设施绿色化，建设绿色、循环、低碳型经济社会，支撑生态文明和美丽中国建设；支撑构建空天、海洋、极地、深地空间拓展能力及创新体系，支撑航天强国、海洋强国和地质强国建设，保障国家空天、海洋、极地、深地权益和国土安全。

国家总体安全和国家治理现代化基础设施是现代化强国基础设施的保障。以人民安全为宗旨，支撑构建军民融合，集政治、国土、军事、经济、文化、社会、科技、信息、生态、资源、核、生物、环境、食品、健康等重点领域安全于一体的国家安全体系，确保国家工业控制系统、科技、金融及经济社会环境等国家关键基础设施的物质体系安全、数据网络安全与科技安全。夯实国家治理体系的物质技术基础，支撑数字政府建设和国家治理现代化。

5.2　新型基础设施的战略规划与实施路径

基础设施与人类社会发展历程相伴，与其服务对象相互定义、协同发展。从农业社会、工业社会、信息社会到知识社会，社会发展的基础设施体系逐渐趋于丰富、复杂，但运行基础是物质流、能量流和信息流的顺畅和制度保障。解放和发展科技第一生产力、激发和释放创新第一动力，构建现代化经济体系，需要高质量的基础设施、合理的生产关系和制度环境作为保障。在新一轮科技革命和产业变革兴起的今天，互联网、大数据、人工智能等现代技术大大改变了以往的资源配置、生产、生活、组织方式和价值创造方式，赋予物质流、能量流、信息流和国家治理以数字化、网络化、智能化的新内涵。

5.2.1　加强新型基础设施战略规划

新型与传统基础设施一起构成现代化基础设施体系，共同支撑现代化强国建设。当前，以数字技术为代表的新科技及其应用创新催生新一代基础设施，为新型基础设施建设开辟了广阔发展空间。从中长期发展趋势看，立足新发展阶段、贯彻新发展理念、构建新发展格局、推动高质量发展，必须建设现代化强国新型基础设施体系，传统基础设施体系也要根据新的支撑需求进行战略性调整。为此，要通过战略规划来科学谋划新型基础设施高质量发展，统筹协调好中央和地方、政府与社会各种资源投入，从规划、政策、资金等多方面予以引导和规范。

2019年5月，习近平总书记指出："领导干部要胸怀两个大局，一个是中华民族伟大复兴的战略全局，一个是世界百年未有之大变局，这是我们谋划工作的基本出发点。"2020年1月，习近平总书记强调："要树立正确政绩观，处理好稳和进、立和破、虚和实、标和本、近和远的关系，坚持底线思维，强化风险意识，自觉把新发展理念贯穿到经济社会发展全过程。"2021年，中国已经全面建成小康社会，顺利实现第一个百年奋斗目标。到中华人民共和国成立一百年时，中国要全面建成社会主义现代化强国和世界科技强国，全面实现国家治理体系和治理能力现代化，这期间要经过两个中长期规划时段。"两个大局""两个一百年""稳和进、立和破、虚和实、标和本、近和远"，以及软和硬、需求和供给、国内和国际等关系及全社会成本和收益分析，是谋划新型基础设施建设的基本出发点。

"不谋万世者，不足谋一时；不谋全局者，不足谋一域。"在新一轮中长期和近期规划时点上，要坚持"全国一盘棋"理念，面向2050年前瞻谋划新型基础设施建设战略布局，重点部署2021~2035年新型基础设施中长期规划和"十四五"规划。要坚持公私合作、多方筹措、多元投资的原则，稳步推进新型基础设施投资计划，加快推进新型基础设施建设项目储备，以新型基础设施带动传统基础设施，共同支撑新型工业化、信息化、城镇化、农业现代化的同步发展，在更高起点、更高层次、更高目标上全面实现"五个现代化"①，全面建成现代化强国和世界科技强国。

5.2.2 优化新型基础设施投资结构

新型基础设施投资要充分尊重经济规律、科技规律，明确市场、政府与社会机制的角色定位，平衡好全社会的成本与收益。据中国银行研究院测算，2020年新型基础设施建设七大重点领域投资总规模约为1.2万亿元。全球经济下行叠加新冠肺炎疫情冲击，给基础设施投资带来明显影响。2020年第一季度，全国固定资产投资（不含农户）84 145亿元，同比下降16.1%。其中，电力、热力、燃气及水生产和供应业投资增长2.0%，基础设施投资（不含电力、热力、燃气及水生产和供应业）同比下降19.7%。新型基础设施投资虽然在固定资产投资中占比较低，但更具成长性和创新性，对供给侧与需求侧同时发挥渗透、融合、带动作用。从已发行专项债的项目投资结构来看，电子信息、互联网、大数据、新材料、新能源、生物医药、冷链物流等新型基础设施建设项目所占比例从2019年的0.6%显著提升至2020年2月的14.8%。

2018年，我国资本形成总额对GDP增长的贡献率为32.4%，2019年为31.2%，投资对经济增长的直接拉动作用减弱。当前，我国经济发展面临的挑战前所未有，中央和地方为实现稳就业、稳投资等"六稳"目标和完成保就业、保民生等"六保"任务，推出了一系列重大基础设施项目，在补铁路、公路、机场等传统基础设施短板的同时，也加快了新型基础设施建设进度。不少省份的2020年政府工作报告中将5G网络建设等新型基础设施作为2020年投资重点。据不完全统计，各省份公布的投资计划已经超过40万亿元。有专家认为，实际是这些省份多年的投资计划，内容大部分是传统基础设施，新型基础设施最多占10%左右。虽然新型基础设施目前占比低，但具有高成长性。

党中央、国务院做出部署以来，多个部（委）、省（自治区、直辖市）发布了

---

① "五个现代化"指"工业现代化、农业现代化、国防现代化、科学技术现代化"，加上"推进国家治理体系和治理能力现代化"。

新型基础设施建设行动计划或相关政策，需要进一步统一认识和协调行动。交通运输部印发《交通运输部关于推动交通运输领域新型基础设施建设的指导意见》；山东省印发《山东省人民政府办公厅关于山东省数字基础设施建设的指导意见》；安徽省印发《安徽省人民政府关于印发支持5G发展若干政策的通知》；上海市印发《上海市推进新型基础设施建设行动方案（2020—2022年）》，其中首批48个重大项目和工程包，预计总投资约2700亿元；北京市印发《北京市加快新型基础设施建设行动方案（2020—2022年）》，聚焦新网络、新要素、新生态、新平台、新应用、新安全六大方向30类新型基础设施建设；浙江省印发《浙江省新型基础设施建设三年行动计划（2020—2022年）》，计划总投资近1万亿元；云南省印发《云南省推进新型基础设施建设实施方案（2020—2022年）》，第一批新型基础设施建设项目总投资3776亿元；国家电网有限公司发布"数字新基建"十大重点建设任务，2020年总体投资约247亿元，预计拉动社会投资约1000亿元；福建省印发《福建省新型基础设施建设三年行动计划（2020—2022年）》，从新网络、新技术、新算力、新安全、新融合、新平台6个方面进行系统的规划部署。数十万亿元的新型基础设施投资计划启动，急需保护各主体的投资积极性，同时要统一认识和协调行动，构建全国互联互通的现代化基础设施体系，从而避免低水平重复建设，支撑塑造现代化创新体系和现代化产业体系新优势。

随着科技创新和数字赋能的发展，既要发展狭义的新型基础设施，更要重视广义的新型基础设施，如基础设施数字化及转型升级、保障安全与治理的基础设施。对于公益性强、投资回报低、周期长的新型基础设施领域，如生态环境基础设施，以政府为主体发挥作用，统筹中央和地方政府投资，避免重复建设；对于有良好投资回报的新型基础设施领域，如5G、大数据中心等数字基础设施，以市场为主体发挥作用，政府主要提供合理的制度和治理方案，确保设计和建造质量。由市场来引导新型基础设施发展方向，做到不盲目追求"推陈出新"，保护社会投资获得合理回报。

基础设施建设往往消耗大量资金、土地、能源资源、设施设备、人力等要素，供给过量或过于超前，会带来成本及机会成本过高、使用效率过低、产能和队伍过剩等负面影响，不利于经济持续健康发展。要在"六稳"和"六保"前提下多投资"无悔"项目，发挥好逆周期调节作用，解决设施体系不匹配、发展不平衡等问题。避免借新型基础设施之名搞重复建设，防范债务风险隐患。重视创新引领的不确定性：方向确定的领域适合中央政府自上而下布局，完善财税金融扶持政策，发挥好政府资本"四两拨千斤"的作用，不要替代、挤出社会资本；方向不确定的领域适合地方政府和市场主体自下而上布局，政府营造有利于创新迭代的应用场景和创新生态,鼓励各主体自由探索和自主试错,重视"新模式"的复制推广和应用示范。

固定资产投资项目资本金制度是基础设施建设领域的基础性制度,旨在促进有效投资,防范金融风险。自设立以来进行过4次资本金比例调整:第一次是2004年,为应对投资过热,普遍由低调高;第二次是2009年,为应对国际金融危机,普遍由高调低;第三次是2015年,为促投资、稳增长,分类由高调低;第四次是2019年,有保有控、部分调低,对需要控制的、产能过剩的项目依然保持原有比例。在新形势下,投资回报机制明确、收益可靠、风险可控的新型基础设施建设项目,仍可适当降低资本金最低比例。国家鼓励发展的行业项目,还可通过发行权益型、股权类金融工具筹措最高一半的资本金,地方政府可统筹使用财政资金筹集项目资本金。

5.2.3 长远部署新型基础设施建设实施路径

2020年5月,国务院常务会议决定在已提前下达新增专项债券额度1.29万亿元的基础上,再提前下达一批专项债额度。这些新举措有利于带动更多社会资本投入,扩大投资能力。补基础设施短板、缩小区域及城乡发展差距的传统基础设施建设项目,是有效投资项目,需要基于新科技进行技术升级和数字化改造,提升广义新型基础设施的数字化、智能化水平,进而带来巨大的经济和社会效益。挖掘供给和消费潜力、增加创新优势的狭义新型基础设施建设项目,是现代化强国愿景的底层,是面向未来的战略布局,应该统筹安排面向2050年的两个中长期规划(2021—2035年、2036—2050年)及"十四五"规划布局,细化战略与战术路线图。

首先,要在现代化强国建设总体战略框架下,处理好战略部署与战术推进的关系。社会上普遍关注到新型基础设施建设的重点和热点领域,但对总体和长远任务重视不够。2020年政府工作报告明确要求"加强新型基础设施建设""激发新消费需求、助力产业升级",同时部署了相关基础性、战略性任务,都是近期要落实的工作任务,既促消费惠民生,又调结构增后劲。面向长远,除了加快5G、人工智能、产业互联网等领域,也要加快教育、养老、医疗、文化、旅游等服务业发展,加大制造业技术改造和设备更新,加快补齐农村基础设施和公共服务设施建设短板,加强自然灾害防治能力建设,要统筹推进、协同发展。

其次,要在现代化基础设施体系战略布局中,处理好优化存量和优选增量的关系。目前,新型基础设施建设受到新一轮投资追捧,有近期稳增长、调结构、惠民生的内在需求,更应着眼长远布局,以整体优化、协同融合为导向,统筹存量和增量、传统和新型基础设施发展,打造集约高效、经济适用、智能绿色、安全可靠的现代化基础设施体系。不应仅仅局限于当前热点领域，而忽视其他基础性、战略性领域，更不能脱离国情、盲目建设。要坚持实事求是、量力而行、以新带旧的原则，将基础设施投资逐步从传统领域转向新兴领域，有序推进十大新型基础设施体系，促进基础设施互联互通、开放共享，加速基础设施体系整体转型升级。

最后，要坚持投资与消费、供给与需求相结合，协同推进十大新型基础设施体系未来蓝图的实现。国际共享基础设施是指双边或多边为实现区域与全球互联互通所开放共享的国际性基础服务系统或结构，既包括"铁公机"交通网、电网、信息网络等硬设施，也包括法律、金融、开源平台等软设施，旨在提高国际连通性和贸易便利化程度，消除人员、货物、信息、服务等跨境流通的障碍，实现互利共赢、互补发展和共同繁荣。新冠肺炎疫情对于国内和全球经济的影响"前所未有"，必须从总需求与总供给两端同时发力，才能帮助中国经济更好更快地恢复到正常轨道，逐步形成以国内大循环为主体、国内国际双循环相互促进的新发展格局。

5.3 新型基础设施的地域性

加快形成以国内大循环为主体、国内国际双循环相互促进的新发展格局，是党中央立足于世界正经历百年未有之大变局，面对中国经济转向高质量发展阶段出现的矛盾和问题，结合自身优势和特点，综合做出的强国战略。以国内大循环为主体，意味着着力打通国内生产、分配、流通、消费的各个环节，发挥中国超大规模市场优势，以满足国内需求作为经济发展的出发点和落脚点；国内国际双循环相互促进，强调以国内经济循环为主不意味着关门封闭，而是通过发挥内需潜力，使国内市场和国际市场更好地联通、促进。

在国内大循环的背景下，新型基础设施建设将是发展重点之一。中国基础设施正向智能化、网络化方向发展，未来将形成互联互通、智慧升级的基础设施服务体系，打通内循环，实现全面连接。从国际背景看，西方国家主导的国际经济政治格局正发生根本变化，全球化秩序调整趋势显现，全球供应链、产业链、价值链和产业分工面临重构。但是，随着全球对经济增速放缓以及不平等现象加剧的担忧，人们把越来越多的注意力转向了基础设施领域，并将其作为一种潜在的解决方案。新冠肺炎疫情的暴发也进一步增加了各国政府对基础设施建设的重视。例如，G20（二十国集团）成员国对基础设施的重要性日益达成共识，认为基础设施是社会经济有序运行所需的永久资产，是增长、就业和竞争力的驱动力（张亚鹏和营立成，2020）。

5.3.1 面向全球的国际共享设施

从发展的角度看，智能化数字基础设施、生态环境基础设施、空天海洋基础设施等，其全球意义重于区域意义。随着人口健康、能源资源等领域所面临问题的凸显，相关基础设施也出现了国际化的趋势。

过去几十年，依托大容量光纤等通信技术，信息网实现了从局域网、广域网到全球互联网的升级。目前，全球通过 450 多条海底光缆、800 多颗通信卫星等先进设施实现了信息互联互通，让世界成为一个"地球村"。阿里云全球基础设施在 21 个地理区域内运营了 63 个可用区，腾讯云全球基础设施已开放 27 个地理区域运营了 56 个可用区。

多年来，联合国有关组织、各国政府对各级空间数据基础设施建设都相当重视，出现了全球、区域、国家、省级和城市空间数据基础设施，把空间数据基础设施与信息高速公路的建设提高到未来信息社会发展的重要战略地位。海洋空间数据基础设施（marine spatial data infrastructure，MSDI）是智能航运中智能航行支撑保障体系的重要基础，包含了海洋空间信息资源和应用功能。在智能航运要求驱动下，新一代海洋空间数据基础设施应以实时感知手段进行数据获取，以地理本体理念进行数据组织，以数据挖掘模式进行数据处理，以群智众包特征开展数据应用，并基于互联网络媒介进行数据分发（董江和王昭，2020）。

为应对化石能源的大量使用所带来的资源匮乏、气候变化和环境污染等问题，加快能源转型，开发利用太阳能、风能、水能等清洁能源，已成为世界能源发展的大方向。2015 年联合国发展峰会上，我国提出了全球能源互联网的中国倡议。将全球丰富的清洁能源资源转化为电能，依托广泛连接的电网大范围优化配置，统筹时间差、季节差、资源差、价格差，实现清洁能源高效开发和大规模利用（刘振亚，2020）。目前，全球能源互联网合作组织已与五大洲 100 多个国家的政府、企业、机构、协会、高校等建立合作关系，累计签署 43 项合作协议和备忘录，组建全球能源互联网大学、智库、金融和装备 4 个专业联盟。近年来，全球范围内以风能、太阳能、地热能、生物能为代表的新能源项目持续增多，2019 年新能源项目在电力能源中的占比增长超过 20%。2020 年 1~6 月，在对外承包工程行业新签合同额增幅明显收窄的态势下，新能源项目仍然保持快速增长（战姿，2020）。

2020 年初突发的新冠肺炎疫情已成为全人类面临的共同挑战。习近平总书记强调："人类是一个命运共同体。战胜关乎各国人民安危的疫病，团结合作是最有力的武器。""中国将秉持人类命运共同体理念，为全球疫情防控分享经验，提供力所能及的支持，同各国一道促进全球公共卫生事业发展，构建人类卫生健康共同体。"

全球面临的共同威胁和挑战，没有哪个国家能够独自应对。推进全球公共卫生治理体系改革势在必行。要坚持共商共建共享多边合作，支持世界卫生组织发挥更大领导作用，发挥 G20 等机制沟通协调作用，加大对相关国际和地区组织的支持力度，促进多元参与，形成强大合力。要发挥大国责任担当，加大公共卫生产品供给，支持增强发展中国家代表性和话语权，援助提高防控风险能力。要建立严密全球联防联控网络，加强信息沟通、政策协调、行动配合，形成一体化监测预警预防网络和应急联络机制。要强化科技合作支撑，建立科研攻关的新型国际合作机制，加快推动溯源、药物、疫苗、检测等方面的研发合作，尽快实现关键领域核心技术的重大突破，全面提升体系化对抗能力（孙东方，2020）。

5.3.2 面向区域建设的基础设施

此类设施的典型代表是在我国"一带一路"倡议下所进行的基础设施互联互通。一系列重大基础设施工程的投资建设，将构建一个由铁路、公路、航空、航海、油气管道、输电线路和通信网络等组成的综合性立体互联互通网络，彻底改变目前制约"一带一路"沿线国家深化合作的"薄弱环节"，为当今世界跨度最大、最具发展潜力的经济合作带奠定基础。《"一带一路"国家基础设施发展指数报告（2019）》报告显示，受到工业化和城镇化进程的拉动，交通和能源业发展需求强劲，为国际基础设施合作注入活力。各国公路、铁路、港口、机场等互联互通项目建设需求巨大，以风电、太阳能、核能为代表的清洁能源项目成为能源行业投资的重点领域。

未来，要根据新技术发展趋势以及东道国经济发展需求，从过去偏重传统基础设施投资转向更具技术前瞻性的基础设施，以及传统基础设施的信息化、数字化、智能化和绿色化升级改造投资。同时，还要高质量建设教育、科技、文化、环保生态、农业、医疗、宽带网络等与合作国家人民美好生活向往相关联的"短板"领域的基础设施，发挥其促进民心"润滑剂"和"黏合剂"的作用（郑雪平和林跃勤，2020）。

此外，在"一带一路"基础设施建设过程中，还要提高规划决策的科学水平，保证其合理布局、稳定协调发展；通过金融创新解决资金缺口，推进基础设施建设的持续稳定发展；进一步提高建设质量与效益，赢得国际社会对"一带一路"倡议的认可和尊重，并产生良性示范和带动效应；加强风险防控能力，健全全过程风险管理体系，确保各个主体、领域、流程和环节万无一失，持续提升经营风险管理能力。

总之，中国在国际共享基础设施建设上积累了大量技术和经验，不仅提出"构建人类命运共同体"倡议，而且更重视在双边或多边合作中付诸行动，通过共商共建共享基础设施，使参与国和投资主体都获得了实实在在的收益。但国际共享基础设施投资大、建设周期长、回收慢，面临资金、技术、人才和工程等多方面的风险与挑战。特别是数字时代，数字基础设施国际共享带来了便利，也存在政治、经济、社会、人文、自然因素、技术破坏或侵扰等脆弱性风险和安全威胁。要坚持"人类命运共同体"理念，共建"一带一路"倡议，建立涵盖信息网络、平台、应用和数据等全环节全链条全生命周期的数据安全保障体系，打造"健康""数字""创新""绿色"等丝绸之路新型合作模式，确保国际共享基础设施的系统韧性和安全性。

第 6 章 数字化基础设施

世界银行将基础设施划分为经济性基础设施与社会性基础设施两类。其中,经济性基础设施中既包括交通、能源等物理基础设施,也包括以信息技术为核心的数字化基础设施(Levy,2004)。20 世纪 80 年代后期,以索洛(R. M. Solow)为代表的学者们开始广泛关注信息基础设施的大规模投资对经济效率的影响(Solow,1988)。此后,信息技术、生物技术、新能源技术、新材料技术等交叉融合进一步引发新一轮科技革命和产业变革,新型数字化基础设施就是在此基础上由数据中心、人工智能、5G 网络、工业互联网、物联网等新一代信息技术不断融合、叠加和迭代所形成的基础设施体系。

中国经济由高速增长阶段转向高质量发展阶段,相应地对基础设施建设也提出了新的要求。2018 年中央经济工作会议强调指出,要加快 5G 商用步伐,加强人工智能、工业互联网、物联网等新型基础设施建设。2020 年中共中央政治局常务委员会会议再次指出要加快 5G 网络、数据中心等新型基础设施建设进度(陈振凯,2020)。

本章介绍了数字化基础设施的概念、内涵及意义,同时概述了主要国家和地区在数字化基础设施概念之下的通信网络基础设施、新技术基础设施及算力基础设施领域的建设现状、规划和促进政策,以供决策参考。

6.1 数字化基础设施作用和意义

以新一代信息技术产业化应用为标志的数字经济,需要完整的数字化基础设施作为支撑(潘教峰和万劲波,2020a)。在新一轮科技革命和产业变革加速演进、高质量发展成为新时代中国经济鲜明特征的背景下,新型数字化基础设施的建设和利用将成为我国经济高质量发展的基础依托(钞小静,2020)。

6.1.1 新一代信息技术的内涵

物理世界、人类社会、数字世界(人–机–物)构成了当今世界的三元(也即前述，三元融合社会）。这三元世界之间的关联与交互，决定了社会信息化的特征和程度。感知人类社会和物理世界的基本方式是数字化，联结人类社会与物理世界（通过信息空间）的基本方式是网络化，数字世界作用于物理世界与人类社会的方式是智能化。数字化、网络化、智能化是新一轮科技革命的突出特征，也是新一代信息技术的聚焦点（徐宗本，2019）。

6.1.1.1 数字化

数字化是将信息载体以数字编码形式进行储存、传输、加工、处理和应用的过程。数字化本身指的是信息表示方式与处理方式，正从计算机化向自动化、数据化发展，这是当前社会数字化最重要的趋势之一。

数据化的核心内涵是对信息技术革命与经济社会活动交融生成的大数据的深刻认识与深层利用。随着分析技术与计算技术的突破，解读这些碎片化信息成为可能，这使大数据成为一项新的高新技术、一类新的科研范式、一种新的决策方式。大数据深刻改变了人类的思维方式和生产生活方式，给管理创新、产业发展、科学发现等多个领域带来前所未有的机遇。大数据技术是统计学方法、信息技术、人工智能技术的延伸与发展，是正在发展中的技术，当前的热点方向包括区块链技术、互操作技术、存算一体化存储与管理技术、大数据操作系统、大数据编程语言与执行环境、大数据基础与核心算法、大数据机器学习技术、大数据智能技术、可视化与人机交互分析技术、真伪判定与安全技术等。

实施国家大数据战略是推进数据化革命的重要途径。自2015年党的十八届五中全会提出实施国家大数据战略以来，我国大数据快速发展的格局已初步形成。

6.1.1.2 网络化

作为信息化的公共基础设施，互联网已成为获取信息、交换信息、消费信息的主要方式。但互联网关注的只是人与人之间的互联互通以及由此带来的服务与服务的互联。物联网是互联网的自然延伸和拓展，它通过使用射频识别、传感器、红外感应器、视频监控、GPS、激光扫描器等信息采集设备，通过无线传感网络、无线通信网络把物体与互联网连接起来，实现物与物、人与物之间实时的信息交换和通信，以达到智能化识别、定位、跟踪、监控和管理的目的。互联网实现了人与人、服务与服务之间的互联，而物联网实现了人、物、服务之间的交叉互联。物联网的核心技术包括传感器技术、无线传输技术、海量数据分析处理技术、上层业务解决方案、安全技术等。物联网的发展将经历相对漫长的时期，但可能会在特定领域的应用中率先取得突破，车联网、工业互联网、无人系统、智能家居等都是当前物联网大显身手的领域。

6.1.1.3 智能化

智能化是信息技术具备感知能力、记忆与思维能力、学习与自适应能力、行为决策能力等。

智能化是信息技术发展的永恒追求，实现这一追求的主要途径是发展人工智能技术。人工智能技术自1956年诞生以来，虽历经三起两落，但还是取得了巨大成就。近几年开始的基于环境自适应、自博弈、自进化、自学习的研究，正在形成一个人工智能发展的新阶段——元学习或方法论学习阶段，这构成了新一代人工智能。新一代人工智能主要包括大数据智能、群体智能、跨媒体智能、人机混合增强智能和类脑智能等。深度学习是新一代人工智能技术的卓越代表。由于在人脸识别、机器翻译、棋类竞赛等众多领域超越人类的表现，深度学习在今天几乎已成为人工智能的代名词。新一代人工智能的热潮已经来临，可以预见的发展趋势是以大数据为基础、以模型与算法创新为核心、以强大的计算能力为支撑。新一代人工智能技术的突破依赖其他各类信息技术的综合发展，也依赖脑科学与认知科学的实质性进步与发展。

6.1.2 数字化基础设施的概念、意义及价值

6.1.2.1 数字化基础设施的概念

2018年12月召开的中央经济工作会议首次提出"新型基础设施建设"。此后，2019年的政府工作报告也要求"加强新一代信息基础设施建设"。而2020年开年首次国务院常务会议也明确提出，要"出台信息网络等新型基础设施投资支持政策"。可以说，从一开始，新型基础设施这一概念便与5G、人工智能、物联网等新一代信息技术以及相应的数字化基础设施紧密相连。

数字化基础设施主要是指基于新一代信息技术演化生成的基础设施，如以5G、物联网、工业互联网、卫星互联网为代表的通信网络基础设施，以人工智能、云计算、区块链等为代表的新技术基础设施，以数据中心、智能计算中心为代表的算力基础设施等。

可以用"新通道""新业态""新平台""新技术"描述数字化基础设施。5G是传输数据更快、更宽广的"新通道"；数据中心是为数字经济发展和企业数字化转型提供高速运算和存储服务的"新平台"；工业互联网是为企业提供云化、智能

生产经营服务的"新业态";大数据和人工智能是广泛应用于数据中心、工业互联网和其他领域的"新技术"。

和传统基础设施相比,数字化基础设施与传统基础设施两者都具有基础性、公共性、外部性等基础设施的一般属性,但两者在服务对象、技术经济特征、应用场景和投资模式上有显著不同:①在服务对象方面,数字化基础设施面向数字社会,提供无形的数据和信息资源,支持数据和算力的流通和应用;而传统基础设施面向农业和工业社会,提供有形的生产和要素资源,支持物质和能量的流通和应用。②在技术经济特征方面,数字化基础设施属于轻资产,技术迭代快,价值寿命相对较短,竞争激烈,可替换性强,长期供给作用巨大,边际产出效益高;而传统基础设施重资产或资本密集型行业,技术进步空间较小,边际产出效益呈现下降趋势。③在应用场景方面,数字化基础设施关注人与人、人与物及物与物的互联互通,数字化、网络化、智能化转型与发展,新产业、新业态和新模式,产业融合发展以及新兴新型消费需求;而传统基础设施聚焦支撑城镇化和工业化发展,农业、商贸物流和制造业等传统产业,应用场景已经得到充分挖掘。④在投资模式方面,数字化基础设施以倡导企业自主投资模式为主,传统基础设施则以政府投资为主导。

相比其他类型的新型基础设施,数字化基础设施的突出特点在于其全新的数字化技术体系,不仅立足于当前世界科技发展的前沿水平,以新一代数字化技术为依托,而且通过新技术的产业应用,催生出大量创新业态,形成了新的商业模式,带动相关产业快速发展(高升,2020)。随着物联网推动的万物互联,全球范围的网络连接终端数量大幅增加,数字技术与网络技术相融合,生成的数据呈现指数型增长,云计算、大数据、人工智能、物联网、区块链等新一代信息技术支撑的数字经济进入快速发展阶段。

6.1.2.2 数字化基础设施建设的意义和价值

(1) 数字化基础设施建设是应对当前经济下行压力的新投资

面对经济下行压力加大、传统基础设施投资边际效益下降和产业渗透率下降的挑战,推进数字化基础设施建设是我国应对新冠肺炎疫情影响、优化投资结构、刺激经济增长的有效方法。新型基础设施本身就是中国经济新的增量,当前工业互联网、5G网络、数据中心等数字化基础设施需求迫切,涉及的产业链更长、应用的广度和深度更高。同时,新型基础设施与所承载应用的融合更加紧密和深入,对应的产业生态系统更加丰富,将有效促进传统领域数字化、网络化和智能化,加速技术改造和转型升级,产生长期性、大规模的投资带动效应,可以在稳投资、稳增长、稳就业中发挥重要作用。以 5G 为例,5G 网络建设不仅涉及大量的工厂、基站、供电等基础设施投资,还将激发各行业转型升级,带动工厂改造、建设运营、系统升级、技术培训等诸多投资。

加快数字化基础设施建设,是短期刺激有效需求和长期增加有效供给的最佳结合点。短期来看,对新冠肺炎疫情影响和经济下行压力,发挥投资关键作用,是实现"六稳"的有效举措;长期来看,加快部署 5G 网络、数据中心、云计算平台,夯实基础软件,是推进工业互联网,不断催生智能交通、智慧物流、远程办公、在线教育等新产业、新模式及新业态,激发数字经济潜能,提升国家治理能力,有效支撑经济社会数字化、网络化、智能化转型的有效途径。

(2) 数字化基础设施建设将促进经济高质量发展

数字化基础设施建设将从动能转换、结构优化、效率提升 3 个角度促进我国经济高质量发展。动能转化方面,数字化基础设施的建设与利用有助于转变我国传统由资本、劳动要素驱动的经济发展方式,构建信息与知识驱动的新经济形态,从而形成高质量发展的全新动能;结构优化方面,数字化基础设施中各项信息技术的交叉融合有助于加快传统产业的改造升级、新兴产业的培育壮大以及产业链的高端攀升,从而推动高质量发展的结构优化;效率提升方面,数字化基础设施的建设与完善,可以有效提高生产效率、匹配效率以及创新活动的速度和效率,是高质量发展实现效率提升的重要支撑。

(3) 数字化基础设施建设将打造新的产业增长支柱

新型基础设施建设的"新",不仅是指新的基础设施建设工程项目,还包括打造新的产业增长支柱,建立新的创新投资渠道,培育新的消费动能的目的。

以 5G 为例,目前 5G 的应用多数还处于示范试验阶段,至今还没有一款 5G 超级应用诞生。值得一提的是,在抗击新冠肺炎疫情的过程中,5G 在医疗、应急、交通、安保、社区建设等领域发挥了重要作用,提升了通信厂商打硬仗的能力。相信疫情过后,5G 网络建设与业务开发将成为投资热点。

近年来,人工智能作为新一轮产业革命的核心驱动力,进一步释放了巨大的能量,并创造了新的强大引擎。《国务院关于印发新一代人工智能发展规划的通知》(国发〔2017〕35 号)预测,2020 年、2025 年和 2030 年我国人工智能核心产业规模将分别达到 1500 亿元、4000 亿元和 1 万亿元;而带动相关产业规模分别为 1 万亿元、5 万亿元和 10 万亿元。根据麦肯锡的预测,人工智能可在未来 10 年为全球

GDP 增长贡献 1.2 个百分点。

随着信息技术和数字经济的快速发展，数据流量也高速增长。大数据的量与数字化基础设施存储及利用能力差距很大，当前企业数据仅有不到 2% 被保存，且保存下来的数据，由于技术与流动性问题，只有 10% 的数据能得到分析。现有数据没有得到充分利用的同时，新的数据还在不断产生。互联网数据中心重要的特征之一是将物理分布的服务器、存储、网络等资源融合并虚拟化为逻辑集中的巨大资源池，通过云计算管理平台可动态监控、调度和部署其中的各种资源，按需向用户提供差异化服务。可以预见，中国互联网数据中心发展空间很大，预计 2020～2025 年中国互联网数据中心市场累计超万亿元。

（4）数字化基础设施建设是推动治理体系现代化的新抓手

一方面，数字化基础设施不同于传统基础设施的投资运营模式，其建设交叉融合度更高，参与投资建设和运营的主体更多。在数字化基础设施建设中，政府重点投入基础性、关键性的基础设施建设，并引导和带动 PPP、风险投资等社会资本加大投入，发挥全社会资源力量，共同构建数字新生态。同时，通过增强产业协同、激发企业活力和需求，为创新型企业和民营企业的参与创造了更大的空间。另一方面，基于新型数字化技术设施的各类大数据应用，将极大增强政府部门精准施策的能力。

（5）数字化基础设施建设将为缩小东西部差距提供强大动力

数字化基础设施建设对传统基础设施建设所需的土地、资源要素需求相对不强，更加着力于新一代信息技术、应用场景、资本及人才等高级要素的投入。近年来，我国贵州、宁夏等西部地区数字经济增速名列前茅，充分说明欠发达地区可以抓住发展契机，超前谋划数字化基础设施建设，推动经济社会加快转型升级。

6.1.3 数字化基础设施的需求

数字经济的快速发展，需要高质量推进数字化基础设施建设。作为一项战略性工程，数字化基础设施建设的布局更要有系统思维，加强系统谋划。

6.1.3.1 加强统筹规划

数字化基础设施建设覆盖的业务范围广，涉及产业发展、社会服务以及城市治理中的各个细分领域，需要以系统性思维及系统工程方法论为指导，形成具有针对性、可操作性的顶层设计和建设规划，明确建设重点和优先顺序。既要加强与现有的传统基础设施建设的衔接，也要放到经济社会发展全局中去考虑。

6.1.3.2 建设强大的支撑网络

加快5G网络建设进度，力争早日建成高质量、广覆盖的5G网络，特别是在需求迫切的产业集聚区、经济发达地区优先建成应用。加快打造人-机-物全面互联的工业互联网，大幅提升工业互联网平台设备链接和产业赋能能力。大力发展新型智能化计算设施，推动大型数据中心有序建设使用、小微型数据中心升级改造。

6.1.3.3 创新投资建设模式，加强风险防控

数字化基础设施建设技术含量高、投资周期长，尤其要注重发挥社会资本的力量，让更多的企业成为建设主体，财政资金发挥"四两拨千斤"的引导作用，鼓励不同主体运用市场机制开展合作，加强资源整合和共建共享，提高资源要素配置效率。

数字化基础设施建设的目标在于助力经济高质量发展、促进国家治理能力现代化以及提升人们生活幸福感。要坚持效益优先，做好新型基础设施建设项目的技术和经济可行性分析，加强成本收益评估，确保投资风险和成本可控。要防范项目重复建设、"新瓶旧酒"等行为，加强项目实施过程中的监管和评估，避免出现烂尾项目，造成无效投资、产能过剩和社会资源浪费。

6.1.3.4 培育应用场景

坚持应用导向、需求导向，持续丰富数字化基础设施应用，推动数字化基础设施与制造、能源、交通、农业等实体经济各领域融合发展。培育线上线下融合新经济，扩大和升级信息消费。创新社会治理应用模式，探索数字化基础设施在社会管理、公共服务、教育医疗、智慧城市等领域的应用。

6.1.3.5 构建网络安全体系

与数字化基础设施同步规划、建设、运行网络安全保障系统，推进关键信息基础设施安全保护，健全网络安全技术监测体系、应急处置机制，加强5G、工业互联网、数据中心、云平台等设施的安全保障，确保数字化基础设施安全平稳可靠运行。

6.1.3.6 持续强化科技创新突破

加快数字化基础设施核心技术和应用技术协同攻关，加大未来信息技术研发支持力度，推动创新链、产业链、资金链、政策链的精准对接。推动建立融合标准体系，加快数字化基础设施共性标准、关键技术标准的制定和推广，畅通产业创新渠道。加强人才培养，打造一支多层次高素质的研发人才队伍。

6.2 通信网络基础设施

在数字化基础设施中，以 5G、物联网、工业互联网、卫星互联网为代表的通信网络基础设施被放在首位。总产值占全球制造业约 1/3 的"中国制造"要加速迈向"中国智造"，亟待从更高的维度来构建空间信息传输平台和从更广的维度实现跨设备、跨系统、跨厂区、跨地区的互联互通，而通信网络基础设施正在使这一切成为可能。

5G 提供了大带宽、低时延、广连接的网络，并实现通信技术与数字技术的融合、云网融合，汇聚各行各业全流程、全要素的实时数据，最终带来万物互联的智能世界。通过物联网、工业互联网平台把传感器、设备、生产线、工厂、供应商、产业和用户链接融合，可以实现跨设备、跨系统、跨厂区、跨地区的互联互通，推动制造服务体系智能化，催生大规模个性化定制、共享制造等工业经济新业态。相对于传统地面通信网络面临在海洋、荒漠、偏远山区等地理条件限制下铺设难度大、成本高等问题，卫星互联网由于不受地理条件限制，是对传统地面通信的有效补充和延伸，通过构建天地一体化信息网，实现网络信息全球无缝隙覆盖，未来将广泛应用于航空、航海、陆地、轨道交通等行业领域。

6.2.1 通信网络基础设施概述

6.2.1.1 新一代移动通信系统（5G）

5G 是面向 2020 年以后移动通信需求而发展的新一代移动通信系统。根据移动通信的发展规律，5G 将具有超高的频谱利用率和能效，在传输速率和资源利用率等方面较 4G 移动通信提高一个量级乃至更高，其无线覆盖性能、传输时延、系统安全和用户体验也将得到显著的提高。它将以全新的网络架构，提供千兆比特每秒级的峰值速率、毫秒级的传输时延和千亿级的连接能力，开启万物广泛互联、人机深度交互的新时代，满足未来移动互联网和物联网的多样化应用需求。

国际电信联盟定义了 5G 的三大主要应用场景：增强型移动宽带、海量机器类通信及超高可靠低时延通信（ultra-reliable & low-latency communication，URLLC）。其中，前者主要面向移动互联网应用，后两者则主要针对物联网应用。未来 5G 系统还须具备充分的灵活性，具有网络自感知、自调整等智能化能力，以应对未来移动信息社会难以预计的快速变化（尤肖虎等，2014）。

5G 将全面推进经济社会智能化，开辟移动通信发展新时代，引发信息革命风暴。5G 作为一项通用型技术，将多种物联网场景以卓越的性能进行互联，与大数据、云计算、人工智能等新一代信息和通信技术相结合，带动车联网、智能家居、医疗健康等垂直行业蓬勃发展，并催生大量的行业应用及就业机会，从消费到生产，从平台到生态，全面推动数字经济发展迈上新台阶。

中国信息通信研究院的《5G 产业经济贡献》预计，2020~2025 年，我国 5G 商用直接带动的经济总产出达 10.6 万亿元，间接拉动的经济总产出约 24.8 万亿元，5G 将直接创造超过 300 万个就业岗位。

6.2.1.2 物联网

物联网被看作信息领域一次重大的发展和变革机遇。欧盟委员会认为，物联网的发展应用将为解决现代社会问题做出极大贡献。2009 年以来，一些发达国家纷纷出台物联网发展计划，进行相关技术和产业的前瞻布局，中国也将物联网作为战略性的新兴产业予以重点关注和推进。

物联网的概念最初来源于 1999 年美国麻省理工学院自动识别中心提出的网络无线射频识别（radio frequency identification，RFID）系统：把所有物品通过射频识别等信息传感设备与互联网连接起来，实现智能化识别和管理。早期的物联网是以物流系统为背景提出的，以射频识别技术作为条码识别的替代品，实现对物流系统进行智能化管理。随着技术和应用的发展，物联网的内涵已发生较大变化。

2005 年国际电信联盟发布报告，正式确定了"物联网"的概念，明确了物联网的特征、相关的技术、面临的挑战和未来的市场机遇。报告指出，我们正站在一个新的通信时代的边缘，信息与通信技术的目标已经从满足人与人之间的沟通，发展到实现人与物、物与物之间的连接，无所不在的物联网通信时代即将来临。物联网将从任何时间、任何地点连接任何人扩展到连接任何物品。万物的连接将形成物联网。相比网络无线射频识别系统的物互联技术，国际电信联盟的物联网概念覆盖范围有了较大的拓展，以实现物与物之间、人与物之间以及人与人之间的互联为目标。

2011 年 5 月中国工业和信息化部电信研究院（现中国信息通信研究院）发布

《物联网白皮书》，对物联网的内涵给出了如下阐述：物联网是通信网和互联网的拓展应用和网络延伸，它利用感知技术与智能装置对物理世界进行感知识别，通过网络传输互联，进行计算、处理和知识挖掘，实现人与物、物与物之间的信息交互和无缝链接，达到对物理世界实时控制、精确管理和科学决策目的。

"人工智能物联网"（artificial intelligence & internet of things，AIoT）是2018年兴起的概念，是指系统通过各种信息传感器实时采集各类信息（一般在监控、互动、连接情境中）后，在终端设备、边缘域或云中心通过机器学习对数据进行智能化分析，包括定位、比对、预测、调度等。在技术层面，人工智能使物联网获取了感知与识别能力，物联网为人工智能提供训练算法的数据。在商业层面，两者共同作用于实体经济，促使产业升级、体验优化（李天慈等，2020）。

6.2.1.3 工业互联网

通用电气公司董事长伊斯梅尔（J. R. Immelt）首先提出了"工业互联网"的概念，认为其是一个由机器、设备、集群和网络组成的庞大的物理世界，能够在更深的层面与连接能力、大数据、数字分析相结合，目标是升级关键的工业领域，进行工业互联网革命（李培楠和万劲波，2014）。

工业互联网的发展从要素构成上看，包括智能机器、高级分析方法和工作人员三大要素。一是智能机器要素，以崭新的方法将现实世界中的机器、设备、团队和网络通过先进的传感器、控制器和软件应用程序连接起来，并需配备硬件使信息高效集成和更快传输等；二是高级分析方法要素，使用专业知识理解机器与大型系统的运作方式，使来自不同设备制造商的相似资产或不同资产种类的数据实现新的数据标准并更快转换信息资产，为技术构建的集成和分析做准备；三是工作人员要素，实时连接各种工作场所的人员，以支持更为智能的设计、操作、维护以及高质量的服务与安全保障。

工业互联网是数据流、硬件、软件和智能方法的交互。由智能设备和网络收集的数据存储之后，利用大数据分析工具进行数据分析和可视化，由此产生的"智能信息"可以由决策者进行实时判断处理，或者成为大范围工业系统中工业资产优化战略决策过程的一部分。此外，智能信息还可以在机器、网络、个人或团体之间实现共享促进智能协作，以做出更好的决策。这可以使更多的利益相关者参与到资产维护、管理和优化过程中，也可以确保在恰当的时机将那些本地和远程拥有机器专业知识的人们整合起来。智能信息还可以反馈到主机，这不仅包括由主机产生的数据，而且包括那些能够增强运行或维护的机器、机组及更大系统能力的外部数据。这个数据反馈回路，使机器能够从它的历史数据中得到启示并且通过机载控制系统更加智能地运转。

工业互联网的特性决定了其在许多领域有着广泛应用前景。例如，在航空行业中，航空公司需要主动利用软件分析诊断工具，来锁定妨碍飞机正常运行的问题。利用工业互联网，航空公司可以收集发动机运转的实时信息，对于可能出现的故障提供预警信息，帮助航空公司更高效地运行和维护；在医疗行业中，可以提升设备安全，促进高效运营，提高利用率，并扩大基层医疗服务覆盖面，为更多患者服务；在石油天然气行业中，通过软件监控汽轮机、压缩机、泵、风扇、热交换机等机器的震动、温度、流程、性能、排放等，提前发现机器可能出现的故障，及时做出维护响应；在交通运输业中，工业互联网的数据分析能力，可以帮助铁路运输更好地解决速度、可靠性和运能等难题；在钢铁行业中，工业互联网实现了智能生产管理和设备生命周期管理，改进了生产流程和系统可靠性，同时数据管理带来了更好的产品质量分析，节省了人力成本和提高了生产效率；在水处理领域，工业互联网技术提供了远程监控和诊断系统，在节省人力成本的同时，实现对耗水和化学剂量的控制（李培楠和万劲波，2014）。

6.2.1.4 卫星互联网

所谓卫星互联网，即是指将卫星通信与互联网相结合的新型网络，通过大容量的卫星宽带线路实现信息联网传输。卫星互联网是继有线互联、无线互联之后的第三代互联网基础设施革命，具有广覆盖、低时延、宽带化、低成本等特点（闫钊和陈宁宇，2020）。

卫星互联网的发展初期可以追溯到 20 世纪 80 年代，在早期发展阶段中，卫星互联网以提供语音、低速数据和物联网等服务为主，主要扮演着对地面通信网络的补充和延伸的角色。随着地面通信系统在通信质量、资费价格等方面相对卫星通信全面占优，卫星通信在与地面通信网络的竞争中宣告失败。

2014 年至今，以 OneWeb（一网公司）、SpaceX（太空探索技术公司）等为代表的企业开始主导新型卫星互联网星座建设。目前卫星互联网与地面通信系统互补合作、融合发展，开始步入宽带互联网时期。卫星互联网覆盖范围广，传输时延达几十毫秒级别，与 4G 网络相当。同时，在建设周期相近的情况下，卫星互联网相比 5G 基站部署具有一定的成本优势（刘曦，2020）。

6.2.2 通信网络基础设施建设的国际实践

6.2.2.1 5G

世界主要国家的数字经济战略均将 5G 作为优先发展的领域，力图超前研发和部署5G网络，普及5G应用，加快数字化转型步伐。目前各国在5G网络建设、5G智能手机使用、5G基站建设等方面还处于初步建设阶段，存在较大的发展空间。美国国防部认为，在5G领域，中国、韩国、美国和日本处于领先地位，英国、德国和法国位于第二梯队，新加坡、俄罗斯和加拿大处于第三梯队。

据全球移动供应商联盟统计，2021年6月底，全球133个国家的443个运营商宣布过在投资建设5G，70个国家的169个商用5G网络已在运行。

(1) 其他主要国家和地区5G基础设施建设规划和促进政策

1）美国。2016年7月，美国政府宣布斥资4亿美元，开展针对5G无线技术的"先进无线通信研究计划"，计划10年内在美国4个城市建设试验性的5G网络测试平台，英特尔公司、高通公司等20多家科技公司和运营商也将为该计划提供3500万美元资金和相关技术支持。美国于2016年7月在全球率先发布10.85吉赫兹（GHz）的5G高频频谱，运营商威瑞森电信公司于2017年在11个城市建设了5G技术试验网。2018年1月，美国国家安全委员会文件《保护5G：信息时代的艾森豪威尔高速公路系统》指出，政府将5G的地位提升到国家安全的高度。2018年1月，美国电话电报公司宣布，2018年底之前在美国12个城市推出5G网络商用服务；同年3月，特朗普总统签署1.3万亿美元的5G法案——《雷·鲍姆法案》；8月，美国白宫管理和预算办公室发布《2020财年政府研究与开发预算优先事项》备忘录，将5G作为2020财年八大研发优先领域之一。同时美国无线通信产业将在5G领域投资2750亿美元，创造300万个工作岗位和5000亿美元经济增加值。

2）欧盟。2016年9月14日，欧盟委员会正式公布了5G行动计划。该行动计划给出了比较完整的时间表：2017年3月公布具体的测试计划，并开始测试，年底之前制定出完整的5G部署路线图；2018年开始预商用测试；2020年各个成员国至少选择一个城市提供5G服务；2025年各个成员国在城区和主要公路、铁路沿线提供5G服务。2019年4月，欧盟报告《5G挑战、部署进展及竞争格局》发布。报告系统指出5G商业模式、技术和挑战以及其在欧洲区域、美国、亚洲区域的部署进展，并从欧洲区域如何提高竞争力的角度给出建议。

3）英国。2016年12月，英国国家基础设施委员会发布5G与电信技术最终报告，指出应确保英国5G部署准备得当，包括在2025年前建成关键铁路网络、公路网络的基础设施，更多城镇也应部署小型基站。2017年3月，英国文化、媒体与体育部和财政部联合发布《下一代移动技术：英国5G战略》，旨在尽早利用5G技术的潜在优势，塑造服务大众的世界领先数字经济，确保英国的领导地位。

4）韩国。为了从战略上培育基于研发的新产业，2018年4月，韩国未来创造科学部发布《创新增长引擎》计划,指出这些增长引擎领域将在 2022 年改变韩国,并将利用这些引擎领域的发展为第四次产业革命做好准备。该报告分析了智能基础设施、智能移动物体、会聚服务及产业基础 4 个领域内一些主要技术方向,提出了相关方向在 2022 年的愿景,并以 2017 年现状作为比较对象,确定了 2022 年该技术方向希望实现的具体目标。韩国在 2014 年承诺到 2020 年花费 15 亿美元用于促进 5G 使用和部署,在 2019 年又宣布到 2022 年前投资 260 亿美元用以建立覆盖全国的 5G 通信网络。

(2) 中国 5G 基础设施建设规划和促进政策

5G 作为我国未来国家关键网络基础设施,将进一步升级我国的互联网设施,成为驱动新经济发展的基础性平台,为传统产业加速技术改造和跨界整合提供强力支撑,加速各类产业转型升级,推动垂直产业数字化、智能化、网络化,拓展产业创新发展的新空间。据中国信息通信研究院测算,到 2030 年,我国 5G 发展在直接贡献方面,将带动的总产出、经济增加值、就业机会分别为 6.3 万亿元、2.9 万亿元和 800 万个;在间接贡献方面,将带动的总产出、经济增加值、就业机会分别为 10.6 万亿元、3.6 万亿元和 1150 万个。

面对 5G 发展的重大机遇,我国政府高度重视 5G 发展,把 5G 视为实施国家创新驱动发展战略的重要抓手之一。早在 2013 年 2 月,工业和信息化部、国家发展和改革委员会、科学技术部就联合成立了 IMT-2020(5G)推进组,全面启动 5G 技术研发试验。在《中华人民共和国国民经济和社会发展第十三个五年规划纲要(2016—2020 年)》《"十三五"国家信息化规划》《国家信息化发展战略纲要》《信息通信行业发展规划(2016—2020 年)》等重要文件中,均提出要积极推进 5G 产业发展。

2019 年 11 月,工业和信息化部印发《"5G+工业互联网"512 工程推进方案》,明确到 2022 年,将突破一批面向工业互联网特定需求的 5G 关键技术,"5G+工业互联网"的产业支撑能力显著提升;培育形成 5G 与工业互联网融合叠加、互促共进、倍增发展的创新态势。2019 年 12 月,中共中央、国务院印发《长江三角洲区域一体化发展规划纲要》,指出到 2025 年,5G 网络覆盖率达到 80%,基础设施互联互通基本实现。2020 年 3 月,工业和信息化部发布《工业和信息化部关于推动 5G 加快发展的通知》,提出加快 5G 网络建设进度、直接加大基站站址资源、加强电力和频率保障、推进 5G 网络共享和异网漫游等。

同时,我国也加速布局 5G 产业。2019 年 6 月 6 日,我国正式发布 5G 商用牌照。业内人士认为,政府高度重视、企业积极抢滩,"中国 5G 发展引领全球"已成必然。三大运营商及中国广播电视网络有限公司正在加速5G网络建设、推进5G落地应用建设；通信设备领军企业华为、中兴通讯等公司在标准制定和产业应用等方面已获业界认可；OnePlus、OPPO、VIVO等手机厂商也已向运营商交付首款5G手机。

2020年，我国的基站建设规模居全球首位。截至2020年10月，国内已累计开通5G基站超过70万，终端连接数超过1.8亿个。我国5G独立组网初步实现规模商用，网络覆盖全国地级以上城市及重点县级城市。2020年，5G总投资额达到0.9万亿元，预计至2025年，我国5G基站建设数量约为500万座，按照移动5G基站招投标成本50万元/座，5G基站直接投资将达2.5万亿元。5G产业链涵盖广泛，5G基站基础设施建设将带动多类型终端及人工智能、虚拟现实、高清视频等行业应用市场规模快速上升，预计2025年带动5G全产业链相关投资累计超5万亿元，预计2030年我国5G间接拉动的GDP将增长到3.6万亿元。

5G时代的话语权还体现在设备厂商拥有的专利数量上。数据显示，截至2019年底，中国5G专利申请数量位居全球第一。其中，华为5G专利的数量排名全球第一位，中兴通讯则位列全球第三。根据德国专利数据公司IPLytics分析统计，截至2019年3月，中国已申请的全球主要5G标准专利数量占比为34%，远远高于韩国的25%以及美国和芬兰的各14%。

6.2.2.2 物联网

新型基础设施是面向国民经济中各行业高质量的发展需要，提供数字转型、智能升级、融合创新等服务的基础设施体系。无论是数字转型，还是智能升级，都离不开连接，而连接正是物联网实现万物互联的根本。从这个角度讲，物联网不仅是新型基础设施的科技支撑手段，而且是其核心要素之一。

物联网新型基础设施主要展现了3类基础能力：一是依托于感知设备的采集能力，二是依托于网络的连接能力，三是依托于平台的服务能力。围绕这3类能力，物联网新型基础设施能与其他信息基础设施进行有机融合，向边缘侧和应用支撑体系化双向延伸，进而拓展出巨大的发展空间。其中，领衔网络通信基础设施的5G，其技术标准更是向物联网领域倾斜。

此外，物联网也一直是促进产业转型升级的重要手段，物联网新型基础设施将深度应用人工智能、区块链等新技术，整合大数据、云计算等基础算力，高效赋能"产业数字化"，加速落地应用场景化，从而实现从"万物互联"向"万物智联"的过渡（徐昊，2020；孙其博等，2010）。

(1) 其他主要国家和地区物联网基础设施建设规划和促进政策

近年来,包括美国、欧盟、日本、韩国等在内的许多发达国家和地区都十分重视物联网的发展。欧美等发达国家将发展物联网应用视为巩固综合国力,促生经济动力的重要手段。据思科公司的报告,物联网将带来一个价值 14.4 万亿美元的巨大市场,其中,1/3 的物联网市场机会在美国,30% 在欧洲,而中国和日本将分别占据 12% 和 5%。因此,物联网被称为是下一个万亿美元级的信息技术产业(夏聪,2017)。

1)美国。凭借其在互联网时代积累起来的强大技术优势,在军事、电力、工业、农业、环境监测、建筑、医疗、企业管理、空间和海洋探索等领域,大力推进射频识别、传感器、机器对机器(machine to machine,M2M)等应用,在物联网领域已取得明显的成效(夏聪,2017)。自 2011 年以来,美国政府先后发布了"先进制造伙伴计划""总统创新伙伴计划",将以物联网技术为根基的网络物理系统列为扶持重点,并引入企业与高校的技术专家共同制定参考框架和技术协议,持续推进物联网在各行业中的部署。美国国家情报委员会发表的《2025 年对美国利益潜在影响的关键技术报告》中,把物联网列为 6 种关键技术之一。与此同时,以思科公司、德州仪器公司、英特尔公司、高通公司、IBM 公司、微软公司等企业为代表的产业界也在强化核心技术,纷纷加大投入用于物联网软硬件技术的研发及产业化。美国将物联网发展和重塑智能制造业优势结合,希望借此重新占领全球制造业制高点,并借助联合通用电气公司、亚马逊公司、埃森哲公司、思科公司等打造符合工业物联网与海量数据分析的平台,推动工业物联网标准框架制定(杜经纬等,2013)。

2)欧盟。近年来,欧盟委员会对物联网科技创新的重视程度越来越高,相关物联网政策已经涵盖了技术研发、应用领域、标准制定、管理监控、未来愿景等各个领域,发布了信息化战略框架、行动计划、战略研究路线图等,并试图通过"创新型联盟"快速推动物联网融合创新在多个领域中的深度渗透。2009 年 6 月欧盟委员会发布《欧盟物联网行动计划通告》,目的是确保欧洲在构建物联网的过程中起主导作用,该通告提出了 14 项物联网行动计划。欧盟委员会第七研发框架计划下,设立了 IoT-A、IoT6、openIoT 等一系列项目对物联网进行了研发,在智能电网、智慧城市、智能交通方面进行了积极部署。欧盟委员会在 2013 年通过了"地平线 2020"计划,物联网领域的研发重点集中在传感器、架构、标识、安全和隐私、语义互操作性等方面。2015 年 3 月,欧盟委员会成立了物联网创新联盟,汇集欧盟各成员国的物联网技术与资源,创造欧洲的物联网生态体系。2015 年 5 月,欧盟委员会通过单一数字市场策略，强调要避免分裂，并促进共通性的技术和标准来发展物联网。在欧盟委员会所提出的"数字化欧洲工业"新措施中，列出了3项具体行动：建构物联网的单一数字市场、强力发展物联网生态系统、深化以人为中心的物联网。

3）韩国。继《韩国信息技术融合发展战略》之后，韩国政府持续推动传统产业与信息通信技术的融合创新，并为通信技术融合发展确立了法规制度、组织机构和市场监管基础，以确保韩国企业在全球化市场中的差异化竞争优势。2004年，韩国提出为期10年的U-Korea战略，作为推动物联网普及应用的主要策略，其目标是"在全球最优的泛在基础设施上，将韩国建设成全球第一个泛在社会"。2009年10月，韩国通信委员会出台了《物联网基础设施构建基本规划》，明确了把物联网市场作为经济新增长动力的定位，提出了到2012年实现"通过构建世界最先进的物联网基础设施，打造未来广播通信融合领域超一流的信息通信技术强国"的目标，并确定了构建物联网基础设施、发展物联网服务、研发物联网技术、营造物联网扩散环境的四大领域等12项子课题。2014年5月，韩国政府出台了《物联网基本规划》，提出成为"超联数字革命领先国家"的战略远景，计划提升相关软件、设备、零件、传感器等技术竞争力，并培育一批能主导服务及产品创新的中小及中坚企业；同时，提出通过物联网产品及服务的开发，打造安全、活跃的物联网发展平台，并推进政府内部及官民合作等，最终力争使韩国在物联网服务开发及运用领域成为全球领先的国家。

4）日本。日本因其在网络信息技术和电子制造业等方面的优势，物联网的技术和应用研究也处于世界领先地位。日本是世界上第一个提出"泛在网"战略的国家。自20世纪90年代以来，日本重视信息技术并制定了多项发展战略，实现了从"e-Japan"（e为electronic，意指电子的）到"u-Japan"（u为ubiquitous，意指无处不在的）再到"i-Japan"（i有两个层面含义：一是inclusion，即像使用水和空气那样使用信息技术；二是innovation，即创新）的三级跳式的发展（杜经纬等，2013）。目前，日本的物联网技术已在灾难应对、安全管理、公众服务、智能电网等领域开展了应用，并实现了移动支付领域的大规模商用。

（2）中国物联网基础设施建设规划和促进政策

2010年3月的第十一届全国人民代表大会第三次会议首次将"物联网"写入政府工作报告。2012年2月14日，工业和信息化部正式发布《物联网"十二五"发展规划》，该规划将超高频和微波射频识别标签、智能传感器等领域明确为支持重点，并计划在2020年前投入3.86万亿元资金用于物联网的研发。

2013年2月，国务院发布《国务院关于推进物联网有序健康发展的指导意见》，提出实现物联网在经济社会各领域的广泛应用，掌握物联网关键核心技术，基本形成安全可控、具有国际竞争力的物联网产业体系，成为推动经济社会智能化和可持续发展的重要力量。

2013年9月，国家发展和改革委员会、工业和信息化部、教育部、科学技术部等联合发布《物联网发展专项行动计划（2013—2015年）》，包括顶层设计、标准制定、技术研发、应用推广、产业支撑等10项专项行动计划。相关部门积极组织实施重大应用示范工程，推进示范区和产业基地建设。中央财政连续4年安排物联网发展专项资金，物联网被纳入高新技术企业认定和支持范围。各地区加大政策支持力度，设立专项资金，多层次、全方位推进地方物联网发展。

2017年，工业和信息化部发布《信息通信行业发展规划物联网分册（2016—2020年）》，明确指出我国物联网加速进入"跨界融合、集成创新和规模化发展"的新阶段，提出强化产业生态布局、完善技术创新体系、构建完善标准体系、推进物联网规模应用、完善公共服务体系、提升安全保障能力六大重点任务，为我国未来5年物联网产业发展指明了方向。其中包含感知制造、网络传输、智能信息服务在内的物联网总体产业规模突破1.5万亿元，智能信息服务的比例大幅提升，公众网络机器对机器连接数突破17亿个，适应产业发展的标准体系初步形成，物联网规模应用不断拓展，泛在安全的物联网体系基本成型。

2015年始，伴随物联网技术的更迭，中国物联网连接量开始一路增长。2018年中国物联网IP总连接量直逼30亿，年复合增长率高达67%。艾瑞咨询集团（简称艾瑞）推测，受益于智能家居场景的率先爆发，2019年物联网IP总连接量将达45.7亿，而后由于5G的商用、低功耗广域物联网的超广覆盖，中国物联网IP总连接量将在2025年增至199亿（李天慈等，2020）。

经过多年建设，我国物联网产业体系初步建成，已形成包括芯片、元器件、设备、软件、系统集成、运营、应用服务在内的较为完整的物联网产业链。2015年物联网产业规模达到7500亿元，"十二五"期间年均复合增长率为25%。物联网产业已形成环渤海地区、长江三角洲地区、珠江三角洲地区以及中西部地区四大区域聚集发展的格局，无锡、重庆、杭州、福州等新型工业化产业示范基地建设初见成效。涌现出一大批具备较强实力的物联网领军企业，互联网龙头企业成为物联网发展的重要新兴力量，其应用示范持续深化，物联网应用规模与水平不断提升，在智能交通、车联网、物流追溯、安全生产、医疗健康、能源管理等领域已形成一批成熟的运营服务平台和商业模式。

目前,物联网正处于连接设备量高速增长的阶段,未来数百亿的设备并发联网产生的交互需求及数据分析需求将促使物联网与人工智能的更深融合(李天慈等,2020)。中国人工智能物联网市场规模到 2022 年预计将超过 7500 亿元。人工智能物联网对实体经济融合赋能,使人工智能物联网整体业务享有十万亿级市场空间。

6.2.2.3 工业互联网

(1) 其他主要国家和地区工业互联网基础设施建设规划和促进政策

工业互联网作为推动数字经济与实体经济深度融合的关键路径,现已成为全球主要经济体促进经济高质量发展的共同选择,美国、德国分别成立工业互联网联盟、工业 4.0 委员会,并分别提出一系列政策(表 6-1)。通用公司、西门子股份公司、达索飞机制造公司、美国参数技术公司等国际巨头也纷纷布局工业互联网平台,并将其作为探索数字化转型、提升行业服务能力、构建长期发展竞争力的关键。据麦肯锡调研报告显示,工业互联网在 2025 年之前每年将产生高达 11.1 万亿美元的收入;据埃森哲公司预测,到 2030 年,工业互联网能够为全球带来 14.2 万亿美元的经济增长。另据预测,2030 年,5G、工业互联网和人工智能将共同创造 30 万亿美元以上经济增长(徐晓兰,2019)。

表 6-1 典型国家发展工业互联网的促进政策

国家	重要相关政策	主要措施
美国	1. 先进制造伙伴计划 2. 国家先进制造战略计划 3. 国家制造业创新网络计划 4. 美国先进制造领导力战略	1. 促进联邦政府和非联邦机构对先进制造的投资; 2. 推动产学研合作; 3. 增强对劳动力的教育与培训; 4. 美国领军企业美国电话电报公司、通用公司、IBM 公司、思科公司和英特尔公司联合成立了工业互联网联盟,希望在识别、装配、检测、推进实践等方面共同合作加速推进工业互联网发展,现已包括政府机构、学校、技术创新企业、垂直市场领导企业等来自多个地区的各类成员
德国	1. 工业 4.0 战略 2. 国家工业战略 2030 3. 2030 年德国工业 4.0 愿景	1. 增加支出投入; 2. 建立中小企业 4.0 能力中心; 3. 优化网络环境、设立工业 4.0 平台; 4. 降低税收、提供合理的能源价格、降低企业负担; 5. 积极接纳外国投资; 6. 提供特定激励性援助

北美、欧洲和亚太是当前工业互联网平台发展的焦点地区。随着通用公司、微软公司、亚马逊公司、美国参数技术公司、罗克韦尔自动化有限公司、思科公司、艾默生电气公司、霍尼韦尔国际公司等诸多巨头企业积极布局工业互联网平台，以及各类初创企业持续带动前沿平台技术创新，美国当前平台发展具有显著的集团优势，并预计在一段时间内保持其市场主导地位。而紧随其后的是西门子股份公司、艾波比集团公司、罗伯特·博世有限公司、施耐德电气有限公司、思爱普公司等欧洲工业巨头，立足自身基础优势，持续加大工业互联网平台的投入力度，欧洲平台领域进展迅速，成为美国之外主要的竞争力量。印度等新兴经济体的工业化需求持续促进亚太地区工业互联网平台发展，亚洲市场增速最快且未来有望成为最大市场。尤其值得一提的是，以日立集团、东芝公司、三菱、日本电气股份有限公司、发那科公司等为代表的日本企业也一直低调务实地开展平台研发与应用探索并取得显著成效，日本成为近期工业互联网平台发展的又一亮点。

（2）中国工业互联网基础设施建设规划和促进政策

从国内来看，党中央、国务院高度重视发展工业互联网，并做出一系列战略部署。

2017年国务院印发《国务院关于深化"互联网+先进制造业"发展工业互联网的指导意见》，统筹布局网络、平台、安全三大功能体系建设，确定的总体目标是构建与我国经济社会发展相适应的工业互联网生态体系，并进一步提出2025年、2035年和21世纪中叶"三步走"目标：①到2025年，我国基本形成具备国际竞争力的基础设施和产业体系；②到2035年，建成国际领先的工业互联网网络基础设施和平台，形成国际先进的技术与产业体系，工业互联网全面深度应用并在优势行业形成创新引领能力，安全保障能力全面提升，重点领域实现国际领先；③到21世纪中叶，工业互联网网络基础设施全面支撑经济社会发展，工业互联网创新发展能力、技术产业体系以及融合应用等全面达到国际先进水平，综合实力进入世界前列（赵一洋和王彦，2018）。政府工作报告连续两年提出"工业互联网平台"，强调"打造工业互联网平台，拓展'智能+'，为制造业转型升级赋能"。

根据工业和信息化部《工业互联网发展行动计划（2018—2020年）》和《工业互联网专项工作组2018年工作计划》，到2020年底我国将实现"初步建成工业互联网基础设施和产业体系"的发展目标，具体包括建成5个左右标识解析国家顶级节点、遴选10个左右跨行业跨领域平台、初步建立工业互联网安全保障体系、推动 30 万家以上工业企业上云、培育超过 30 万个工业 APP 等。按照 2019 年工业互联网 6110 亿规模以及 13.3% 的复合增速计算，预计至 2025 年新增投资规模将超 6500 亿元。工业互联网基础设施赋能传统工业，向智能制造转型升级，预计 2025 年会带动相关投资超万亿元。

2019 年 10 月 18 日，国家主席习近平向"2019 工业互联网全球峰会"发来贺信。习近平指出："当前，全球新一轮科技革命和产业革命加速发展，工业互联网技术不断突破，为各国经济创新发展注入了新动能，也为促进全球产业融合发展提供了新机遇。"中国高度重视工业互联网创新发展，愿同国际社会一道，持续提升工业互联网创新能力，推动工业化与信息化在更广范围、更深程度、更高水平上实现融合发展。习近平关于工业互联网的系列指示体现了对工业互联网发展的高度重视，彰显了推进工业互联网发展的紧迫性和重要性（徐晓兰，2019）。

2020 年 3 月 20 日，工业和信息化部下发《工业和信息化部办公厅关于推动工业互联网加快发展的通知》，明确提出"深化工业互联网行业应用。鼓励各地结合优势产业，加强工业互联网在装备、机械、汽车、能源、电子、冶金、石化、矿业等国民经济重点行业的融合创新，突出差异化发展，形成各有侧重、各具特色的发展模式"。

一系列鼓励政策发布以来，在产业链各方的协同努力下，我国工业互联网创新发展步入快车道。一是政策体系日益完善，国家层面已建立"顶层设计行动计划实施指南"的政策体系，并已有 24 个省（自治区、直辖市）网上公开了地方工业互联网发展实施方案。二是技术体系协同发展，截至 2019 年 11 月 20 日，广覆盖、高可靠的工业互联网网络体系加快建设，标识解析 5 个国家顶级节点功能不断完善，30 个二级节点上线运营，标识分配量突破 9 亿；能力多样、特色鲜明的工业互联网平台体系逐渐成形，具备一定行业、区域影响力的平台数量超过 50 家，重点平台平均工业设备连接数已突破 65 万台（套），工业 APP 数量达 1950 个，涵盖细分行业百余个；国家、省（自治区、直辖市）、企业三级联动工业互联网安全监测平台加快构建，已有 10 个省（自治区、直辖市）启动了安全监测平台建设，具备对近百个重点平台、800 余万在线设备的实时监测能力。三是融合应用创新活跃，工业互联网加快与实体经济特别是制造业深度融合，有力促进制造业数字化转型，实现提质、降本、增效，形成了解决方案提供商集聚、产业链协同、块状经济推广应用、传统产业转型赋能等不同特色的一批创新发展高地（徐晓兰，2019）。表 6-2 列出了我国近年相关工业互联网政策。

表 6-2 我国近年相关工业互联网政策

年份	部门	文件名称	主要内容
2016	国务院	国务院关于深化制造业与互联网融合发展的指导意见	以建设制造业与互联网融合"双创"平台为抓手，围绕制造业与互联网融合关键环节，积极培育新模式新业态
2016	财政部、工业和信息化部	智能制造发展规划（2016—2020年）	统筹整合优势资源；针对制造业薄弱与关键环节，系统部署关键技术装备创新、试点示范、标准化、工业互联网建设等系列举措，推进智能制造发展；推进智能制造关键技术装备、核心支撑软件、工业互联网等系统集成应用，以系统解决方案供应商、装备制造商与用户联合的模式，集成开发一批重大成套装备，推进工程应用和产业化
2017	国家发展和改革委员会	战略性新兴产业重点产品和服务指导目录（2016年版）	明确将新一代移动通信设备、云计算设备，新一代移动终端设备等列入战略性新兴产业重点产品目录
2017	工业和信息化部	信息产业发展指南	充分利用已有创新资源，探索政产学研用联合的新机制新模式，在集成电路、基础软件、大数据、云计算、物联网、工业互联网等战略性核心领域布局建设若干创新中心，开展关键共性技术研发和产业化示范
2017	科学技术部	"十三五"先进制造技术领域科技创新专项规划	强化制造核心基础件和智能制造关键基础技术，在增材制造、激光制造、智能机器人、智能成套装备、新型电子制造装备等领域掌握一批具有自主知识产权的核心关键技术与装备产品，形成以互联网为代表的信息技术与制造业深度融合的创新发展模式，促进制造业创新发展，以推进智能制造为方向，强化制造基础能力，提高综合集成水平，促进产业转型升级，实现制造业由大变强的跨越
2017	国务院	国务院关于深化"互联网+先进制造业"发展工业互联网的指导意见	加快建设和发展工业互联网，推动互联网、大数据、人工智能和实体经济深度融合，发展先进制造业，支持传统产业优化升级
2018	工业和信息化部	工业互联网发展行动计划（2018—2020年）	深入实施工业互联网创新发展战略，推动实体经济和数字经济深度融合

资料来源：赵一洋和王彦，2018.

在深化工业互联网发展方面，根据《国务院关于深化"互联网+先进制造业"发展工业互联网的指导意见》，北京、天津、河北、山西、广东、浙江、贵州等地区均制定了相应的工业互联网发展行动计划，目的在于大力推动工业互联网的创新发展，促进制造业的转型升级，加快构建"高精尖"产业体系。并且，在构建基础设施建设方面，围绕着构建网络、平台、产业三大体系，提出通过升级改造工业企业内部网络、建设完善工业企业外部网络等措施推动网络基础设施建设行动；通过打造工业互联网平台体系，鼓励规模以上工业企业生产线和业务系统上云上平台、大力发展跨行业跨领域工业互联网平台、建设工业互联网研究院和创新中心等措施推动工业互联网平台建设行动；通过创建工业互联网应用体系、创新产业生态与业务模式、构建工业互联网技术创新与产业发展联盟等措施推进应用创新生态建设。

6.2.2.4 卫星互联网

当前，国外互联网巨头竞相布局卫星互联网，以抢占新的互联网接入口。2010~2019年全球卫星产业规模稳步增长，2019年全球卫星产业规模为2860亿美元，同比增长3.20%。根据麦肯锡预测，预计2025年前，卫星互联网产值可达5600亿~8500亿美元。据美国航天领域投资机构Space Angels的最新报告显示，自2009年以来，全球航空航天领域共535家初创公司获得约257亿美元的融资。仅在2019年，全球就有178家初创公司获得约58亿美元融资，比上一年增长38%，占历年总融资额的23%。

（1）其他主要国家和地区卫星互联网基础设施建设规划和促进政策

2015年，在谷歌等互联网巨头的推动和支持下，OneWeb、SpaceX等多家企业提出打造由低地球轨道小卫星组成的卫星星座，为全球提供互联网接入服务，在短期内迅速聚集人气，引发全球强烈关注。整体来看，卫星互联网目前还处在发展初期，大部分还在规划和试验阶段，还没有完全完成组网且可投入营运的卫星互联网项目（周神保和刁则鸣，2019）。

SpaceX、OneWeb、O3b、Telesat等多家企业已提出卫星互联网计划（表6-3）。其中，O3b星座系统是目前全球唯一一个成功投入商业运营的中地球轨道卫星通信系统；SpaceX是全球迄今为止拥有卫星数量最多的商业卫星运营商，第29批"星链"卫星已于2021年5月26日成功入轨，累计发射星链卫星总数已达1737颗。

表 6-3 主要卫星互联网星座计划

国家	互联网卫星星座	公司	计划卫星数量/颗	轨道类型
美国	Starlink	SpaceX	4425	低地球轨道
			7518	极低地球轨道
美国	OneWeb	OneWeb	900	低地球轨道
			1280	中地球轨道
美国	O3b	O3b	60	中地球轨道
加拿大	Telesat	Telesat	117	低地球轨道

资料来源：赛迪顾问. 卫星互联网纳入新基建，预计今年我国市场规模将超 800 亿元 [2020-10-21]. https://www.thepaper.cn/newsDetail_forward_7512374.

Starlink 卫星星座。Starlink 卫星是 SpaceX 建设的低地球轨道通信星座，可以为全球客户提供移动互联网的通信入口端。这种量产型卫星搭载了通信载荷，通信频点采用 Ku 频段和 Ka 频段，卫星采用星间光链路、相控阵波束形成和数字处理技术。

OneWeb 卫星系统。OneWeb 始建于 2012 年，计划通过发射超过 600 个小卫星到低地球轨道来实现创建覆盖全球的高速电信网络。它所设想的网络将允许其用户即使在发生灾难、地面上的各类基础设施遭到损坏的情况下，也能与他人取得通信。目前，因为许多发展中国家的通信环境普遍较差，该卫星系统的发展在未来将会使很多发展中国家人民受益（柏亮，2020）。

此外，世界主要国家将卫星互联网建设上升为国家战略。卫星互联网以日益凸显的国家战略地位、潜在的市场经济价值、稀缺的空间频轨资源成为全球各国关注的焦点，世界主要国家将卫星互联网视为重要国家发展战略，相继发布卫星通信网络建设计划。国际电信联盟在其《2019 宽带行业报告》中提出倡议，到 2025 年，所有国家都应制定一项可提供资金支持的国家宽带计划或策略，或将宽带纳入其普遍接入服务定义中（闫钊和陈宁宇，2020）。2016 年美国提出推动空天地一体化通信网络建设，加快陆地移动通信与卫星通信无缝衔接。在美国政府普遍服务补贴支持下，美国卫讯公司和休斯网络系统公司为近 600 万家庭提供了卫星互联网接入服务。澳大利亚推出国家宽带计划，由政府投资建设两颗卫星并提供免费的设备安装和维护服务，解决了 40 万家庭的上网问题。2013 年，西班牙卫星公司为政府发起的 Avanza Ⅰ 和 Avanza Ⅱ 计划部署了 4000 个甚小天线地球站终端；2011 年，欧洲通信卫星公司依托英国农村资助链接计划，为德文郡等地区 1000 个家庭提供宽带接入服务；2015 年，Avanti 公司在英国政府普遍服务义务计划的支持下，与英国电信达成合作，将卫星通信纳入消费宽带服务的一部分，约 30 万个家庭有资格获得政府的卫星宽带服务补贴。2016年，澳大利亚推出"超高速宽带基础设施"立法草案，为卫星宽带网络提供长期资金支持。

（2）中国卫星互联网基础设施建设规划和促进政策

相比于发达国家，我国卫星互联网起步较晚，但近年来逐步提高了对卫星互联网的重视程度，并将其列入未来重大发展战略。2015年5月19日国务院印发的《中国制造2025》，明确了重点发展和突破"航空装备和航天装备"，提出加快推进国家民用空间基础设施建设，发展新型卫星等空间平台与有效载荷、空天地宽带互联网系统，形成长期持续稳定的卫星遥感、通信、导航等空间信息服务能力（姜文华等，2016）。2017年以来多个低地球轨道卫星星座计划相继启动，部分公司已经发射了数颗卫星（柏亮，2020）。中国卫星互联网建设由中国航天科技集团有限公司、中国航天科工集团有限公司旗下公司占主导地位。目前可比肩Starlink、OneWeb等星座计划的是由中国航天科技集团有限公司和中国航天科工集团有限公司建设的"鸿雁星座"和"虹云工程"。

"鸿雁星座"即鸿雁全球卫星星座通信系统，是由中国航天科技集团有限公司计划建成的项目。该通信系统将由300颗低地球轨道小卫星和全球数据业务处理中心组成，具有全天候、全时段以及在复杂地形条件下的实时双向通信能力，可为用户提供全球实时数据通信和综合信息服务。

"虹云工程"是中国航天科工集团有限公司五大商业航天工程之一。该工程计划发射156颗卫星，在距离地面1000km的轨道上组网运行，致力于构建一个星载宽带全球移动互联网络。2022年完成星座部署后，"虹云工程"将可以提供全球无缝覆盖的宽带移动通信服务，为各类用户构建"通导遥"一体化的综合信息平台。

"天地一体化信息网络"是科技创新2030——重大项目中首个启动的重大工程项目，被列入《中华人民共和国国民经济和社会发展第十三个五年规划纲要（2016—2020年）》及《"十三五"国家科技创新规划》。天地一体化信息网络由天基骨干网、天基接入网和地基节点网组成，并与地面互联网和移动通信网互联互通，建成"全球覆盖、随遇接入、按需服务、安全可信"的天地一体化信息网络体系，其建设分3个阶段，预计2030年建设完成。2019年6月完成试验1星、2星发射。星座采用星间链路和星间路由技术，可实现少量地面站支持下的全球数据服务。建成后，它将使中国具备全球时空连续通信、高可靠安全通信、区域大容量通信以及高机动全程信息传输等能力（王子剑等，2020）。表6-4列出了中国主要卫星互联网星座计划。

表 6-4 中国主要卫星互联网星座计划

互联网卫星星座	公司	提出年份	计划卫星数量/颗
鸿雁星座	中国航天科技集团有限公司	2016	300
虹云工程	中国航天科工集团有限公司	2017	156
行云工程	航天行云科技有限公司	2017	80
天地一体化信息网络	中国电子科技集团公司第三十八研究所	2017	100
天象互联星座	上海蔚星数据科技有限公司、浙江日月集团	2018	186
瓢虫系列卫星	北京九天微星科技发展有限公司	2018	72
银河 Galaxy	银河航天（北京）科技有限公司	2018	1000

资料来源：赛迪顾问．卫星互联网纳入新基建，预计今年我国市场规模将超 800 亿元［2020-10-21］. https://www.thepaper.cn/newsDetail_forward_7512374.

2019 年，中国卫星互联网市场规模接近 700 亿元，当前，中国在轨卫星数量位于世界前列，随着中国商业航天市场的逐步开放，将带动通信小卫星研制、火箭发射、卫星通信系统终端设备与软件应用市场发展，中国卫星互联网将迎来爆发式发展。

当前，宽带网络已成为国家战略性公共基础设施，对推动经济高质量发展起到了重要支撑作用。随着我国行政村通光纤、通 4G 以及贫困村通宽带进入最后的攻坚阶段，卫星互联网的有效参与更显得尤为必要（闫钋和陈宁宇，2020）。卫星互联网是对中国超过 70% 没有信息接入能力区域的联网必要补充。全区域覆盖将助力中国实现天空、水体、土壤等全生态环境保护；实现对河水水位流量、农业病虫害、森林火灾、地震数据等极端气象的灾害预警；实现电力物联网对偏远无人地区的电力设施及线路的实时布控。

随着中国不断开放和国际化，以及"一带一路"倡议的践行，中国对于独立自主可控，并且具备全球化能力的通信基础设施的依赖将会越来越多，覆盖全球的通信卫星星座成为重要的基础设施保障。因此，中国应积极统筹协调各方面的资源和力量，大力推进发展卫星互联网项目，鼓励各方力量通过各种方式加快卫星频率和轨道资源的协同进取（周神保和刁则鸣，2019）。

6.3 新技术基础设施

以人工智能、云计算、区块链等为代表的新技术基础设施正在人类社会各个领域快速渗透，其颠覆性影响已经逐步显现。新技术基础设施可帮助互联网突破其局限并克服关键挑战，开启互联网的新纪元，在缩小数字鸿沟、保障信息安全与个人隐私、提高网络环境治理效率等方面已发挥出显著功效。新技术基础设施推动产业转型的趋势愈发明显，"世界经济论坛"提出"第四次工业革命"的概念，其核心是智能化和信息化，高度重视人工智能、云计算等对经济和社会变革的意义。

6.3.1 新技术基础设施概述

6.3.1.1 人工智能

人工智能是研究和开发用于模拟、延伸和扩展人的智能的理论、方法、技术及应用系统的新的技术科学，其技术应用的细分领域包括机器学习、语音识别、自然语言处理、计算机视觉等。1956年，"人工智能"一词在美国达特茅斯学院举办的一次会议上被提出，这被看作是人工智能正式诞生的标志。此后，人工智能进入了快速发展阶段。然而，由于计算机内存和运算速度的限制，人工智能的研发在20世纪70年代陷入了低谷。80年代，专家系统和计算机的发展促进了人工智能的再次崛起，然而，到90年代初，人工智能被认为并非下一个发展方向，失去了资金支持，再次陷入了低谷。近年来，随着互联网、大数据、云计算等的兴起，人工智能进入了全面的爆发期。当前，新一代人工智能已成为全球新一轮科技革命和产业变革的着力点，新一代信息技术的聚焦点，推动经济社会各领域从数字化、网络化向智能化加速跃升。

目前，全球已有多个国家发布了加强人工智能研发和促进人工智能应用的战略，各国根据自身发展的特点，制定的战略在技术研发、人才培养、道德伦理、数据、基础设施等方面各有侧重。美国、日本、德国、法国、英国等发达国家依然是人工智能领域的引领者和关键参与者，其人工智能战略展现了抢占未来战略高地的宏图。中国政府高度重视人工智能发展，已把人工智能技术提升为国家发展战略，提出三步走战略，以使中国人工智能水平达到世界领先水平。

6.3.1.2 云计算

云计算是一种可通过便捷和按需网络访问的方式获取可配置计算资源（包括网络、服务器、存储、应用和服务等）共享池的模式，它能通过尽可能少的管理工作或与服务提供商交互的方式进行快速配置和发布。云计算是信息技术发展和服务模式创新的集中体现，是信息化发展的重大变革和必然趋势，是信息时代国际竞争的制高点和经济发展新动能的助燃剂。云计算引发了软件开发部署模式的创新，成为承载各类应用的重要基础设施，并为大数据、物联网、人工智能等新兴领域的发展提供基础支撑。

云计算的资源共享、虚拟化等技术的雏形在 20 世纪 70 年代就已出现，但作为一个新的理念、新的融合技术和网络应用模式，是由谷歌公司于 2006 年 8 月首次提出的。2007 年后，云计算成为计算机领域最令人关注的领域之一，也是大型企业、互联网建设的重要研究方向。

云计算的服务模式分为 3 类，包括基础设施即服务、平台即服务和软件即服务。基础设施即服务主要是提供存储服务和计算服务，平台即服务是为开发人员提供通过全球互联网构建应用程序和服务的平台，软件即服务是通过互联网提供实时运行软件的在线服务。

随着信息技术的不断提高和发展，云计算已经逐渐渗入各行各业当中，并得到了广泛的接纳与认同。各种类型的行业云纷纷诞生。其中，制造云、金融云、医疗云、教育云、农业云及电子商务云等作为首先落地的典型代表，已经取得了不俗的效果和成绩。

从全球范围来看，亚马逊公司、微软公司和谷歌公司等国际企业在云计算服务中处于领先地位。在政府积极引导和企业战略布局等的推动下，中国云计算产业发展势头迅猛，阿里巴巴、腾讯等企业在国内云计算市场中占有较大份额。

6.3.1.3 区块链

区块链是一种在对等网络环境下，通过透明和可信规则，构建不可伪造、不可篡改和可追溯的块链式数据结构，实现和管理事务处理的模式。简单来说，区块链依靠密码学算法，在无法建立信任关系的互联网上，无须第三方中心的介入就可以使参与者达成共识，有效解决了信任与价值的可靠传递难题。区块链的核心技术包括共识机制、数据存储、网络协议、加密算法、隐私保护、智能合约等。

区块链技术较早出现在化名为"中本聪"（Satoshi Nakamoto）的学者在 2008 年发表的奠基性论文《比特币：一种点对点电子现金系统》中。2009 年初，比特币网络正式上线运行，中本聪挖出了比特币的第一个区块——创世区块。而支撑比特币运行的底层技术，就是区块链技术。2013 年末，俄罗斯的维塔利克·布特林（V. Buterin）发布以太坊初版白皮书并启动项目。以太坊是一个开源的有智能合约功能的公共区块链平台，通过其专用加密货币以太币提供去中心化的虚拟机来处理点对点合约。智能合约是一种旨在以信息化方式传播、验证或执行合同的计算机协议，允许在没有第三方的情况下进行可信交易，这些交易可追踪且不可逆转。目前，区块链技术被认为是构建未来"信任互联网""价值互联网"的支撑性技术，已成为全球创新领域最受关注的话题，受到投资界、学术界、工业界及政府部门的热烈关注。

区块链技术的集成应用在新的技术革新和产业变革中起着重要作用。目前，区块链技术应用已延伸到数字金融、物联网、智能制造、供应链管理、数字资产交易等多个领域。然而，区块链尚处于概念验证和技术发展阶段，技术、市场和管理还有很多不确定性，尚需时间进行技术验证和经验积累。未来一段时期内，区块链将加速向更多领域延伸拓展。区块链在教育、就业、养老、精准脱贫、医疗健康、商品防伪、食品安全、公益、社会救助等领域的应用，将为人民群众提供更加智能、更加便捷、更加优质的公共服务。区块链在信息基础设施、智慧交通、能源电力等领域的应用，将提升城市管理的智能化、精准化水平。同时，我们要加强对区块链技术的引导和规范，加强对区块链安全风险的研究和分析，建立适应区块链技术机制的安全保障体系，推动区块链安全有序发展。

6.3.2 新技术基础设施建设的国际实践与未来发展目标

6.3.2.1 人工智能

(1) 其他主要国家和地区人工智能基础设施建设规划和促进政策

自2013年以来，全球已有美国、中国、欧盟、日本、德国、法国、韩国等20余个国家和地区发布了人工智能相关战略、规划或重大计划。欧盟各国于2018年签署《人工智能合作宣言》共推人工智能发展；东盟组织制定《东盟数字融合框架行动计划》，促进人工智能合作发展。从全球人工智能国家战略规划发布态势来看，北美、东亚、西欧地区成为人工智能最为活跃的地区。

同时，近几年来全球主要国家和组织的人工智能战略或规划密集发布（表6-5）。在20多个主要部署人工智能的国家和组织中，80%的国家和组织在2016~2019年密集发布了人工智能战略或规划，推动人工智能的发展和应用已逐渐成为全球主要经济体共识。

表6-5 近年全球主要国家和地区发布的人工智能战略或规划

国家/组织	战略或规划	发布机构	发布时间
美国	国家人工智能研究和发展战略计划	美国国家科学技术委员会/网络和信息技术研发小组委员会	2016年10月，2019年6月更新
	为人工智能的未来做好准备	美国白宫总统办公室/国家科学技术委员会/技术委员会	2016年10月

续表

国家/组织	战略或规划	发布机构	发布时间
美国	人工智能、自动化与经济	美国白宫总统办公室	2016 年 12 月
	白宫 2018 人工智能峰会纪要	美国白宫科技政策办公室	2018 年 5 月
	维护美国在人工智能领域领导力的行政命令、美国人工智能计划	美国政府	2019 年 2 月
欧盟	欧盟人脑计划	欧盟委员会	2013 年
	欧盟机器人研发计划	欧盟委员会未来新兴技术顾问小组	2014 年
	欧盟人工智能战略	欧盟委员会	2018 年 4 月
	通往自动化出行之路：欧盟未来出行战略	欧盟委员会	2018 年 5 月
	关于欧洲人工智能开发与使用的协同计划	欧盟委员会	2018 年 12 月
英国	机器人技术与人工智能	英国下议院科学技术委员会	2016 年 9 月
	在英国推进人工智能产业	专家独立报告/英国数字、文化、媒体和体育部	2017 年 10 月
	产业战略：建设适应未来的英国	英国政府	2017 年 11 月
	英国人工智能发展的计划、能力和意愿	英国上议院人工智能专门委员会	2018 年 4 月
	产业战略：人工智能领域行动	英国政府	2018 年 4 月
	对上议院人工智能委员会报告的回应	英国上议院	2018 年 6 月
德国	数字战略 2025	德国联邦政府	2016 年 3 月
	联邦政府人工智能战略	德国联邦政府	2018 年 7 月
	高技术战略 2025	德国联邦政府	2018 年 9 月
	联邦政府人工智能战略	德国经济事务部/研究部/劳动部	2018 年 11 月
日本	机器人新战略	日本经济产业省	2015 年 2 月
	第五期科学技术基本计划	日本内阁	2016 年 1 月
	下一代人工智能促进战略	日本总务省	2016 年 7 月
	人工智能技术战略	日本人工智能技术战略委员会	2017 年 3 月
	日本制造业白皮书（2018 年）	日本经济产业省	2018 年 5 月
	综合创新战略（2018—2019 年）	日本内阁	2018 年 6 月
	人工智能技术战略执行计划	日本内阁	2018 年 8 月
法国	人工智能战略	法国政府	2017 年 3 月
	人类如何保持优势——算法和人工智能引发的道德问题	法国国家信息技术和自由委员会	2017 年 12 月
	实现有意义的人工智能	法国国民议会	2018 年 3 月
	人工智能——让法国成为领导者	法国政府	2018 年 3 月

续表

国家/组织	战略或规划	发布机构	发布时间
俄罗斯	至2025年科学技术发展战略	俄罗斯总统办公室	2016年12月
	俄罗斯关于人工智能的十点计划	俄罗斯联邦国防部	2017年7月
	2017—2030数字经济规划	俄罗斯通信与大众传媒部等	2017年7月
加拿大	泛加拿大人工智能战略	加拿大高等研究院	2017年3月
印度	人工智能任务组报告	印度产业政策与促进部	2018年3月
	国家人工智能战略	印度国家研究院	2018年6月
韩国	中长期总体规划——为智能信息社会做准备	韩国科学、信息通信和未来规划部	2016年12月
	面向I-Korea 4.0的人工智能的研发战略	韩国第四次工业革命委员会	2018年5月
	推动数据、人工智能、氢经济("创新发展"三驾马车)发展规划	韩国科学技术信息通信部	2019年1月
丹麦	丹麦的数字增长战略	丹麦工商业和金融事务部	2018年1月
	准备抓住未来机遇	丹麦高教与科学部	2018年4月
	研究2025:未来优先研究领域	丹麦高教与科学部	2018年6月
	丹麦人工智能国家战略	丹麦政府	2019年3月
芬兰	芬兰的人工智能时代	芬兰经济事务和就业部	2017年10月
	人工智能时代的工作	芬兰经济事务和就业部	2018年6月
新西兰	人工智能塑造新西兰的未来	新西兰人工智能论坛	2018年3月
新加坡	人工智能战略	新加坡国家研究基金会	2017年5月
阿联酋	人工智能战略	阿联酋政府	2017年10月
	人工智能战略2031	阿联酋政府	2019年4月
意大利	人工智能——为公民服务	意大利数字化机构和意大利公共管理部	2018年3月
瑞典	瑞典商业和社会中的人工智能	瑞典国家创新局	2018年5月
西班牙	西班牙人工智能研究、发展与创新战略	西班牙政府	2019年3月

资料来源：中国信息通信研究院. 全球人工智能战略与政策观察(2019)[2020-10-21]. http://www.caict.ac.cn/kxyj/qwfb/bps/201908/t20190826_209642.htm.

由于不同经济体的社会制度与战略目标不同，人工智能战略周期各有不同，但主要国家都已提出中长期战略规划或愿景。美国《国家人工智能研究和发展战略计划》将长期支持人工智能研究作为八大战略任务之首。美国国防部也积极加速人工智能在相关军事领域的应用研究。美国国防部高级研究计划局启动人工智能探索计划，并于2018年宣布将在未来5年投资20亿美元用于人工智能技术的发展。欧盟委员会已在"地平线2020"计划中增加人工智能投入，还将在下一届欧盟年度金融框架（2021～2027年）中加入人工智能支持，且在《通往自动化出行之路：欧盟未来出行战略》中提出到2030年步入完全自动驾驶社会。英国将人工智能作为《产业战略：建设适应未来的英国》四大挑战任务之一，努力到2030年使英国成为最创新的经济体。日本的《人工智能技术战略》规划了到2030年的人工智能技术产业化路线图。德国的《联邦政府人工智能战略》计划在2025年前投资30亿欧元推动德国人工智能发展。另外，阿联酋是首个成立人工智能政府部门的国家，也可以看出其长期发展人工智能的决心。

（2）中国人工智能基础设施建设规划和促进政策

发展人工智能是党中央、国务院准确把握新一轮科技革命和产业变革发展大势，构筑我国人工智能发展的先发优势，加快建设创新型国家和世界科技强国做出的重大战略决策部署。

2015年7月，国务院出台的《关于积极推进"互联网+"行动的指导意见》首次将人工智能纳入重点任务之一，提出依托互联网平台提供人工智能公共创新服务，加快人工智能核心技术突破。2017年7月，国务院印发《新一代人工智能发展规划》，将发展人工智能上升至国家战略。该规划明确提出"三步走"战略目标，到2030年，人工智能理论、技术与应用总体达到世界领先水平，成为世界主要人工智能创新中心。该规划还提出将构建开放协同的人工智能科技创新体系、培育高端高效的智能经济、建设安全便捷的智能社会、构建泛在安全高效的智能化基础设施体系等作为重点任务。截至2020年，人工智能连续4年被写入政府工作报告。

相关各部门也高度重视推动人工智能健康发展。2016年5月，为落实《关于积极推进"互联网+"行动的指导意见》，加快人工智能产业发展，国家发展和改革委员会、科学技术部、工业和信息化部、国家互联网信息办公室制定了《"互联网+"人工智能三年行动实施方案》。2017年12月，工业和信息化部发布《促进新一代人工智能产业发展三年行动计划（2018—2020年）》。2018年4月，教育部出台《高等学校人工智能创新行动计划》，不断提高人工智能领域科技创新、人才培养和国际合作交流等能力，为推动人工智能发展提供智力支撑。

根据国际互联网数据中心数据，2019年我国人工智能芯片市场规模为122亿元。以45%的平均增长速率计算，预计2025年，人工智能芯片新增投资为1000亿左右；机器视觉等传感器及人工智能带来云平台、数据服务和新增海外投资规模将超1200亿元，合计人工智能基础设施建设新增投资约为2200亿元。人工智能基础设施建设将带动计算机视觉、自然语言处理等技术快速进步，促进智慧医疗、智慧交通、智慧金融等产业快速发展，预计2025年人工智能核心产业规模将超过4000亿元。

6.3.2.2 云计算

云计算已经成为数字经济时代的创新中心和能力底座。承载大数据、人工智能、物联网、区块链等技术的云计算，依托算力、数据、算法这3个关键要素，与5G、新一代自动化技术聚合发展，产生聚变效应和辐射效应，是推动物理世界数字化转型、传统企业上云、各行各业数字化转型升级的数字化基础设施。

云计算基础设施的组件通常分为三大类：计算、网络和存储。计算：执行云系统的基本计算，这是虚拟化技术，因此可以移动实例完成数据迁移等；网络：通常是商用硬件运行某种软件定义网络软件来管理云连接；存储：通常是硬盘和闪存存储的组合，旨在在公共云和私有云之间移动数据。存储是云基础架构与传统数据中心基础架构相分离的地方。云基础架构通常使用本地连接的存储而不是存储区域网络上的共享磁盘阵列。亚马逊公司、微软公司和谷歌公司等云服务提供商对固态硬盘存储的收费高于硬盘存储收费。云存储还使用不同类型的存储方案设计的分布式文件系统，如大数据或块存储。使用的存储类型取决于企业需要处理的任务。同时，云存储可以根据需要扩展或缩减。

（1）其他主要国家和地区云计算基础设施建设规划和促进政策

1）美国。作为云计算的发源地，美国是云计算市场发展最快、规模最大的国家。早在2009年9月，美国联邦政府即发布《联邦政府云计算战略》。随后，2010年2月美国白宫管理和预算办公室提出《联邦数据中心整合计划》，该计划旨在整合联邦政府分散的数据中心环境，加速云计算商业及公共应用的步伐。目前，云计算已经在美国诸多领域产生了巨大的投资机会，并造就了一批领先的企业。

2）德国。2019年9月，德国经济部长彼得·阿尔特迈尔提出了一个大规模欧洲云计算项目的计划，该计划被命名为Gaia-X。Gaia-X是一个供各种规模的欧洲企业存储、处理、交换数据并合作开发产品的平台。从技术上讲，这个想法是建立所谓的"超大规模"基础设施，并可根据需求进行调整。法国财政部部长布鲁诺·勒迈尔表示支持德国这一想法。德国向欧洲抛出的计划是建设侧重于工业数据而非消费者数据的数字化基础设施，希望这能使其成为即将到来的第二波人工智能产业潮的世界领导者。

（2）中国云计算基础设施建设规划和促进政策

面对国际上风起云涌的云计算市场现状，中国政府也开始积极布局云计算产业发展，大力推广扶持这一新兴产业和制定相应的政策方针。近年来中央和地方政府都为云计算产业的发展部署了实质性的工作内容。

2010年10月10日,国务院发布的《国务院关于加快培养和发展战略性新兴产业的决定》明确指出:新一代信息技术产业。加快建设宽带、泛在、融合、安全的信息网络基础设施,推动新一代移动通信、下一代互联网核心设备和智能终端的研发及产业化,加快推进三网融合,促进物联网、云计算的研发和示范性应用。

2010年10月,工业和信息化部、国家发展和改革委员会联合印发《国家发展改革委 工业和信息化部关于做好云计算服务创新发展试点示范工作的通知》,在北京、上海、深圳、杭州、无锡5个城市先行开展云计算创新发展试点示范工作。试点的范围包括针对政府、大中小企业和个人等不同用户需求,研究推进SaaS、PaaS和IaaS等服务模式创新发展,建设云计算中心(平台),面向全国开展相关服务。这一具有标志性意义的文件,直接推进了我国云计算产业的发展和试点应用进程,进一步明确了国家发展云计算的总体思路和战略布局。

2015年1月,《国务院关于促进云计算创新发展培育信息产业新业态的意见》发布,指出云计算是推动信息技术能力实现按需供给、促进信息技术和数据资源充分利用的全新业态,是信息化发展的重大变革和必然趋势;提出到2020年,云计算应用基本普及,云计算服务能力达到国际先进水平,掌握云计算关键技术,形成若干具有较强国际竞争力的云计算骨干企业,云计算信息安全监管体系和法规体系健全。大数据挖掘分析能力显著提升。云计算成为我国信息化重要形态和建设网络强国的重要支撑,推动经济社会各领域信息化水平大幅提高。

2016年,科学技术部启动"云计算和大数据"重点专项,总体目标是形成自主可控的云计算和大数据系统解决方案、技术体系和标准规范;在云计算与大数据的重大设备、核心软件及支撑平台等方面突破一批关键技术;基本形成以自主云计算与大数据骨干企业为主体的产业生态体系和具有全球竞争优势的云计算与大数据产业集群;提升资源汇聚、数据收集、存储管理、分析挖掘、安全保障、按需服务等能力,实现核心关键技术自主可控。

2017年3月,工业和信息化部发布《云计算发展三年行动计划(2017—2019年)》,提出到2019年,我国云计算产业规模达到4300亿元,突破一批核心关键技术,云计算服务能力达到国际先进水平,对新一代信息产业发展的带动效应显著增强。云计算在制造、政务等领域的应用水平显著提升。云计算数据中心布局得到优化,使用率和集约化水平显著提升,绿色节能水平不断提高。云计算企业的国际影响力显著增强,涌现2~3家在全球云计算市场中具有较大份额的领军企业。云计算网络安全保障能力明显提高,网络安全监管体系和法规体系逐步健全。云计算成为信息化建设主要形态和建设网络强国、制造强国的重要支撑,推动经济社会各领域信息化水平大幅提高。

2018年，互联网公司的云计划频频推出，5月京东、腾讯、百度都发布了各自新的计划。京东云宣布发起第一支百亿级云计算产业基金，京东集团和山东省新动能基金管理有限公司联合作为基石投资者，同时重磅布局云计算产业链，通过在各细分领域深度参与，实现云计算产业链的整合及升级。腾讯董事会主席兼首席执行官马化腾在主题为《智慧连接：云时代的创新与探索》的演讲中表示，腾讯希望在云时代通过"连接"，促成"三张网"的构建。百度云在云智峰会上海站上公布了一个新消息，以（人工智能、大数据、云计算）三位一体为特色的百度云，将以金融领域为战略着力点，发力银行、保险行业。

6.3.2.3 区块链

区块链技术被认为是构建未来"信任互联网""价值互联网"的支撑性技术，已成为全球创新领域最受关注的话题，受到投资界、学术界、工业界及政府部门的热烈关注。

(1) 其他主要国家和地区区块链基础设施建设规划和促进政策

虽然各国政府或组织对比特币和各种虚拟币的态度各不相同，但对区块链技术大多持积极的态度。部分国家或组织对加密货币明确了监管政策。例如，澳大利亚、韩国、德国、荷兰、塞浦路斯、阿联酋、马耳他等国家积极发展区块链产业，制定了产业总体发展战略；美国、韩国、英国、澳大利亚及欧盟等国家和地区重视区块链技术研究与应用探索；与此同时，澳大利亚、法国、瑞士、芬兰、列支敦士登等国家已经陆续制定了区块链监管方面的法规。

1）美国。美国对区块链保持警惕而友好的态度，鼓励探索区块链在各领域的应用，注重区块链安全风险的技术应对。2018~2019年，美国召开了多次关于区块链的听证会，探讨区块链技术的新应用、生态系统和监管框架，并提出了《区块链记录和交易法案》《区块链促进法案》《区块链监管确定性法案》等促进区块链良性发展的法案。

2）韩国。2018年，韩国科学技术信息通信部发布《区块链技术发展战略》，明确将培养1万名区块链行业专家，并支持100家公司在畜牧管理、房地产交易、在线投票、航运物流、清关、国家电子文件分发系统6个领域发展区块链。

3）德国。2019年9月，德国联邦政府发布《德国国家区块链战略》，旨在利用区块链技术带来的机遇，挖掘其促进经济社会数字化转型的潜力。该战略明确了五大领域的行动措施，包括在确保金融稳定的前提下开展区块链金融创新；积极支持技术创新项目与区块链概念验证实验；制定清晰可靠的法律、技术标准规范和安全框架，营造良好的行业发展氛围；在应用层面，从数字身份、信任服务、区块链基础设施、公共管理的角度，探索区块链在社会治理领域的应用；传播普及区块链相关信息与知识，加强有关教育培训及合作等（王葳，2019；孙浩林，2020；刘曦子，2020）。

（2）中国区块链基础设施建设规划和促进政策

我国积极推动区块链技术的发展，2016年，国务院印发《"十三五"国家信息化规划》，将区块链技术列为战略性前沿技术。2018年，工业和信息化部印发《工业互联网发展行动计划（2018—2020年）》，鼓励区块链等新兴前沿技术在工业互联网中的应用研究与探索。

目前，我国区块链产业新成立的公司数量显著上升，2016年新成立公司超过100家，是2015年的3倍多。2017年新成立公司数量有178家。工业和信息化部信息中心发布的《2018年中国区块链产业白皮书》显示，截至2018年3月底，我国以区块链业务为主营业务的区块链公司数量达到456家，包括硬件制造、平台服务、安全服务、产业技术应用服务和保障产业发展的行业投融资、媒体、人才服务等，我国区块链产业生态已初步形成（银平，2018）。

2019年10月24日下午，中共中央政治局常务委员会就区块链技术发展现状和趋势进行第十八次集体学习，习近平总书记强调，区块链技术的集成应用在新的技术革新和产业变革中起着重要作用。我们要把区块链作为核心技术自主创新的重要突破口，明确主攻方向，加大投入力度，着力攻克一批关键核心技术，加快推动区块链技术和产业创新发展。习近平总书记还强调，要强化基础研究，提升原始创新能力，努力让我国在区块链这个新兴领域走在理论最前沿、占据创新制高点、取得产业新优势。要推动协同攻关，加快推进核心技术突破，为区块链应用发展提供安全可控的技术支撑。要加强区块链标准化研究，提升国际话语权和规则制定权。要加快产业发展，发挥好市场优势，进一步打通创新链、应用链、价值链。要构建区块链产业生态，加快区块链和人工智能、大数据、物联网等前沿信息技术的深度融合，推动集成创新和融合应用。要加强人才队伍建设，建立完善人才培养体系，打造多种形式的高层次人才培养平台，培育一批领军人物和高水平创新团队。

各地也积极出台相关政策，侧重点更加明确，具体规划更为清晰。2019年在全国人民代表大会和中国人民政治协商会议期间，各地代表所提区块链相关提案、观点多达30余条，显示出全国各地对于区块链技术的关注。据统计，截至2019年5

月,北京、上海、广东、江苏、浙江、贵州、山东等超过 30 个省份发布政策指导文件,开展区块链产业链布局。2018 年各城市出台专项政策,其基本思路主要是"筑巢引凤"以培育区块链产业生态,但区块链扶持政策较为同质化。通过 2018 年的项目试水、政策效果反馈,2019 年各地政府对待区块链的态度更加严谨、务实,聚焦于如何将区块链技术与地方特色相结合,寻找实际落地场景,在服务经济社会发展中发挥作用。截至 2019 年 5 月,全国已成立区块链产业园共计 22 家,杭州、广州、上海等沿海城市占比过半,其中 20 家为政府主导或参与推进。应用领域方面,政务民生类应用项目数量显著增多,司法存证、税务、电子票据、产品溯源等其他领域稳步发展。

6.4 算力基础设施

数字经济已成为世界经济增长的新引擎,正在深刻改变全社会的生产和生活方式。数据和算力作为数字经济时代最有价值的生产资料已经是毋庸置疑的共识,大数据、物联网、人工智能等新技术、新模式的发展和应用无一不是以海量数据和庞大算力为基础,又反过来带动了数据量和计算能力的爆发式增长。以"融合、协同、智能、安全、开放"为特征的新型算力基础设施可以帮助各行业实现数据存储智能化、管理简单化和价值最大化,是推动各行业拥抱数字经济浪潮的关键因素之一。

6.4.1 算力基础设施概述

6.4.1.1 数据中心

云计算、大数据和人工智能的快速发展,使得过去用完即弃的日志数据,以及其他大量的非结构化、半结构化数据可以得到存储和分析,数据得以成为一种资产。互联网的高速发展使得万物数据化,数据量和计算量呈指数式增长。根据赛迪顾问数据显示,到 2030 年数据原生产业规模量将占整体经济总量的约 15%,中国数据总量将超过 4YB,约占全球数据量 30%。数据资源已成为关键生产要素,更多的产业通过利用物联网、工业互联网、电商等结构或非结构化数据资源来提取有价值信息,而海量数据的处理与分析要求构建大数据中心;人工智能、5G、区块链、工业计算等场景化应用,为数据中心发展打开新的成长空间和新动力(孙会峰,2020a)。

早期的数据中心,比较简单。随着数据量的增加、数据业务的日趋复杂、生活和生产对互联网的依赖程度越来越高，耗电量的不断增长，数据中心的标准也越来越高，主要体现在标准性、稳定性、节能性和高密度性等方面。目前数据中心已经发展到第三阶段，在主机托管、网站托管等传统业务基础上，虚拟化、按需服务等各种新型网络应用不断涌现。

数据中心的主要建设者包括电信运营商、独立第三方和大型互联网企业，三者之间存在着复杂的合作关系，在少数场景下亦存在竞争。电信运营商的核心优势是对带宽等资源的垄断、广泛分布的机房以及深入到县级以下的体系。独立第三方的核心优势是丰富的建设经验和运维经验。大型互联网公司的核心优势是自身使用，因此可以统一规划、设计，并做全部的虚拟化、云化处理。大型互联网公司对于新技术的运用往往更加彻底，但在数据中心本身的产业链中，其作为买方不参与市场竞争。

6.4.1.2 智能计算中心

在进入智能时代之前，除高性能计算以外，对于大多数场景，算力并没有成为短缺的资源。但随着人类社会迈入万物互联、万物感知、万物智能的时代，伴随着多模态、非结构化数据的爆发式增长，实现由数据到洞察的人工智能技术将耗费大量计算资源。特别是近年来获得广泛关注的深度学习算法，虽然简化了传统的特征工程并在一些场景取得了突破性的效果，但代价是网络结构的日益复杂以及对计算能力的需求与日俱增。人工智能模型训练体系从"以并行处理性能取胜的 GPU 芯片"过渡到"大规模人工智能芯片集群"，而近乎实时的推理场景将变得更为普遍和棘手。

随着智能场景在企业中逐渐渗透，现有的通用芯片面临着实时推理的压力。由于更多设备需要连接，网络传输侧面临传输性能的压力，也面临软件定义网络的计算压力，因此传统网络芯片也面临挑战。现有的计算架构较为单调地集中在本地数据中心和公有云侧，对于边缘侧的计算布局还没有引起足够重视。同时，网络、数据连接能力也限制了智能的普及。因此，传统的单调计算架构已经无法适应多种场景下智能计算的需求。

智能计算从芯片、架构、平台 3 个层次为智能场景提供多样性、分布式的计算能力，突破单调计算技术栈的限制，为智能应用提供有效支撑以及便捷的开发和管理能力。与传统计算范式不同，智能计算具有更为丰富的内涵，既包括通过多样性计算芯片满足不同场景能耗限制下的充沛算力，也包括用智能化升级网络传输、数据处理、信息技术基础设施的管理及云、边、端融合的超分布式的基础架构，还包括实现不同深度和广度智能应用孵化。

1）异构芯片提供最适算力。各种多核架构的芯片将百花齐放，对合适的应用负载充分发挥其架构优势，在数据中心为智能时代提供充分的算力支持。专用的、多样性的芯片，可在不同场景严苛的功耗要求下，基于分布式架构，在边缘侧提供分布式高能效算力。

2）分布式架构激活业务场景。智能时代不只需要异构的、强大的算力，还需要与之适配的分布式计算架构，以适应多种业务场景。这一分布式计算架构不仅要为整数、浮点数以及张量数学运算提供与之匹配的计算能力，还需要适应大规模的数据处理要求，更需要适应计算位置的广泛分布。

3）全栈平台保障应用落地。智能计算的重要目标是不断提升便捷性和易用性，因此在芯片、架构的基础上，需要全栈智能平台来屏蔽底层复杂性，方便应用快速落地。企业在尝试利用智能技术改造现有应用场景时，往往要面对技术平台到专业应用等不同软硬件领域的难题，涉及算法、算力、架构、业务知识、工程经验等跨学科能力，同时还要面对异构系统架构在多场景下的应用部署、设备维护等挑战。

6.4.2 算力基础设施建设的国际实践与未来发展目标

6.4.2.1 数据中心

云计算、大数据、物联网、人工智能等新一代信息技术快速发展，数据呈现爆发式增长，数据中心建设已是大势所趋。世界主要国家和企业纷纷开启数字化转型之路，在这一热潮推动下，全球互联网数据中心投资呈现快速增长趋势。以2019年为例，全球及中国数据中心投资规模增长率分别为7.1%和13.5%，均高于全球GDP增长率（2.3%）和中国GDP增长率（6.1%）（孙会峰，2020a）。

(1) 其他主要国家和地区大数据基础设施建设规划和促进政策

全球数据中心数量减体量增。2010年以来全球数据中心平稳增长，从2017年开始，伴随着大型化、集约化的发展，全球数据中心数量开始缩减。据高德纳咨询公司统计，截至2017年底全球数据中心共计约44.4万个，其中微型数据中心约42.3万个，小型数据中心1.4万个，中型数据中心5732个，大型数据中心1341个。从部署机架来看，单机架功率快速提升，机架数小幅增长，2017年底全球部署机架数达到493.3万架，安装服务器超过5500万台，2019年全球数据中心部署的机架数约为495.4万架。

美国积极推进政府机构数据中心整合。美国是率先将大数据从商业概念上升至国家战略的国家，将大数据视为强化美国竞争力的重要因素。2010 年，美国白宫管理和预算办公室启动了《联邦数据中心整合计划》，以减少对昂贵和低效的老旧数据中心的整体依赖。2014 年，美国颁布了《联邦信息技术采购办法改革法案》，加大了对美国政府信息技术支出的监督力度和透明度。这两项政策促使 2010 年到 2015 年共关闭了 1900 多个联邦数据中心。2016 年美国公布"数据中心优化倡议"，要求美国政府机构实现数据中心电能、电源使用效率目标、虚拟化、服务器利用率以及设备利用率等指标监控和度量。在 3 年时间内，至少关闭其 25% 的 Tier 级数据中心（即大型数据中心）及其 60% 的非 Tier 级的数据中心，这将导致美国政府关闭约 52% 的现有数据中心，数据中心新建量减少 31%。减少美国政府庞大的数据中心库存和需要维持其运营的资金，3 年内降低的成本和节省的费用预计达到 27 亿美元。

欧盟委员会为提高能效水平提出数据中心行为规范。数据中心行为规范是 2012 年在欧盟主导下，由英国计算机协会及超威半导体公司、美国电力转换集团、戴尔公司、日本富士通公司、高德纳咨询公司、惠普公司、IBM 公司、英特尔公司等共同发起以提高数据中心能效为目的的项目。欧盟数据中心行为规范项目主要针对小型数据中心开发减少能耗和碳排放的解决方案，要求遵循行为规范的数据中心必须实施节能最佳实践方案，满足采购标准，同时每年报告能耗。对于数据中心设备提供商，需要开发和使用高能效的服务器和低能耗的中央处理器，保证在降低能耗的情况下，具有相同的处理能力，来符合行为规范的要求。项目鼓励采用软件，特别是虚拟化的方法来管理能耗、提高服务器的使用率。

英国是欧洲最大的第三方数据中心市场，其意图是实现打造世界一流的数字化基础设施、推动企业实现数字化和智能化转型、最安全的网络环境等目标。英国商业、创新和技能部于 2013 年 1 月宣布投资 1.89 亿英镑用于发展大数据技术，占高新技术总投资比例的 31.5%。在 2014 年又投资了 7300 万英镑进行大数据技术开发，涉及以高校为依托投资兴办大数据研究中心、带动高校开设以大数据为核心业务的专业、在政府数据分析项目中应用大数据等。此外，英国还发布了系列相关政策，以强化数据分析技术、推动产研合作。

国际互联网数据中心企业加速全球扩张保持领先优势。紧随其大企业客户的全球化战略，国际领先的互联网数据中心企业加速全球扩张，通过投资并购等方式在全球各地建设数据中心提供全球化服务。Synergy Research 集团的调查报告表明，全球数据中心收购交易量在 2017 年创下历史新高，全年数据中心收购交易 48 宗，并购交易规模达到 200 亿美元，超过了 2015 年和 2016 年的 45 宗收购交易的总和，且单笔交易规模逐步提高，2017 年完成的交易中有 12 宗交易的收购价格在 10 亿～

100亿美元，31宗交易价格超过1亿美元。如美国易昆尼克斯公司2016年以36亿美元完成了对威瑞森电信公司的29个数据中心及运营部门的收购，2017年完成了对英国IO公司的收购，以及西班牙和葡萄牙Itconic公司的收购。经过连续收购，2017年公司净市值达到68.50亿美元，总机柜数达到24.26万个。通过大型并购交易和原有市场增长，易昆尼克斯公司市场份额增长速度远超整体市场，牢牢占据托管市场第一的位置。

全球数据中心围绕市场需求聚焦发达城市布局。受市场需求驱动，全球领先的传统IDC企业数据中心资源重点围绕经济发达、用户聚集、信息化应用水平较高的中心城市布局。易昆尼克斯公司目前在全球范围内拥有196个数据中心，遍布美洲、亚太、欧洲、中东、非洲地区，主要位于全球各区域中心城市，如芝加哥、巴黎、上海、东京等城市。数字房地产信托公司在全球拥有205个数据中心，其中美国主要分布在经济基础雄厚的东西海岸地区以及部分内陆中心城市，在全球其他地区的数据中心也主要分布在大型发达城市。亚马逊公司、IBM公司等提供云服务为主的新型互联网数据中心企业，其数据中心亦主要布局于中心城市。亚马逊云服务在全球运营着55个可用区，每个可用区由一或多个数据中心构成。IBM云数据中心遍布全球，数量达到60个，其中33个数据中心用于承载公有云业务。亚马逊公司和IBM的数据中心大多位于经济发达的大型城市，如洛杉矶、北京等城市。

（2）中国大数据基础设施建设规划和促进政策

2015年，国务院出台了《促进大数据发展行动纲要》，大数据上升至国家战略层面，提出大力推动政府部门数据共享，稳步推动公共数据资源开放，统筹规划大数据基础设施建设，发展工业大数据、新兴产业大数据、农业农村大数据，形成大数据产品体系，推动产业创新发展，助力经济转型。

2016年3月，政府工作报告提出"促进大数据、云计算、物联网广泛应用"。"实施国家大数据战略"首次收录于《中华人民共和国国民经济和社会发展第十三个五年规划纲要（2016—2020年）》草案，并独立成章。同年10月，《中共中央关于制定国民经济和社会发展第十三个五年规划的建议》提出要利用互联网+、云计算、大数据等，进一步为"双创"提供支撑平台。

2017年1月，工业和信息化部发布了《大数据产业发展规划（2016—2020年）》，为大数据产业的科学发展提供了顶层指导，提出加快工业大数据基础设施建设，合理布局大数据基础设施建设，引导地方政府和有关企业统筹布局数据中心建设，充分利用政府和社会现有数据中心资源，引导大数据基础设施体系向绿色集约、布局合理、规模适度、高速互联方向发展。2017年3月，政府工作报告再次提出加快大数据的应用,这是自2014年以来大数据连续4年被写入政府工作报告。

此外,国家发展和改革委员会还密集出台了《关于组织实施促进大数据发展重大工程的通知》《促进大数据发展三年工作方案(2016—2018)》等配套政策,以保证国务院政策的真正落实。

我国数据中心规模和数量快速增长。据统计,2013年以来,我国数据中心总体规模快速增长,到2017年底,我国在用数据中心机架总体规模达到166万架,总体数量达到1844个,规划在建数据中心规模107万架,数量463个,其中大型以上数据中心为增长主力。以增速不变计算,到2022年将新增中心机架220万架,以单机架成本70万/架计算,预计新增投资1.5万亿元。大数据中心为驱动力基础设施,将带动云计算、物联网产业快速发展,预计2022年会带动相关投资超3.5万亿元。

受"互联网+"、大数据战略、数字经济等国家政策指引以及移动互联网快速发展的驱动,我国互联网数据中心业务收入连续高速增长。根据中国信息通信研究院统计,2017年我国互联网数据中心全行业总收入达到650.4亿元左右,2012～2017年复合增长率为32%,持续保持快速增长势头。根据测算,2017年我国传统互联网数据中心业务收入为512.8亿元,占互联网数据中心全行业总收入的比例为78.8%。云服务收入137.6亿元,占比为21.2%,比2016年提高2.8%。随着"企业上云"行动实施,预计未来云服务收入在我国互联网数据中心业务收入中的占比仍会进一步增加。

2019年,我国互联网数据中心业务的总体营收已达1132.4亿元。未来,受益于5G技术的日益成熟与普及、互联网行业的持续高速发展等,我国互联网数据中心行业仍将保持30%以上的年复合增长率。2020年我国互联网数据中心市场收入规模突破1500亿元。根据统计,2012～2017年我国互联网数据中心市场收入年复合增长率为32%。在移动互联网、互联网+、云计算、大数据、物联网等新兴领域的蓬勃发展和带动下,我国互联网数据中心市场未来仍将处于快速发展期。

我国互联网数据中心龙头企业启动全球化扩张。中国电信是国内最早"走出去"的电信运营商,在国内拥有400多个数据中心,在国外拥有13个自有数据中心和300多个合作数据中心,2017年中国电信在全球数据中心托管市场占据3.3%的市场份额,仅次于美国的易昆尼克斯公司(9.5%)和数字房地产信托公司(5.7%)。中国移动也已经提供数据中心服务。2018年7月,中国移动在新加坡开始建设新的数据中心,成为亚太地区布局的第二个数据中心服务区域。中国云服务龙头企业阿里云2014年开始全球化布局,目前在全球共有11个地域节点,44个可用区,覆盖亚太、美国、中东和欧洲地区。

随着中国互联网、云计算技术与应用的快速发展，国际巨头云计算公司纷纷加快在中国市场的布局。2013年6月，微软公司通过与世纪互联蓝云合作，成为首家进入中国的国际公有云服务商。2014年，世纪互联公司与IBM公司联合宣布基于IBM全球统一标准的企业级云平台云管理服务正式上线。2016年，全球云计算龙头亚马逊服务同光环新网公司合作正式落地中国。2016年，甲骨文公司宣布与腾讯云合作共同为中国企业提供云计算服务。2017年12月，亚马逊公司与西云数据公司合作运营的亚马逊服务中国（宁夏）数据中心成为亚马逊服务在中国的第二个可用区域。国外龙头企业通过合作运营模式进入中国，进一步加剧国内市场竞争。

随着新型基础设施建设的推进，云计算服务部署提速，相关设备及服务需求增加，数据中心作为底层基础设施有望持续增长，数据中心建设及扩容的步伐也会相应加快。可以预见，新型基础设施建设来袭会对数据中心产业产生重大影响，势必将开启新一轮增长期（解云鹏和雷波，2020）。

6.4.2.2 智能计算中心

(1) 其他主要国家和地区智能计算中心基础设施建设规划和促进政策

"计算机之父"冯·诺依曼曾经试图模仿神经网络设计计算机，但并未成功。20世纪80年代末至90年代初，在日本第五代计算机项目带动下，全球掀起一阵"智能计算机热"。当时的热点是面向智能语言和知识处理的计算机，研究重点是并行逻辑推理。

2016年9月，美国发布《国家战略计算计划》，确保未来数十年美国在超级计算系统开发方面的领导地位。该计划将组织和协调国防部、能源部和国家科学基金会三大联邦机构，高级情报研究计划署、美国国家标准与技术研究所两大基础研发部门，与大型企业和高校联合研究、开发超级计算机，在几年内建成计算能力达到每秒百亿亿次级别，开启超级计算机浮点运算时代。

2019年11月，美国发布《国家战略性计算计划》的更新版本，将其战略目标定为：开拓数字世界与非数字世界间的新领域，以应对21世纪的科学技术挑战和机遇；推进计算基础设施和生态系统的发展；建立并扩大合作伙伴关系，以确保美国在科学、技术和创新方面的领导地位。

2018年1月，欧盟委员会提出"欧洲高性能计算共同计划"，将与部分欧盟成员国共同投资10亿欧元建造欧洲高性能计算基础设施。"欧洲高性能计算共同计划"从2019～2026年实施。

(2) 中国智能计算中心基础设施建设规划和促进政策

1990 年，中国国家科学技术委员会（科学技术部的前身）批准成立"国家智能计算机研究开发中心"，不但开展了曙光系列并行计算机的研制，还从事了人工智能的基础研究和应用研究，为今天智能超算的发展打下了基础。

21 世纪以来，深度神经网络的成功和大数据的兴起，使得超级计算和计算智能（深度学习）走到一起，出现"历史性的会合"。过去高性能计算机主要用于科学计算，现在的高性能计算机已大量用于大数据和机器学习。2015 年，中国的高性能计算机群在数据分析与机器学习领域应用只有 27%，至 2017 年提升到 56%，预计这个比例今后还将继续提高。

2016 年 8 月，国务院发布《"十三五"国家科技创新规划》，提出大力发展并推广包括智能计算在内的先进计算技术。

2016 年，科学技术部设立"高性能计算"重点专项，研制适应应用需求的 E 级（百亿亿次左右）高性能计算机系统，使我国高性能计算机的性能在"十三五"末期保持世界领先水平。建设具有世界一流资源能力和服务水平的国家高性能计算环境，在我国科学研究和经济与社会发展中发挥重要作用。

2020 年 7 月，工业和信息化部发布《关于开展 2020 年网络安全技术应用试点示范工作的通知》指出，智能计算中心作为新型信息基础设施，其安全保障能力建设是关注的重点之一。

2020 年 8 月，国家发展和改革委员会发布《关于做好基础设施领域不动产投资信托基金（REITs）试点项目申报工作的通知》，提出聚焦重点行业，优先支持基础设施补短板项目，鼓励新型基础设施项目开展试点，其中就包括对智能计算中心项目的支持。

第 7 章 现代智能制造和先进材料基础设施

现代智能制造和先进材料基础设施,是我国建设现代化强国特别是制造强国、质量强国的关键基础工作。随着制造业发展的核心要素在历次工业革命过程中不断演进,围绕这些核心要素的基础设施,包括但不限于硬件、网络、算力、算法、数据和安全体系,正成为制造业发展的底层核心驱动力和一国制造业的核心竞争力。而针对上述制造业新型基础设施的建设,需要匹配相应的投融资模式和治理体系,才能形成良好的产业生态,推动新型基础设施建设快速发展。

本章重点通过研究制造业发展所需的核心要素及其特征的演进历程,判断在新的时代背景下制造业发展所需的新型基础设施。主要包括信息基础设施、融合基础设施和创新基础设施 3 类。其中,信息基础设施包含工业数据中心、工业超算中心、工业通信网络、工业互联网平台、工业信息安全体系等;融合基础设施包含智能仓储物流、智慧能源中心、工业智能装备、智能工厂等;创新基础设施包含材料基因组和工业软件。同时,面向现代智能制造和先进材料的新型基础设施需要在投资和治理体系上进行创新,例如强化工业数据治理和知识产权保护,以及打造产业协同合作生态等。

7.1 制造业发展核心要素及其特征变迁

在现代工业发展的历史进程中,人员、设备、原料、工艺、环境、数据等核心要素随着科技的升级而不断演进,发展至我们所处的信息时代,与其最初的概念和形态相比已经发生了翻天覆地的变化。理解这些要素及其特征变迁的规律,对于把握制造业未来发展方向和趋势具有重要的意义,也是面向智能制造和先进材料基础设施需要关注的核心内容。

7.1.1 制造业发展核心要素

对于工业产品来说,"人–机–料–法–环"是对全面质量管理理论中的 5 个影响产品质量主要因素的简称,这 5 个因素也构成了制造业的核心要素。随着信息技术的发展和制造业向智能化方向转型，"数"即数据也开始成为制造业的核心要素之一。

"人"指制造产品的人员。是生产管理中最大的难点，也是所有管理理论中讨论的重点。人员管理是生产管理中最为复杂、最难理解和运用的一种形式。工业化生产中人是提高生产效率的重要途径。提高生产效率，首先应从现有的人员中去发掘，尽可能地发挥他们的特点，激发他们的工作热情，提高他们的工作积极性。

"机"指生产中所使用的设备、工具等辅助生产用具。生产过程中，设备是否能正常运作、工具的好坏都是影响生产进度和产品质量的要素。工业化生产中设备是提升生产效率的另一有力途径。

"料"指制造产品所使用的半成品、配件、原料等产品用料。工业产品生产、分工细化一般由几个部门同时运作几种甚至几十种配件或部件。当某一部件未完成时，整个产品都不能组装，造成装配工序停工待料。

"法"指制造产品所使用的方法和需要遵循的规章制度，包括工艺指导书、标准工序指引、生产图纸、生产计划表、产品作业标准、检验标准和各种操作规程等。"法"的作用是能及时准确地反映产品的生产和产品质量的要求。严格按照规程作业，是保证产品质量和生产进度的一个条件。

"环"指产品制造过程中所处的环境。某些工业产品对环境的要求很高，而环境也会影响产品的质量。例如，音响调试时要求周围环境保持相对安静；又如食品行业对生产环境也有专门的规定，否则食品的卫生条件就不能达到国家规定的标准。

"数"指制造过程中产生的各种数据。制造企业需要管理的数据种类繁多，既包括设计、工艺、加工、质量等产品数据，又包括组织、管理、市场、生产、采购、库存等运营数据，还包括客户、供应商、合作伙伴等价值链数据，以及宏观经济、行业运行、竞争对手等外部数据。

以上各项要素中，"人""料""数"属于流动要素，"机""环"属于固定要素，而"法"分别凝聚在"机"和"人"两个要素中。支撑固定要素的"机"和"环"基础设施包括工厂、园区等生产场所；支撑流动要素的"人"和"料"基础设施包括物流体系、劳动人员职业技能培训体系等。对于"法"和"数"的基础设施则体现在以软件为载体的对知识和技术的固化，包括底层支撑的信息技术基础设施，即网络、存储、计算等硬件系统。

7.1.2 历次工业革命制造业核心要素的特征变迁

第一次工业革命的特征是以机器代替手工劳动。在这一过程中，"机"和

"料"的变革成了主要的驱动因素。一方面,以蒸汽机和轧棉机为代表的机械装备的效率提升使其得到了更加广泛的应用;另一方面,冶铁技术的突破和煤炭作为能源的广泛使用也给机械装备带来了更低的原材料和能源成本,使煤炭和蒸汽机的组合成为第一次工业革命的标志性象征。此外,采用新式动力的机械装备广泛应用在纺织、采矿、铁路运输等行业,构成了更加紧密的产业协同网络,加快了各产业间要素的流动。在这一背景下,"人"作为产业的主体,开始大规模地从农业、手工业进入规模化的工业生产场景。为了适应大规模生产而产生的组织管理体系以及生产管理经验,也是在这一时期逐渐成熟,随着产业的演进,工人将日益积累的经验转化为与规模化生产相适应的标准化工艺流程。在这一时期,对于生产环境的要求相对较少。

第二次工业革命被称为"制造业的电气化革命",同样是由"机"和"料"驱动的产业变革。在第二次工业革命过程中,电力设备特别是发电设备的成本快速下降,使得直接生产能源从煤炭开始转向电力,并促进了生产设备的变革。基于电力驱动的生产设备,具有更加稳定的性能特征,同时在生产流程上也更加灵活可控。电力的广泛应用不仅带来了新的产业如电报与通信、电力轨道交通等,还令工业原材料的生产成本进一步降低,如钢、铜、铝等金属的冶炼技术升级给制造业的基础材料带来了更多选择。与"机"和"料"的变化相对应的是"人""法""环"的改变。为了提高对复杂度日益增加的生产的管理效率,企业管理现代化也快速推进,泰勒制、福特制(和丰田制)等代表性生产组织方式相继建立。同时,电力的生产与电力设备的特点对工业的环境提出了更高的要求,更加专业化、标准化的生产厂区成为主流。

第三次工业革命的标志是工业化与信息化的融合。随着计算机、互联网以及通信技术的发展,工业与信息通信技术融合深刻改变了产业的发展模式。工业控制系统使生产设备能够实现更加精准的控制,并能够随着产品需求的变化优化生产工艺。同时,基于控制系统的能源生产和原材料生产也变得更加高效,这种效率的提升大大减少了对于劳动力的需求。在信息传递效率提升的背景下,企业组织结构向扁平化发展,企业决策者能够更加快速地掌握生产一线的情况,并迅速做出管理决策。在这一时期,"数"作为最后出现的要素,正发挥着越来越重要的作用。基于对生产流程和管理系统数据的采集和分析,利用人工智能算法能够实现对生产工艺的显著优化以及对企业管理的效能提升。通过在制造设备、原材料、零部件及产品上嵌入智能传感器,借助射频识别技术等物联网技术能够实现终端之间的实时数据交换,实时控制终端设备的操作,对产品全生命周期进行个性化管理。数据要素对于生产体系重构的意义还在于形成生产和消费的闭环。依托物理信息系统,生产数据和消费数据形成大数据系统,经实时分析和数据归并后形成"智能数据",再经可视化和交互式处理后,实时向智能工厂反馈产品和工艺的优化方案,从而形成"智能工厂-智能产品-智能数据"的闭环,驱动生产系统智能化。

7.2 现代智能制造和先进材料基础设施

从制造业的要素特征出发,新型基础设施应围绕产业要素的集聚和优化来展开。现代智能制造和先进材料的基础设施包含:以5G、物联网、人工智能和云计算等信息技术为代表的信息基础设施;以智能仓储物流、智慧能源中心为代表的信息技术和传统基础设施相融合的基础设施;以技术研发、工业知识软件化为代表的创新基础设施。

7.2.1 现代智能制造和先进材料的信息基础设施

信息基础设施将构建数字经济时代的关键基础设施,支撑经济社会数字化转型,实现高质量发展。信息网络高速发展,并向传统基础设施渗透延伸,形成万物互联、数据智能的新型基础设施,实现以信息流带动物质流、能量流、资金流、商流,在更大范围优化资源配置效率。以信息基础设施为载体,新一代信息技术将加快与先进制造等领域的交叉融合,引发群体性、颠覆性技术突破,为制造业数字化转型持续注入强劲动能。通过助力数字化、网络化、智能化发展,信息基础设施将推动制造业结构高端化和产业体系现代化,成为新一轮工业革命的关键依托。

7.2.1.1 工业数据中心

工业数据中心一般采用多台高性能的服务器搭建一个容错的服务器集群,让多台服务器可以同时并行运行、计算以及处理,并采用磁盘阵列搭建高速度、高可靠性、高容量的存储系统。通过配置千兆汇聚式核心交换机,能够完成内网和外网以及虚拟子网的规划;通过选配防火墙来搭建工业隔离区,完成工业生产区域(分散控制系统、人机界面、数据采集与监控系统、制造执行系统)、企业资源计划、办公区域的网络安全对接。依托服务器集群形成无数个虚拟化的服务器应用,安装操作系统和工业应用软件。使用工业监控以及业务的用户只需要本地的显示器和键盘,就可以远程连接到真实服务器集群中的属于自己的虚拟服务器上。

通过使用先进数据中心网络技术——软件定义网络,对数据中心园区网络进行改造，能够实现全网安全策略的统一管理和控制，不同业务之间的安全访问控制策略完全由集中的软件定义网络控制器通过软件定义的方式实现，减少大量设备投资。而实施"计算资源虚拟化"能够节约服务器采购成本、"存储虚拟化技术"能够有效提升存储资源利用率并节省存储设备采购成本、"网络虚拟化技术"能够节省网络交换机采购成本。

通过数据中心基础设施和云平台建设，还能够基于 TCP/IP 建立和管理 IP 存储设备、主机与客户机器之间的连接，并基于虚拟专用网（virtual private network，VPN）技术实现虚拟专用网、加密通信和远程访问。应用计算机指令控制设备运行，精准度得到极大提升；集成统一的生产营运平台，满足工厂的信息需求，以及个性化、柔性化、多批次的智能制造标准，有效实现对制造过程的管理和优化。

通过建设数据中心计算存储资源，能够实现对生产的即时反馈。通过移动端将生产情况数据报表实时推送，实时数据查询（包括不良率查询、生产任务查询、单位小时产能趋势图）、实时看板，使管理者及时了解生产情况，对异常问题及时跟踪解决。有效提高生产过程可控性，减少生产线人工干预，通过合理生产计划排程节省大量人力物力。

工业数据中心的建设是加强工业大数据资源采集汇聚的重要基础。工业大数据全面采集依赖于加快部署传感器、射频识别、数控机床、机器人、网关等数字化工具和设备，以及提升设备数据、产品标识数据、工厂环境数据等生产现场数据的采集能力。相关的技术应用推进措施还包括推动工业大数据传输交互，推动 5G、NB-IoT 等技术在工业场景中的应用，推进 IPv6 规模部署，改造升级工业企业内外网络；以及推动工业大数据高质量汇聚，开展数据资源编目工作，加强数据清洗和预处理，实现多源异构数据的融合和存储。

在数据中心建设的基础上，应推动工业大数据合作共享，支持优势产业上下游企业与第三方机构加强合作，围绕数据合作共享形成战略伙伴关系；激发工业大数据市场活力，统筹建设国家工业互联网大数据中心，鼓励各主体积极参与区块链、安全多方计算等数据流通关键技术的攻关和测试验证；降低工业大数据流通的风险，研究开发工业大数据资产价值评估模型，建立完善评估工作机制，推动形成数据资产目录和资产地图。

7.2.1.2 工业超算中心

工业超算中心能够为制造业提供工业设计仿真计算资源及资源分配、管理优化等服务。随着物联网、增材制造和机器学习等趋势将物理世界与数字世界融合，工业产品变得更加智能化和互联网化。这些变化正推动仿真技术迈向无所不在的工程仿真时代，使模拟仿真成为产品探索、设计、测试和运行等各个阶段的核心技术。工程师在设计周期中更早地执行模拟仿真，能够通过数字探索更快地研究更大的设计空间，这一切工作都在制定决策和确定成本前完成，从而节省更多时间和成本。利用超算中心强大的计算能力，工程师能在几分钟或几小时内仿真和测试数千种设计方案，并通过远程可视化平台实时查看设计效果和修改设计方案。除此之外，工业超算中心还将为工业互联网发展提供包括云基础设施、通用平台资源部署和管理、工业数据建模和分析、工业微服务和应用组件开发、工业大数据和数据安全防护等在内的超算云服务。

基于工业超算中心，云服务厂商与制造企业能够合作共建工业设计云、营销大数据项目，并为制造业数字转型提供资源和服务支撑，面向汽车、装备机械、电子信息等行业的优质产业基础资源，拓展制造仿真、工业大数据、人工智能等领域的项目和服务合作。依托超算中心的计算能力，技术供给方能够基于工业互联网云智能制造服务，将消费端数据服务的经验运用到工业制造领域，提供云计算、大数据和人工智能的支持服务来进行不良品率分析、设备远程运维、智能诊断、装备寿命预测、质量改进分析等服务。

现阶段超算中心在工业领域的应用主要集中在仿真计算等方向。例如，国家超级计算广州中心协助中国商用飞机有限责任公司、广州汽车集团股份有限公司等一批企业单位完成了诸如机翼选型、汽车碰撞、器件结构优化等仿真计算，大幅缩短企业的产品研发周期，降低研发成本，提高生产效率。国家超级计算广州中心协助中国商用飞机有限责任公司开展了大飞机全机气动参数优化设计，在极短的时间内完成了几年的工作量，大大缩短了我国国产大飞机的研制周期。

此外，利用先进计算能力去理解和解决复杂问题，通过采用计算、通信和数据处理能力强大的计算机进行数据处理、信息服务、在线事物处理和科学工程计算，这种计算模拟的能力在新材料设计、生物信息、新型纳米结构与分子器件设计、气候变化研究、工业工程设计、航空航天器的制造等方面也发挥了重要作用。

7.2.1.3 工业通信网络

智能制造的网络基础设施核心是工厂内部和外部的网络通信。工厂内部网络通信包括现场总线、工业以太网、工业无源光网络（passive optical network，PON）、工业无线、工业蜂窝通信以及支持 IPv6 的技术和产品等。其中工业蜂窝通信技术方案包含 5G、NB-IoT 和远距离无线电（long range radio，LoRa）等。工厂外部网络通信主要利用传统互联网。

国际电信联盟定义的5G三大应用场景为增强型移动宽带、大规模机器类型通信和超可靠和低时延通信。在工业环境下，5G+超高清视频的主要应用场景包括智慧园区的安防和人员管理等。通过5G将采集的监控视频/图像实时回传，结合移动边缘计算（mobile edge computing, MEC）统一监控平台，实现人员违规、厂区环境风险监控的实时分析和报警，提高作业安全性。在超高清采集分析的技术上，经过人工智能的分析，视频应用逐渐向字符识别、人脸识别、视觉定位、行为分析、物体识别、物体测量、物体分拣等智能化发展，也就可称之为"机器视觉"。工业级无人机可以通过5G进行远程操控，并进行实时高清视频回传，可用于智慧园区的24小时不间歇、无死角的安防，或者恶劣环境下的设备巡检等场景。在工业环境中，很多场景不适合人工进行作业，如高危、高空、有毒等恶劣环境，需要通过超高清视频回传进行远程控制，且需要5G提供具有极低时延和可靠性的网络。

7.2.1.4　工业互联网平台

工业互联网平台是在传统云平台的基础上叠加物联网、大数据、人工智能等新兴技术，实现海量异构数据汇聚与建模分析、工业经验知识软件化与模块化、工业创新应用开发与运行，从而支撑生产智能决策、业务模式创新、资源优化配置和产业生态培育的载体。工业互联网平台最早由美国通用电气公司提出，其主导建立的Predix平台可以将通用电气公司遍布全球的数百万台高价值设备（如燃机）全部联网，通过局域网（单一工厂内部）和广域网（外网/公网，适用于不同区域的联网，可通过物联网+5G连起来）实现不同区域的机器之间的对话和互操作。

目前我国市场上有以下几类工业互联网平台。一是利用平台对接企业与用户，形成个性化定制服务能力，如海尔工业互联网平台打通需求、设计、生产等环节，实现个性化定制应用模式；二是借助平台打通产业链上下游，进而优化资源配置，如中国航天科工集团有限公司的工业互联网云平台通过汇聚需求与供给双方而实现供需对接、资源共享的功能；三是管理软件企业，依托平台实现从企业管理层到生产层的纵向数据集成，进而提升软件的智能精准分析能力，如支持企业预置型部署和云部署模式的内存计算平台；四是设计软件企业借助平台强化基于全生命周期的数据集成能力，形成基于数字孪生的创新应用，进而缩短研发周期，加快产品迭代升级，如索为公司研发的工业软件操作系统平台。

从技术角度来看，平台层包含了从数据集成和边缘处理到IaaS技术再到PaaS技术3个部分。其中，数据集成和边缘处理包含设备接入技术、协议解析技术、中间件技术、数据远程接入技术、边缘计算技术和数据存储技术等；IaaS技术包含分布式存储技术、负载调度技术、资源池管理技术、虚拟化技术等；PaaS 技术包含数据呈现工具、数据管理工具、微服务架构、机理模型、资源调度技术、数据分析技术、图形编程技术、容器技术、数据库技术和开发工具技术等。

依托平台层技术能够实现对智能制造和先进材料相关数据的存储、清洗、分析和维护。以先进材料数据库为例，包括材料数据库、材料产业资源元数据海等面向先进材料的新型基础设施主要是搭建了一批具备公共属性的先进材料数据库以及相关资源整合平台。例如，针对材料基因组、生物基因组、基因库、生物制造、微生物种群等各种先进材料的数据库（参照美国做法）。同时，2018 年工业和信息化部、财政部联合印发的《国家新材料产业资源共享平台建设方案》中提到的行业知识服务系统模块（对新材料产品、企业、集聚区、资金项目、成果奖励、学术文献、标准、专利、专家等海量数据资源进行汇聚加工）、仪器设施共享系统模块等系统资源建设，以及基于大数据和人工智能技术，开发多元异构数据管理工具和数据资源分类、叙词表、知识图谱等知识组织工具，构建丰富权威的新材料产业资源元数据海等，都将作为面向先进材料的新型基础设施加快布局，进一步发挥先进材料面向行业的基础作用以及推动其自身发展。

7.2.1.5 工业信息安全体系

工业信息安全体系分为 3 个层次：底层是安全模型与政策的选择；中间层是数据的安全防护；顶层的 4 个安全应用场景，分别是安全配置与管理、安全监测与分析、终端防护及通信与连接防护。

终端防护主要包括物理安全和虚拟安全技术，以云端和线下设备的防护能力为基础。然而随着通信需求带来的风险，仅靠终端防护无法保证系统的安全；通信与连接防护利用终端防护提供的权限身份管理功能来保证通信权限，同时使用加密技术与信息流控制技术保证信息通信与连接的完整性和保密性；在终端与通信安全被保证的基础上，系统安全状态的保证还有赖于针对系统生命周期的安全监测与分析以及对系统各部分的安全配置和管理。

以上应用场景建立在通用的数据防护功能基础上，数据防护对象包括终端的静态数据和通信过程中的动态数据，还包括在安全监测与分析和系统配置管理过程中的全部数据。

在底层，安全模型与政策的选择决定了安全防护的策略以及保证系统完整可靠的技术路线，定义了系统中各项功能节点如何合作以保证端对端的安全。

我国在防火墙、网络隔离、应用程序白名单等方向技术成熟度和市场应用水平均较高，但在资产管理方面技术水平和市场应用程度均与国际知名公司存在较大差距。工业安全运营中心基于威胁情报和大数据技术对工控系统通信数据和安全日志进行快速、自动化的关联分析,及时发现工控系统中的异常和威胁,并通过可视化技术将总体安全态势展现给用户。

7.2.2 现代智能制造和先进材料的融合基础设施

融合基础设施是支撑经济社会数字化与智能化发展的基础设施,是网络空间与物理空间连通和融合的载体。推进融合基础设施建设,最终目的是构建支撑数字化、智能化基础设施为基底的产业发展新生态,从而实现加速推进新技术的应用、新模式的孵化、新业态的涌现。融合基础设施不仅仅是某一项信息技术与传统基础设施的简单叠加,更是围绕行业需求,通过打造高效云计算能力、构建先进的网络基础、部署完善的感知终端,加强传统基础设施智能化改造,从而进一步挖掘传统基础设施的服务能力,实现基础设施的服务智慧化和管理网络化,拓展传统基础设施服务空间范围,提升传统基础设施的运行效率、管理效率、服务能力,重构基础设施服务供给与公共管理关系。

7.2.2.1 智能仓储物流

智能仓储通过物联网技术、室内地图、无线传感识别,将仓内货物位置与车辆位置关联,快速定位货、车位置,规划分拣路径;通过无线传感识别技术,自动识别进仓、出仓货物,数据实时同步至仓储管理系统,确保仓储管理系统中信息与仓中实际储货一致;实时监控仓中货物位置,对非合规时间、位置的货物移动进行告警。

无人仓是整合了无人叉车、自动导航车(automated guided vehicle,AGV)机器人、机械臂、自动包装机等众多人工智能技术的智能仓储基础设施,能够实现整件商品从收货上架,到存储、补货、拣货、包装、贴标,最后分拣全流程的无人化,单个机器人工作台商品拣选效率达到了 600 件/小时,相比人工拣选效率提升 5 倍,从消费者下单到商品出库,最快 20 分钟就可完成。

基于 5G 泛在智能、端—边—云网络架构以及执行层数据传输的去中心化,能够让 5G 网络下无人仓内整体仓储信息系统高效稳定的运作。在 5G 网络下,通过物联网、人工智能等智能物流技术和产品融合应用,实现 5G+人工智能仓储安防建设、自动导航车的云化调度等设备升级,推动了从货物入库、拣选、盘点、分拣、发货等仓内全流程操作全面实现数字化、可视化和智慧化。

智慧物流根据道路限高限重及各城市限行规定,合理规划运输路线;基于最优配送路线,确定货物装车顺序,提高运力;支持语音或文字下单,后台支持定制化的检索策略和地址解析优化，帮助寄件人高效准确填写收发地址；支持手写体文字光学字符识别（optical character recognition，OCR），快速准确地将手写运单数字化；根据预估到达时间及距离计算确认最优取件/派件人员和车辆；通过云端支持轨迹还原优化，增强里程计算精准度；提供基于全国五级地址库的多系统合路平台检索和地址解析服务，精准的地址解析能力让物流系统的预分拣准确率更高。

从信息化水平来看，我国仓储业的信息化正在向深度（智能仓储）与广度（互联网平台）发展，条形码、智能标签、无线射频识别等自动识别标识技术、可视化及货物跟踪系统、自动或快速分拣技术，在一些大型企业与医药、烟草、电子、电商等专业仓储企业应用比例有所提高。

7.2.2.2　智慧能源管理中心

智慧能源管理中心是指采用自动化、信息化技术和集中管理模式，对企业能源系统的生产、输配和消耗环节实施集中扁平化的动态监控和数字化管理，改进和优化能源平衡，实现系统性节能降耗的管控一体化系统。在实现节能目标管理、能效对标管理、节约机会识别、能源计量和统计、能效分析等功能，改进和优化能源平衡、能源规划的同时，还能够有效地支撑企业实施节能技术改造、可再生资源替代等静态技术改造工作可行性辨识。

智慧能源管理中心系统需要集成动力能源现场控制系统（水、电、风、气/汽）和各主工艺单元数据信息收集系统等第三方系统。具体包括如下。

1）综合过程监控系统。它包括过程监控系统软硬件平台、调度中心监控软件、在线调度工具等。

2）预测与能源平衡调度模型及软件。它是实现企业能源管理中心重要应用的基本组成部分。

3）基础能源管理系统。它作为智慧能源管理中心的离线应用功能，可实现实绩和计划管理、能源质量和量值管理、专业管理报表子系统、运行和决策支持、数据分析及考核等管理应用。它是在自动化和综合过程监控系统基础上的数据分析和管理平台，是实现以过程数据为依据进行能源管理的重要子系统。

4）管控中心工程子系统。它作为系统应用和展示平台，是能源调度指挥中心的基础设施平台。它包括控制室工程、机房工程、弱电智能化工程、大屏幕工程、视频及通信工程等基础系统。

5）工业及管理网络系统。它主要包括工业网络和中央管理网络。智慧能源管理中心的工业网络根据企业物理规模的不同，一般可达35～80千米，采用工业级交换机设备。

6) 现场控制系统改造。它是对现场控制系统及数据处理等方面进行适应性改造，以确保信息集合满足智慧能源管理中心的应用功能规划要求。

7) 数据采集装置改造。它是为满足智慧能源管理中心的运行要求，实现基于客户过程数据的分析和管理，实现精细化能源管理，需要对数据采集仪表和电气设施进行规模化改造，尤其是对二、三级计量装置的完善。

8) 配套管理模式和机制建设。它是相对于硬件设施建设的"软件"建设，其关键是建立智慧能源管理中心的理念和定位，把项目建设和管理体制建设有机地结合起来，做到同步规划、同步建成并实现良性互动，以提高智慧能源系统调度运行管理的效率，使智慧能源管理中心发挥出最佳效果。

智慧能源管理中心不但针对工业企业，还包括公共建筑、商业楼宇等，是为了达到节能减排的目标及其实现科学发展战略的重要措施，也是通过信息化指导政府决策的重要系统。智慧能源管理中心应该是由政府主导企业运营的为政府和社会服务的第三方服务机构，从系统结构上讲是应该充分利用原有政府信息化平台，共享供电、供水、燃气、供暖等能源供应和使用数据信息，实现对能源安全、合理、高效应用的目的。

7.2.2.3 工业智能装备

围绕智能制造的新型基础设施在与传统制造设备融合后体现为企业智能生产设备、智能生产终端、智能控制设备。智能生产设备包括工业机器人、3D打印设备、自动导航车、智能机床等；智能生产终端包括智能传感器、射频识别设备、监测终端、过程仪表、个人数字助理、人机界面设备、嵌入式一体机等；智能控制设备包括可编程序逻辑控制器、工控机、现场可编程门阵列（field programmable gate array，FPGA）、启动器、过程控制器、继电器、开关设备等。

需要重点关注的细分领域包括现场可编程门阵列和传感器。①现场可编程门阵列和单片系统（system on chip，SOC）工业自动化解决方案使工业系统设计人员能够为工厂自动化系统设计降低成本和时间。现场可编程门阵列市场国产化率非常低，政府部门国产应用率不足30%，商用市场国产化率就更低。在人工智能、物联网、5G快速发展的情况下，预计将带来庞大的现场可编程门阵列增量市场，而这也是国内厂商快速切入的时机。②我国的传感器起步相对较晚，在高端传感器方面的发展落后于发达国家，伴随着国内信息化飞速发展，国家将传感器技术列为重点突破的领域，近年来我国的传感器发展迅猛。《智能传感器产业三年行动指南（2017—2019年）》中提出，到2019年，我国智能传感器产业取得明显突破，产业生态较为完善，涌现出一批创新能力较强、竞争优势明显的国际先进企业，技术水平稳步提升，产品结构不断优化，供给能力有效提高。传感器将继续朝微小型化、智能化、多功能化和网络化的方向发展，我国企业仍有弯道超车的机会，未来有望出现产值超过 10 亿元的行业龙头和产值超过 5000 万元的小而精的企业。

7.2.2.4 智能工厂

智能工厂的特征是：①信息基础设施高度互联，包括生产设备、机器人、操作人员、物料和成品；②有实时系统，可以及时进行信息传输和对接；③柔性化、敏捷化、智能化和信息化是智能工厂的发展趋势。每个阶段，柔性化对环境的调整能力能够实现不同产品需要，实现多品种小批量生产，同时能解决由个性化生产所带来的成本飙升问题。

在工业 3.0 时代，工厂的最底层加工单元包括了 3 个环节，分别是传感器（相当于眼睛）、可编程序逻辑控制器（相当于大脑）和执行器（相当于手足）。在加工单元的上层是车间，相关系统主要是制造执行系统；再上层是 ERP 系统、产品生命周期管理系统、供应链管理系统和客户关系管理系统等管理应用系统。其中，ERP 系统负责企业内部资源的配置和协调，而产品生命周期管理系统负责产品从开发到报废的管理，供应链管理系统负责企业资源和外部的对接，而客户关系管理系统的作用在于促进企业和消费者的沟通。

智能工厂对上述的软件系统提出了新要求，第一，必须更加智能，反应更快。例如，未来的产品生命周期管理系统可以跟踪汽车的使用过程，通过对其生产、损耗等数据的分析，最终"决定"其在接近使用年限之时，应该全面报废还是"器官移植"——回收有用的旧部件。第二，智能工厂要求技术更加集成化，即以上系统要实现横向和纵向的集成，从而实现智能化。在智能化生产场景下，产品从设计到制造的所有环节都被打通，产品生命周期管理系统的设计数据直接进入 ERP 系统，后者立即调配工厂资源，如需外界供货则由供应链管理系统自动调配。而借助于客户管理系统，整个生产过程可以和客户保持实时沟通，比如顾客通过视频看到产品不符合自己要求时，可以立即让生产线进行调整。

智能工厂能够独立运转、连接并和机器进行交流，产品设备之间可以通信。所以德国人把工业 4.0 定义为"机器制造机器"，每台机器都是有生命力的，工厂越来越像一个人，有智商高低的区别。随着工厂"智商"的提高，其智能化程度越来越高。

智能工厂是现代工厂信息化发展的新阶段，是在数字化工厂的基础上，利用物联网技术、设备监控技术加强信息管理和服务，清楚地掌握产销流程，提高生产过程的可控性，减少生产线上的人工干预，即时准确地采集生产线数据，以合理编排生产计划与生产进度，并通过绿色智能手段和智能系统等新兴技术的运用，构建一个高效节能、绿色环保、环境舒适的生产环境。

7.2.3 现代智能制造和先进材料的创新基础设施

创新基础设施主要涵盖重大科技基础设施、科教基础设施、产业创新基础设施等领域。作为知识溢出、技术溢出的源头，产业创新基础设施为产业创新活动提供了便利条件，其所在地可依托科学发现和技术发明聚集来自世界各地人才，有效推动经济、社会和科技事业快速发展。另外，这种溢出效应也会推动区域创新中心的形成。面向我国战略性产业突破技术瓶颈、攻克产业前沿和关键共性技术、构建和完善国家现代产业技术体系的重大需求，以下一代先进计算领域、先进集成电路制造、未来信息技术、生物育种、新材料研发与制造、未来能源等领域为重点，能够推动国家产业创新中心布局建设与发展，构建产学研深度融合的现代化创新基础设施体系。

7.2.3.1 材料基因组

材料基因组是美国经过信息技术革命后，充分认识到材料革新对技术进步和产业发展的重要作用，在复兴制造业的战略背景下提出来的。数据共享与计算工具开发对材料基因组的成功至关重要。先进材料复杂的物理与化学特性可以因不同的应用需要而做相应调整，并可以在合成、生产和使用过程中改变。对这些特性的跟踪是一项非常艰巨的任务，材料基因组还包括将术语、数据归档格式化和指南报告标准化。

目前，从电子到宏观层面都有各自的材料计算软件，但是还不能做到高效跨尺度计算以达到材料性能预测的目的，各个软件之间彼此不兼容，而且由于知识产权问题，彼此不能共享计算工具的源代码。材料基因组未来的工作主要集中在以下几个方面。

1）建立准确的材料性能预测模型，并依据理论和经验数据修正模型预测；建立开放的平台实现所有源代码共享；开发的软件界面友好，以便进一步拓展到更多的用户团体。

2）采取实验手段完善材料基因组，通过实验弥补理论计算模型的不足和构架不同尺度计算间的联系；补充基础材料物理、化学和材料学的数据，涉及材料的电子、力学、光学等性能数据，构建材料性能相关的成分、组织和工艺间内在联系，并建立庞大的数据库；利用实验数据修正计算模型，加速新材料的筛选及高效确定。

3）数字化数据库建立，构建不同材料的基础数据库、数据的标准化以及它们的共享系统；拓展云计算技术在材料研发中的作用，包括远程数据存储与共享；通过数字化数据库建设，科学家与工程师可共同高效开发新材料。

7.2.3.2 工业软件

工业软件是指专用于或主要用于工业领域，以提高工业企业研发、制造、管理水平和工业装备性能的软件。按照产品形态、用途和特点的不同，工业软件可分为研发设计软件、生产控制软件、信息管理软件以及嵌入式软件4类，如图7-1所示。工业软件不包括通用的系统软件和应用软件，如计算机操作系统、通用数据库系统、办公软件等。

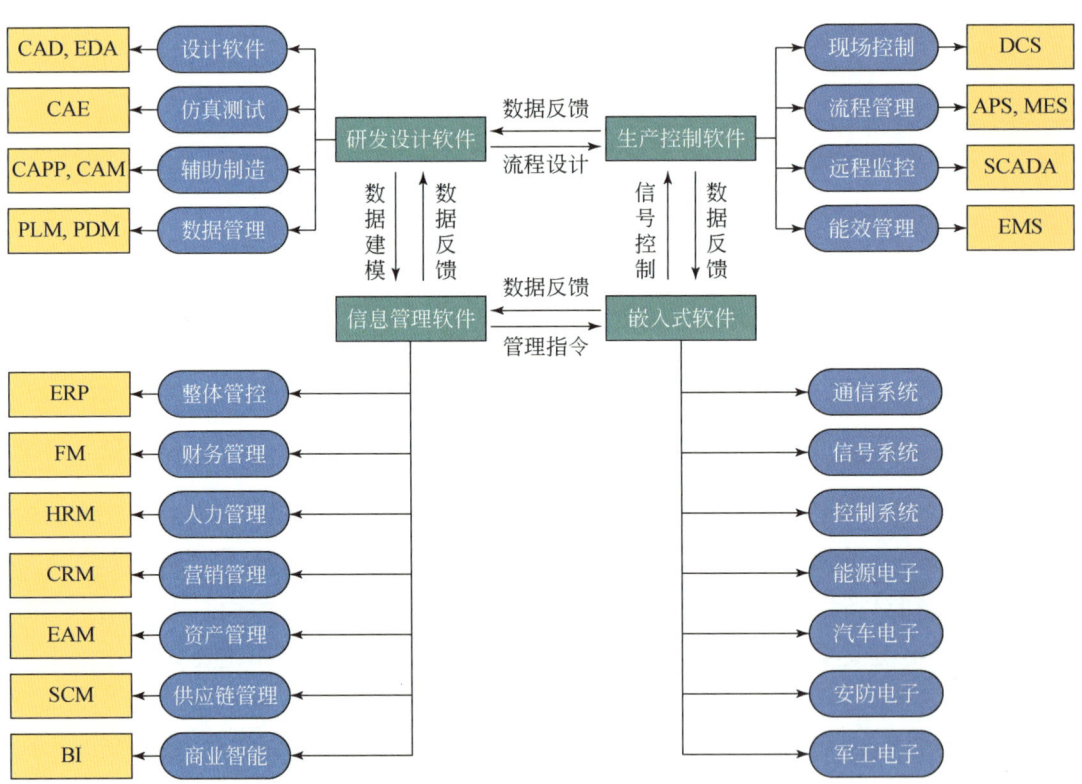

图 7-1 工业软件分类

资料来源：赛迪顾问. 中国工业软件发展白皮书（2018）

对于制造企业来说，在产品研发环节通过计算机辅助设计软件、计算机辅助工程软件、产品生命周期管理系统等能够提升产品研发能力并缩短产品研发周期，帮助企业协同企业内部和外部的研发资源，提升研发工作的效率。在生产制造环节，能源管理系统、数据采集与监控系统等帮助企业提升生产过程自动化水平，而包含嵌入式控制软件的工业机器人在搬运、焊接、喷涂等工序的广泛应用则显著减少了用工成本。信息管理软件的应用帮助企业提升业财一体化能力，提升管理智能化水平。利用大数据实现关键物资的快速发现和配置协同，能够帮助企业快速定位上游供应商，提升原料采购效率。基于视频采购和标识解析系统，保障企业采购业务顺利开展，实现对物流的精确管理。在产品销售环节，通过供应链管理系统、客户关系管理系统等 SaaS 应用实现供需在线对接，打通用户需求和企业生产，为制造企业寻找订单、拓展市场。此外，依托数据分析能力预测市场变化，实现数据驱动业务智能化发展。

制造所依托的知识，主要是基于工作岗位的暗默知识（tacit knowledge）与经验传授通过数字编码变成可编程和可执行的操作软件，是未来智能工厂制造执行系统和知识工作自动化的重要组成部分，是新型基础设施建设的难点之一。

7.3　现代智能制造和先进材料的基础设施投资与治理体系

现代智能制造和先进材料的基础设施与传统基础设施有本质区别，特别是随着数据、算法等软性生产要素的比例越来越高，新型基础设施的投融资模式与传统基础设施投融资模式有着较大的差异，同时针对工业数据的治理以及针对工业软件等知识产权保护的重要性也将不断提升。围绕软性生产要素的集聚，产业链协同与人才培养都是构建良性产业生态的重要内容。

7.3.1　投融资模式

针对智能制造的基础设施投资规模较大，且投资回报较慢，目前企业内部的基础设施主要由企业主导，政府通过财政补贴等形式进行政策鼓励。而通用型基础设施包括工厂外部通信网络、工业数据中心等领域，则应以政府或政府支持的企业作为投资、建设和运营主体。过去，我国基础设施的融资渠道比较单一，主要是地方政府举债，存在隐性的债务风险；未来，基础设施投资需要建立新机制，一边拓展融资渠道，一边加大中央财政支持力度。新型基础设施对应的产业生态系统日益丰富，也为创新型企业和民营企业的进入及参与建设创造了更大的空间。从运营来看，新型基础设施的运营管理涉及信息化、市政、交通、安全、环境等多个部门，且以信息化和数字化建设为核心增量，运营管理创新主要体现在基于数字化平台的集成管理，这是区别于传统基础设施运营的主要特点之一。这也为数字平台企业和数字化领域有技术实力的中小服务商提供了新的机遇。

根据新型基础设施的具体性质和特征，对不同类型的项目进行区别管理，选择适宜的投资主体、运作模式。关于非经营性项目，主要是指无收费机制、无资金流入的项目，这是市场失灵政府有效的部分，按照政府投资运作模式进行，资金来源以财政投入为主，并配以固定的税种或收费项目加以保障，权益也归政府所有。但在投资运作过程中，也要引入竞争机制，招投标流程规范化。对经营性项目，属于全社会投资范畴，投资主体可以是国有企业、民营企业，其融资、建设、管理及运营均由投资方自行决策，所享有的权益归投资方所有。

经营性项目又分为纯经营（营利性）项目和准经营性项目。纯经营（营利性）项目，可吸引全社会投资，通过市场机制实现资源的有效配置；准经营性项目有收费机制和资金流入，具备潜在的利润，但因政策偏向及价格等因素，无法收回成本，客观附带部分公共性，是市场失灵或低效的部分。

偏商业型的新型基础设施基本是企业可以充分涉足的领域，政府应充分让市场发挥资源配置的决定性作用，主要通过制定行业规则、设施标准、产业规划布局等，推进市场有序运行。例如，数字化基础设施中，除了5G基站、公共大数据中心等项目外，在工业互联网、人工智能、物联网等项目建设中，企业作为主体均大有空间。另外，偏公共/公益属性的新型基础设施需要政府主导投入，尤其是商业化价值低但又非常有必要的、涉及公共信息的、市场整合难度比较大的数字化基础设施，需要政府积极主导和牵头。

不同于传统基础设施，新型基础设施覆盖面更广，不同领域的基础设施交叉融合度更高，参与投资建设和运营的主体更多，支撑的业态更丰富，对投资和运营模式创新的要求也更高。

理顺政府和企业在新型基础设施投资、建设、运营方面的关系，需要探索新的投融资及管理运营模式。例如，5G的建设一方面需要无线技术和网络技术的推进，另一方面也需要智能交通、智慧城市、智能家居、智能制造和智慧能源等主要应用场景和商业模式的支撑。在以5G为重点的新型基础设施建设过程中，传统投资、建设、运营主体的边界发生改变，新型的投资和运营模式应运而生。

探索未来新型基础设施的商业模式。一是股权式进入，以投资或参与投资的方式成立一个新的平台公司，例如管理道路停车方案，可以将所有公共停车位画出来，建立一个主体来统一投资建设管理运营；公司股权结构是地方国有或混合的。二是运营式介入，如北京地铁4号线的所有股权都是北京市政府的，公司从运营层面介入，向政府交纳基本收益，产生的增值收益由运营商/公司获得。运营期一般是长期（20~30年），运营期间需要基于一定规则。三是协议式介入，一般是中短期合作，如将北京智慧停车系统划分区域来管理，各个区域之间可以相互竞争等。

在新型基础设施建设推进中，新型PPP模式是重点，将催生出政府、国企、民企、互联网企业共同规划、共同投资、共同建设、共同运营、共同治理的新模式。这种模式很契合当下国际形势——政府退出竞争产业领域，从事基础研究领域、基础设施领域、基础产业建设，发挥国家力量。

鼓励民营企业参与、投资、建设和运营新型基础设施主要领域，实现全生命周期的开放和管理。现代智能制造和先进材料的新型基础设施对应的产业生态系统非常丰富，涉及多部门，且以数字化建设为核心增量，运营管理创新主要体现在基于数字化平台的集成管理，这是区别于传统基础设施运营的主要特点之一。要充分利用数字科技企业的平台和数据优势，在新型基础设施的规划、设计、投资、建设、运营等全环节向民营企业开放，探索一套适应新型基础设施特点的新型组织方案，充分发挥龙头企业的独特优势，协调各方主体实现资源利用最大化。

7.3.2 治理体系

7.3.2.1 工业数据治理

工业数据分类治理是实现数据共享互认的基础。开展海量工业数据治理，做好数据标识分类，将工业数据管理由"杂货铺"变成"自动化仓库"，实现工业数据共享流通。数据治理技术能够结合行业要求、企业业务规模和数据复杂程度等实际情况，根据系统性、规范性、稳定性、明确性、扩展性的原则，对市场服务、生产服务、资讯与政策、经营决策等数据进行分类并形成企业数据分类清单。

工业企业工业数据分类维度包括但不限于研发数据域（研发设计数据、开发测试数据等）、生产数据域（控制信息、工况状态、工艺参数、系统日志等）、运维数据域（物流数据、产品售后服务数据等）、管理数据域（系统设备资产信息、客户与产品信息、产品供应链数据、业务统计数据等）、外部数据域（与其他主体共享的数据等）。平台企业工业数据分类维度包括但不限于平台运营数据域（物联采集数据、知识库模型库数据、研发数据等）和企业管理数据域（客户数据、业务合作数据、人事财务数据等）。

根据不同类别工业数据遭篡改、破坏、泄露或非法利用后，可能对工业生产、经济效益等带来的潜在影响，将工业数据分为一级、二级、三级3个级别。通过对工业数据的分类分级治理，数据治理能够有力支撑工业领域构建工业数据治理体系。

7.3.2.2 知识产权保护

针对知识产权管理的3个阶段，政府要制定相应的政策措施，切实保护知识产权,激励发明创新。在知识产权形成阶段,积极鼓励原创性研究,在国家重大科技计划项目的立项和验收上对知识产权提出明确要求。在知识产权保护阶段,政府要加大执法力度,严厉打击知识产权侵权行为。在知识产权应用阶段,政府要通过营造良好的环境氛围,鼓励权利人投身于技术转化和产业化。

1)在政策上予以倾斜。从笼统扶持科技成果转化到重点支持专利项目,特别是在那些高科技专利项目及影响工业发展水平和方向的专利项目实施上,建设拥有自主知识产权的高科技民族工业群体。同时,保证专利制度各项奖酬兑现,重奖一些重大发明专利技术。在技术创新中充分发挥科技优势,在若干技术领域内取得优势,并申请专利保护,注重开发专利新产品,利用知识产权制度占有和垄断市场。

2)在资金上予以扶持。各级政府应建立专利基金,以财政、企业为主体,采取多渠道、多形式的筹集资金。重点支持那些有广阔的市场前景、高技术含量、高附加值的专利技术的实施。同时,火炬计划、星火计划、高新技术产业化、技术改造项目、新产品开发项目等各种科技和经济计划项目资金应向高科技专利项目实施上倾斜,积极扶持和发展我国自主知识产权的高科技民族工业。

3)在机制上予以保障。加强知识产权工作,必须不断完善我国的知识产权机制。要不断完善知识产权立法和执法体系,加大知识产权的执法力度,通过执法来推动全民重视知识产权法律保护,激励科技人员创造出更多的知识产权成果,鼓励建立自主知识产权产业,推动我国经济发展。

7.3.2.3 打造产业协同合作生态

随着工业企业信息化的发展,各类型工业软件之间的协同与集成效应逐步显现,以产品数据为例,从产品的设计阶段到生产过程,数据的标准化规范化对于不同软件之间数据的流转显得尤为重要,这一点,从市场来看,由于跨国软件企业早在服务于欧美发达国家制造企业的过程中,已经逐步形成了自己的规范和标准,并且随着各类型企业的并购发展,不同软件产品已经实现了很好的融合,未来随着国内工业企业的应用,对于集成和融合的需求也在不断提高,国内软件企业需要进一步通过上下游的合作和发展,提高产品的适应能力。

产业链的合作还包括产品以及围绕软件产品的各类型服务之间的合作,包括前期的咨询服务,软件的实施服务以及后期的运维、培训等服务,一个好的软件产品要想发挥作用,还需要良好的配套服务,因此,构建围绕自身产品的服务体系也是软件企业面临的问题,在发展初期,通常是软件企业自身来提供服务,但随着产业发展,专业分工变得更加细致,更需要专业的企业和团队来完成服务。

人才培养是产业生态的重要组成部分。高端、复合型人才严重缺乏是智能制造新型基础设施发展的一个瓶颈。对接产业需求，人才要了解行业，也要掌握信息化关键技术，能够进行应用开发。然而由于智能技术的交叉性，我国在智能制造人才结构上呈现出高端人才和工程师"两少"的特点，工程师的人才缺口甚至达到了500万~1000万。在本科教育方面，我国已开设了软件工程、信息安全、人工智能、大数据等专业方向课程，但与传统制造业专业的交叉融合还不够深入。未来应构建与新一代人工智能发展相适应的知识结构和课程体系，形成以智能科学与技术专业为核心，外加衍生层诸专业的新生专业类。除上述核心层、衍生层专业外，还应支持复合型和交叉型专业的智能人才培养。

第 8 章　现代农业和生物产业基础设施

党的十九大报告明确提出实施乡村振兴战略，总目标是农业农村现代化。2018年中央1号文件明确了"加快构建现代农业产业体系、生产体系、经营体系，提高农业创新力、竞争力和全要素生产率，加快实现由农业大国向农业强国转变"是实施乡村振兴战略的重要内容。要借助农业现代化实现乡村振兴，必须建设与之相匹配的更高水平、更高效率的现代农业基础设施体系作为支撑。

"十三五"生物产业发展规划指出，生物产业是21世纪创新最为活跃、影响最为深远的新兴产业，是我国战略性新兴产业的主攻方向，对于我国抢占新一轮科技革命和产业革命制高点，加快壮大新产业、发展新经济、培育新动能，建设"健康中国"具有重要意义。建设支撑生物产业发展的基础设施和平台，是提升生物产业创新能力、促进生物产业迈向中高端发展的重要保障。

本章从现代农业和生物产业基础设施的内涵出发，介绍支撑农业现代化建设和生物产业发展的基础设施体系，探讨现代农业基础设施的投资与治理模式。

8.1　现代农业和生物产业基础设施概述

农业是主要依靠自然资源、从事生命物质生产的产业，地域性和季节性较强，可控性和稳定性较差。因此，农业现代化更需要信息技术的武装和支撑。只有用信息技术服务农业，用智能技术装备农业，用网络技术连接城乡，用数字技术数字化新农村，才能大幅提高农业生产效率、资源利用率和农业持续创新能力。而随着现代生命科学的快速发展，以及生物技术与信息、材料、能源等技术的加速融合，高通量测序、基因组编辑和生物信息分析等现代生物技术突破与产业化快速演进，生物经济正加速成为继信息经济后新的经济形态，对人类生产生活产生深远影响。在生物经济加速发展的过程中，支撑生物医药产业升级、面向人类大健康发展、推动生物制造规模化应用、创新生物能源发展模式的一系列生物产业创新发展平台将发挥巨大作用。

8.1.1 现代农业和生物产业基础设施的内涵

土地、自然资源和劳动力是农业生产的基本要素，为提高土地产出率、资源利用率和劳动生产率而形成的完善的农业基础设施是支撑农业发展的物质和社会条件。农业基础设施主要由两类组成，一是包括农田水利、电力、道路、仓储、运输、销售、气象、通信等在内的物质基础设施；二是包括农业科技研发、教育培训、农技推广、政策管理、信息咨询等机构和设施在内的社会基础设施（樊祥成，2018）。现代农业基础设施是指满足现代农业产业体系、生产体系、经营体系的需要而建设的多层次设施系统，包括现代农业物流配送系统、烘干储藏保鲜系统、农田水利系统、农产品市场交易系统、农业信息系统、农业防灾减灾系统等（王定祥和刘娟，2019）。从内容上看，现代农业产前、产中、产后环节均需要相应的基础设施，涉及标准农田水利、要素供给、农业社会化服务、储藏保鲜、市场平台、风险管理等方面的内容。这就不仅需要对传统农业基础设施进行改造升级，而且需要根据现代农业要素重组需求，新建大量现代农业基础设施，以满足现代农业产业体系、生产体系、经营体系构建与发展的需要。

生物产业是一个以生命科学为基础、以生物技术为核心、以高新技术为支持的新兴产业，包括生物医药、生物制造、生物能源、生物农业和生物环保等方面，具有基础性、公益性和战略性的特征。随着大数据、人工智能等技术在疾病预防、药物研发和远程医疗等方面的应用向纵深发展，人类健康管理和疾病诊疗水平不断提升；合成生物技术与高通量组学芯片技术、基因组人工设计技术等现代生物技术的融合，使各类化学品、材料和能源的可持续生产得以实现；智慧农业等新型应用推进传统农业生产方式变革，使农业生产力供给能力、水平和质量不断增长。生物技术与信息技术、纳米技术、新材料等技术结合，将为解决健康、环境、能源、粮食等重大问题提供有力手段。因此，满足生物产业发展需求，融合了信息技术的各类智能装备、技术平台和基础数据库，构成了生物产业基础设施的主要内容。

8.1.2 农业发展几个阶段的特征变迁

农业发展经历了以人力和畜力为主的传统农业1.0时代，以农业机械为主要生产工具的机械农业2.0时代，农业生产全程依靠自动化装备支撑的信息化农业3.0时代，以及即将到来的以无人化为特征，融合了移动互联网、物联网、5G、云计算、大数据、人工智能等现代科学信息技术的现代农业形态（李道亮，2018），即智慧农业4.0时代。

农业1.0时代是人力与畜力为主的传统农业时代，是农业社会的产物。在农业社会漫长的发展过程中，人类最重要的劳动工具是用以开发土地资源的各种简单手工工具和畜力，它们是对人类体力劳动的有限缓解，并没有从根本上把人类的生产活动从繁重的体力劳动中解放出来。纵观人类农业社会的发展，尽管生产工具从早期的石器、青铜器发展到后来的铁器，但从整体来讲，在农业社会，生产工具仍然是初级的工具，生产工具只是人体局部功能的有限延伸。农业1.0时代是以体力劳动为主的小农经济时代，依靠个人体力劳动及畜力劳动，人们根据经验来判断农时，利用简单的工具和畜力来耕种，主要以小规模的一家一户为单元从事生产，生产规模较小，生产技术和经营管理水平较为落后，抗御自然灾害能力差，农业生态系统功效低，商品经济属性较薄弱。这个阶段以产量高为主要目标。

农业2.0时代是以机械化生产为主、适度经营的"种养殖大户"时代。以蒸汽机的发明和使用为标志，人类社会的生产工具得到了革命性的发展，人类发明和使用了以能量转换工具为特征的新的劳动工具，机器代替手工工具，标志着人类工业社会的开始。在几百年的工业社会历程中，能量转换的工具实现了机械化和电气化两次历史性的飞跃，对人类社会生产及生活产生了极为深远的影响。与此同时，伴随着工业革命的发展，农业机械化工具不断出现，农业装备开始在农业广泛应用。人们运用先进适用的输入性动力农业机械代替人力、畜力生产工具，改善了"面朝黄土背朝天"的农业生产条件，将落后低效的传统生产方式转变为先进高效的大规模生产方式，大幅提高了劳动生产率和农业生产力水平。这个阶段以产值高为目标，主要表现在农副产品深加工企业或食品制造企业向产业上游延伸，农业生产企业向产业下游延伸，提供给市场的已经不是初级农产品，而是加工后的农副产品或者食品。

农业3.0时代即信息化农业时代，是以现代信息技术的应用和局部生产作业自动化、智能化为主要特征的农业。农业3.0时代是农业专业化整合的时代，专业化整合是市场经济的产物，也可以说是全球化的产物。随着计算机、电子及通信等现代信息技术以及自动化装备在农业中的应用逐渐增多，农业步入3.0模式。通过加强农村广播电视网、电信网和计算机网等信息基础设施建设，充分开发和利用信息资源，构建信息服务体系，促进信息交流和知识共享，实现现代信息技术和智能农业装备在农业生产、经营、管理、服务等各方面普及应用。与机械化农业相比，自动化程度更高，资源利用率、土地产出率、劳动生产率更大。此阶段出现了更多专业化的农民、市场化的农业科技人员及农业科技类企业，企业使用无人机进行遥感监测和喷洒农药、使用智能化农机进行精准作业等。而伴随着人民生活水平的提高，休闲农业、绿色农业等商业模式不断出现，共同促进着农业信息化的发展。

农业4.0时代是以无人化为特征的智慧农业时代，是现代农业的最高阶段。在互联网时代，农业通过网络、信息等进行资源软整合，在物联网、大数据、云计算、人工智能和机器人等技术基础之上形成智慧农业。农业4.0时代是利用农业标准化体系的系统方法对农业生产进行统一管理，所有过程均是可控、高效的，真正实现无人化作业；农业服务提供者与农业生产者之间的信息通道通过农业标准化平台实现对等连接，互动性加强。农业资源软整合将增加资源的技术含量，提升农业生产效率和质量。现代信息技术的应用不仅仅体现在农业生产环节，它还渗透到农业经营、管理及服务等农业产业链的各个环节，是整个农业产业链的智能化。农业4.0时代中，生产与经营活动的全过程都将由信息流把控，形成高度融合、产业化和低成本化的新的农业形态，是现代农业的转型升级。土地生产的成果不再是化肥农药超标、普通的农产品，更多的是质量和产量提高、更接近自然的无公害产品。

8.2 现代农业和生物产业基础设施的体系

现代农业基础设施以构建智慧农业为目标，主要包括以农业物联网、农业大数据、天空地数字农业管理系统等为代表的信息类基础设施，以智慧大田种植、智慧设施园艺等为代表的融合基础设施，以及以分子设计育种研发平台为代表的创新基础设施。支撑生物产业发展的基础设施主要包括面向生物医药产业升级的智能制药装备、面向人类健康的生物产业创新发展平台、面向生物制造规模化应用的基础设施，以及面向生物能源发展的基础设施等。

8.2.1 支撑智慧农业构建的现代农业基础设施体系

智慧农业以信息和知识为核心要素，通过将互联网、物联网、大数据、云计算、人工智能等现代信息技术与农业深度融合，实现农业信息感知、定量决策、智能控制、精准投入、个性化服务的全新的农业生产方式，是农业信息化发展从数字化到网络化再到智能化的高级阶段（赵春江，2019）。研发具有自主知识产权的农业传感器、发展大载荷农业无人机植保系统、研制智能拖拉机、研发农业机器人、解决农业大数据源问题、发展农业人工智能、开展集成应用示范、提升智慧农业产业等将是智慧农业未来发展的重点任务。

8.2.1.1 智慧农业信息基础设施

(1) 农业物联网

农业物联网技术在农业生产、经营、管理和服务中的具体应用，就是运用各类传感器、射频识别、视觉采集终端等感知设备，广泛采集大田种植、设施园艺、畜禽养殖、水产养殖、农产品物流等领域的现场信息；按照约定的协议，通过建立数据传输和格式转换方法，充分利用无线传感器网络、电信网和互联网等多种现代信息传输通道，实现农业信息的多尺度的可靠传输；最后将获取的海量农业信息进行融合、处理，并通过智能化操作终端实现农业的自动化生产、最优化控制、智能化管理、系统化物流、电子化交易，进而实现农业集约、高产、优质、高效、生态和安全的目标（李道亮和杨昊，2018）。

按照监测对象的不同，农业物联网可分为农业生产环境监控物联网、动植物生命信息监控物联网、农机作业监控物联网、农产品品质检测与质量安全追溯物联网等。①农业生产环境监控物联网通过远程获取和分析农业生产环境的各种要素信息，对生产环境进行自动调控，从而实现种养殖业的高产高效。采集的信息主要包括：种植业中的光照和温湿度、二氧化碳浓度、土壤肥力和含水量等；水产养殖业中的pH值、溶解氧、氨氮含量、浊度，以及电导率等；畜禽养殖业中的氨气和二氧化硫等有害物质浓度等。②动植物生命信息监控物联网主要利用传感器、光谱分析、图像和视频分析技术，对动物和植物的生长状态进行实时监控。监控信息主要包括动物的体温、体重、行为、运动量、取食量、疾病信息等；植物苗情长势、病虫害、果实膨大状况、生物量、茎干直径、叶面积等表观信息，以及叶绿素含量、作物氮素、光合速率、种子活力和叶片温湿度等内在信息。③随着土地流转的进行，农机作业范围不断扩大，机收的组织者和参与者需要对农机作业信息进行快捷、准确和详细的获取，从而实现对农机作业的有效监管。农机作业监控物联网主要利用农机作业导航自动驾驶技术、农机远程监控与调度系统、农机作业质量监控等技术手段，对农机作业进行远程监控与调度，提高工作效率和作业质量。④农产品品质检测与质量安全追溯物联网是利用信息感知技术对农产品颜色、大小、形状及缺陷损伤等外观信息和农产品成熟度、糖度、酸度、硬度、农药残留等内在品质信息进行检测；通过电子数据交换技术、条形码技术和射频识别电子标签等技术实现物品的自动识别和出入库，利用无线传感器网络对仓储车间及物流配送车辆进行实时监控，从而实现主要农产品来源可追溯，去向可追踪的目标（郑纪业等，2017）。

（2）农业大数据

农业大数据是与农业物联网相对应的概念，它是一个数据系统，在开放系统中收集、鉴别、标识数据，并建立数据库，通过参数、模型和算法来组合和优化多维和海量数据，为生产操作和经营决策提供依据，并实现部分自动化控制和操作。建立农产品流通数字化平台，在生产管理、收购、仓储、运输、交易等环节之间搭建数字化桥梁，加强大数据采集、共享、应用，实现信息公开、双向流通，促进农产品有效生产和流通组织，合理安排生产和储运，加强农产品冷链前置，促进农业生产和冷链场地、仓储、运输、农贸市场协作，最终实现农产品数字信息的流通，打通产品流通的各个环节。

依托农业大数据及相关大数据分析处理技术，建设农业大数据分析应用平台，全面及时地掌握农业的发展动态，将进一步推动智慧农业发展进程。在技术上，该平台应该基于先进的大数据系统框架，充分融合物联网在数据获取以及云计算在数据处理方面的技术优势，建设具有高效性、先进性和开放性的业务化应用平台。在结构上，该平台应具有良好的可配置性，满足资源扩展和业务流程的变化。平台应具有稳健的设计构架、良好的人机交互功能，便于一般技术人员开发使用。随着应用领域的拓宽、业务的发展和业务量的增加，系统也应该具有良好的扩展性和应用性（孙忠富等，2013）。

农业大数据分析应用平台的建设，应针对所选择的优先发展领域，如智能农情（苗情、墒情、灾情、病虫情）监测、智能设施农业（种植业和养殖业）等，基于农业大数据相关技术，构建包括数据采集技术、存储技术、处理技术、分析技术、展现技术等的一体化应用平台；基于大数据技术，研发智能化的决策支持系统，可提供大数据分析成果和决策管理信息发布，不仅可为科研院所、各级政府、涉农企业、社会公众等提供公共的业务服务，也可提供个性化的服务功能。在系统技术和功能方面，应通过规范数据接口和协议，实现各类相关数据库的交互访问；提供数据分析应用的算法库、模型库、知识库；能满足农业大数据研究的专业化和个性化需求，在数据采集、分析、发布等方面提供技术和方法支持；数据可供浏览，具备数据查询、展现和基础统计分析等功能；提供云存储和服务功能等。

农业大数据应用正不断向深度和广度延伸。利用大数据的技术挖掘体系和机器学习、自然语言处理等智能信息处理工具，自动发现、挖掘、预测用户的兴趣或偏好，实现个性化信息内容的关联与推荐。根据农户类型（种植、养殖、农业企业、农产品流通经销商等）和农户所处的基本情景（所处的地理位置、从事农业活动的季节等），向农户推送符合其需求的精准信息服务将成为农村网络化服务的重要趋势（赵春江等，2018）。

(3) 天空地数字农业管理系统

天空地数字农业管理系统是利用航天遥感、航空遥感、地面物联网等现代空间信息技术，建立天空地数字农业观测系统，实时获取农业资源要素、生产过程、市场和决策管理等数据，建立数字化、网络化和智能化的信息分析与决策系统，优化配置农业资源要素，提高农业生产效率，打造新型的农业生产和服务体系，从而提升国家农业治理现代化水平（吴文斌等，2019）。利用航天遥感覆盖区域广、空间连续，航空遥感观测精度高、时间连续，以及地面物联网实时观测、信息真实的联合优势，以卫星遥感技术为支撑，采用航空遥感和地面监测等多种手段的天空地一体化观测系统，克服单一传感器、单一平台观测的局限性，实现农业信息的高精度、多尺度、立体化、时空连续获取。主要包括农业资源调查、生产过程调度、灾害监测评估、市场监测预警、管理决策服务等核心功能，实现对农业全要素、全领域、全过程的数字化管理，增强农业数字化、网络化和智能化水平，服务于数字中国建设、农业高质量发展和乡村振兴战略。

（4）人工智能

新一代人工智能技术与农业融合，形成横断交叉、具有农业特色和特点的智能科技。例如，农业动植物智能识别、基于5G+区块链进行远程诊断与农产品质量安全管理、人机协同与农业智能系统、农业无人机混合智能交互与虚拟现实、农业机器人与农业无人系统等（赵春江，2020）。将情景感知、机器视觉、自动规划等认知技术整合到传感器、制动器等硬件中的农业自主无人系统，能够在农业未知环境中灵活处理不同的任务，如典型的农产品智能加工车间、无人农业等。

农业机器人是农业自主无人系统的最高体现形式，大致可分为两种类型：一是行走系农业机器人，可以在倾斜路面或者更复杂的如果园、植物工厂、水下等作业环境进行路径规划和避障，实现自主导航和完成巡检、加工搬运等功能，如巡检机器人、植保机器人、水下机器人；二是机械手系农业机器人，主要用于果蔬的采摘搬运，结合机器视觉图像处理识别果蔬的信息，对机械手臂的运动规划和力学特性要求较为严格，如授粉机器人、采摘机器人（王飞涛等，2020）。其中许多机型已经投入实际应用，在提高农业产量的同时，导航定位、路径规划、多机协同作业、机器视觉等机器人技术也在不断创新发展。

（5）电子商务

电子商务的快速发展为农产品流通提供了新的平台和基础。包括采购、仓储、包装、物流、运输、配送、售后等服务在内的农产品供应链的进一步整合，有效缓解了农产品进城"最初一公里"难题，为分散小农户走进大市场拓宽渠道，打通"从农田到餐桌"的农产品供给链，也能较好解决工业品、消费品下乡"最后一公里"难题，促进农村消费升级。

完善农产品流通过程中的冷链物流体系是降低产品损耗的主要手段。重点要根据农产品的价值、易腐性以及消费者可接受的价格水平等因素筛选出具备冷链应用可行性的农产品类型，并确定不同类型农产品应用的优先级顺序，逐步推进农产品冷链物流体系建设；建立完善的农产品冷链物流信息公共平台；建立冷链物流运作标准体系，包括农产品原料采集、分拣加工与包装、冷却冷冻、冷库仓储、包装标识、冷藏运输、批发配送、分销零售等环节的保鲜技术和制冷保温技术标准，以及冷链各环节的能耗与效率标准和最佳作业操作标准等；推动农产品冷链物流体系与农产品网络交易平台的无缝对接，优化农产品配送路线，提高消费者选择物流配送时的自主权（汪旭晖和张其林，2014）。

8.2.1.2 智慧农业融合基础设施

大田种植、设施园艺、畜禽养殖和水产养殖是智慧农业的重点领域，信息技术、装备技术和种养技术深度融合下的大田种植、设施园艺、畜禽养殖和水产养殖生产过程的设施化、装备化、自动化、智能化和精准化，是智慧农业在各领域应用的主要体现（李道亮，2018）。

（1）智慧大田种植基础设施

大田种植生产过程涉及农业资源、农业资料、农业技术、农情灾情、田间管理等要素，对这些要素信息的实时和精准掌握需要采用天空地一体化的农田和作物生长信息获取技术，通过多种智能传感器实现对农作物长势、灾害、产量的精准预测、预警与防控。采用水、肥、药变量精准作业技术，实现农作物和果蔬的精准灌溉、施肥和施药，提高水、肥、药利用率，减少对资源的浪费和环境的污染及破坏；通过作物和果蔬收获精准计量与统计上报技术，实现作物产量精准测报；采用农机跨区指挥调度与作业优化技术，进而实现农机最佳利用。

（2）智慧设施园艺基础设施

设施园艺是指在露地不适于园艺作物生长的季节或地区，利用特定的设施人为创造适于作物生长的环境，以生产优质、高产、稳产的蔬菜、花卉、瓜果等园艺产品的一种环境可控农业（欧阳华，2020）。设施园艺是我国现有果蔬类农产品生产的主要力量，而生产环境的监测与控制则是保障设施园艺发展的重要手段，采用光、温、水、肥、热的精准测控技术，实现蔬菜、花卉和瓜果的精准生长调控；采用射频标签和机器视觉技术，实现花卉的个性化管理和采收的自动化；采用机器人技术实现蔬菜嫁接、采收；采用射频导航、机器视觉和近红外等技术实现蔬菜、花卉、瓜果的分选分级和自动化包装。

(3) 智慧畜禽养殖基础设施

当前，全球畜禽产业都在转型升级。我国畜禽养殖业转型方向是标准化、规模化，而国际畜禽养殖业的转型方向是福利化、无抗化。福利养殖已经作为一种技术模式在国外推进，它已经不再是对动物友好的问题，而是作为健康养殖最主要的手段，是实现无抗养殖的前提。因此，现代化的养殖技术装备与信息化相融合是实现智慧畜牧业的必由之路（李保明，2019）。采用环境感知技术和自动控制技术实现畜禽等养殖环境的精准调控；采用射频标签、动物生长优化调控模型和智能饲喂装备技术，实现畜禽个性化精准饲喂，最大限度节约饲料，提高饲料转化率；采用机器人技术，实现挤奶和粪便清扫自动化；采用近红外等技术实现捡蛋、计量和包装自动化；采用射频、近红外和机器视觉等技术实现畜禽发情、疾病等行为的自动检测；采用人工智能技术建立畜禽疾病诊断系统，通过对畜禽叫声等行为情况的监控建立疾病监测系统，为疾病的控制提供解决方案。

(4) 智慧水产养殖基础设施

我国在2002—2016年一直是世界上最大的鱼类和鱼类产品出口国，但近几年欧盟一些国家随着国家智能化、信息化的渔业生产模式的逐渐开展，它们成为鱼类和鱼类产品市场的领先者。目前，我国仍处于从传统养殖向现代化养殖的过渡阶段，智能化建设尚不完善。因此，利用现代信息技术实现智慧水产养殖已成为水产养殖的重要任务（李道亮和刘畅，2020）。采用环境测控等物联网技术和生长调控模型技术，实现池塘养殖的增氧、投饵的自动化和精准化，陆基工厂养殖水质精准处理、水泵、投饵等装备的无人值守；采用机器视觉、动物生长调控模型等实现网箱投饵自动精准控制和水质监控；采用机器视觉技术实现鱼卵、鱼苗质量检测和计数，以及成鱼的分鱼和分级；利用水质监测结果，建立鱼类疾病预测模型，构建完善的鱼类疾病预测系统；利用水产养殖水下机器人对养殖水体环境进行远程监测、感知养殖对象信息，实现清理、放苗、饲养、管理、收获等智能化作业。

8.2.1.3 智慧农业创新基础设施

(1) 分子设计育种研发基础设施

随着分子设计育种研究的发展，作物育种逐步将发展成为一门严密的、研究结果可重复的、设计性和预测性很强的科学，这对用于研究的基础设施提出了更高的要求。通过集成设施农业技术、生化和分子检测技术、自动化控制技术和信息化技术，建设精准的育种基础设施，为品质、抗性、资源高效的分子设计育种提供条件保障。根据我国各个农业生态区育种目标的不同以及不同行业（食品、化工、能源、环境等）对品种特性要求的差异，需要对下述育种基础设施进行专业化和系统化的建设、完善和维护：①优质专用品质测试和评比基础设施；②抗病虫性测试和评比基础设施；③耐高低温胁迫测试和评比基础设施；④节水品种选育基础设施；⑤节肥和光能高效利用品种选育基础设施；⑥耐盐品种选育基础设施；⑦能源植物品种选育基础设施。

（2）重要农业种质资源大数据平台与共享体系

依托国家种业大数据平台，构建重要农业种质资源数据库，绘制全国农业种质资源分布底图，推进农作物、畜禽、水产、微生物等种质资源的数字化动态监测、信息化监督管理。开展动植物表型和基因型精准鉴定评价，深度发掘优异种质、优异基因，构建分子指纹图谱库，为品种选育、产业发展、行业监管提供大数据支持。

8.2.2 支撑生物产业发展的基础设施体系

2010年10月，《国务院关于加快培育和发展战略性新兴产业的决定》中指出，要"大力发展用于重大疾病防治的生物技术药物、新型疫苗和诊断试剂、化学药物、现代中药等创新药物大品种"。2012年12月，《"十三五"生物产业发展规划》提出"加快推动生物产业成为国民经济的支柱产业"。2016年11月，《"十三五"国家战略性新兴产业发展规划》提出要"加快生物产业创新发展步伐，培育生物经济新动力"。把握生命科学纵深发展、生物新技术广泛应用和融合创新的新趋势，以基因技术快速发展为契机，推动医疗向精准医疗和个性化医疗发展，加快农业育种向高效精准育种升级转化，拓展海洋生物资源新领域、促进生物工艺和产品在更广泛领域替代应用，以新的发展模式助力生物能源大规模应用，培育高品质专业化生物服务新业态，将生物经济加速打造成为继信息经济后的重要新经济形态，为健康中国、美丽中国建设提供新支撑。同时指出，要实施生物产业创新发展平台建设工程。依托并整合现有资源，建设一批创新基础平台，支持基因库、干细胞库、中药标准库、蛋白元件库等建设。构建一批转化应用平台，推进抗体筛选平台、医学影像信息库、农作物分子育种平台等载体建设。发展一批检测服务平台，推进仿制药一致性评价技术平台、生物药质量及安全测试技术创新平台、农产品安全质量检测平台、生物质能检验检测及监测公共服务平台等建设，完善相关标准。

8.2.2.1 面向生物医药产业升级的智能制药装备

推广绿色化、智能化制药生产技术，加快制药装备升级换代，提升制药自动化、数字化和智能化水平，是推动生物医药产业跨越升级的手段之一。智能制药装备需要新一代信息技术与工业制造过程的深度融合。一方面，制药装备企业要提升设备的智能化、自动化、数字化与网络化的水平，建立智能制药装备的基础；另一方面，制药装备企业还要建立以大数据、工业互联网、云计算等信息化技术为基础的数据中心和支撑服务平台，以达到智能决策、优化管理、系统发展和服务的目的，从而提高企业的竞争力。智能制药装备需要具备5种能力：一是网络通信能力，包括通信标准和开放的数据接口；二是对自身状态、环境和过程的感知能力，可依据感知结果进行故障诊断；三是分析、推理、决策和执行能力；四是一定的自适应与优化能力，能够根据推理和决策结果优化装备的运行模式和状态；五是能够提供各类有关数据，支撑数据分析与挖掘，从而实现服务与创新性应用（汤继亮，2016）。

制药行业是一个特殊的传统产业，不仅涉及国家安全，还关系到国计民生、社会稳定和经济发展。为确保药品在从研发、临床试验到生产、配送、经营再到使用的整个生命周期中各个方面的质量，国内外的药监机构均制定了一整套严格的质量管理规范。因此，从合规性要求出发，智能制药装备的研发有两点需要特别注意：一是合规性和计算机化系统验证问题。在智能制造模式下，制药设备的形式、生产控制与管理的模式、企业管理的模式以及制造系统的结构都可能会发生极大的变化，各类智能化设备与系统及其应用的合规性要求会更加复杂和严格。因此，需要探索在智能制造模式下如何确保这些智能化设备与系统的质量管理规范合规性，如何科学、合理地对这些系统进行计算机化系统验证。二是信息安全与工业控制安全问题。随着工业互联网、物联网、工业大数据、云计算等信息技术的广泛应用，各种资源信息共享与协同服务的作业将大规模打破原来各方面的封闭性，大大增加各种人为与病毒侵入的机会和危险性。与原来的质量管理规范有关的电子签名、电子记录等法规的要求措施在确保数据和系统安全性方面有可能已经无法完全满足要求。因此，需要研究数据和系统等安全技术并采取有效措施，确保智能化系统的硬件安全、软件安全、数据安全和运行服务安全，切实保障在智能制造模式下信息安全与工业控制安全（汤继亮，2016）。

8.2.2.2 面向人类大健康的生物产业创新发展平台

发展智能化移动化新型医疗设备。目前，人工智能技术在医疗设备领域的应用主要集中于智能诊疗、智能影像识别、智能可穿戴设备相关的智能健康管理、医疗机器人等几个方面，例如医学影像的识别和诊断在新冠肺炎的诊疗中发挥了重要作用。具有医疗等级的智能可穿戴设备结合远程医疗的使用将会是下一个热点，实现在监测人体体征信号的同时，利用算法分析来跟踪和记录使用者的生理状态和性能水平。随着社会的发展，医疗设备还将从孤立的设备转变成互联系统中的一部分。通过大数据的分析，可以更加高效定位患者出现的问题，通过万物互联技术可以让医疗设备智能侦测到问题或者潜在风险，自动对患者提出相关预警。因此，医疗设备的数据分析能力、互联的时延性、数据传输的及时性和准确性等都是未来智能医疗设备的发展趋势。

利用分子生物信息学方法，通过计算机技术建立生物医学和临床医学研究的资源和数据库，将对弄清疾病病因起到巨大推动作用。重点是建立人类及模式动物生理与病理状态下的基因表达谱，表观遗传调控和非编码区变化等人类健康和疾病研究相关数据库。各类数据既有独立的数据管理系统，也与国际数据库群接轨和实时交流。建立完善的人类遗传、小分子和天然产物的资源和数据库，整合与某一个候选药物相关的所有信息，如临床前药理学、药物代谢和药代动力学、毒理学、人用药效和安全、药与药的相互作用等。开发数字化的医学影像、生理和病理标本库，以及完善的信息和数据的可视化技术（中国科学院人口健康领域战略研究组，2009）。

8.2.2.3 面向生物制造规模化应用的基础设施

合成生物制造是以合成生物为工具，利用淀粉、纤维素、二氧化碳等可再生碳资源为原料，进行化学品、药品、食品、生物能源、生物材料等物质加工与合成的生产方式，具有清洁、高效、可再生等特点，能够减少工业经济对生态环境的影响，有望彻底变革未来医药、食品、能源、材料、农业等传统模式，重塑碳基物质文明的发展模式。目前已经成功实现了一批大宗发酵产品、可再生化学与聚合材料、精细与医药化学品、天然产物、未来农产品等重大产品的生物制造，一氧化碳、甲醇以及二氧化碳等原料利用方面也不断取得进展。预计未来10年，35%的石油化工和煤化工产品可被生物制造产品替代；包括牛奶、食糖、油脂、天然产物等产品一旦实现工业生物制造也将产生巨大的颠覆性影响，经济规模十分可观（张媛媛等，2021）。

目前国内的生物基品种主要集中在大宗低附加值产品的发酵生产，缺乏高附加值生产线的布局。搭建国际先进水平的合成生物技术平台，将成为生物制造工业转型和升级的关键，并进一步完善研产结合的产业生态。

在传统实验室中改造、筛选具有目标功能的微生物，是一项极为低效和昂贵的工作。合成微生物因其高复杂性，必须以低成本快速持续地运行"设计—构建—测试—学习"循环，来进行大量的试错和实验。而必要的大量试错和实验，将远超传统劳动密集型研究的能力，这就需要"生物工厂"自动化高通量研究平台来解决，从而实现高效精准改造、高通量有效筛选目标微生物。创立于2019年的合成生物初创公司恩和生物（Bota Biosciences）以计算为基础搭建酶工程、菌株工程和发酵工艺工程平台，涵盖生物催化、生物转化和生物全合成三大技术路径。该公司开发了适用于生物技术开发和生产的云端数据库和智能化控制软件，并把湿实验室中的自动化和高通量硬件设施整合进去，完整记录整个工作流程中样品和信息之间的关联。美国Synthego公司利用机器学习、自动化和基因编辑技术构建了全栈基因组工程平台，目前主要产品包括云端智能设计和分析工具、CRISPR解决方案以及各种工程细胞系。

8.2.2.4 面向生物能源发展的基础设施

作为一种重要的可再生能源，生物能源直接或间接来自植物的光合作用，一般取材于农林废弃物、生活垃圾及畜禽粪便等，可通过物理转换（固体成型燃料）、化学转换（直接燃烧、气化、液化）、生物转换（如发酵转换成甲烷）等形式转化为固态、液态和气态燃料。由于生物能源具有环境友好、成本低廉和碳中性等特点，在能源短缺与环境恶化的双重压力下，各国政府均高度重视生物质资源的开发和利用（马隆龙等，2019）。特别是随着大气污染和农业面源污染的防治，以及天然气缺口急剧扩大，生物能源产业正面临高速发展期，尤其是成型燃料供热、生物天然气与生物质发电受到前所未有的重视（石元春等，2019）。

人工智能技术与生物能源的开发利用相融合，可实现生产的自动优化，达到降低能耗、提高经济效益的目标。以垃圾发电为例。垃圾发电企业可通过人工智能技术实现炉排燃烧控制、环保排放控制、燃料仓管理与控制、移动远程监控等，减少操作员95%以上的手工操作，降低企业的生产成本，大幅度提高企业的经济效益。随着我国城市垃圾发电的不断普及和扩大，垃圾发电企业对智能化控制的需求越来越大。企业可利用智能化控制技术，实现全流程无人干预生产，提升垃圾热值转换效率，保持炉膛温度平稳，最大限度减少除焦成本和环保耗材，更好地满足环保指标要求。

8.3 现代农业基础设施的投资与治理

现代农业基础设施建设是一项注重长期效益的系统性工程，其产生的经济效益是持续性的。单纯依靠政府投资难以有效解决当前现代农业基础设施建设的资金需求,为此,引入多元投入机制,创新投资模式是加速现代农业基础设施建设的有效途径。同时,各投资方也要在基础设施的治理过程中明晰定位,有效分工合作,构建高效的现代农业基础设施管理机制。

8.3.1 现代农业基础设施的投资

现代农业基础设施根据其公益性程度不同,可分为纯公益性、准公益性、私益性3种类型:纯公益性农业基础设施是指现代农业生产经营主体在使用消费过程中具有完全非竞争性和非排他性的农业基础设施,并为一定区域全体社会成员服务,不能将其分割使用,如农田水利基础设施等;准公益性农业基础设施是指在现代农业生产经营与消费过程中具有有限的非竞争性或非排他性,介于纯公益性与私益性之间的基础设施,如保鲜、冷链、仓储、烘干、技术服务等现代农业服务系统;而私益性农业基础设施是指在现代农业生产经营与消费过程中具有完全竞争性或排他性的基础设施,农业投资者可以拥有充分的所有权、使用权与收益权,如温室大棚、农业大型专用设施、农业机器设备等。针对上述几种不同类型的现代农业基础设施,可供选择的投资模式主要有以下3种(王定祥和刘娟,2019)。

(1) 财政主导的纯公益性农业基础设施投资模式

纯公益性质的现代农业基础设施具有很强的正外部性,私人无力投资,中央和地方政府财政投资是最有效的投资模式。对于跨区域大型农田水利等生产性农业基础设施,政府应当全资建设,并按照受益区域覆盖面大小确定中央与地方财政的分担比例。例如,中央财政全额出资建设跨省级和全国粮食主产区的公益性现代农业基础设施;地方财政应积极配合中央财政,为新型农业经营主体集中的地区出资修建大型水库、农田水利和农业信息化系统等。在农业自然灾害频发的地区,地方财政投资建设一些地域性的地质工程,由省级和县级财政共同出资建立防灾减灾预警系统,建立气象预报系统。

(2) 财政与政策性金融或社会资本主导的准公益性农业基础设施投资模式

准公益性农业基础设施兼有经济、社会和生态效益,既可由财政投资,也可以吸引市场主体投资,因而应建立财政与社会资本联合的投资模式。如保鲜、冷链、仓储等现代农业服务系统,农村通信及互联网等现代农业信息化系统,农村物流、电子商务等现代农业营销系统,在财力不足的情况下,可以采取财政投资与政策性金融协同建设的模式，即地方财政出资、政策性金融贷款建设，中央财政可以进行适当补助，最后由受益经营者付费使用，利用所收取的费用回收财政投资和政策性金融贷款建设成本，并实现保本微利的目标。

（3）财政引导下私人与商业金融合作的私益性农业基础设施投资模式

私益性农业基础设施的投资应按照"谁受益、谁投资"的基本原则，采用财政引导下私人资本与金融资本相结合的方式，由新型经营主体自行投融资建设，财政补贴只发挥引导作用。虽然私益性农业基础设施本应由经营者自我承担投资责任，但在面临投资金额大、投资回收期长、投资风险高等风险时，私人投资农业的积极性会受到影响，为了激励经营者投资农业，政府有必要采取适当比例的引导性补贴予以支持，以减轻投资风险。针对一些投资额度大、使用频率低的大型农业专用设施、农业机械设备等，可实行按份共有的形式联合其他农业经营者共同出资购买，或是直接在农业资产租赁市场进行短期租用。

8.3.2 现代农业基础设施的治理

在现代农业基础设施的治理过程中，政府、市场和社会应在不同类型的基础设施治理中发挥不同的作用。

政府要主导公益性和部分准公益性农业基础设施的投资，促进这两类基础设施的有效供给；积极引导私益性基础设施投资，通过财政补贴和税收优惠等工具分担设施的投资成本与运营风险，激发市场主体投资的积极性；创造激活私益性农业基础设施投资的制度条件，为基础设施的处置运营提供平台条件，为基础设施的投资运营提供优质法律环境。市场要主导私益性农业基础设施投资，促进农业生产经营的可持续性；积极参与部分准公益性农业基础设施投资，通过合理投资和科学管理，提高投资回报率；主动加强私益性农业基础设施的运营与管理，注重长效性投资，提高农业投资效率，缩短投资回收周期。在政府与市场机制在当地农业基础设施投资中都无法及时有效发挥作用的偏远农村地区，需要发挥社会互助合作机制的主导作用，积极鼓励社会捐建或建立以工代赈机制，补充政府、市场机制对农业基础设施投资的不足，并参与到设施的民主监督管理之中（王定祥和刘娟，2019）。

第 9 章 现代能源资源和交通物流基础设施

加强基础设施网络建设是我国社会主义现代化强国建设的重要任务。同时,强大的基础设施网络也将成为建成现代化强国的必要基础。现代能源资源和交通物流领域的基础设施对整个经济社会的发展起着至关重要的基础支撑性作用,可以说是国民经济的大动脉,为一个国家建设可持续的能源资源体系以及交通物流体系提供了基本支撑(中国科学院,2019)。本章主要围绕能源资源和交通物流两个领域的基础设施内容、数字化的现状、现有政策框架、基础设施数字化建设过程中遇到的问题、重点任务及政策建议进行阐述。

9.1 能源资源和交通物流基础设施

从世界范围内来看,随着世界对能源资源转型的需求变得日益迫切,各国对能源资源基础设施建设也提出了新的要求,科技创新在能源资源基础设施建设领域正发挥着越来越重要的作用。而交通物流领域的基础设施作为生产要素的基本载体,其运行效率对世界经济发展有着至关重要的影响,运用数字化技术改善交通物流的管理和服务,提高运输效率也是各国共识。

从历史发展的角度,世界过去发生的能源革命和工业革命有着密不可分的关联。在前两次工业革命发生的前夕,能源的更替变化都已经发生,成为工业革命发生的重要因素(张涵奇等,2015)。相应地,在不同的工业革命时期,主要的能源类别与相关的基础设施都发生了重大变化。工业革命对交通领域也有着深刻的影响,尤其是第三次工业革命,改变了交通运输的发展轨迹,不同时期的主要交通基础设施形态也有所不同。

第一次工业革命发生于 18 世纪的英国,以蒸汽机的发明、改良和广泛使用为标志。蒸汽机的大规模应用,极大地促进了煤炭生产(朱家俊,2015),煤炭逐渐代替木材成为主要的生产和生活能源。从此,人类社会对能源的利用,从有机能源转向无机能源。在此期间,煤炭的生产和利用基础设施是主要的能源基础设施类型。第一次工业革命时期主要的交通基础设施类型为运河航道、公路、铁路。第二次工业革命开始于 19 世纪的美国，以电力、内燃机的发明和广泛应用为标志，从能源的角度来理解，第二次工业革命后，石油逐渐代替煤炭成为最主要的能源。此外，天然气等能源也开始得以开发和广泛应用，电站等电力基础设施广泛建立。由于第二次工业革命开启了"汽车时代"，因而此后的高速公路成为主要的交通基础设施建设类别。第三次工业革命发生于 20 世纪，以计算机、电子、互联网的发明和广泛应用为代表，人类社会开始进入自动化时代。从能源资源领域来看，互联网和新能源是第三次工业革命的核心之一，2012 年欧盟理事会也提出第三次工业革命将围绕能源互联网展开。在这一时期，数字化技术被广泛用于传统能源基础设施之中（孙德强等，2016）。在交通领域，物流节点的作用更为关键，不同的交通物流基础设施借助互联网技术连接成一个网络，各种交通运输数据得以集成到信息共享平台之中（真虹，2014）。21 世纪伊始，人类社会正进入新工业革命时代，即第四次工业革命。本次工业革命以人工智能、物联网、大数据等科学技术的发展和应用为主要标志（蒋慧荣，2019），在这一时期，互联网将与能源更加深度融合，能源资源基础设施朝着更加智能化的方向发展。交通物流领域的基础设施也得以与数字化技术充分融合。

在当前的发展时期，对于能源资源和交通物流这两个领域而言，现有基础设施数字化建设将比单纯的数字基础设施建设有更大的发挥空间。因而，在推进新型基础设施建设的进程中，这两个领域的主要任务是对这些传统基础设施进行数字化改造升级，改造升级后的传统基础设施变成融合基础设施，成为新型基础设施的重要组成部分，助力能源资源产业数字化和智慧交通物流建设。

经过多年发展，我国已经在能源资源和交通物流领域建设了体量巨大的基础设施。传统能源资源基础设施主要包括为生产生活提供能源资源的基础设施，如电网、油气管网、储备应急设施及其他能源资源基础设施。传统交通物流基础设施主要包括交通运输通道和物流节点设施，具体有铁路、公路、水路、民航、物流节点及其他相关的基础设施。

用于能源资源和交通物流领域的传统基础设施数字化改造的技术包括但不限于大数据、互联网、人工智能、云计算、区块链、超级计算、智慧感知、空间信息技术等。

无论是在能源资源领域还是在交通物流领域，传统基础设施数字化的大体思路都是一样的，即将数字化、智能化、网络化技术应用到传统基础设施中，以数据资源赋能传统基础设施，对传统基础设施进行改造升级，旨在提升其管理和服务的水平和效率。

从当前的发展状况来看，我国能源资源和交通物流领域的传统基础设施存量巨大，随着科学技术的发展进步，数字化改造和升级进程也有了一定的进展，为新型基础设施建设提供了坚实的基础和广阔的发展空间。

传统基础设施是融合基础设施建设的基础，这些设施物理基础的状况，将直接影响其与数字化技术融合的效果。尽管我国能源资源和交通物流领域的传统基础设施具备相对较好的基础，数字化改造升级取得了很好的成果，但传统基础设施在数字化的过程中，仍然存在需要解决的问题。亟须国家在政策、资金、人才等各方面提供保障，同时在数字化建设的过程中实行必要的监管。

9.2 能源资源领域基础设施数字化

能源资源产业是较早与数字化技术融合的领域之一，早期具体的融合方式是应用计算机技术等提高能源资源的自动化生产与管理水平。传统能源资源基础设施则是基础的基础，数字化是能源资源领域发展的主要方向之一，用数字化技术改造传统能源资源基础设施，将有助于提高能源资源的生产和利用效率，进而为国家的经济社会发展提供更加有力的支撑。

9.2.1 能源资源领域基础设施数字化的现状、政策与规划

9.2.1.1 我国能源资源领域基础设施数字化的现状

从我国能源资源传统基础设施建设状况来看，根据《2019年世界能源统计年鉴》数据，2018年中国发电量为7111.8太瓦时（1太瓦时=10^9千瓦时），位居世界第一。另外，根据国家统计局数据，基础设施建设方面，2018年我国水电、火电、风电、太阳能发电装机规模也都位居世界第一。

自2015年政府工作报告提出"互联网+"行动计划以来，我国能源体系正在加快和互联网技术不断融合。在能源资源基础设施建设中，互联网、大数据、人工智能等技术逐步得到应用，能源资源基础设施的智能化水平得到提升。相关企业也在不断进行能源资源设施与设备的智能化探索。例如，国家能源投资集团有限责任公司进行的"智慧电厂"建设，国家电网有限公司推进的智慧能源服务平台建设等。

9.2.1.2 我国能源资源基础设施数字化的政策与规划

国家能源局、国家发展和改革委员会等部门相继发布了与能源资源基础设施数字化相关的政策和规划内容，推进能源基础设施与互联网、信息技术的深度融合，提升设施设备的管理维护与服务效率，探索新技术在能源资源领域的应用。相关内

容见表9-1。

表9-1 我国能源资源基础设施数字化的相关政策和规划内容

文件名称	发布单位/通过会议	发布时间	相关内容
配电网建设改造行动计划（2015—2020年）	国家能源局	2015年7月	满足新能源、分布式电源及电动汽车等多元化负荷发展需求，推动智能电网建设与互联网深度融合。 提升设备本体智能化水平，推行功能一体化设备；采用先进物联网、现代传感和信息通信等技术，实现设备、通道运行状态及外部环境的在线监测，提高预警能力和信息化水平。 加强配电自动化建设。持续提升配电自动化覆盖率，提高配电网运行监测、控制能力，实现配电网可观可控，变"被动报修"为"主动监控"，缩短故障恢复时间，提升服务水平。 探索能源互联平台建设。探索以配电网为支撑平台，构建多种能源优化互补的综合能源供应体系，实现能源、信息双向流动，逐步构建以能源流为核心的"互联网+"公共服务平台，促进能源与信息的深度融合，推动能源生产和消费革命
关于推进"互联网+"智慧能源发展的指导意见	国家发展和改革委员会	2016年2月	推动建设智能化能源生产消费基础设施。 推动可再生能源生产智能化。 推进化石能源生产清洁高效智能化。 促进智能终端及接入设施的普及应用。 推进信息系统与物理系统的高效集成与智能化调控
能源技术革命创新行动计划（2016—2030年）	国家发展和改革委员会；国家能源局		围绕能源效率提升目标提供智慧能源技术支撑。我国能源利用效率总体处于较低水平，这要求通过能源技术创新，提高用能设备设施的效率，增强储能调峰的灵活性和经济性，推进能源技术与信息技术的深度融合，加强整个能源系统的优化集成，实现各种能源资源的最优配置，构建一体化、智能化的能源技术体系。要重点发展分布式能源、电力储能、工业节能、建筑节能、交通节能、智能电网、能源互联网等技术
中华人民共和国国民经济和社会发展第十三个五年规划纲要（2016—2020年）	第十二届全国人民代表大会第四次会议	2016年3月	推进能源与信息等领域新技术深度融合，统筹能源与通信、交通等基础设施网络建设，建设"源–网–荷–储"协调发展、集成互补的能源互联网

续表

文件名称	发布单位/通过会议	发布时间	相关内容
能源发展"十三五"规划	国家发展和改革委员会；国家能源局	2016年12月	积极推动"互联网+"智慧能源发展。加快推进能源全领域、全环节智慧化发展，实施能源生产和利用设施智能化改造，推进能源监测、能量计量、调度运行和管理智能化体系建设，提高能源发展可持续自适应能力。加快智能电网发展，积极推进智能变电站、智能调度系统建设，扩大智能电表等智能计量设施、智能信息系统、智能用能设施应用范围，提高电网与发电侧、需求侧交互响应能力。推进能源与信息、材料、生物等领域新技术深度融合，统筹能源与通信、交通等基础设施建设，构建能源生产、输送、使用和储能体系协调发展、集成互补的能源互联网
关于加快推进一批输变电重点工程规划建设工作的通知	国家能源局	2018年9月	加大基础设施领域补短板力度，发挥重点电网工程在优化投资结构、清洁能源消纳、电力精准扶贫等方面的重要作用，加快推进9项重点输变电工程建设
2020年能源工作指导意见	国家能源局	2020年6月	提升电网安全和智能化水平。推进长三角、粤港澳大湾区、深圳社会主义先行示范区、海南自贸区（港）等区域智能电网建设。加强充电基础设施建设，提升新能源汽车充电保障能力 推动新技术产业化发展。继续做好"互联网+"智慧能源试点验收工作 积极探索区块链等新兴技术在能源领域的融合应用

9.2.2　能源资源领域基础设施数字化遇到的问题

（1）能源资源领域的基础设施数字化，缺少具体标准和支持体系

尽管我国能源资源领域的基础设施建设已有一定基础，但是能源资源领域的基础设施数字化建设和改造尚处于探索阶段。能源资源系统与信息系统乃至整个社会系统的融合才刚刚开端，涉及具体细节的基础设施数字化的建设和设计标准还没有固定。容易导致基础设施数字化建设的具体实施主体无所适从，甚至出现"各自为政"的情况。对于能源资源基础设施数字化的过程中，面临的一些新的风险，如网络安全等问题也缺乏相关的应对预案。此外，我国能源资源领域的基础设施数字化建设和改造还缺乏稳固的支持体系。能源资源基础设施数字化改造的过程也是增进与整个社会系统融合程度的过程，在这个过程中，同样需要社会系统的支持。除了政策和规划层面以外，还需要得到资金和人才的支持。如果缺乏这样的支持体系，像能源资源基础设施数字化建设与改造这样浩大的工程可能会举步维艰。

（2）能源资源领域的传统基础设施建设不够合理

有一些能源资源领域的基础设施在建设之初，缺乏通盘考虑和系统规划，导致布局不够合理；还有一些基础设施在建设之时能够满足使用需要，但随着社会经济的发展，对其使用需求不断提高，早期建设的能源资源基础设施的局限性也日益显现。就能源资源领域的基础设施建设而言，其存在的主要问题包括：①更加注重单一项目的建设，未能充分考虑不同类别的能源资源系统之间的合理搭配问题；②跨区域的能源资源配置能力还有所欠缺，尚未实现跨区域能源资源输送管网的完全互联互通，能源资源输送能力有待加强；③一些电厂等能源资源基础设施体系内部也存在规划不尽合理的问题。

（3）数字化技术在能源资源基础设施建设和改造中的作用未能充分发挥

在现阶段，我国的能源资源系统与信息系统尚未充分融合。科技创新在能源资源基础设施建设和改造中发挥的作用还不够显著。数字化技术虽然已被用于能源资源传统基础设施的建设和改造之中，但应用的程度不够深入，尚不足以完全赋予传统能源资源基础设施的新的活力。能源资源领域的传统基础设施距离完全的数字化、智能化形态还有很大差距，与实现完全的设施设备智能化管理和综合交易服务的距离就更加遥远。另外，甚至还出现了一些为了数字化而数字化的改造，一些能源资源基础设施有了"数字"，但因为并没有得到充分挖掘和有效应用，而并没有变"聪明"。

9.2.3 能源资源领域基础设施体系数字化的重点任务

（1）改进和完善传统能源资源基础设施体系建设

针对能源资源领域的传统基础设施建设本身不够合理的问题，进行协调和改进，在现有基础上打通基础设施之间，尤其是能源资源运输管网之间的联通渠道，便于跨区域的能源资源智能调度，为传统能源资源基础设施的数字化改造奠定基础。

对于新建的能源资源基础设施，在建设之初，综合考虑不同类别、不同区域的能源资源基础设施之间的协同问题，构建综合能源资源服务基础设施系统，为数字化技术与传统基础设施的充分融合预留充足的空间。以一套或一组能源资源基础设施为单元的内部区域规划，也应尽量促进体系内的循环和协同功效的发挥，提高能源资源的生产和利用效率；在完善自身功能之外，同时兼顾单元与外部环境的统合，提高能源资源基础设施建设单元的可扩展性和兼容性。

（2）推进可用于能源资源基础设施体系改造的数字化技术的研发与应用

传统基础设施数字化相当于要给原有基础设施装上"大脑"，数字化技术在其中起着核心的作用，是实现传统基础设施数字化目标的重要引擎。对于能源资源领域而言，区块链、5G、大数据、人工智能、工业互联网等技术的应用是实现传统基础设施数字化运营和管理的必要前提和保障。

首先，应该加紧对可用于能源资源基础设施改造的数字化技术本身的研究，解决"卡脖子"问题。在重点建设的3类新型基础设施中，融合基础设施涉及的是在传统基础设施的基础上进行数字化改造。与信息基础设施和创新基础设施相比，技术在其中扮演的角色相对会弱一些，但是数字化技术仍应该在改造中占据核心地位。因此，除了搭乘另外两种新型基础设施的技术"便车"以外，专门研究适配能源资源领域传统基础设施数字化改造的技术也至关重要。

其次，利用现有基础，推动传统能源资源基础设施与先进技术的充分融合。当传统基础设施的建设布局合理、数字化技术发展水平足够这两个条件得以满足之后，如何促进两者的融合就成为重中之重的问题。因此，除了这些技术本身的研究以外，数字化技术与能源资源领域的传统基础设施的接入和融合方式也是需要重点研究的领域。例如，传感器技术、物联网技术等可以在实现传统能源资源基础设施的互联互通和数据采集等方面发挥重要作用。区块链技术在能源互联网的建设中有着重要的应用，对于加强基础设施之间的联通、优化能源资源之间的调度流程起着关键的作用。美国学者里夫金（J. Rifkin）首先提出了能源互联网的概念（Rifkin，2011），即将互联网技术嵌入能源资源领域的生产、输送、存储、交易等各个环节。其相关技术的应用有助于提高能源资源基础设施的智能化水平，提升其管理和服务效能。这些技术如何更好地适配传统能源资源基础设施，以达到最大程度激发传统基础设施活力的效果，是需要重点研究的问题。

除了加强这些技术的理论和应用研究外，支持相关产业发展，是直接促成相关技术大规模应用的重要手段，以为传统基础设施的数字化、智能化奠定坚实的基础。例如，支持传感器产业发展，加快在传统基础设施上部署技术已经相对成熟的感知设施；支持区块链技术在能源资源产业领域的应用，进一步挖掘区块链技术在能源资源交易和管理中的潜能,并且深入研究区块链等技术在保证能源资源网络安全方面的应用。

(3) 打通数据共享通道,促进能源资源基础设施体系数据的流通与使用

数字化技术与传统基础设施深入融合,有助于充分发挥技术的作用,唤醒传统基础设施,产生用于分析的大量数据。进而,能源资源领域的基础设施业务与数据融合,最终达到提升能源资源领域传统基础设施的管理与服务水平的效果。

经过数字化技术"武装"的能源资源传统基础设施会产生大量数据,这些能源资源数据只有能够被正确处理与分析才能发挥真正的价值。而传统基础设施产生的数据被充分使用的前提和基础就是这些数据能够顺畅地共享与流通。

具体的做法:可以建立能源资源大数据分析中心,统一协调数据标准和对接问题;实现不同层级间的数据共享,对于同一领域内的能源资源基础设施,做到数据共享;实现一项基础设施的规划、建造、管理、使用等各个环节的数据,以及与该项基础设施相配套的各种设备设施的数据贯通。这将为能源资源基础设施的后续管理和服务提供强大的数据基础。

实现不同类别间的能源资源数据共享,不同领域的能源资源基础设施在相互交叉应用的节点应适时打破行业间的壁垒,互通共享数据,实现数据自由流通与交互。也可以进一步打通能源资源领域与其他领域,如密切相关的交通物流领域的资源共享通道,以"盘活"不同领域间的基础设施,达到对这些基础设施最大程度的利用效果。

9.2.4 能源资源领域基础设施数字化的政策建议

(1) 加强能源资源基础设施数字化的顶层设计,注重科学规划

继续推动国家层面的顶层设计,完善落实传统能源资源基础设施数字化的相关规划和政策。提高区域间和不同类别的能源资源基础设施的协同管理和服务效果。不同地区的规划应在国家整体规划的指导下进行,进行数字化改造之后,区域间的基础设施应使能源资源的跨区域调动和整体配置更加便利和顺畅。专项规划应在总体规划框架的指导下进行,提高能源资源基础设施建设的系统性。在政策层面,还应配套出台相关的技术标准和建设准入规则。实现不同类别的能源资源基础设施在数字化过程中的有效衔接、无碍融合,为构建综合的智慧能源资源系统奠定基础。

（2）着力提升传统能源资源基础设施的管理水平

打造能源资源基础设施的智慧管理服务系统，提升能源资源基础设施的数字化、智能化水平。在管理方面，建立自动监控设备的监测系统，实时全面掌握设备运行状况，赋予传统能源资源基础设施对故障的实时感知与诊断能力，同时就可能出现的问题做出预测判断，制订运营维护管理综合解决方案。在设备正常运行情况下，对其工作任务进行智能调度，保证设备在最佳状态运行，降低出现故障的概率。在设备出现故障的情况下，保证设备有较强的应对故障和自我恢复能力，保证实现快速响应精准调控。在服务方面，应用数字化技术提高传统能源资源基础设施智能化服务水平。以需求为导向，建立能源资源智能服务平台，形成能够智能调控能源资源的运营体系，与用户实现信息互动，让用户能够了解能源资源储备与供应状况，提供以信息为中心的能源资源解决方案，方便用户实时做出决策调整。同时根据用户需求，自动调节能源资源协同分配与精细化管理，保证稳定的能源资源供应，实现能源资源分配的智能化调控。

（3）为传统能源资源基础设施的数字化提供充足的资源保障

传统基础设施数字化改造的努力不只是在提高技术层面，也同样需要社会系统的整体资源支撑，由系统内创新性的整体提升，进而带动技术系统的改进。首先，为传统能源资源基础设施数字化改造提供资金保障。除了直接的资金支持及减免税收等政策外，还应该优化市场和金融环境，提高企业参与基础设施数字化改造的积极性，引导企业投入建设。其次，为传统能源资源基础设施数字化改造提供人才保障。无论是统筹整合传统基础设施还是发展数字化技术，都离不开人才的支撑。应加快培养引进能为传统基础设施数字化改造发挥作用的专业人才和复合型人才，同时为人才成长及创业提供平台和其他必要支持。最后，为传统能源资源基础设施数字化改造提供信息基础设施保障。应进一步加大信息基础设施建设力度，提高网络的通畅程度和安全级别，尤其是以 5G 为代表的新型信息基础设施，将在传统能源资源基础设施数字化改造的过程中大有可为。

9.3 交通物流领域基础设施数字化

交通领域基础设施建设可以为一个国家或地区的各方面发展提供基本前提。在经济社会发展中发挥着基础性、服务性、战略性和引领性作用（陆化普，2020）。

交通领域基础设施数字化有助于促进传统交通基础设施之间的协同,提高服务效率。基础设施数字化产生的大数据将和有形设施一起成为智慧交通建设的基础,为我国建成交通强国提供支撑。

9.3.1 交通物流领域基础设施数字化的现状、政策与规划

9.3.1.1 我国交通物流领域基础设施数字化的现状

从我国交通物流传统基础设施建设状况来看,根据交通运输部统计数据:截至2020年底,我国铁路营业里程达到14.6万千米,其中,高速铁路营业里程为3.8万千米,高速铁路对百万人口以上城市覆盖率超过95%;全国公路通车总里程达到519.81万千米,其中,高速公路通车里程为16.10万千米,居世界第一位;高速公路对20万以上人口城市覆盖率超过98%;全国内河航道通航里程到达12.8万千米,全国港口拥有生产性码头泊位22 142个,其中,万吨级以上泊位有2592个;建成领证民用运输机场241个,覆盖92%左右的地级市。依据2017~2018年的《全球竞争力报告》,我国交通基础设施总体状况在世界中的排名是第47位。我国已经形成了由铁路、公路、水运、航空、物流节点等基础设施组成的综合交通物流服务网络。

从我国传统交通物流基础设施数字化情况来看,科技在引领交通物流产业发展方面发挥了重要作用。交通物流基础设施数字化水平逐步提高,针对基础设施的信息采集和数据存储都有了一定的基础。一些基础设施已经实现了动态监测,例如,根据《交通运输信息化"十三五"发展规划》披露的数据,我国省干线公路网超过40%的重点路段,以及特大桥梁、特长隧道实现了运行状况的动态监测,长江干线航道运行状态监测覆盖率达到85%。此外,我国也正在推进全国道路运政管理信息系统互联互通,并取得了一定成效。

9.3.1.2 我国交通物流基础设施数字化的政策与规划

国家交通运输部等相关部门发布了一系列政策与规划等,提出传统交通基础设施数字化的目标和措施,促进数字化、智能化、网络化技术在交通领域的应用,实现新技术与传统基础设施的深度融合,增强数据采集和利用能力,提高交通基础设施的管理和服务效率,加强交通基础设施本身的布局和规划,同时提出促进交通物流两个领域融合发展的规划措施,相关内容见表9-2。

表 9-2 我国交通物流基础设施数字化的相关政策与规划

文件名称	发布单位	时间	相关内容
国务院办公厅关于加快电动汽车充电基础设施建设的指导意见	国务院办公厅	2015年10月	建设充电智能服务平台。大力推进"互联网+充电基础设施"，提高充电服务智能化水平，提升运营效率和用户体验，促进电动汽车与智能电网间能量和信息的双向互动。鼓励围绕用户需求，运用移动互联网、物联网、大数据等技术，为用户提供充电导航、状态查询、充电预约、费用结算等服务，拓展平台增值业务
交通运输信息化"十三五"发展规划	交通运输部	2016年4月	推进交通运输"互联网+"，要求充分利用信息技术改造传统交通运输业。云计算、大数据、物联网、移动应用、人工智能等新一代技术快速演进，"互联网+"成为经济发展新引擎，"连接一切、跨界融合"将持续催生交通运输新模式、新业态，提升交通运输要素生产率的同时，对行业转型升级形成倒逼机制
水运"十三五"发展规划	交通运输部	2016年5月	发展"互联网+"水运新业态。 实施"互联网+"行动计划，促进互联网和水运的深度融合，发展航运电商、物流电商，推进水运业与电子商务等融合。 继续推进集装箱海铁联运物联网应用、远洋运输管理物联网应用示范工程建设
营造良好市场环境推动交通物流融合发展实施方案	国家发展和改革委员会	2016年6月	打通社会物流运输全链条，加强现代信息技术应用，推动交通物流一体化、集装化、网络化、社会化、智能化发展，构建交通物流融合发展新体系。 优化交通枢纽与物流节点空间布局。统筹综合交通枢纽与物流节点布局，加强功能定位、建设标准等方面的衔接，强化交通枢纽的物流功能，构建综合交通物流枢纽系统。 发展广泛覆盖的智能物流配送。 发展"互联网+城乡配送"。 推进"互联网+供应链管理"。 强化"物联网+全程监管"

续表

文件名称	发布单位	时间	相关内容
城市公共交通"十三五"发展纲要	交通运输部	2016年7月	建设与移动互联网深度融合的智能公交系统。 建设城市公交智能化应用系统。 建设全面、可感知的城市公交数据采集体系，完善信息统计上报制度，加快建立部、省、市联动的城市公交数据资源交换体系与机制，建设部级城市公交数据库和城市公交发展水平绩效评价系统，实现对全国重点城市公交发展水平的定期评价。 推进"互联网+城市公交"发展。充分利用社会资源和企业力量，大力推进大数据、云计算、移动互联网技术在城市公交出行信息服务领域的广泛应用，推动具有城市公交便捷出行引导的智慧型综合出行信息服务系统建设，向公众提供全链条、全方式、跨区域的综合交通"一站式"信息服务
中国民用航空发展第十三个五年规划	中国民用航空局； 国家发展和改革委员会； 交通运输部	2016年12月	打造智慧机场。 以枢纽机场为重点，综合运用大数据、云计算、物联网、移动互联网等技术，推动机场安全防范、生产运行、旅客服务和商业运营等业务环节的集成创新，实行精细化管理
推进智慧交通发展行动计划（2017—2020年）	交通运输部	2017年1月	推进交通基础设施智能化管理。加快云计算、大数据等现代信息技术的集成创新与应用，加强公路养护决策、路网运行监测、应急调度指挥等核心业务系统建设和应用，有效提升路网建管养智能化水平。选择部分重点公路开展智能化管理试点，开发基于手持移动终端的智能化养护管理系统，实现公路及沿线设施破损情况的随时发现上报、快速跟踪维护、动态督查督办和全程监督评价；推进智慧公路车路协同试点示范，提升区域路网协同管理水平；建立健全跨区域、跨部门的信息共享与交换机制，实现部省间联动管理与服务
国务院关于印发"十三五"现代综合交通运输体系发展规划的通知	国务院	2017年2月	提升交通发展智能化水平。 促进交通产业智能化变革。 实施"互联网+"便捷交通、高效物流行动计划。将信息化智能化发展贯穿于交通建设、运行、服务、监管等全链条各环节，推动云计算、大数据、物联网、移动互联网、智能控制等技术与交通运输深度融合，实现基础设施和载运工具数字化、网络化，运营运行智能化

续表

文件名称	发布单位	时间	相关内容
铁路"十三五"发展规划	国家发展和改革委员会；交通运输部；国家铁路局；中国铁路总公司	2017年11月	推进智能化现代化。充分发挥信息技术基础性、引领性作用，发展物联网技术，实施大数据战略，加快推进新一代信息技术与铁路融合发展，大力促进数字化、信息化、智能化铁路建设
交通运输部办公厅关于加快推进新一代国家交通控制网和智慧公路试点的通知	交通运输部	2018年2月	基础设施数字化。应用三维可测实景技术、高精度地图等，实现公路设施数字化采集、管理与应用，构建公路设施资产动态管理系统；选取桥梁、隧道、边坡等，建设基础设施智能监测传感网，实现交通基础设施安全状态综合感知、分析及预警功能
车联网（智能网联汽车）产业发展行动计划	工业和信息化部	2018年12月	构建智能道路基础设施。促进网络通信技术、人工智能技术与道路交通基础设施的深度融合，为车联网、自动驾驶等新技术应用提供必要条件
数字交通发展规划纲要	交通运输部	2019年7月	推动交通基础设施规划、设计、建造、养护、运行管理等全要素、全周期数字化。针对重大交通基础设施工程，实现基础设施全生命周期健康性能监测，推广应用基于物联网的工程质量控制技术
交通强国建设纲要	中共中央和国务院	2019年9月	基础设施布局完善、立体互联。全面提升城市交通基础设施智能化水平。大力发展智慧交通。推动大数据、互联网、人工智能、区块链、超级计算等新技术与交通行业深度融合。推进数据资源赋能交通发展，加速交通基础设施网、运输服务网、能源网与信息网络融合发展，构建泛在先进的交通信息基础设施
推进综合交通运输大数据发展行动纲要（2020—2025年）	交通运输部	2019年12月	强化数据采集。完善修订有关交通基础设施工程建设规范，将采集设备、传输网络等信息基础设施纳入铁路、公路、港口、航道、机场、综合交通枢纽等有关交通基础设施工程建设内容，实现同步规划、同步设计、同步建设、同步运维

续表

文件名称	发布单位	时间	相关内容
智能汽车创新发展战略	国家发展和改革委员会；中共中央网络安全和信息化委员会办公室；科学技术部；工业和信息化部；公安部；财政部；自然资源部；住房城乡建设部；交通运输部；市场监管总局	2020年2月	推进智能化道路基础设施规划建设，制定智能交通发展规划，建设智慧道路及新一代国家交通控制网。分阶段、分区域推进道路基础设施的信息化、智能化和标准化建设。结合5G商用部署，推动5G与车联网协同建设。统一通信接口和协议，推动道路基础设施、智能汽车、运营服务、交通安全管理系统、交通管理指挥系统等信息互联互通。建设国家智能汽车大数据云控基础平台，重点开发建设云计算中心，基础数据中心云控基础软件，逐步实现基础数据融合应用

9.3.2 交通物流领域基础设施数字化遇到的问题

（1）传统交通物流领域基础设施数字化的顶层设计难度较大

以传统基础设施作为基础的数字化改造过程，是交通物流领域现有物理系统与信息系统、数字化技术不断融合的过程，除了传统交通物流基础设施本身以外，还要考虑系统之间的匹配问题，以及不同区域间的协同性问题，总体设计或者规划的难度更大。而缺乏对传统基础设施数字化的统一规划和对数字化方向和技术引入标准等方面的指导，会导致传统交通物流基础设施在进行建设和改造的过程中各自为政，最后数据难以融合共享，数字化技术难以发挥作用的问题。此外，交通物流基础设施数字化过程中，以及后期的管理和服务当中，还会面临不同于传统基础设施的新的问题和挑战。例如，信息系统的稳定性与安全问题、数据的监管与隐私问题，以及可能涉及的知识产权保护问题等。

（2）传统基础设施布局不够合理，尚未形成交通物流综合服务体系

尽管我国传统交通物流基础设施体量巨大，但综合服务能力仍有较大改进空间。传统基础设施建设本身存在一定的规划布局合理性问题，缺乏更加系统和全局性的规划，建设布局不够完善。就交通领域的基础设施建设而言，存在不同类别交通基础设施之间的联通，以及不同地区之间交通基础设施的联通还不够顺畅等问题。就物流领域而言，物流节点的规划建设也缺乏全局性地统筹协调，服务能力受到限制。而交通、物流两大领域基础设施的融合贯通服务，更是亟须解决的问题。

（3）交通物流传统基础设施与数字化技术的融合还不够深入

当前阶段，我国交通物流领域的传统基础设施与数字化技术尚未能充分融合。虽然，一方面我国的交通物流基础设施建设已经有一定的基础；另一方面，数字化、智能化、网络化技术的发展也日新月异。但是两者相融合发展的时间还不长，尚处于探索阶段，数字化技术还不能和基础设施良好适配。虽然取得了一定进展，如我国目前已经建立了一些包括基础设施信息在内的交通管理和综合服务平台，然而这些平台之间还没有实现互联互通，尽管收集和存储到了大量的数据，但是其价值还未能得到充分挖掘和应用。

9.3.3 交通物流领域基础设施体系数字化的重点任务

（1）促进交通物流领域基础设施体系的融合

统筹规划，科学布局，通盘考虑交通基础设施和物流节点建设，构建布局合理的综合交通物流枢纽。对于已建设完成的交通基础设施，应在现有基础上制订改进方案，适当打破区域和领域限制，尽可能为不同区域的交通物流基础设施的"无缝衔接"创造条件。对于已经建设完成的物流节点设施，适时推进将铁路、公路等交通基础设施引入物流节点，完善物流节点附近的交通基础设施，力促两者融合发展。

同时，需要在进行交通物流基础设施数字化设计规划之时充分考虑网络安全、信息安全、数据安全的问题。设计合理的防范机制，最大限度地在源头化解或者降低交通物流领域的融合基础设施建设和管理过程中可能出现的新风险。

（2）推进数据采集、传输与管理等相关数字化技术与交流物流领域的融合

需要加强能够赋能传统交通物流基础设施的技术本身的基础研究和应用研究。包括传感器技术、通信技术、大数据处理技术等。然而，由于交通物流领域在新型基础设施建设范围中的重点任务是传统基础设施的数字化改造和升级，因此，就算这些技术本身非常成熟和完善，如果不能找到切入点，与传统基础设施适配，那么就会出现为了数字化而数字化的假智能现象，导致传统交通物流基础设施无法跨越技术门槛成为融合基础设施。

因而，除了这些技术本身的发展之外，交通物流领域更应该关注这些技术与传统基础设施融合的方式与技术难点，一方面，专门研发针对改造传统基础设施的核心技术、设备等；另一方面，加强对已有数字化技术引入传统交通物流基础设施的应用研究。使数字化技术真正融入传统基础设施，成为传统基础设施的"大脑"，在"盘活"传统基础设施的巨大能量方面切实发挥作用。

(3) 打通综合交通物流运输平台体系数据共享通道

建立大数据分析中心，打通传统基础设施之间的数据共享通道，实现不同层级、不同类别交通物流基础设施之间数据的共享。为传统基础设施装上"大脑"之后，还要为其提供源源不断的"营养"供应，对于经过数字化、智能化改造的传统交通物流基础设施来说，数据就是支持其发挥聪明才智的"营养"。

我国已经建成了一些综合交通运输平台，但是数据标准不同，区域协调壁垒等问题，并没有能够实现真正的数据共享，导致综合交通运输平台的作用无法充分发挥。应该采取有效措施打通数据共享通道，促进交通运输平台内部、不同平台之间的信息流通。在交通和物流领域的基础设施融合以及建设综合交通物流枢纽的过程中，也应将数据融合问题一并纳入考虑。

9.3.4 交通物流领域基础设施数字化的政策建议

(1) 科学布局，对交通物流领域基础设施数字化超前部署

持续加强交通物流领域基础设施数字化的顶层设计，提高传统基础设施数字化改造升级的科学性，同时为交通物流基础设施数字化改造升级提供良好的政策环境。合理布局，在现有传统基础设施布局改进的基础上，利用数字化技术将不同地区、不同类别的交通物流基础设施融合连接在一起。对于任何的新启动的交通物流基础设施建设项目，都在规划之初进行超前设计和部署，充分考虑基础设施数字化的问题，为改造升级提供足够的条件和可扩展空间。在交通物流基础设施数字化的发展方向、技术标准等方面进行统筹规划，使两个领域各自内部以及两个领域之间的基础设施与数字化技术结合得更加顺畅，方便信息数据资源的互换和共享。充分利用自由流通的数据进行基础设施的运营管理，交通物流工具的指挥调度，乃至交通物流领域政策决策的辅助等。

(2) 加强交通物流领域传统基础设施的建设

传统基础设施是基础设施数字化的基础，先进的技术需要附着其上，只有基础牢固，才能更好地承载先进技术，并与之深度融合，达到实现数字化、智能化的效果。交通业是物流业发展的载体，这两大产业密切相关，其融合发展的水平直接影响着区域间联通和经济互动水平。

在全国范围内，打破区域限制，实现不同区域的交通物流基础设施的顺畅连接。打破类别限制，实现铁路、公路、水路、民航、物流节点等基础设施全面协同发展。打通不同类别的交通物流基础设施之间的技术和数据共享壁垒，打造综合立体交通物流运输网络。对于新建的交通物流基础设施，应根据建设需求，高屋建瓴，在整个国家或者地区层面加强统筹规划，形成布局合理的综合交通物流基础设施网络。

(3) 促进数字化技术在交通物流基础设施中的充分应用

在管理方面，利用数字化和智能化技术构建交通物流基础设施数字化管理平台。探索新的管理模式与机制。建设铁路、公路、水路、民航系统内基础设施运行监测管理平台，将基础设施信息上传至管理平台，对基础设施实行远程化智能化管理，实现远程监测、故障诊断，提升交通物流基础设施数字化管理水平。同时制订维修养护智能化方案，应用新技术和大数据，实时监控基础设施运行和安全状态，设计预先维修养护方案。

在应用方面，应用智能技术提升传统交通物流基础设施的智能服务水平和能力。应用人工智能、5G 等数字化技术改造传统铁路、公路、水运、航空、物流节点等基础设施，为传统基础设施安装智能、感知装备和设施。使之融合进统一的数据共享与管理服务平台，根据大数据分析结果，提供智慧交通物流解决方案。"以人为本"，增强城际铁路、城际轨道交通互通程度，提高运营通畅程度，实现管理一体化，便于为客户提供实时变动信息等服务。创新服务模式，改造后的交通物流基础设施应为相关的服务商提供支持，帮助其利用新技术精准匹配用户需求，提供更加个性化的服务。

第 10 章　现代科技基础设施

第二次世界大战前后，现代科学的发展和技术的总体进步开始进入"大科学时代"，文艺复兴以来近代科技在关键进程中主要依赖卓越科学家或发明家聪明才智与勤奋努力的叙事已不再适用于现代科学与技术的发展路径。现代科学进入了科学家大团队协作推进和密集式大数据复杂性分析的时代。因此，现代科技基础设施应运而生，主要国家基于科学进步和社会经济发展的需要开始了对这一类基础设施的普遍建设。

作为当今社会经济快速发展的底层基础，现代科技基础设施是支撑基础科学前沿研究和产业创新交叉前沿领域研究的公共平台，其建设和运行水平往往标志着一个国家核心的原始创新能力的强弱。科技创新的基础设施已经成为现代基础科学技术和高科技产业等诸多领域取得突破的必要条件，为促进经济社会和产业体系全面、协调、可持续的发展以及国家安全的保障提供了必不可少的科技基础，成为建立强劲国际竞争力的重要条件。本章主要围绕现代科技基础设施的作用、数字化建设的重点，以及我国科技基础设施发展的态势、中远期布局和建设模式等问题进行论述。

10.1　现代科技基础设施的作用与意义

在现代社会及科技创新发展形势下，科技基础设施已经日益成为科技创新生态系统的基础和社会经济发展的独特资源，既推动着科学研究活动新范式的形成和确立，又将成为国家创新人力资源、研发和运营体系的建设基础。

10.1.1　部分国家或组织对现代科技基础设施的认识与分类

基于当前的国际形势，中国科技专家指出："现代科技基础设施主要是指支撑科学研究、技术创新等，具有公益属性的基础设施。例如，建设先进光源、散裂中子源等支撑多学科研究的科技创新基础设施，提升现有设施性能及使用效率。这些科技创新基础设施、技术创新平台是国家发展科技硬实力的必要基础条件。"（潘教

峰和万劲波，2020b）

当前，国际上关于现代科技基础设施的名称、定义与分类有所不同。美国、德国、英国等国家称为"研发设施"（R&D facilities）或"大型科学设施"（large-scale science facilities）；欧盟、澳大利亚、法国、丹麦等国家或组织称为"研究基础设施"（research infrastructures）；中国则在原来"大科学装置"的称谓上拓展了内涵和范畴将其衍变为"重大科技基础设施"。

美国政府文件中的"研发设施"主要是指联邦资助的研究设施，可根据规定供外部用户使用，以发展科学或技术知识。主要负责对其进行管理的美国能源部将这些设施按照使用方式分为指定用户设施、共享研发设施两大类。其中指定用户设施通常是为了满足广泛的研发需求而建造的设施，但政府指定的用户有一定的优先使用权，运作成本得到美国能源部充分支持。共享研发设施通常是为了满足特定领域研发任务需求而建造的设施，管理者外部的用户可以通过申请自由使用，但必须承担相应的成本。

欧盟文件中的"研究基础设施"是指具有独特性质，用于开展和支持在主要领域进行顶级研究活动的设施、资源和服务，包括主要科学设备或成套仪器；以知识为基础的资源，如成果和科学数据；电子基础设施（e-infrastructures），如数据、计算系统和通信网络；以及任何其他支撑在研究和创新领域实现卓越的必不可少的工具。欧盟文件中根据不同的运行组织模式将其分为单体研究基础设施和分布式研究基础设施两类：前者是根据科研计划的要求，在某一地点建造的大型研究基础设施，如天体物理学望远镜、加速器、核反应堆源、极强激光源；后者包括研究集群、分布式站点或研究平台、联合研究体等形式，如用于观测地球、海洋和生物多样性的网络，健康和食品领域的多个运营地点，物理或数字的信息集成，海量的计算资源。需要注意的是，欧盟文件中对研究基础设施的定位范畴很广，人文、社会乃至文化艺术方面的基础设施均包括在内。

日本的"科技基础设施"是指用于以基础科学研究为主或面向长远发展的应用研究，建设费用为数百亿日元（数亿美元）以上的研究开发装置。日本政府支持的科技基础设施一般根据投入建设主体分为两大体系：由国家投资建设并进行维护的"特定尖端大型研究设施"，属于国家级重大科学基础设施；相关高校、科研机构投资建设，由国家拨付专项资助促进其开发共享的"尖端研究基础设施"。

中国的"重大科技基础设施"一般是指通过较大规模投入和工程建设完成的、建成后要长期稳定运行和持续开展科学技术活动，以实现重要科学技术和公益服务目标的国家大型基础设施。一般按照应用目的可以分为3类：为特定学科领域的重大科学技术目标建设的专用研究设施；为多学科领域的基础研究、应用基础研究和应用研究服务的、具有强大支持能力的公共实验设施；为国家经济建设、国家安全和社会发展提供基础数据的公益科技设施。

10.1.2 现代科技基础设施在创新发展中的作用

当前，科学研究及其创新商业化的发展趋势是学科交叉融合、研发数据密集化，未来的知识创新与应用周期缩短，"基础研究→应用研发→创新商业化→新一轮基础创新"的周期性循环不断加快，这些将对科研大数据、云计算、人工智能等数字科技手段、数字化科技设施的建设和共享提出更高要求。

现代科技基础设施将为我国建设成为新的世界科学研究和技术实现中心提供基础框架条件和能力支撑，加速形成全球领先的知识研究和创新生产体系，支持第四次工业革命的率先实现。

因此，可以从科技创新发展的全过程视角，即针对科技创新的"基础研究—应用研究—技术开发—原型实验—产品生产—市场营销"等阶段，根据现代科技基础设施的可能用途，将其划分为以下3类。

第1类：针对原理性、突破性前沿基础研究的大科学基础设施，如粒子加速器、深空观测器、核聚变实验装置等，这类科技基础设施的特点是有着高昂的建设和运营成本、支持科学家群体较为有限，同时成果产出的过程具有长周期性和不确定性，常常难以预知是否能够获得所期待的重大突破。

第2类：贯穿基础研究、应用研究和原型技术开发的通用型科技基础设施，如自由电子激光和散裂中子源等装置。这类科技基础设施的特点是建设和运营成本仍然较高，但一般低于第一类，应用领域广泛，能够支持多学科的交叉与会聚，可以在这类设施上开展研究的科学家群体相对比较宽泛，所以需求量较大，各国建设的同类装置也较多，产出成果也更为丰富。为了提高利用效率，这类设施一般需要建立专门的管理理事会，以有效规划设施的使用与资源分配，产出最大效益的成果。

第3类：服务于新技术、新产品的开发、实验和测试等用途的科技基础设施。这类设施一般又分为两个子类：一类是通用技术与服务支撑平台，如天地通信网、科考船、极端条件实验装置等，往往属于企业参与的、国家统一建设的公益类设施；另一类是专门领域和产业的测试平台和装置等，如手机与通信测试平台、车辆实验平台、家用电器综合实验系统等，这类设施很多是由大企业单独或合作建设的，但由于同行业其他企业一般不能共享，因此有的国家也会在产业发展成熟的地区有针对性地布局由公共资金支持的此类设施。

但是随着原本相互独立的各学科和各领域的科研与创新事业越来越多地集成为一个相互联系的科技创新生态系统，科技基础设施的作用正在演变，对国家而言形成了一种独特的资源,具体表现如下。

1)现代科技基础设施可以用于对全维度的科技和工程问题进行复杂化研究和跨学科分析,已经成为社会经济生活中不可或缺的组成部分。

2)在科学研究第四范式的要求下,建设一个开放研究数据系统的需求已经从各个特定的学科或行业领域的具体需求发展成为国家的总体性项目:建设完整的国家开放科学云及其数据管理体系,才可能使跨学科研发成为可能;并有可能使科研成果产生更大的社会效益,进而影响全社会基础设施和未来产业结构建设的重要决策、规划和战略。

3)作为国家科技创新的重要支撑资源,科技基础设施通常是大量数据的生成者,这些数据和数字化基础设施也将成为国家创新系统建设相关创新人力资源、研发和运营体系的决策基础。

4)当前已经开始数字化建设的科技基础设施一直是先进数据管理和其他数字化基础设施建设的先驱。面向具体要求,数字化科技基础设施的建设实施方案,可以很快转化为支持其他领域数字化基础设施的建设框架和高级解决方案,以及整体建设路线图。

10.1.3 现代科技基础设施建设效益

1)促进和引发重大科技突破。根据美国国家科学委员会的调查,第二次世界大战后的诺贝尔物理学奖中有多个项目直接与仪器技术有关,其他的诺贝尔奖工作也与先进的科技基础设施有不可分的关系。现代科技基础设施已成为创新源泉之一,不断产生新的基础知识,衍生出新兴学科。

2)带动学科发展,形成综合性科学中心。从国外的科技基础设施发展情况来看,设施群会带动、促进相关的学科和领域发展。目前,拥有科技基础设施群的研究机构能够整合国内一流的科学家,形成团队优势,有力地推动了学科的整体发展,进一步形成依托设施群的大型综合研究中心。国际上已建成的重要研究中心如美国的布鲁克海文国家实验室、德国的亥姆霍兹国家研究中心联合会、欧洲核子研究中心等都已经成为创新基地建设的典范。也很好地整合了周边高校和研究机构的科技资源。

3)形成基于科学发现的新兴产业,带动高新技术发展。从产业创新和知识发展的角度,可以发现一些新兴产业的迅速发展越来越多地直接依赖于科学上新的发现。重大科技基础设施在建设过程中开发出了诸多领先技术。例如,在欧洲核子研究中心的重大科技基础设施集群建设过程中,科学家为交换实验数据开发的网络信息技术演变成了如今的万维网。

4）会聚顶尖科技精英，促进各类人才培养。科技基础设施往往在前期研究和验证的过程中，就已有本国的诸多高校和科研院所加入了合作，甚至还有国际科技机构参与。科技基础设施通过吸引人才、培养人才、知识扩散和交换等方式提升所在地的科技人力资源水平，并建立起了复杂的社会关系网络。

5）提升国际地位与地区影响力。随着空间探索、气候变化、生态保护、人口健康等全球性问题不断增多，在事关人类共同利益和长远发展的科技领域，由于资金投入、技术难度等超出单个国家的能力，设施共建共享与合作研究越来越成为发展科技基础设施的重要方式。依托科技基础设施开展国际合作，既是实践其开放共享功能的重要举措，也是提升前沿基础科学研究国际影响力的有效途径。

10.2 现代科技基础设施的数字化建设

随着科技与社会经济发展的日益交融，现代科技基础设施逐步成为植根于社会、引领经济发展方向的关键及推动产业竞争力提升的基础。

10.2.1 现代科技基础设施逐渐成为社会创新活动的核心动力源泉

当前，现代科技基础设施开发的尖端知识为创新的产业、仪器和服务的不断诞生铺平了道路，为应用性研究和开发提供了不断的动力。例如：

1）粒子、X射线和中子探测器的研究基础设施，可以在广泛的应用领域产生直接创新，如医疗、环境、信息技术、能源、材料开发和制造等部门。

2）医学类科技基础设施可以提供生物医疗领域的样本、图像和协议，以促进开放式创新的蓬勃发展。

3）在数据的宽带通信和大功率/高通量计算中，以及在环境观测和建模，甚至在社会研究中，现代科技基础设施为创新提供了先进的试验平台。

4）在社会行为和老龄化研究、跨语言交流、环境问题和技术变革等方面，现代科技基础设施也为文化、政治和社会经济创新提供了独特的工具与支撑。

此外，现代科技基础设施及其数字化建设可以以许多不同的方式参与企业的发展，包括产品采购、服务支持、新技术测试和证明，以及在商业化前的研究中与企业、行业进行合作。近年来，工业界，尤其是材料分析和生命科学领域的研究成果持续增加，对全社会的创新活动产生了影响。现代科技基础设施在创新中的关键作用还在于能够持续培训科学家和工程师，给予他们往返于科学、工业界进行学习和服务的机会。事实上，这些跨界研发人员使得工业4.0智能工厂使用的使能技术开始发挥作用，这些技术之前已经在科技基础设施中被率先应用。在可靠和有效的数据服务的支持下，开放的、有据可查的高质量研究数据也将对创新产生重大影响。

但是，目前我国的科技基础设施对工业和社会的影响仍然没有得到充分发挥，主要原因体现如下。

第一，现代科技基础设施需要开放的、互补和可互操作的数据服务，才可以跨学科、跨领域生成和分析数据，但是我国的这类服务还在严重受限。

第二，需要建设综合性的科技基础设施园区，为设施的使用者提供密切联系的界面和机会，把一个地方的科技基础设施、孵化器、技术园、研究机构和企业结合形成集群，并主动融入当地的发展规划和产业智能化战略，在这方面我国刚刚起步。

第三，需要产学研合作，共同向同一方向推进，以在各方基于科技基础设施的互动之间产生创造新的知识和生产领域，我国的此类产学研合作尚未形成规模。

当前，我国的科技基础设施产生了巨量并快速增长的科研数据而令人瞩目。在许多大型科技基础设施项目中，数据管理的重要性已成为一个关键因素。人们认识到，要使数据具有可发现性和可重用性，还需要有效的管理与共享，但即使在同一学科内部，数据共享的工作仍存在很大差异和提升空间。

针对现代科技基础设施开发的辅助式数字化管理体系通常是自然产生、针对相关项目或学科领域进行定制的，而不是主要针对整个学科知识体系的应用用途的。事实上，现有的一些科技基础设施的数字化建设重点是学科内部的互操作性和数据互访问性。我们未来需要考虑的是：通用数据标准和格式、数据存储设施、大通量数据流动、集中访问需求、数据挖掘与发现、数据管理、隐私和安全、服务对接和交易市场等一系列问题的协同解决。

未来这方面开发需要遵循的原则总体包括：公平性、可查找、可访问、可互操作、可重用、大通量、系统抗崩溃、分布式高性能计算可获取等。其配套服务工作包括：安全可靠的数据互操作服务，数据管理、保障、复制、分析服务，以及在前述服务之间传送大量科研数据的服务等。

10.2.2 现代科技基础设施的数字化建设需要长期可持续的支撑

一个稳定而强劲的长期规划对于成功和可持续地开发、建设和运营科技基础设施及其数字化服务体系是至关重要的。数据的一次中断就会毁掉长期的建设和研究成果积累。因此，科技基础设施及其数字化服务体系必须被视为政府的长期战略性投资，属于隐性的社会建设成本，它支撑着新的社会结构、行业业态，但是前期不能要求社会、企业和消费者负担其成本投入，后期也难以靠市场盈利获得足够的回报；而它又深深植根于社会，对于在其科学领域开展出色的研究以及对提高国家整体竞争力都是不可或缺的。

所以,必须给予科技基础设施及其数字化工作足够的时间和持续不断的支持,以充分发挥、发展和保持其潜力,因为它们通常将运行服务几十年。这种支持应建立在国家和地方两级政府的长期战略之上,因为这意味着超长期、不间断的财政和人力资源投资。

因此,确保科技基础设施及其数字化服务体系建设长期可持续性的关键要点如下。

1)建立并保持科学研发水平的领先。先进的研发需要最先进的仪器和尖端的研究方法、高素质的人员、服务和支持,以及带来最具挑战性重大问题的领先用户。为了实现和维持所有这些因素,必须满足一些条件:强有力的内部研究和支撑性技术开发;与用户群体(不只是科学界,还包括企业界)的有效接触。所有这些活动都需要有稳定资金来支撑,提供足够的支持和长期的规划,确保可靠的高质量的科学服务。

2)确保基础设施在正确的时间和地点获得合适的人力安排。可以说,科技基础设施中最重要的资源并非设施本身,而是其培养的人力资源体系。这包括它自己在设计、建造、运营、使用、支持和管理等各方面的员工,以及利用它进行研究和创新的科技界及企业界用户群体。这些角色大多需要专业技能和经验才能发挥作用。此外,需要有经验的大数据专家,擅长处理大型和复杂的数据集,或与工程师合作设计定制且通常高度创新的数据设备和服务。学术界或工业界的用户通常需要一定程度的培训,以便能够利用设施的潜力进行有深度和创意的研究。

3)数据流通、协调和整合规划。数字化科技基础设施的运营从长远来看,必须以可持续的方式生成和利用记录在案的数字化数据、产品和服务。快速增长的数据量需要向来自不同领域的研究人员开放,并使其轻松获取。为了做到这一点,就需要采用成本效益高的数字化技术方案,在适当的质量和安全保证下,对数据进行管理、存储和保存,保障正常的跨境访问。因此,科技基础设施的数字化是科研生态系统建设的核心部分,它使研究人员和来自研究、教育、社会和企业各方的其他相关者能够为科学和社会的利益而重复使用和开发数据。

4)发挥科技基础设施作为地区创新中心基础的聚合和引领作用。作为高质量科学研究的推动者、先进数据和分析服务的提供者以及前沿技术的供给方,科技基础设施需要充分开发,而不是仅仅作为大科学装置。这里有许多重大挑战:沟通不完善,对各界的需要和科技基础设施应用的机会缺乏认识;准入障碍,科技基础设施与商业部门之间的接口及数据管理人力资源不足等。可以通过为使用科技基础设施的企业进行评价认证,再为之创造一个更有效的综合和协调性的动态系统接口来应对，社会经济价值链的其他参与者都可以参与其中，包括地方和中央政府。

5）充分展示科技基础设施的经济价值和更广泛的社会价值。当今的各级政府都在面对不断增加的压力，要求展示它们的投资对整个社会做出的积极贡献，包括对区域和国家经济的影响，以及它们通过所提供的科学成果为人民提供的服务。社会经济影响的定义和衡量都面临着相当大的挑战，因为科技基础设施建设工作可能有很长的时间成果延迟期，使得任期制管理当局不愿意去推动建设。

但科技基础设施对整个社会的长期利益是显著的，特别是集群式创新系统，很多都可以推动甚至塑造它们所在地区的经济和社会进步，有助于提高竞争力，也有助于凝聚力和一体化。同时，科技基础设施对培训和教育也有广泛的影响。它们可以提高工作人员、研究人员和学术用户的能力，不断提高社会对科学技术的认识和理解。因此，管理者的一大任务就是想方设法地去真正展示科技基础设施的经济价值和更广泛的社会价值。

10.2.3 现代科技基础设施数字化建设战略重点

在财务和人力资源在整个生命周期中得到保证的条件下，对科技基础设施的投资可以产生很高的社会回报。所以，科技基础设施数字化建设工作的战略重点如下。

1）明确科技基础设施数字化建设的目标，即在现有科技基础设施及其数字化工作的基础上，为国家科研能力的建设提供高效的数字化保障基础和服务。

2）制定国家和地方政府及科研机构在科技基础设施及其数字化建设中关于融资机制方面的统一政策，有效避免投资及其他资源的重复和浪费。

3）部署战略性联合数字化科技数据服务，包括数据及设备标准化、辅助分析工具服务、开放接入管理服务。

4）加强分布式的高性能计算及科学数据通信网络、机构及部门间横向数字化服务的能力建设。利用国家资源，强化有效的机构协调和可能的新资金支持，以实现规模效应。

5）高性能计算设施的建设方式面临着集中还是分散模式的挑战，这些设施具有直接的产业政策影响，因此应制定统一的政策和规划，由统一的机构进行协调管理。

6）加强科研数据管理，包括数据保护、匿名化处理、识别、存储和分析，以保持数据公开和保密之间的平衡等，以及数据的人工智能开发和机器学习的开发和应用。

10.3 我国科技基础设施的建设发展总体态势

截至2019年底，我国科技基础设施运行和在建总量达到60多个。其中，北京布局19个，科技基础设施数量高居第一位；上海与安徽各布局7个；四川布局6个；广东与江苏各布局4个。

目前，我国已建成科技基础设施的学科覆盖范围已从物理、天文学等传统大科学领域，向地球系统与环境科学、生命科学等新兴领域拓展，其中光源设施、托卡马克核聚变实验装置、天文观测设施等已逐步向体系化发展。设施整体水平基本进入国际前列，科技基础设施综合效益日益显现。我国的科技基础设施建设从规模、数量上看已经超过日本、欧盟经济体等，仅次于美国，且大科学基础设施、通用型科技基础设施的规划和建设已经在主要科技领域中较为全面地进行了布局。

今后需要根据国家战略需求宏观统筹规划建设，同时应注重结合我国产业发展方向和重点，与产业界有效合作，布局和建设一批面向专门领域和产业平台的开发、实验和测试设施，并设计相应的共享和管理机制。

10.3.1 科技基础设施总体布局

综合考虑我国科技基础设施规划布局和建设情况，国家发展和改革委员会、科学技术部先后批复在北京怀柔、上海张江、安徽合肥3个国家科技基础设施集聚区建设综合性国家科学中心。"十二五"和"十三五"期间规划布局的26个设施中有13个项目整体或部分在3个综合性国家科学中心集聚，涉及总投资约300亿元。总体布局已形成一定规模。

从领域与区域看，我国现代科技基础设施的主要分布如下。

生命科学主要布局在北京（4个）、上海（2个）、陕西（2个）、云南（2个）、四川（1个）等地；

地球系统与环境科学主要布局在北京（8个）、广东（1个）、山东（1个）、四川（1个）、河北（1个）等地；

工程技术科学主要布局在北京（3个）、安徽（3个）、四川（3个）、陕西（2个）等地；

粒子物理和核物理主要布局在广东（3个）、安徽（3个）、上海（2个）、北京（2个）等地；

材料科学主要布局在北京（2个）、上海（2个）等地；

空间和天文科学主要布局在四川、河北和贵州等地；

我国目前在建和投入运行的科技基础设施总体水平基本进入国际先进行列。例如，500米口径球面射电望远镜（Five-hundred-meter Aperture Spherical Radio Telescope，FAST）将在未来20年保持世界领先地位，并在建设过程中产生了超过

30 项自主创新专利成果。散裂中子源打靶成功，标志着我国成为继美国、英国、日本之后第 4 个拥有散裂中子源的国家。

10.3.2 科技基础设施综合效益

我国目前的科技基础设施为载人航天、探月工程、新药创制、大型客机研制、核心电子器件研制、高分辨率观测等国家重大科技任务提供稳固的支撑，取得了物质发现、重大传染病传播机制研究等一批原创科技成果。催生出了重离子治疗癌症、低温超导材料规模化制备、传染病疫苗快速培植等一批高新技术，在保障国计民生和国家安全中也发挥着不可替代的作用。已建成的科技基础设施对于增强我国原始创新能力、实现重点领域跨越、保障科技长远发展、实现从科技大国迈向科技强国的目标，已经开始发挥积极作用，综合效益日益显现。

10.3.3 科技基础设施体系目前存在的问题

(1) 科技基础设施建设缺乏统筹规划

从国内外的发展经验看，科技基础设施的部署与建设都应在结合当地的装置基础、学科基础以及产业基础等要素的基础上，进行科学的政策规划与预研。特别是近年来，随着欧盟组织开始启动自上而下的科技基础设施集群建设模式后，政府顶层设计与统筹规划的重要性越发明显。

目前，我国部分科技基础设施的部署一定程度上存在着各地重复申请与建设、统筹规划不完善等问题。这使得设施在落地建设、运营管理以及科学支撑等维度都存在一定问题。基于此，今后在科技基础设施部署和运营管理方面，应加强学术界、产业界和地方政府之间的沟通，力争使科技基础设施的部署与运营规划实现科学推进、并满足各方利益，且符合地方社会经济发展需求。

(2) 科技基础设施之间的协同效益有待加强

从北京、上海、合肥 3 个国家综合科学中心的科技基础设施现有布局及未来部署规划看，其科技基础设施配置领域相对集中，充分发挥了不同装置之间的协同创新作用。这样的协同创新作用，一方面能增进不同学科团队之间的学术交流气氛，另一方面也能扩大平台优势，增加人才吸引力。

而从全国已布局的科技基础设施看，学科领域相对分散，而且不同科技基础设施之间的合作尚不密切，如各超算中心与其他本地科技基础设施之间尚未建立良好的沟通合作机制。基于此，在未来科技基础设施的发展规划上，应重点加强不同科技基础设施之间的联系，促进其形成协同合作机制，形成科技基础设施集群，以集团军形式发挥其对创新的支撑作用和对科研成果的有效应用及市场化。

（3）本地化的支撑性学术机构及承载平台需要加强建设

从国内外科技基础设施的建设与运营情况看，本地化的支撑性研究机构是这些装置能否充分发挥作用的关键因素之一。虽然我国的一流高校和中国科学院等一些卓越的研究院所具有扎实的研究实力与人才团队，但是碍于地理空间阻隔、实验条件环境、人才团队落地等因素的制约，势必难以全面地对各地的科技基础设施形成全方位的支撑。同时，缺乏本地化的支撑性高校和研究院所，也使得本地学科建设以及人才团队引进缺乏承载平台，制约了本地相关科学的发展以及人才团队的引进与落地。

（4）部分领域学科研究能力较弱且人才梯队建设尚未突破

从学科分析看，我国一些地方高校及科研院所的学科基础水平与北京、上海、合肥等中心地区存在一定的差距，特别是高能物理等领域缺乏一定的人才团队支撑。地方建设的科技基础设施往往是"先有设施后部署机构"的建设模式，而国内现有的3个综合科学中心则是以研究院所为基础，根据其学科研究基础来部署设施，这也是国外科技基础设施建设相对主流的模式。这种建设模式必须要加快相应的学科人才梯队建设才能使现有装置能持续且高效地发挥应有的作用。

（5）科技基础设施建设实施组织联动机制有待完善

我国的科技基础设施建设开始较晚。建设实施需要多方协同推进，由于缺乏有效的组织实施机制，建设进度缓慢。建设进程趋缓除了影响国家后续对地方科技基础设施的部署考虑外，还会严重影响这些设施对基础科技创新的支撑以及对地方产业的带动作用。同时，这些科技基础设施的技术指标领先性也被缓慢的建设进度逐渐消磨。上述问题一是由于重立项、轻实施的思想存在；二是中央政府、地方政府、科研机构等各参与主体的利益协调机制尚未完善。

因此，我国现有科技基础设施的建设布局难以完全支撑现代经济社会发展的需求，关键节点在于：

一是设施布局结构不甚合理。目前政府认定的科技基础设施大部分为针对原理性、突破性前沿基础研究的大科学基础设施；另一部分为贯穿基础研究、应用研究和原型技术开发的通用型科技基础设施（如国土空间和海洋设施、国家超级计算中心、国家种质基因库等），但尚缺乏真正服务于新技术、新产品的开发、实验和测试的设施。同时，相关产业对应用研究和试验开发过程所对大型科研、实验和测试设施存在旺盛的需求，迫切需要设施支撑。从服务的产业门类看，现有设施对生物医药、新一代信息技术、绿色低碳、新材料等产业有所支撑，但在机器人、智能家电、新能源汽车、高端装备制造、海洋经济等产业技术发展所需的基础和应用基础研究领域存在空白。

二是部分现有科技基础设施对产业提升作用不明显。例如，一些超算中心机时空置率高，超算中心由于算力制约以及服务模式需要转型，当前很难在产业关键技术突破方面有所作为。又如基因库主要起到资源库的作用，其对于产业的支撑作用尚不明显，随着科研伦理问题凸显等事件发生，进一步影响了基因库作用的发挥。

10.4 我国科技基础设施中远期布局建议

未来，我国科技基础设施长期发展既是新科技革命和产业变革的要求，也是应对国际形势新变化的现实需要，这些都要求我国进行周密的规划和布局。

10.4.1 我国科技基础设施发展形势

（1）新一轮科技革命和产业变革产生了新的要求

近年来，主要发达国家都相继建设了大型科学中心及科技基础设施集群，形成具有强大吸引力的原始创新高地和技术辐射源头。国内除三大国家综合科学中心外，武汉、成都、西安等城市也相继推出了科技基础设施建设计划。但与科学研究和产业发展的迫切需求相比仍存在明显短板，构建支撑科技创新全链条的科技基础设施体系，已成为建设我国科技创新高地的关键因素。

（2）国际科技创新中心建设为科技基础设施赋予了新的使命

建设科技基础设施，是提高全球竞争力和影响力的客观要求，也是加快我国自身经济社会深度调整与转型、实现可持续发展的内在需要。科技创新能力水平的高低直接影响了未来我国在国际上的竞争力。从旧金山、东京、伦敦、北京、上海等地国际科技创新中心及创新集群的建设经验来看，科技基础设施是国际科技创新中心能持续化运作并发挥作用的重要基础。优化完善科技基础设施的布局，将促进科技、产业、经济的快速发展，奠定我国在国际科技体系中的重要地位。

(3) 国际形势的现实需要对我国的科技创新提出了新的要求

目前，我国的创新发展还存在着薄弱环节，如基础研究能力不足、关键核心技术受制于人、高层次创新人才缺乏、高端研究机构不足等。在新时代为全国实施创新驱动发展战略提供支撑，必须聚焦创新发展薄弱环节，努力补齐创新短板。科技基础设施是重要创新技术供给源，其创新技术的产出和供给将对上下游相关产业起到辐射带动作用，能有效缓解我国产业"缺芯少核"的顽疾，加速产业创新能力提升，进而吸引技术、资本、人才等创新资源会聚，形成以科技基础设施为核心的创新集群和创新链条，带动创新发展向世界领先水平迈进。

10.4.2　科技基础设施的建设布局遴选标准

以习近平新时代中国特色社会主义思想为指导，坚持创新、协调、绿色、开放、共享的发展理念，坚持创新是引领发展的第一动力，围绕国家实施创新驱动发展战略和建设国际科技创新中心的战略部署，立足科学研究和产业发展实际需要，构建支撑"基础研究—应用研究—技术开发—产业应用"创新全链条的科技基础设施体系，打造一批世界一流科研人才队伍和学科，组建一批国家级研究机构和国际性开放研究平台；进一步健全开放共享和协同创新机制，强化科技基础设施稳定投入支持力度，实施动态调整、循序滚动，构建科技基础设施体系，全面提升设施建设水平和运行效率，争取基于科技基础设施体系建设综合性国家科学中心，为全国深入实施创新驱动发展战略提供有力支撑。

未来科技基础设施需要支持开展跨学科、跨领域、跨部门的协同创新，旨在为全国的研发力量提供开放共享的创新基础平台，提升创新能力。根据以上定位，此类设施的遴选标准主要应该包括以下 4 点。

1）围绕国家和区域的战略需求，瞄准重大科学和产业发展目标，形成能够支撑综合性、交叉性前沿研究和应用研究的能力。

2）拥有国际先进、国内不可替代的主导性科技基础设施（集群），能够为全国的研发力量提供开放共享的创新研发基础平台，支撑国家创新能力和产业结构的提升。

3）围绕科技基础设施凝聚起强大的研发基础资源以及由国际知名科学家领衔的高水平多学科本地化研究团队，使学科建设能够取得质的提高，为战略性新兴产业跨越发展筑牢根基。

4）开放共享、运行高效，提供国际一流的研发平台，促进高层次的国际科技交流，逐渐提升我国在国际科技合作中的主导权，提高参与国际科技创新和产业竞争的实力。

10.4.3 科技基础设施的布局建议

10.4.3.1 优先建设一批基础研究类和通用类重大科学设施

(1) 物质结构探测设施

对物质结构的深入研究不仅可以支持基础科学的前沿发展，也能够为众多交叉领域甚至产业应用途径的开发提供支持。

目前，光源、激光器等平台已显示出对我国科学研究与技术发展的强大支撑作用，成为多个学科领域前沿研究和高技术发展不可或缺的实验平台；既可以在材料科学领域进行新材料结构及性能研究，改进催化剂超导材料、储氢材料、半导体材料、晶体材料、高分子材料等，也可以支撑用户在蛋白质及疾病领域等结构生物学前沿领域的国际性研究，显著提升我国在结构生物学研究领域的国际地位；此外，这类大设施在环境科学、生物医学、地质考古等诸多领域还可以开展多方面、有特色的研究工作，有力推动相关学科的发展。

(2) 新一代空间、国土、海洋、环境科学研究设施

海洋科考船及相关科学研究设施要求可满足在近海、远洋进行海洋水声、地质、物理、生物、化学、大气环境等多学科和交叉学科的综合科学考察的任务，也可担任大范围、大尺度测量网络的布设、观测、调控、遥感和监视等任务，可进行对海洋环境、海洋资源的监测体系和综合研究，成为国家的"海上研发和资源保护工作站"。

(3) 生命科学、基因组和遗传学研究类设施及种质资源库

生命科学、基因组和遗传学研究类设施可以围绕生命科学与医药研究的前沿领域和我国生物医药、现代农业等产业发展需求，提供高精度、规模化结构分析、功能研究等能力，从根本上阐明人类重大疾病的机理，为临床诊治提供新的方法和途径；推动我国医药、生物能源、生物材料等新型生物技术产业的发展。

种质资源库建设的目标是建成国际上有重要影响、中国特有生物种质和人类基因资源的保存设施和科学体系，保护我国的生物战略资源安全，为我国生物技术产业的发展和生命科学的研究源源不断地提供所需的种质、基因资源材料及相关信息和人才，为我国的生命健康领域研究发展奠定物质基础。

10.4.3.2 产学研合作建设一批研发类基础设施与平台

(1) 电子电气研究与制造标准测试平台

电子电气领域是我国沿海地区的研究和产业优势领域。精确测量是科学发现和产业突破的基础，这一类设施将为物理学等前沿研究提供精确的测量基础，也对开展电子及制造类产品等领域的相关研发具有重要意义，使我国保持在相应研究领域和产业发展中的国际领先地位。

(2) 网络通信、传感器、物联网技术测试平台

目前，我们的大多数测试平台是为特定的成果评估而研发，测试的内容以小规模、单一化为主。新式的传感器及网络测试平台将包含的节点类型更加丰富、网络传输介质与协议更为复杂、部署的范围也更为广阔，能够完成未来产业发展所需的多样化测试任务、实现资源重用与共享、降低部署成本、满足复杂多元的测试需求，进而推进未来相关产业和产品在实用性方面的快速发展。

(3) 人工智能、机器人与自动化领域实验设施

目前已有的机器人与自动化实验设施主要侧重于机器人和自动装置的组成结构和原理方面的展示、示范机器人的结构设计，对机器人技术的应用涉及较少，限制了在实验平台上改进产品的机会。

新型的工业和家用机器人实验设施要求可以进行更多机器人应用方面的实验，再结合机器视觉系统和人工智能，引入机器人从事日常工作，贴近生产和家务活动现场实际工况，促进我国人工智能相关产业的跃进。

(4) 材料功能结构研究与性能测试平台

要建设具有高灵活性、分析性能和工作效率的多领域新材料研究检测平台，用于光学材料、复合材料、合金材料、生物材料等未来产业领域，深入分析新材料的构造、性能和加工特性，助力产业用户实现突破，尤其要侧重我国用户的特殊需求，提高检测平台和实验设施操作的自动化率。

(5) 能源、电池研究及实验设施

电池是未来各产业发展必不可少的功能组件，各行业对电池的要求越来越高。未来的新型电池实验设施不同于传统家用电器和汽车电池实验平台，需要规划电池研究及实验设施，降低实验操作风险，形成系统检测能力，包括电性能、机械性能、环节测试、辅助功能测试、安全测试，形成完整的电池研究能力。

（6）先进医学研究和医疗设备测试平台

当前，世界上新一代的医疗诊断、检测、实验设施已逐渐具有智能化、网络化等特点，使得信息化的医疗设备检测和监管成为可能，并且使得质检数据的查看更加方便，更加有利于数据共享。未来的医疗设备测试平台的研发设计要满足对设备的流程化质检、数据的共享以及监管等需求。

10.5 科技基础设施建设模式的构建

为了更好地满足国家的战略规划和科技、产业创新发展需求，科技基础设施的建设往往要结合地区特色及产业发展优势，建立适当的投资模式和建设管理机制，以便能够克服科技基础设施建设技术难度大、建设周期长、资金需求大、协调难度高等方面的困难。

10.5.1 科技基础设施建设模式的关键环节

科技创新基础设施是通过较大规模投入和工程建设完成，以实现重要科学发现、技术变革和公益服务为目标的。建成后需要长期稳定运行、持续开展科学技术活动，并为高水平研究活动和产业发展提供面向社会开放共享的大型复杂科学研究装置或系统。

科技基础设施是一个国家和地区综合实力的标志，由于其巨大的建设投入和运营维护成本，世界上有能力在一定规模和水平上开展科技基础设施建设的国家和地区并不多，主要是美国、欧洲、日本等发达国家和地区和中国、俄罗斯等具备一定经济与科技基础且有明确国家建设目标的发展中大国。

研究发现，由于建设投入和运营维护成本巨大，且科学发现及产业服务的效果存在不确定的实现可能及指向性。世界主要国家和地区的科技基础设施主要采取政府支持、集中力量的建设方式。随着的当前全球化分工的深化和设施建设成本的高涨，大部分国家和地区开始无力单独建设科技基础设施体系，或在同一时间内无法支撑多个重大设施的建设项目。

相对而言，美国科技基础设施的建设发展最为均衡，注重面向产业发展的开发、实验和测试设施的建设，虽然美国这类设施的建设依据主要来源于产业需求，但在建设管理和资金支撑方面主要依靠国家支持，有力促进了本国重点区域的战略性新兴产业的发展。

日本也部署了一批服务于新技术、新产品的开发、实验和测试设施，但主要由大企业独自承担，因而存在受大企业行业布局局限，缺乏新兴产业（如信息与通讯技术）创新发展平台且共享受限制等缺陷。

目前，除美国、中国、日本和欧盟成员国之外，世界多数国家和地区的科技基础设施建设只是作为追赶全球科技发展前沿、体现科研存在感的象征。所以也形成了多数国家和地区的科技基础设施并无总体学科领域配套及研究规划的情况，它们的相应设施建设并不能与本国、本地区的科研规划和产业发展有效配合。

从国内外科技基础设施建设经验来看，科技基础设施建设过程中的关键环节主要包括：投资及其管理模式、依托单位的遴选机制、建设管理机制等。

为了更好地服务国家战略需求和地方建设国际科技、产业创新中心的需要，聚焦世界科技前沿，科技基础设施的建设方需要结合本地特色及产业发展特点，大力推进和部署一批有望引领未来产业发展、事关长远和全局性科技战略制高点和改善民生、促进可持续发展的国家科技基础设施，为国家和本地的产业发展及人才集聚提供持续支撑和不竭动力。

科技基础设施建设技术难度大、建设周期长、资金需求大、协调难度高，我国科技基础设施的大多数建设方的经验仍比较欠缺，对科技基础设施的建设模式研究还不够充分，亟须做好基于本地特色的科技基础设施建设模式和项目管理机制研究，以加快推动科技基础设施科学、高效的建设。

10.5.2 科技基础设施建设的投资模式

10.5.2.1 美国、日本和欧盟的有关经验

美国是全球最早开始系统性建设科技基础设施体系的国家，也是目前全球科技基础设施布局最为全面、数量最多的国家。20世纪七八十年代，世界经济在第三次产业革命带动下蓬勃发展，科技界和产业界发现产业创新交叉前沿领域的研发也需要科技基础设施的支持，美国基于自己雄厚的经济和科技实力，布局和建设了一大批服务于新技术、新产品的开发、实验和测试等用途的科技基础设施，成为目前全球唯一成体系建设产业相关科技基础设施的国家，其他国家的此类设施多属于分散零星式布局，且多由企业主导建设。

美国能源部是美国在基础科学研究方面最主要的管理和资助机构，美国能源部的最终目的是要使每项科技基础设施建设工程交付时都能符合原定的绩效基准，按期完工，不超预算，并完全能够达到在性能、保卫和安全、质量、可持续性、环

境，以及人身安全和健康等方面的要求。为达到此目的，美国能源部明文规定，对总费用在2000万美元或以上的科技基础设施的经费与进度控制要求采用先进的项目管理方法——挣值管理（earned value management，EVM）[①]，详细规范了挣值管理系统的工作程序。美国能源部的科技基础设施建设工程实施状况自挣值管理实施以来得到很大改善。

自20世纪70年代起，日本开始兴建世界一流的尖端大型科研设施，并形成以此为基础促进共同利用和合作研究交流的体制。从整体看，日本政府支持的科技基础设施包括两大类：一是由国家投资建设并进行维护的"特定尖端大型研究设施"，属于顶尖的国家级科技基础设施；二是相关大学、科研机构投资建设，由国家拨付款项促进其开发利用的大型科研设施。此外，日本还有大型企业集团建立的一些产业所属重大科学基础设施。

"特定尖端大型科研设施"是日本文部科学省代表国家直接立项和投入的本国最尖端的科技基础设施。该类装置的立项由"综合科学技术创新会议"提出，并拨付专项费用开展建设。在建设完成后，由依托单位负责设施的日常维护与管理，并且每年拨付专门的维护、升级费用。

欧洲的科技基础设施在文件中被称为"研究基础设施"。"研究基础设施"主要依据"欧洲研究基础设施战略论坛"2018年发布的《欧洲研究基础设施路线图》，由欧盟委员会及其主要成员国按照路线图设计的时限，通过预算持续支持建设。

例如，脱欧前，英国研究理事会从2010年开始按照"大型设施路线图"的重点布局方向和规划在哈维尔科学与创新园建设，并开始运行了"钻石"同步辐射光源、脉冲散裂中子源、中心激光装置、计算数据存储和卢瑟福·阿普尔顿实验室空间设施等科技基础设施，它们的投资均超过10亿英镑。

再以德国亥姆霍兹国家研究中心联合会旗下的电子同步加速器研究中心为例，该研究中心是世界领先的加速器研究中心之一，总部位于汉堡，主要从事大型粒子加速器设施的开发、建造和运行，研究物质结构与过程以及宇宙基本构成。拥有包括电子同步加速器、正负电子双储存环对撞机、正负电子串联环形加速器、强子-电子环加速器、TeV能级超导直线加速器、自由电子激光器装置等在内的十余个科技基础设施。该研究中心除建设用于自身研究的科技基础设施外，还承担国际科技基础设施的建设与运行工作，如欧洲X射线自由电子激光装置。该研究中心年度预

---

① 挣值管理是对工程项目进度和费用进行综合控制的一种方法。通过对项目的进度和费用进行综合度量，准确评估项目的进展状态，预测工程可能发生的工期滞后量和费用超支量，从而及时采取纠正措施。

算为2.3亿欧元，由德国联邦教研部和所在州按照9∶1的比例共同资助。拥有工作人员2300余人，其中约650人从事加速器的运行、研究与开发。由该研究中心主任和其他4名成员组成的理事会负责加速器建设和运行方面的管理工作。

欧盟层面投资大型研究基础设施的资金主要来自以下三大渠道。

1）欧盟研发框架计划。欧盟及成员国研究基础设施的建设与运行，自1987年起，欧盟研发框架计划设立专门的资助计划。根据欧盟委员会决定，欧盟第二研发框架计划（1987~1991年）包括专门的研究基础设施建设与运行的资金安排，主要用于投资成员国研究基础设施或研究基础设施网络建设的财政预算经费为3000万欧元。随后研发框架计划逐年增加研究基础设施的投资预算，到第七研发框架计划（2007~2013年），研究基础设施财政预算专项经费已达到18.5亿欧元，目前执行中的"地平线2020"计划基础设施部分预算达到28亿欧元。研发框架计划支持欧盟研究基础设施建设与运行的主要目标任务是：整合欧盟及成员国的研究基础设施行动计划、支持《欧洲研究基础设施路线图》提出的大型研究基础设施建设，以及支持欧盟研究基础设施发展政策和执行落实措施等。

2）欧盟结构基金，即用于欧盟区域融合政策的资金，其中也资助研究基础设施建设，参与《欧洲研究基础设施路线图》相关项目的实施。

3）欧洲投资银行。通过风险共担的融资机制投入研究基础设施建设，2007~2013年，"风险分担金融计划"投入欧盟大型研究基础设施建设的资金达2亿欧元，同时欧洲投资银行还为欧盟大型研究基础设施项目建设提供了2亿欧元的优惠贷款。

10.5.2.2 对我国的借鉴

我国科技基础设施按照投资渠道主要包括国家全额投资、央地联合共建、中国科学院/地方合作、地方全额投资以及政府/企业合作共建等。我国科技基础设施建设初期以国家全额投资为主，集中全国力量建设高水平科技创新基础设施，如我国第一个科技基础设施——北京正负电子对撞机，当时由国家投资2.4亿元，中国科学院高能物理研究所负责承建。随着地方政府财力的提升以及对科技创新的需求，地方政府积极参与科技基础设施的建设，逐渐形成国家投资为主、地方配套的央地共建投资模式，如中国散裂中子源项目由中国科学院和广东省政府共同建设，由国家投资18.8亿元，广东省政府投资5亿元，后期加上设施配套的变电站、道路、人才安居等，广东省政府预计投资达14亿元。

近些年，地方政府积极开展和科研院所合作，探索院地合作共建科技基础设施，如江门中微子实验站，项目总投资20亿元，包括中国科学院先导项目18.5亿元,广东省和地方配套支持了 1.5 亿元和 800 多亩[①]土地。近年来,为了加快综合性国家科学中心的建设,北京、上海等地方政府全额投资建设科技基础设施和交叉研究平台,如上海超强超短激光实验装置、活细胞成像平台等。同时,一些大型企业为了提升自主创新能力,积极参与建设科技基础设施,如中国广核集团有限公司参与投资建设大亚湾中微子实验室,支持项目研究经费 3500 万元,占该项目总投资的 15%,开创了企业资助国家科技基础设施的先例;还有一些企业在上海同步辐射光源和中国散裂中子源项目中投资建设谱仪线站。

目前,面对我国经济增长的下行压力,从中央到地方各级政府均在积极探索推广运用政府与企业合作模式(如 PPP 模式)。事实上,将维持经济增长的重担(特别是科技基础设施的建设与运行)寄希望于单一的 PPP 项目投资方面,尤其是寄希望于政府财政兜底的 PPP 项目投资方面,也不是完全可靠的,对于成本巨大且效益不确定的科技基础设施而言,PPP 项目投资模式的效果可能更不确定。

不同投资方对科技基础设施的定位和要求有所不同,按照科技基础设施投资方层面,主要可以分为国家参与投资、地方政府参与投资和企业参与投资。

(1) 国家参与投资

国家参与投资包括国家全额或主体投资和央地联合共建。其优势是得到国家认证、等级高、影响力大。但其申请过程复杂、耗时较长,作为公共设施,主要以科学探索发现和国家战略任务为目标,体现国家意志;对区域和产业自主创新支撑能力较弱;在运营的过程中,受国家相关制度严格约束,如运行经费不包含人员费等,导致人才流失问题突出,对企业的开放比例较低。例如,上海同步辐射光源项目由央地联合共建,14.3 亿元建设经费中由国家出资 4 亿元,其余经费及土地均由上海市政府提供,但仍需严格遵守国家基础设施的各项规定,在知识产权、人才稳定等方面受到严格限制。

央地共建可以加快项目的进度,保障科技基础设施建设经费,配套市政基础设施,但央地共建中包含国家经费,相关制度受到国家相关政策的限制。

(2) 地方政府参与投资

地方政府参与投资主要是地方全额或主体投资、中国科学院与地方合作。而地方政府全额或主体投资、中国科学院与地方合作等不受国家制度过多约束,可体现地方政府的战略导向,体制机制较为灵活。但由于其初期暂时没有得到国家认证,

---

① 1 亩≈666.67 平方米。

推广使用的能力较弱。例如，北京怀柔科学城在建的 5 个学科交叉研究平台基本是由地方政府全额投资，其中包括 90% 的地方政府投资，其余 10% 由怀柔科学城公司负责筹资，北京市政府为了加快项目落地，精简了项目审批流程，快速解决了市政、基础设施、用地、技术等相关问题，开通绿色通道，保障了工程建设的顺利进行。同时，怀柔科学城创新项目组建模式，实行了中国科学院相关研究所和科学城公司双法人制。中国科学院相关研究所负责平台科研规划、人才管理、仪器设备运维等；而科学城公司负责平台项目经费融资、物业服务等。

（3）企业参与投资

企业为了提升自身的研究实力和创新能力，参与投资建设与企业核心技术相关的科技基础设施，如中国广核集团有限公司参与建设大亚湾中微子实验室。

企业参与投资可以在建设初期了解企业需求，培养企业用户，激发企业自主创新活力，促进地方产业发展，同时也可减轻政府的投资压力。然而，由于科技基础设施建设周期长、投资金额巨大、短期见效慢，吸引企业共建难度较大，目前我国企业参与投资建设的科技基础设施较少。同时，企业和政府对设施评价标准不同，存在着机时分配比例、知识产权分配等问题。

10.5.3 科技基础设施建设项目的遴选和管理机制

10.5.3.1 美国和欧盟的有关经验

根据公开目录显示，美国能源部目前共有 187 个科技基础设施。这些设施主要通过能源部所属 17 个国家实验室的管理并向社会提供服务的。

欧盟的科技基础设施主要依据"欧洲研究基础设施战略论坛"和发布的《欧洲研究基础设施路线图》，由欧盟委员会和各成员国的政府及其委托机构进行投资和管理。例如，德国的科技基础设施建设、开发以及运营主要由德国亥姆霍兹国家研究中心联合会下属的 18 个大型研究机构承担。2010 年以来，德国在基础研究大型设施方面的投入稳定、总量逐年增加、组织结构合理完备，根据联合会章程，联合会的最高决策机构是会员大会和评议会；决策咨询机构由投资者委员会和评议会委员会等组织构成。

10.5.3.2 对我国的借鉴

在我国，《国家重大科技基础设施管理办法》提出，国家发展和改革委员会是科技基础设施建设管理的牵头部门，负责管理设施的规划、建设、运行和退役。国家有关部门、省级人民政府、中央管理企业等是设施建设管理的主管单位,负责组织本部门、本地区或本企业所属单位设施项目的申报、协调等工作,制定设施管理的有关具体政策和细则,协调落实设施建设和运行所需条件。高校、科研院所或企业可作为设施建设管理的依托单位,负责设施项目申报、建设和运行管理的具体任务,落实相应的保障条件。

《中国科学院重大科技基础设施运行管理办法》提出,设施所依托的具有事业法人资格的研究所、大学为设施建设与运行的责任单位,对中国科学院负责。对于共建工程或共同运行设施,中国科学院明确一个研究所为责任单位。责任单位是整体工作的组织者,与其他单位以合同或协议的形式,明确各方的责任、任务、权利及相关事宜,保证整体工作的实施。

目前为止,我国的科技基础设施的依托单位主要集中于研究院所、大学等科研单位,我国的科技基础设施在重大科技基础设施、通用型科技基础设施两种类型的规划和建设方面已初具规模,但缺乏与产业界有效合作建设的面向专门领域和产业平台的开发、实验和测试设施。因此,科技基础设施的依托单位过于集中在科研机构,缺乏像德国亥姆霍兹国家研究中心联合会一样的理事会制委托型责任单位。

10.5.3.3 国内外科技基础设施责任单位的遴选原则

(1) 科技基础设施责任单位要在相关学科领域具有统领作用

为了更好地组织开展专家评审、研讨会等工作,责任单位应在相关领域具有重要地位,具备号召力。例如,中国散裂中子源项目的责任单位是中国科学院高能物理研究所,该研究所是中国科技基础设施建设的重要力量,已在上海同步辐射光源、北京正负电子对撞机、大亚湾中微子实验室等项目建设中积累了丰富的经验,同时在国际同行中也具有一定影响力。因此,在设施建设过程中,可以邀请到顶级专家进行评审,派驻人员去国外学习,邀请一线专家解决建设中存在的问题等。

(2) 责任单位要有相关学科领域的研究实力

科技基础设施的项目建议由责任单位提出,需要进行长时间的研究与讨论,要求责任单位在该领域具备充分的研究实力,能够在项目建设初期,进行项目建议与可行性研究等。例如,上海同步辐射光源项目的责任单位为中国科学院上海应用物理研究所,中国散裂中子源项目的责任单位为中国科学院高能物理研究所,蛋白质科学研究(上海)设施项目的责任单位为中国科学院上海生命科学研究院生物化学与细胞生物学研究所,这些责任单位在相应研究领域拥有强大的研究实力和国际科技合作基础，并已经做出了重要成果。它们能够在前期对设施进行长时间的研究讨论，在设施建设中研发、装配关键设备，对设施开展的科研任务有深入的了解，对设施可能的研发前景有所研判。

(3) 责任单位应有效负担相关人才队伍的安置和培养

由于科技基础设施的建设和运营需要长期稳定且专门的人才队伍，责任单位要负责设施建设和运行中科研技术人员的安排和安置，并进行相关科研和技术方面的培养。例如，中国科学院相关研究所承建的科技基础设施，其工作人员均隶属于研究所编制，由研究所负责对工作人员进行专门的设施建设和运营管理培养。中国散裂中子源项目在建设前期，招聘的人员在中国科学院高能物理研究所进行培养，为日后服务散裂中子源积累经验。在人才安置方面，中国科学院高能物理研究所与广东省东莞市政府共同建立了较为完善的人才安置体系，在户籍、住房、薪酬、医疗教育、配偶工作等所有方面均提供完备的配套政策，使工作人员无后顾之忧。

第 11 章　现代教育文化旅游体育卫生基础设施

教育文化旅游体育卫生是社会的重要组成部分，其基础设施的发展与升级换代直接决定社会运行的品质与经济发展。本章对教育、文化、旅游、体育和卫生基础设施的现状加以说明，结合国内外相关领域基本情况，对其新型基础设施的现状和展望展开探讨。

11.1　现代教育基础设施现状与展望

教育是国家现代化的重要支撑，担负着人才培养、为国家建设输送人才的任务。教育基础设施是教育体系的重要组成部分，是推动教育事业、培养优秀人才的物质基础和体制机制保障，包括校舍、教学仪器、计算机、网络设备、教育法规和制度等。

11.1.1　世界教育基础设施发展现状

尊重和支持教育，提高对教育基础设施建设的支持，这种做法已经成为世界各国的共识。重视对教育的投入始于 19 世纪中期，当时随着世界工业化进程的加快，许多工业化国家开始扩大初等教育规模。随着 GDP 在世界范围内普遍增加，用于公共教育的总支出也在增加（图 11-1）。例如，2017 年，美国拥有将近 5000 万基础教育学生和 600 万成年人学生，全部学校占地面积达 200 万英亩，公立学校近 10 万所。世界公共教育支出占 GDP 的 4.4%，教育占公共支出比例由 2002 年的 13.1% 提高到 2017 年的 16.5%。据统计，在有可用数据的 88 个国家里，2000~2010 年教育支出占 GDP 的比例增加了 3/4。另外，随着教育国际化，国际英语学校的数量增长迅速，根据《2018 年国际学校市场全球报告》，2018 年国际学校（为 3~18 岁的学生提供国际课程或该国国家课程以外的其他课程）的数量为 9605 所，在过去 5 年中以近 6% 的复合年增长率增长。

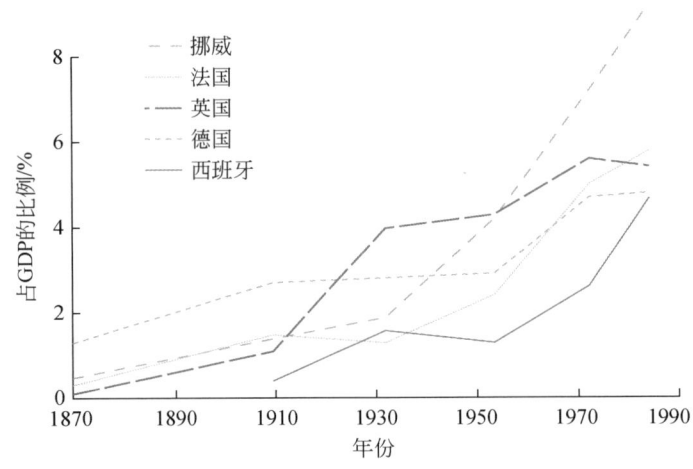

图 11-1　部分国家公共教育支出占 GDP 的比例变化情况（1870～1990 年）

虽然当前大部分国家加大了对教育基础设施的投入，但是教育基础设施建设依然面临诸多难题。即使在教育较为发达的美国，对学校基础设施方面的投资仍不足，估计每年有 380 亿美元的缺口，有 24% 的公立学校建筑物被评为状况良好或恶劣，5.3% 的公共学校若要达到美国所要求的"良好"标准，需要增加投入用于校舍的维修及现代化。此外，世界范围内的教育基础设施资源的分配依然存在诸多不公平现象，特别是在低收入国家，许多学校的基础设施甚至无法满足最为基本的要求，如供水等。低收入国家只有约 45% 的学校，中低收入国家约 78% 的学校有基本供水。

11.1.2　我国教育基础设施发展现状

我国政府长期以来都非常重视教育基础设施建设。1999 年，《教育部关于进一步加强中小学教育技术装备工作的意见》发布，指出要"在完善和提高理科仪器配备的基础上，各地应从实际出发，建设语言、劳动、计算机等专用功能教室及图书馆（室），配备文科和音、体、美等学科的装备设施"；2001 年，《国务院关于基础教育改革与发展的决定》发布，明确要求"因地制宜地加强中小学实验、图书馆（室）及体育、艺术、劳动技术等教育设施的建设，并充分向学生开放，提高教学仪器设备、图书的使用效益。鼓励各地乡（镇）中小学建立中心实验室、图书馆等，辐射周边学校"。随着数字化技术的推进，远程教学等新教育形式不断涌现，学生的计算机水平也需要提高，因此，2019 年，中共中央办公厅、国务院办公厅印发《加快推进教育现代化实施方案（2018—2022 年）》，要求着力构建基于信息技术的新型教育教学模式、教育服务供给方式及教育治理新模式。促进信息技术与教育教学深度融合，支持学校充分利用信息技术开展人才培养模式和教学方法改革，逐步实现信息化教与学应用师生全覆盖。创新信息时代教育治理新模式，开展大数据支撑下的教育治理能力优化行动，推动以互联网等信息化手段服务教育教学全过程。加快推进智慧教育创新发展，设立"智慧教育示范区"，开展国家虚拟仿真实验教学项目等建设，实施人工智能助推教师队伍建设行动。构建"互联网+教育"支撑服务平台，深入推进"三通两平台"建设。教育基础设施的完善与教育投入的提高有着密切的联系，中华人民共和国成立以来的很长一段时间里，教育经费投入不高，随着综合国力的增强及对教育事业的日益重视，特别进入21世纪以后，我国教育经费投入迅速增长，从而使得教育基础设施的完善有了经费上的保障。改革开放前，我国政府教育投入仅占财政收入的7.3%，20世纪末这一比例才接近18%。进入21世纪以后，我国教育投入总额、占GDP的比例均大幅上升，这为我国教育基础设的逐渐完善提供了物质基础（图11-2）。

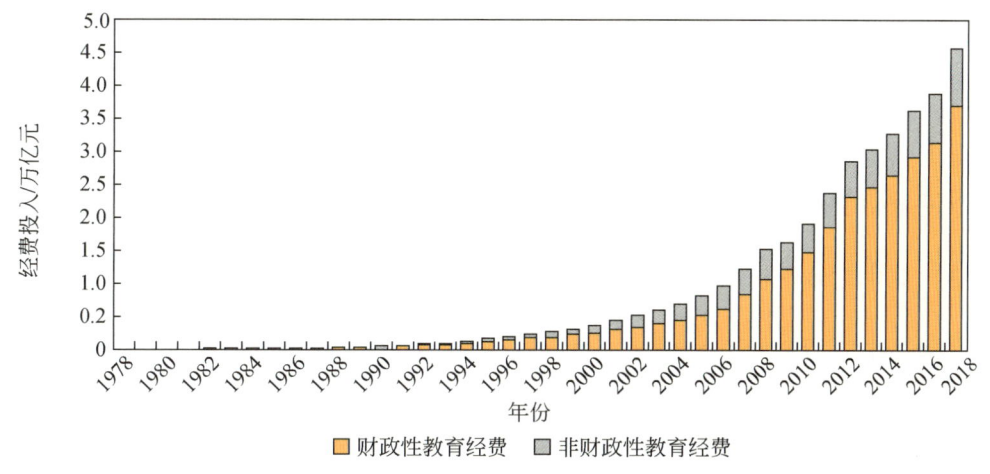

图11-2 我国教育经费投入情况（1978~2018年）

近几年，我国教育基础设施取得了巨大进展，幼儿园教育、九年义务教育，以及高中、高校教育基础设施（包括校舍、运动场、教学设备等）的数量、质量等均有很大提高；新的教育工具和手段，如计算机教学、网络教育、语音室等，其应用范围也得逐步提升。截至2014年，全国共有177 369所中小学理科教学仪器达标，占全国中小学的66.37%。其中，小学科学实验室仪器配备达标校为122 957所，占全国小学学校总数的61.06%；初中理科教学仪器配备达标校42 799所，占全国初中学校总数的81.32%；高中理科教学仪器配备达标校为11 613所，占全国高中学校总数的87.63%（李正福，2015）。2017年，全国义务教育学校校舍面积比2015年增长了10%；体育场馆、音体美器材、教学仪器达标率超过85%；互联网接入率超过90%。此外,我国也在大力推进远程教育等新型教学手段,我国在教育信息化网络基础设施建设方面取得了长足进步,中国卫星宽带远程教育网络、中国教育与科研网及数字校园基础设施建设发挥了积极作用(周薇,2019)。

据教育部《2019年全国教育事业发展统计公报》,2019年全国共有各级各类学校53.01万所,包括学前教育、义务教育、特殊教育、高中教育、高等教育等。经过多年大规模投入,我国教育基础设施建设取得了世界瞩目的成就,各类学校的基础设施不断完善。

(1) 学前教育学校基础设施情况

2019年,全国幼儿园园数合计为28.1174万所(属教育部门幼儿园园数为9.0015万所),其中少数民族幼儿园数为7174所。全国幼儿园教学及辅助用房面积270 354 428平方米,其中活动室面积159 084 120平方米、睡眠室66 004 278平方米、保健室7 517 495平方米、图书室10 964 181平方米。

(2) 义务教育学校基础设施情况

全国共有义务教育阶段学校21.26万所,招生3507.89万人,在校生1.54亿人,专任教师1001.65万人,其中,普通小学16.01万所、初中学校5.25万所。

(3) 高中教育学校基础设施情况

全国高中阶段教育共有学校2.4433万所,其中,普通高中1.40万所,舍建筑面积56 788.56万平方米;成人高中333所;中等职业学校1.01万所,占地面积437 868 384平方米(仅属学校产权)。

(4) 高等教育学校基础设施情况

2019年,全国各类高等教育在学总规模4002万人,全国共有普通高等学校2688所(含独立学院257所),其中,本科院校1265所、高职(专科)院校1423所(全国共有成人高等学校268所);研究生培养机构828所(普通高等学校593所、科研机构235所)。

11.1.3 现代教育基础设施的主要方式及模式

近年来,人工智能技术的发展为教育注入了新的活力,如何利用人工智能等技术来促进教育质量的提高,已经成为世界性的话题,基于5G和人工智能技术的教育新型基础设施成为新的发展趋势。在无线网络、5G技术、云计算、大数据、人工智能的加持下，在线教育逐渐延伸到学校教育、职业教育等各个领域，形成了更为便捷、公平、智能的新教育模式。2019年3月，联合国教科文组织发布《教育中的人工智能：可持续发展的挑战和机遇》的报告指出，人工智能有助于确保提供包容性和公平性的教育机会，促进个性化学习方式的创新，如利用人工智能技术，可以通过虚拟教学助理来接管教师的日常任务，使其可以拥有更多的时间与学生进行一对一的指导；人工智能技术可以实现异地性的在线学习与教学，推动教学资源的更合理分配。我国近几年也加大了大数据、人工智能、5G技术在教育体系中的应用力度，以优化教育资源的配置，使教育不发达地区的学生也可以通过在线教育等方式享受到更优质教育资源，并取得了令人瞩目的成就。2018年，李克强总理在政府工作报告中提出，加强新一代人工智能研发应用，在医疗、养老、教育、文化、体育等多领域推进"互联网+""人工智能+"。2021年7月，《教育部等六部门关于推进教育新型基础设施建设构建高质量教育支撑体系的指导意见》强调，教育新型基础设施建设是国家新型基础设施建设的重要组成部分，以信息化为主导，聚焦信息网络、平台体系、数字资源、智慧校园、创新应用、可信安全等方面，积极构建新型教育基础设施体系；并指出到2025年，基本形成结构优化、集约高效、安全可靠的教育新型基础设施体系，并通过迭代升级、更新完善和持续建设，实现长期、全面的发展；建设教育专网和"互联网+教育"大平台，为教育高质量发展提供数字底座。当前，教育新型基础设施的主要形式及模式包括以下几个方面。

（1）在线课堂和虚拟课堂等智慧教育模式

在线课堂和虚拟课堂等智慧教育模式，是当前教育新型基础设施的最重要表现形式，它打破了传统教育的地理限制、资源限制、时间限制，推动教育走向网络化、数字化及智能化，使不同地域的学生均可享受到优质的教育资源。特别是在新冠肺炎疫情期间，在线教育成为弥补线上教育缺失的最重要方式。2020年3月，国家发展和改革委员会与工业和信息化部联合发布了《关于组织实施2020年新型基础设施建设工程（宽带网络和5G领域）的通知》，其中"5G+智慧教育"成为七大5G应用工程之一，积极探索5G在远程教育、智慧课堂等方面的应用，开展5G+高清远程互动教学、全息课堂、远程督导等活动。当前，我国在线教育取得了巨大进展，根据艾媒咨询机构统计，2015~2020年，我国基础教育在线教育用户规模不断扩大，从2015年的1383万人增长到了2019年的2467万人，至2020年，我国慕课学习人数达3.1亿人次（张盖伦，2020）。

（2）智能实验室、机器人教学等教育形式

除了在线教育和虚拟教育外，随着人工智能技术的广泛应用，一些新型、灵活的教育模式也陆续出现，如虚拟实验室、机器人教学等。虚拟实验室（如虚拟现实沉浸虚拟实验室、软件共享网络虚拟实验室、仪器共享网络虚拟实验室、远程控制网络虚拟实验室等）可使小学、中学或高中的学生更便捷地接触到更多新型实验室资源，提升实验技能，同时也可以辅助学生开展科学实验、模拟实验过程等。此外，随着教育机器人的普及，人机互动式教育将逐渐走入家庭，为教育的智能化带来新的手段。

（3）数字教育基础设施

数字基础设施是教育新型基础设施的基础，包括计算机数量、联网率、数据传输设施、高性能计算平台等直接决定了教育新型基础设施的成效。根据教育部统计，至2019年全国高校（普通高校和成人高校）计算机数量为13 658 828台，其中，教学用计算机10 101 308台，网络多媒体教室483 026间。截至2020年底我国中小学联网率已达99.7%，95.2%的中小学拥有多媒体教室；我国国家级的教育资源公共服务体系已成功接入184个平台，全国网络空间开通数量超1亿个，资源共享总数超3.2亿次，月活跃用户数达6000多万人（张盖伦，2020）。根据《关于组织实施2020年新型基础设施建设工程（宽带网络和5G领域）的通知》要求，未来"5G+智慧教育"将部署不少于100个5G基站、构建智慧教育人工智能大脑、推动5G高清直播课堂等应用。

（4）数字教育资源设施

教育新型基础设施不仅需要硬件支撑，同时还需要数字教育资源设施等软条件，否则便成了无源之水、无本之木。近年来，我国各部门加大了数字教育资源建设步伐，积极构建丰富、多样的数字教育内容。例如，2020年2月，在教育部与工业和信息化部的联合推动下，我国推出了"国家中小学网络云平台"，为中小学生免费提供空中课堂等教育资源，内容包括红色教育资源、专题教育资源、小学至高中课程资源等（王萌萌，2020）。至2020年，我国已建成203个国家级职业教育资源库、401个国家虚拟仿真实验教学项目，同时认定了1291个国家精品在线课程（张盖伦，2020）。至2021年9月，"国家中小学网络云平台"所上线的小学、中学、高中课程教育及专题教育资源达4649课时（叶子，2021）。

（5）教育管理智能化

通过数字化技术，来推动教育管理的智能化，是教育新型基础设施的另一表现形式，有利于提升教育管理的整体效率。例如，基于数字化手段，实现学生管理的智能化（通过智能工具来监督、评估学生的日常学习状态、效率），以及教师教学质量评估的信息化（对教师教学水平进行智能诊断与分析等）；推动教育办公的数字化，实现教育管理的线上服务、协同及移动办公，以及教学资源的智能监管等；试点在线考试、无纸化考试等新型考试形式。当前，许多学校已经在进行智慧校园试点，如山东省日照市经开区积极推进以"智慧互联、智能分析、聚焦教学"为目标的中小学智慧校园建设；天津滨河新区推出《"滨海新区智慧教育"项目规划方案》，力图通过5年时间建成滨海新区"智慧教育"体系。

11.1.4 我国教育新型基础设施建设和发展的政策建议

近几年来，我国在人工智能、5G、大数据技术发展及应用领域取得了举世瞩目的进展，一大批新的在线及网络交流工具不断涌现，为我国未来的在线教育提供了重要技术支撑。特别是新冠肺炎疫情暴发以来，新型在线教育方式在全国各地普遍应用，我国政府也不断出台相关文件，来大力推动数字教育及其基础设施的发展。因此，未来我国教育新型基础设施建设事业将会迎来新的发展阶段。在《教育部等六部所发布的关于推进教育新型基础设施建设构建高质量教育支撑体系的指导意见》报告中，对我国未来教育新型基础设施的重点发展领域进行了详细论述。整体来看，未来我国教育新型基础设施建设应注重以下几个方面的发展。

(1) 积极推进国家级的教育专网建设

构建不同层次、有效衔接的在线教育网络平台体系，为我国教育新型基础设施建设事业打下坚实的硬件基础。特别是应加快建立国家级在线教育专网，构建正规的国家在线教育平台，为全国的教师、学生提供官方的、高质量的线上教学内容。

(2) 丰富在线教育资源

加大对优质在线教育资源的投入，通过社会各界的努力，不断丰富和提升在线教育资源的品类和质量。这需要引入多种社会力量，包括企业、高校、科研机构、传媒，甚至是民间力量，来丰富、扩展在线教育资源，使学生能够获取更优质的在线教育产品。

(3) 大力推动智慧校园、智能管理

通过利用数字化、智能化工具，提高教育管理水平与管理效率，推进无纸化办公、智能化管理与教学，积极建设智慧校园，包括通过智慧办公系统，实现学生作业发放、学习状态管理、教师与学生互动方面的智能化。

(4) 规范在线教育服务市场

构建更为完善的在线教育服务评估与监管体系，推动健康、专业、多样化、高质量在线教育资源的发展。由于在线教育的出现时间不长，在管理方面尚存在许多不足，市场上出现了在线教育资源质量不高、内容良莠不齐等现象，因此应加快在线教育的法规建设步伐，实现在线教育市场的健康发展。

(5) 实现线上教育与线下课堂教育的有效互补

线下课堂教育与线上教育有很大差异，两者需要进行有效互补，避免顾此失彼，将在线教育的资源共享性、丰富性与课堂教育的互动性更好地结合起来。一方面，加强对教师的在线教育素质培训，使教师能够掌握在线教育的必要技能；另一方面，实现线下教育与线上教育的有效衔接，在教学内容上实现有效互补。

(6) 加强教育软基础设施创新

新型基础设施不仅包括硬件设施和技术创新，也包括服务创新、管理创新、组织创新、制度创新和系统创新等软件设施，即新型基础设施包括硬基础设施创新和软基础设施创新。建议加强对开放评价与人才认证系统的研究与维护，以实现从学历教育向能力教育的转变。加强评价学生能力的标准与方法变革的软基础设施创新。

11.2　文化旅游基础设施现状与展望

11.2.1　国外部分国家文化旅游基础设施发展概况

意大利是旅游强国，是世界文化遗产最多的国家之一，非常重视文化旅游产业。意大利的五渔村国家公园，拥有被誉为世界最美的登山步道。每段徒步道都有主题，每个主题内会有智能虚拟现实，如身临其境般体验游玩的乐趣。为了满足绿色出行的需要，在每个车站或者手机端都能购买出行联票，在购买联票的路线上可以免费无限制乘坐各种交通工具。

地中海度假区文化旅游主要以保健疗养为目的。即使现代度假目的日趋多样化，但保健疗养仍是重要目的。更主要的是，从旅客的特征分析，其度假的逗留时间长，重游率高，对环境和康体设施的要求较高。很多度假区都已将健康元素融入度假区的开发规划建设中，通过建设各种健康的休闲娱乐活动设施，如在度假区内建设高尔夫球场、运动健身场、保健医疗中心等人工设施，增强度假区的保健功能,为旅客在心理、身体上创造一种健康有益的度假环境(Snieška,2015)。

英国的乡村旅游地多为古堡、农舍等,但只保留了其外部风貌,而里面的设施已与城市标准不相上下,基础设施十分完备。在合理开发过程中,合理利用高新技术产品,为游客获得更好的旅游体验,例如智能停车场的建设、虚拟现实场景再现、室内智能控制等。为基础设施建设争取到更多的资金投入,这不仅能供游客体验乡村生活和古堡气息,还能享受到智慧旅游带来的乐趣,避免了基础设施不完善带来的较差的旅游体验,从而带动整个地区基础设施建设的发展(Tewal et al.,2017)。

新加坡的国土面积仅为724.4平方千米,是一座城市花园。结合国情,新加坡积极拓展多种旅游形式,发展了包括观光旅游、购物旅游、会议旅游、邮轮旅游、商务旅游等多种旅游产品,新加坡地理位置优越,适合拓展国际会议旅游空间。新加坡政府自1974年以来建设了100余座国际会议馆,每年举办各类大型会议。国际会议与会人数多、停留时间长、购买力强等特点,使得国际会议旅游不仅提高了新加坡的国际知名度,还带来了非常丰厚的经济回报。新加坡注重内部基础设施资源的整合,集中航空、宾馆、酒店等服务设施,形成区域一体化的旅游服务。积极应用新兴信息技术,推行的新交互式智能平台,移动网络全覆盖,提供免费旅游WiFi服务,方便游客上网。官方网站包含个性化行程定制、博客和社交网站链接、酒机景(酒店、机票、景点)预订等在线服务。新加坡也重视软基础设施建设,为了依法管理旅游业,目前已经颁布实施的法律有《新加坡旅行社法》《新加坡饭店法》《新加坡旅游促进税法》等(荣冬梅等,2018)。

11.2.2 国内文化旅游基础设施发展概况

文化旅游作为产业有其特殊性,它不仅具有一般产业的特点,还具有非物质文化产业的特点,因此文化旅游基础设施,不仅包括实体的旅游交通业、饭店业、博物馆和应用新技术的文化旅游信息化基础设施等硬基础设施,还包括有关历史文化的精神产品,如历史人物、神话故事、传说传奇、世界文化和自然遗产保护公约、重点文物保护制度、非物质文化遗产、传统文化表演等,这是文化旅游产业特有的软基础设施。文化旅游产业的基础设施从宏观和微观两方面看,前者包括全国景点分布状况、全国交通系统、旅行社、饭店、公厕、娱乐设施、4G和5G网络基站等;后者包括景区的智能求助终端、数字化景点智能引导服务等。

文化旅游基础设施方面,我国已形成吃、住、行、游、购、娱的配套文化旅游接待体系。据国家图书馆研究院的研究,在住宿基础设施方面,2019年,全国星级酒店总量10 003家,酒店体系逐渐完善,为不同需求的客户群提供了多样化的酒店服务,旅游饭店客房收入达到1907.77亿元。在交通基础设施方面,我国现代交通体系便捷、发达,包括公路、铁路、航空等多种交通方式。①公路领域,全国公路基本形成了四通八达的骨干网络。2019年,全国公路线路总里程达到501.25万千米,为游客自驾游提供了便利的交通条件。②铁路领域,全国的铁路主干线纵贯南北、横跨东西、基本覆盖全国。2019年全国铁路营业里程已达到13.9万千米,为全国中长途游客提供了便利的出行方式。③航空领域,2019年,国际航线里程达到1362.96万千米,通航城市400多个;国内航线4568条,通航城市1650个。

随着文化旅游产业的发展,我国文化旅游基础设施条件正在不断提升,完善的配套设施体系为文化旅游产业的稳健发展奠定了基础,包括吃、住、行在内的多方面基础保障稳步跟进;同时,随着文化旅游产业项目的落实,文化旅游产业项目新发展、新机遇都会随之而来(周奕彤,2020)。相比传统的文化旅游基础设施服务,基于信息技术的文化旅游新型基础设施将更会激发用户兴趣、改善行为习惯、引导个人喜好。如开展博物馆云观展、景区云旅游、云直播;不少在线文化旅游企业积极联合相关企业,灵活拓展企业的经营边界,通过线上业务的拓展来降低经营损失。新型基础设施还将文化旅游与线上购物、线上游戏、直播娱乐、付费影视等进行结合,丰富数字化建设,促进我国文化旅游产业高质量健康发展。

文化旅游产业的特点决定了其软基础设施至关重要,在这方面相关部门做了不少工作。截至2019年10月,国家文物局已分8次公布了全国重点文物保护单位数量达5058处,如三元里平英团遗址、北京大学红楼、中山陵、中国社会主义青年团中央机关旧址等,这些重点文物保护单位具有重大的艺术、文化、科学、艺术价值,对于发扬我国优秀民族文化起到了重要作用。

联合国教科文组织非常重视非物质文化遗产的保护工作,1997年,联合国教科文组织在第29次会议上通过"联合国教科文组织宣布人类口头和非物质遗产杰作"决议,并于2001年首次公布了第一批非物质遗产杰作,其中"中国昆曲"入选。2003年10月,联合国教科文组织通过了《保护非物质文化遗产公约》,并于2006年4月正式生效,且入选项目列入《人类非物质文化遗产代表作名录》。2001～2018年,我国共有32项非物质文化遗产项目入选《人类非物质文化遗产代表作名录》,如"新疆维吾尔木卡姆艺术"(2005年)、"中国传统桑蚕织技艺"(2009年)、"宣纸传统制作技艺"(2009年)、"中国书法"(2009年)、"中医针灸"(2010年)、"京剧"(2010年)等。

我国于2013年成立中国非物质文化遗产保护协会,以保护、传承我国的非物质文化遗产。根据2011年颁布的《中华人民共和国非物质文化遗产法》,"非物质文化遗产,是指各族人民世代相传并视为其文化遗产组成部分的各种传统文化表现形式,以及与传统文化表现形式相关的实物和场所",如传统口头文学以及作为其载体的语言，传统技艺、医药和历法，传统礼仪、节庆等民俗，传统美术、书法、音乐、舞蹈、戏剧、曲艺和杂技等。例如，截至2015年，国务院共公布国家级非物质文化遗产代表性项目1372处；文化部共认定国家级非物质文化遗产项目代表性传承人1986名，且有30项非物质文化遗产项目入选了联合国教科文组织"人类非物质文化遗产代表名录"。这些工作构成了文化旅游产业软基础设施的重要组成部分。

当然，如果用更高标准衡量我国文化旅游基础设施建设与发展，与社会需求和我国经济发展水平尚不相称，还存在进一步提升的空间。例如，基础设施比较单一化、同质化，大部分景区的基础设施参差不齐，还存在交通、饭店旅店、文化旅游信息化、数字化旅游等问题，尤其在一些经济不发达的地区，即使它拥有优秀的文化旅游资源，但缺乏相应的配套设施，如交通不方便、饭店入住不好、网络覆盖率低等，也会导致文化旅游业受到限制（董丹丹，2020）。此外，当前铁路、公路交通基础设施等传统基础设施对经济增长的空间溢出效应已经相对有限，亟待加强新型基础设施建设。文化旅游产业基础设施的不足主要反映在两个方面：一是与法国、意大利、英国、新加坡等旅游强国相比仍存在差距；二是在与人文社会科学研究结合方面还欠缺，亟待加强软基础设施建设。

11.2.3 我国文化旅游新型基础设施建设和发展的政策建议

为了更好发展我国的文化旅游业，应该尽快解决存在的问题，其中文化旅游新型基础设施建设成为当务之急和重中之重，建议如下：

（1）提升观念，丰富文化旅游内涵，从文化强国的高度认识和发展文化旅游事业

在保持传统文化旅游精华的基础上，扩大、丰富文化旅游内涵。文化旅游不仅是休闲娱乐，还包括开阔视野、陶冶情操、提升认知，行万里路、读万卷书在当代有了新内涵，从文化强国的高度，认识和发展文化旅游事业，提倡更加惠民的学习旅游、教育旅游、智慧旅游，寓教于乐、寓教于游，文化旅游成为学习型社会的重要组成部分。为此，文化旅游与人文社会科学相结合，以提升和健全文化旅游软硬基础设施、文化旅游的品位及社会功能。

（2）双管齐下，加强硬基础设施和软基础设施建设，全面提高文化旅游服务质量与行业品质

休闲度假旅游发展迅猛，人们对旅游环境、食宿条件、交通状况、服务质量等方面也提出了较高的要求。必须依靠政府、企业等各方面力量，加大集资力量，加强基础设施建设，以进一步完善旅游交通设施、旅游接待设施、旅游环境设施、对旅游发展的基础条件进行改进，增强景区景点的吸引力，加强旅游软件建设，全方位、多层次、广角度地提升旅游行业管理水平和服务质量（钟学进，2020）。加强信息技术应用，实现文化旅游的数字化新发展。以景区为中心实现周边物联互联，打造智能数字观光新体验，逐步实现以景区为中心的5G全覆盖，打造智慧物联景区。如刷脸畅游、5G+智慧游览、5G+虚拟现实景区、5G+虚拟现实直播，推出文化和旅游大数据"驾驶舱"、文化和旅游"口袋云"数字产品，实现一部手机"云游览"和数字化服务及虚拟旅游给游客带来新体验，通过5G技术和物联技术实现供水、供电、通信、公路以及饮食购物娱乐中心、餐馆、会议中心、高尔夫俱乐部等旅游项目建设的数字化、智能化（李云鹏等，2014）。加强有关历史文化的精神产品继承、保护、推陈出新，践行世界文化和自然遗产保护公约，健全重点文物保护制度，保护非物质文化遗产，加强人文社会科学与文化旅游的有机结合，提升和健全文化旅游的软基础设施。

（3）借助新型基础设施建设，与相关产业紧密融合，促进文化旅游业的健康发展

发展文化旅游产业的关键，是提升基层设施水平，新型基础设施建设项目有助于文化旅游产业基础设施与其相关产业基础设施的融合，响应国家新型基础设施建设战略部署，引导中央财政地方项目和社会投资和金融支持政策向旅游业倾斜，引导文化企业和旅游企业加大文化创意研发和创新力度。搭建智慧平台、强化文化旅游建设，助推行业发展（Bobirca，2017）。

11.3 体育基础设施现状与展望

健康的体魄是现代国民素质的重要构成要素，而构建完善的体育基础设施，则对于提高国民身体素质起着不可替代的作用。当前，体育基础设施已经成为一个庞大的社会产业，具有巨大的经济和社会效益，在许多国家，体育基础设施建设已经成为重要的公共支出。澳大利亚体育委员会在2018年的报告《社区体育基础设施价值分析》中指出，澳大利亚社区体育基础设施每年所产生的价值总额达162亿美元，包括经济价值（63亿美元，含体育基础设施的修建、维护、运营与管理等）、健康价值（49亿美元，如身体康复等）、社会价值（51亿美元，如通过体育设施推动的社交活动等）。据统计，2019年美国加利福尼亚州尔湾，每万名居民中的公共篮球数量为17.4个。1996~2006年，为了建造新的场馆设施，美国政府在公共投资方面的财政补助达到了140亿美元（邱鹏，2019）。但是，体育基础设施建设发展非常不平衡，许多国家或地区的公共体育支出相对较低，如来自拉丁美洲17个国家（地区）的预算表明，体育支出平均占该国（地区）GDP 的 0.1% 左右（Jaitman，2017）。

11.3.1 我国体育基础设施发展现状

进入 21 世纪以后，我国体育基础设施特别是公共体育基础设施建设取得了骄人成绩，对于提高我国公民的身体素质和健康水平发挥了重要作用。2012 年，国家发展和改革委员会与国家体育总局颁布《"十二五"公共体育设施建设规划》，强调"加强和改善公共体育设施服务"是各级政府的重要公共服务职能之一，要大大加强公共体育设施建设，从而不断满足人民群众日益增长的体育公共服务需求。在国家财政的支持下，我国体育事业经费支出不断增长，2006 年体育事业经费支出额为 135.92 亿元，而到了 2015 年达到 354.95 亿元，10 年之间增长约 2.6 倍（邱鹏等，2019）（表 11-1）。我国体育事业经费支出额的增长，也为体育基础设施的发展提供了基本条件。

表 11-1　2006~2015 年财政总支出与体育事业经费支出一览表

年份	全国财政总支出/亿元	增速/%	体育事业经费支出/亿元	增速/%
2006	40 422.73	—	135.92	—
2007	49 781.35	23	171.23	25.98
2008	62 592.66	26	307.88	79.8
2009	76 299.93	22	289.95	-5.9
2010	89 874.16	18	325.92	12.4
2011	109 247.70	22	365.21	12.1
2012	125 952.97	15	388.42	6.4
2013	140 212.10	11	315.79	-19.7
2014	151 785.56	8	333.79	5.7
2015	175 877.77	16	354.95	6.3

根据 2019 年国家体育总局所组织的体育场地统计调查工作统计数据，截至 2018 年底，全国体育场地共有 316.2 万个（图 11-3），其中篮球场地 90.36 万个，全民健身路径 74.91 万个，乒乓球场地 69.69 万个，羽毛球场地 16.41 万个，田径场地 16.10 万个，健身房 9.33 万个，足球场地 8.67 万个，排球场地 8.2 万个，健身步道 5.57 万个，游泳场地 2.44 万个，其他场地 14.43 万个；体育场地总面积达 25.9 亿平方米，人均体育场地面积 1.86 平方米（图 11-4）。

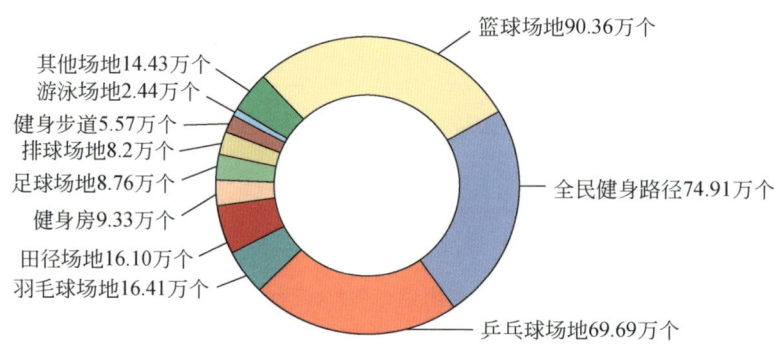

图 11-3　截至 2018 年底全国体育场地数量

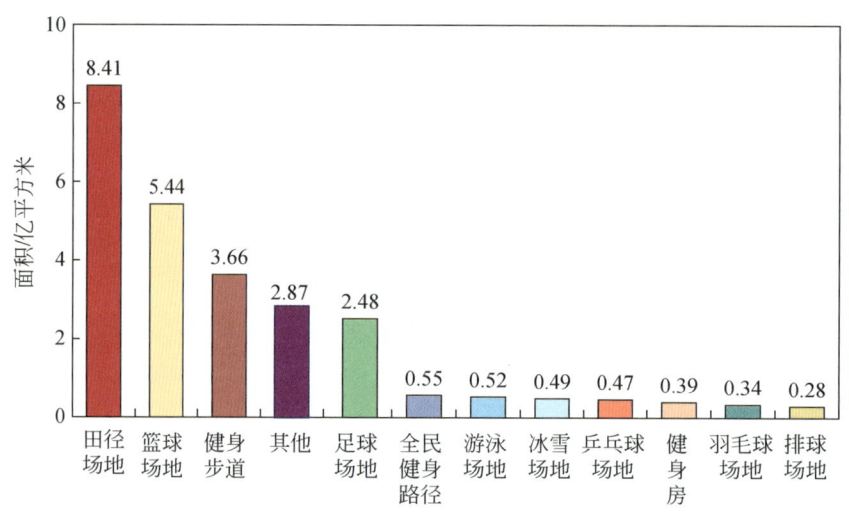

图 11-4　截至 2018 年底全国体育场地面积

在体育产业方面，2016 年，我国体育产业总产值超过 2 万亿，特别是 2015 年以后，我国体育产业增长迅速，从此前多年的 14% 增长至 20%。2018 年，全国体育产业总规模达 26 579 亿元，其中，体育服务业产值达 12 732 亿元，体育用品及相关产品制造产值为 13 201 亿元，体育场地设施建设产值为 646 亿元。

虽然我国体育基础设施建设事业取得了巨大发展，但也面临一些问题，如体育基础设施资源分布不平衡，特别是农村地区公共体育基础设施不完善，与城市相比，存在数量较少、种类不健全，以及地方政府投入不足等问题。随着 5G、互联网、人工智能技术的发展，为我国体育基础设施发展不平衡问题带来了新的机遇。

11.3.2　现代体育基础设施的主要方式及发展模式

2019 年 7 月 8 日，《中共中央 国务院关于深化教育教学改革全面提高义务教育质量的意见》强调,"五育"并举,其中之一便是"强化体育锻炼",严格地执行学生体育健康标准,丰富学生的课外体育活动,提升学生的身体素质。2020年10月,《关于加强全民健身场地设施建设发展群众体育的意见》强调,推进"互联网+健身",提高全民健身公共服务智能化、信息化、数字化水平,大力推广居家健身和全民健身网络赛事活动。新的信息技术为体育活动的发展注入了新活力,首都体育学院霍建新教授在谈及新科技对体育的影响时说:"在体育领域,科技正逐渐从幕后走到台前,成为行业中当仁不让的主角,科技正在重塑体育各要素的呈现方式和消费方式,逐渐改变着大众对于体育的认知。"现代体育基础设施主要包括以下几个方面。

(1) 智慧体育场馆

基于信息技术,可对现有的体育基础设施进行升级换代,实现体育基础设施管理、服务的智能化。我国在2022年北京冬奥会三大场馆的建设中,便大量使用了包括5G和人工智能技术,实现场馆管理、体验的智能化,包含观赛服务功能、商业功能在内的智慧场馆APP,可为观众提供赛会活动日程、场馆相关信息、场馆座位图、运动员基本信息等,先进的信息化运营管理系统能够有效地共享、应用体育资源,用户借助5G网络技术能够管控原本未关联的其他信息,显著扩大信息范畴,同时满足用户个性化需求(朱梦雨,2020)。体育基础设施的智慧化改造,可以降低运营成本,提高运营效率,同时还可以大大改善用户体验质量。2020年10月,国家发展和改革委员会领导强调,未来要积极推进健身设施的智能化改造,通过5G及智能化技术的引入,打造智慧体育场馆、设施(刘美琳,2020)。

(2) 在线体育活动

通过云平台技术,实现民众对体育活动的线上参与。以往昂贵的设施等都可以通过体育基础设施升级换代而普惠大众,全面提升健康与运动素质。例如,健身平台"乐刻运动"构建了云健身平台"乐刻直播间",在新冠肺炎疫情期间服务多达3000万人次;广西体育总局则举办了"线上客厅马拉松",可以使民众通过网上报名、室内参赛方式,来提高健身热情。根据前瞻产业研究院《2019年中国体育产业市场现状及发展趋势分析》报告,2019年我国数字体育月活跃用户数量达1.2亿人,其中数字健身用户数达2000多万人(刘美琳,2020)。特别是新冠肺炎疫情以来,户内在线体育锻炼方式更是获得了快速发展,成为广大民众提升自身身体素质的重要方式。

(3) 在线体育培训

当前，线上体育培训活动逐渐兴起（如远程体育教学、线上体育课程等），与线下体育培训深度融合，为未来体育培训事业的发展提供了新思路，扩展了民众参与体育活动的范围与方式。线上体育教学平台的搭建，可以使普通民众接触到更优质的体育教学资源。例如，"动机体育"通过录制专业体育教程视频，并上传至"动机体育"APP、Applet、PC端官网，使学生可以在家进行各种形式的体育技能培训；福建"心之奥体育"也在新冠肺炎疫情期间开启了线上体育培训计划，并利用5G、人工智能、智能穿戴设备，提升学生的线上体验感。

(4) 智能体育设备

可穿戴设备等新型智能运动产品的普及，一定程度上提高了民众（特别是年轻人）的体育参与热度。智能手环、智能手表、运动耳机等新型可穿戴设备（代表性的如苹果手环、华为运动手环等），将运动与生活时尚、医疗结合在一起，使年轻人的运动热情大幅提升，并形成了一种新的产业模式，全球知名市场研究机构国际数据公司发布的2020年第一季度全球可穿戴运动设备市场报告显示，全球可穿戴运动设备在该季度出货量达7260万台，同比增长29.7%（李豪悦，2020）。

(5) 虚拟体育赛事

5G技术与虚拟现实技术的结合，将会为观众带来全新的体育赛事体验，并逐渐打破线上体育活动参与感不足、互动性不强等缺陷，基于5G网络的云虚拟现实服务的推出，让虚拟现实长久以来寻求的"大带宽、低时延、随时使用的特性"有了新的解决方案（李蓉，2020）。2019年5月12日，咪咕公司打造了基于"5G+真4K超高清+虚拟现实"的新直播方式，来播放上海上港与山东鲁能的足球比赛，可以为观众带来全场景的虚拟比赛体验。2021年4月，国际奥委会下设的棒球、自行车、赛艇、帆船和赛车等国际体育联合会，在东京奥运会开始之前，与5家游戏开发商合作，推出虚拟奥林匹克系列赛，使人们不出家门便可通过虚拟设备参与以上5类体育活动（张佳曦，2021）。

11.3.3 我国体育新型基础设施建设和发展的政策建议

随着人工智能、5G技术的发展，新的信息技术为体育基础设施的发展注入了新活力，呈现出新的发展趋势，据此我们提出如下对策建议。

（1）利用新型基础设施所特有的信息化对现有的体育基础设施进行升级换代，实现体育基础设施管理、服务的智能化

首先，推进旧体育场馆的智能改造与升级，通过引入人工智能、5G 等相关技术，提升旧体育场馆的智能程度；其次，建设新型智慧体育场馆，实现场馆管理、运营的自动化与智能化，发展丰富多样的智能体育设备，这样既能方便民众参与场馆活动，同时又能提高参与质量，让民众享受智能体育带来的乐趣。在这一过程中，要积极引入各种力量，特别是吸收民间资本，确保场馆信息化改造与建设过程中有充足的资金保障。

（2）普及云平台技术，实现对体育活动的线上参与，提高民众的健身参与度

积极将 5G、虚拟现实、智能体育终端 APP 等技术引入体育事业，提高民众线上体育参与质量，丰富民众参与体育活动的途径，实现线上体育与线下体育的结合。同时，推动企业界发展高水平的智能体育设备，特别是具有"体育+医疗"双重作用的新型体育产品，满足不同人群的需求。此外，鼓励体育场馆、企业开发多样化的线上体育资源，如虚拟体育赛事、线上体育竞赛等，提高民众参与线上体育活动的意愿与质量。

（3）利用新型基础设施，整合体育、旅游文化资源，实现高质量发展

处理好体育事业的公益性与产业性的关系，政府与市场的关系，充分发掘绿水青山、冰天雪地的经济与社会价值，让体育事业在生态建设文明中发挥独特作用，促进国民强身健体、立德增智，实现人的全面发展。

11.4　医疗卫生基础设施现状与展望

中华人民共和国成立以来，党和政府高度重视人民健康，对医疗卫生基础设施持续投入，取得显著成效。如"十三五"时期，在党中央、国务院的坚强领导下，国家卫生健康委员会全力推进健康中国建设，推动以治病为中心向以健康为中心转变。从 2015 年到 2019 年底，我国居民人均预期寿命从 76.3 岁提高到 77.3 岁。孕（产）妇死亡率、婴儿死亡率、5 岁以下儿童死亡率分别从 20.1/10 万、8.1‰、10.7‰降至 17.8/10 万、5.6‰、7.8‰，主要健康指标总体上优于中高收入国家平均水平，个人卫生支出占卫生总费用的比重降至 28.4%，健康中国建设取得良好开局。

11.4.1 我国医疗卫生基础设施发展现状

2016年，习近平总书记在国家科技领域最高规格的全国科技创新大会、两院院士大会、中国科协第九次全国代表大会上，首次提出了科技事业发展要坚持面向世界科技前沿、面向经济主战场、面向国家重大需求的"三个面向"，为新时代科技事业发展指明了前进方向，为科研体系建设明确了奋斗目标，为科技工作者提供了行动遵循。在国内外形势发生重大变化的新形势下，习近平总书记基于百年未有之大变局、中国发展的新阶段、全球新冠肺炎疫情危机带来的新冲击，及时以前瞻视野和战略智慧将"面向人民生命健康"作为引领国家科技事业发展的新指针，使科技事业发展指导思想实现了从"三个面向"到"四个面向"的扩展。这标志着党中央在践行"人民至上、生命至上"价值理念上做出了新布局，标志着"面向人民生命健康"已经上升到与"面向世界科技前沿""面向经济主战场""面向国家重大需求"同样高度。向世人昭示，中国未来必将加快生命健康领域科技发展步伐，加紧补齐生命健康科技研究短板，加速提高生命健康科技事业创新能力，加大面向医疗卫生领域科技投入力度，为不断满足人民对美好生活的向往奠定坚实的科技基础、能力基础和实力基础。

中华人民共和国成立以来，特别是改革开放以来，中国医疗卫生体系已有很大发展，为满足人民生命健康提供了重要保障，总体而言有以下几个特点：

一是医疗服务体系进一步健全。医疗卫生资源总量继续增加。截至2014年底，我国医疗卫生机构超过98万个，医疗卫生人员总量超过1000万人，覆盖城乡的基层医疗卫生服务体系基本建成。医疗卫生服务设施条件明显改善，服务可及性进一步增强。

二是医疗质量和技术管理得到强化。2010～2013年，建设临床重点专科90个；2014年，全国住院患者抗菌药物使用率降至41.3%，较2010年降低21个百分点。

三是医疗服务效率进一步提高。全国医疗卫生机构广泛开展"三好一满意""进一步改善医疗服务行动计划""建设群众满意的乡镇卫生院"等活动。2014年，全国医疗卫生机构总诊疗人次达到76亿，入院人数达到2亿，居民医疗卫生服务需求满足程度提高，服务利用增加，公平性增强。

四是医药卫生信息化加快发展。全国已有14个省（自治区、直辖市）、107个市（区）建立了省级、地市级卫生信息平台，29个省（自治区、直辖市）开展了居民健康卡试点工作，不同程度地实现了区域内医疗卫生系统互联互通。2000多家医疗机构开展远程医疗。二级以上医疗机构均开展电子病历建设，三级医院基本达到医院内部电子病历共享，支持网络预约挂号、医院内检验检查结果调阅共享。

五是科技创新取得重大成果。新药创制和传染病防治两个科技重大专项取得重要进展,一批新药和仿制药获批上市。甲型H1N1流感防治科技成果获得国家科技进步一等奖。我国科学家屠呦呦获得2015年诺贝尔生理学或医学奖,实现了中国本土科学家获得诺贝尔奖零的突破。

六是预防化解医疗纠纷的长效机制初步建立。坚持一手抓依法治理,坚决打击涉医犯罪和"医闹"行为,《中华人民共和国刑法修正案(九)》正式将"医闹"入刑;一手抓"三调解一保险"(院内调解、人民调解、司法调解和医疗风险分担机制)长效机制建设,呈现出医疗纠纷人民调解成功率提升,涉医违法犯罪案件和医疗纠纷数量下降的良好局面。同时,在全国医疗卫生机构深入开展职业精神教育,不断改善服务态度,提高服务质量和水平;加强构建和谐医患关系的社会宣传,倡导全社会理解医学局限性、尊重理解医护人员。

11.4.2 国外部分国家医疗卫生体系现状

目前世界各国医疗卫生体系发展水平参差不齐,本节以美国和英国医疗卫生体系为例,来说明代表当今国际水平的医疗卫生体系的现状。

11.4.2.1 美国医疗卫生体系概况

(1) 美国的医疗服务体系概况

美国医疗卫生行业体量很大,2014年占GDP比例已达18%,若将美国医疗行业看作是一个独立的经济体,它将是全球第五大经济体,排在德国之后,超过法国、英国、俄罗斯和巴西。与此相对应,医疗行业也成为美国就业人数最多的行业,高达1550万人,占总就业人口的10.3%。其中,门诊业务(含日间手术中心)就业占比最多,达总就业人口的4.5%,医院则只有3.5%,表明医院属于技术密集型行业,其余2.3%则在家庭护理和长期照护领域。

(2) 医生和医疗机构及医疗设备等的基本概况

目前,美国约有医生96.7万人,护师17.5万人,护士390万人,医疗机构784 626家。其中,大约63万医生(占65%)是诊所执业医生,只有11万医生(占11.8%)是医院雇员。诊所执业医生中,41%提供初级医疗服务。医生中占比最多的是家庭医生,占医生总数的21.4%。全美医院协会统计报告显示,2014年,非营利性医院数量在美国医院总量中占比为51%,营利性医院为18.7%,联邦政府公立医院只有3.8%，州政府医院为17.8%（徐梦秋，2020）。

美国市场医疗设备销售额占全球市场份额是39.7%，美国检查检验（包括磁共振成像和计算断层扫描）的使用率是经济合作与发展组织其他国家平均水平的2倍。美国的新型医疗耗材使用率较高，美国每千人的膝关节置换手术是经济合作与发展组织其他国家平均水平的2倍，冠状动脉搭桥手术是经济合作与发展组织其他国家平均水平的1.5倍。美国药品在国际上占据优势，其药品销售额占全球药品市场的44%。

11.4.2.2 英国医疗卫生体系概况

在英国国家医疗服务（National Health Service，NHS）体系中，公立医院这个概念与国内的理解有所差异。具体来说，NHS体系的公立医院可以分为两类：NHS Trust和Foundation Trust。NHS Trust是在1990年的NHS体系改革法案中确立的制度，是通过将当时NHS体系里的专科医院进行整合，组建成众多的综合性医院，取名为NHS Trust，其是由英国卫生部直接管理的，而且要求每年医院的财政收支要平衡。Foundation Trust的运营模式是2002年提出的，这种公立医院最大的特点是不再由卫生部直接管理，而是由各地的居民自主决定医院的运营模式。Foundation Trust设有自己的管理层，由其所在地区的居民选举产生。在财务方面，Foundation Trust可以保留自身的盈余，而且不需要保证每一年度的收支平衡，只要债务水平符合监管机构的相关规定即可。从2004年起，英国政府开始正式推行Foundation Trust模式，随后几年开始了大规模的改革，将大量的NHS Trust改造为Foundation Trust。截至目前，在NHS体系中，共有98家NHS Trust和147家Foundation Trust。

英国国民保健署是由联合王国内不同构成国的法律建立的，因此英国全国有4个平行的NHS体系，即英格兰国民保健署、苏格兰国民保健署、威尔士国民保健署和北爱尔兰卫生与社会护理署，其中只有英格兰国民医疗服务体系正式名称为NHS体系。这4个体系在1999年被各自政府进行管理前都由联合政府进行运营。2009年，英格兰地区的NHS宪章推出，它列明了体系本身、下属员工及客户群体的法律权益及责任。同时，宪章也针对NHS体系的运行做出附加的非约束性承诺。

《2012年健康与社会保障法令》于2013年4月生效，它委托以家庭医生为主的群体提供大部分NHS地方性服务的责任。以家庭医生为主的组织被称为临床委托小组，它替代了此前的初级保健信托。在新的构架中，隶属于卫生部的NHS委托委员会监管了NHS的运营。这一法案也被认为和在NHS服务中增幅的第三方供应有关，在此法案前已有这一情况的出现，这也引起了人们的担忧，认为这可能导致私人企业竞争的增加，带来对私企、慈善机构及NHS提供的医疗的选择之间的不平衡。

一些 NHS 组织为节省 NHS 的拨款，它们通过转诊管理中心来提高转诊效率。这类服务每年花费高达数百万英镑，自 2013 年以来，其中 32% 是由私企提供的。2016 年，在被英国医学期刊访查的 211 家临床委托小组中，184 家回应并有 72 家承认使用过这类措施。实施这类措施的机构中有 14% 可证明开支节省，12% 整体上没有开支节省，另 74% 则无法证实开支是否有节省。由于这类措施会预防家庭医生向医院转诊病人，有担忧认为家庭医生会因此拖延诊断并威胁到病患的人身安全。

在英国，一级保健称为基础保健，是 NHS 的主体，由家庭诊所和社区诊所等构成，NHS 资金的 75% 用于这部分；二级保健是指医院，负责重病和手术治疗，以及统筹调配医疗资源等。NHS 的主要经费来源于税收。作为英国社会福利制度的最大项目开支，2009 年政府拨款 900 多亿英镑，是 60 年前首次拨款 90 亿英镑的 10 倍。NHS 为全英国 6000 多万人口服务，可说是全球最大规模的公立医疗系统，雇员达 150 万，其中包括 9 万名医院医生、3.5 万名家庭医生、40 万名护士和 1.6 万名急救人员。全国有 1600 间医院和特别护理中心。

11.4.3 现代医疗基础设施的主要方式及模式

医疗卫生体系直接关乎人民健康和生活品质，建设理想的医疗行业网络基础设施已经刻不容缓，新型基础设施建设恰恰提供了这样的机会和条件，随着新冠肺炎疫情对新形势医疗的影响，一些以抗击新冠肺炎疫情为目的的新医疗基础设施也日益增多并成为人们生活中的标准配置。总的来说，现代医疗卫生基础设施的主要方式及模式如下。

（1）人工智能与大数据医疗

科技支撑优质的医疗服务，科技的升级换代决定了医疗服务的品质提升。医生与患者的互动，医疗数据的访问和使用，以及机器人在手术中的应用等，不胜枚举。许多新科技也很快地应用于医疗服务，如可穿戴设备、智能互联植入设备和物联网正逐步被引入医院、社区诊所及养老院。这些人工智能医疗技术的投入使用，极大地改善了各类疾病早筛、辅助诊断、心脏等脏器的风险预警的现状，各类平台的人工智能辅助咨询领域均达到数十亿次的问诊实绩，极大地缓解了线下医疗的紧张态势。

医疗行业正在进行深度信息化，迈入由数字化转型和一系列变革推动的新时代。通过部署和应用先进科技，医疗网络能够为患者提供更优质、更安全、更舒适的医疗服务。新冠肺炎疫情期间，靠大数据实现的精细化管理让防疫变得更加可控。

（2）5G 医疗

随着 5G 技术的日益成熟，远程医疗将成为可能。借助 5G 技术的高速率、低时延的特点，一些缺乏高端医疗的地区能够在这种技术的帮助下实现远程问诊、诊疗，甚至是高水平的手术。同时，随着 5G 技术的不断普及深入，能够大幅度改善我国医疗资源不平衡的现状。因此，利用信息技术，全面整合医疗资源将是医疗卫生基础设施建设最为重要的任务之一。医疗卫生新型基础设施的投入使用，既可以提高医疗资源的利用率，优化流程，实现最优质的诊疗服务，同时也能降低人们的医疗成本并改善医务工作者的工作效率。

（3）互联网医院+医保服务

新冠肺炎疫情期间，互联网医院的建设成为医疗行业的热点话题。疫情期间，由于院内交叉感染的医疗事件频频发生，恐惧使得入院就医的人数锐减，但就医的需求实际反增，在这样的背景下，越来越多的人渴求非接触远程医疗的早日实现。在这样的需求下，各地医院纷纷开始建设自己的互联网医院。同时，为了配合互联网医院的良性发展，在线医保支付的完善也成了医疗卫生新型基础设施中的重中之重。随着各地在线医保的完善，在线医疗形成了从诊疗到支付的闭环，相信在未来，在线医疗将积极促进相关新型基础设施的建设与发展，为未来更加完善的在线医疗奠定物质基础。

11.4.4 我国医疗卫生新型基础设施建设和发展的政策建议

大力推动医疗卫生新型基础设施的建设，重点从检验检测能力、重症救治能力、医疗物资储备等方面补齐短板，同时也应积极发挥科技的带动效应，支持和鼓励医疗信息化、互联网医疗、人工智能+医疗和创新药械研发等新兴科技的落地和使用。

具体来说，2020 年 5 月 20 日，国家发展和改革委员会、国家卫生健康委员会、国家中医药管理局印发《公共卫生防控救治能力建设方案》，内容主要有五大方面：一是疾病预防控制体系现代化建设，建设目标是每个省至少有一个达到 P3 水平的实验室，每个地级市至少有一个达到 P2 水平的实验室，提升县级疾控中心的疫情发现和现场处置能力；二是全面提升县级医院救治能力，加强传染病病区建设，扩增重症监护病区床位；三是健全完善城市传染病救治网络，要求地级市扩大传染病集中收治容量，加强重症监护病区建设，配备体外膜肺氧合、PCR 等仪器设备；四是改造升级重大疫情救治基地，每个省建设 1～3 所。五是推进公共设施平战两用改造，加强基层哨点检测检疫能力、分级分层分流救治体系、相关人才队伍建设和公共卫生保障体系等方面的基础设施建设。

在医疗物资储备方面，将以应急物资储备和保障机制为重点。2020 年 4 月 27 日，习近平总书记在中央全面深化改革委员会第十三次会议上强调，要完善应急物资储备品种、规模、结构，创新储备方式，优化产能保障和区域布局。可参照美国经验，美国疾病管理及预防中心储备了包含抗生素、化学解毒剂、抗毒素、疫苗、诊断试剂及个人防护装备等 900 多种医疗物资，存放在 6 个保密仓储地点，价值 70 亿美元，合人民币 500 亿左右。

医疗卫生基础设施建设是我国能否进入新时代医疗产业新业态的基础。医院信息化、区域医疗信息化和医疗大数据系统是未来智慧医院、分级诊疗、远程医疗和互联网医院建成、发展的前提和保障。随着在线医保支付的新型基础设施在各个区域的投入使用，在线医疗的闭合回路未来将造福更多地域的人们。

人工智能+医疗的新型基础设施投入，必将在医疗辅助、医学影像和健康管理三大应用场景中发挥出其应有的作用。这一方面可以减轻医疗工作者的工作负担，另外，借助 5G 技术，医生既可以实施远程医疗而缓解不同区域医疗资源不均衡问题，也可以借助大数据，大大降低误诊率，改善医疗质量。

总之，鉴于新冠肺炎疫情对我国医疗卫生领域的大考验和我国目前的医疗卫生现状，必须提高政府在医疗卫生尤其是公共卫生的重视程度；加强建设应对突发公共卫生事件的相关机制和设施，减少突发公共卫生事件对经济社会运行的潜在冲击；积极推进我国医疗卫生的信息化建设，鼓励并支持互联网医疗、人工智能+医疗的发展；继续推动医改进程，通过促进竞争、提高效率，以医生更好地为患者服务，让患者更好地享受医疗为目的，加快形成多层次医疗服务市场。

第 12 章 现代生态环境基础设施

生态文明建设是关系中华民族永续发展的千年大计，贯穿于我国"五位一体"[①] 总体布局之中。优化国土空间开发格局，全面促进资源节约，加大自然生态系统和环境保护力度，以及加强生态文明制度建设是生态文明建设的重要内容。生态环境基础设施是生态文明建设的基础支撑。在以 5G、大数据、人工智能、物联网等为代表的新一代信息技术引领下，生态环境基础设施将迎来跃升式发展，对我国生态文明建设具有重要意义。

首先，生态环境基础设施是可持续发展的重要支撑。当前，全球气候变暖、生物多样性减少，流域生态环境破坏等是我国自然生态系统需要面对的严峻问题，数字化技术将为解决这些问题提供监测、模拟分析和治理等方面的科技支撑能力。

其次，作为"三大攻坚战"[②] 之一，污染防治是综合改善我国生态环境、提升人民生活质量的关键。为了打好污染防治攻坚战，巩固生态环境治理的成果，《生态环境大数据建设总体方案》《关于构建现代环境治理体系的指导意见》先后印发，要求用数据化决策思维再造环境治理，建立基于科技、创新模式的现代化环境治理体系，打造坚实的生态环境新型基础设施。在生态环境保护领域，环境监测、监管已经由传统基础设施建设阶段过渡到新型基础设施建设阶段。

本章主要论述了生态环境基础设施的概念及内涵，生态环境传统基础设施以及新型基础设施的主要内容和作用，并从生态环境新型基础设施建设及治理方面提出了相关政策建议。

12.1 生态环境基础设施的系统辨识

生态环境基础设施有其特定的概念和内涵，一般对应着需要解决的特定生态环境基础问题。典型的生态环境基础设施，可以大体按照生态环境问题的空间范畴划

[①] "五位一体"指经济建设、政治建设、文化建设、社会建设、生态文明建设。
[②] "三大攻坚战"指防范化解重大风险、精准扶贫、污染防治的攻坚战。

分为全球尺度的生态环境基础设施、跨区域的基础设施以及城市和乡村范畴内的基础设施。

12.1.1 生态环境基础设施的概念和内涵

生态环境基础设施是提升生态系统健康水平和人类生存质量的重要环节，是社会赖以生存发展的基本物质保障。在触及生态环境系统的基础设施研究时，有两个专有概念经常被提到，它们是"生态基础设施"（ecological infrastructure，EI）和"绿色基础设施"（green infrastructure，GI）。

生态基础设施的概念于1984年首次出现在联合国教育、科学及文化组织"人与生物圈计划"，用来表示通过运转可向人类提供服务的自然资产。其中提出了生态城市规划的五项原则：生态保护战略、生态基础设施、居民生活标准化和历史的保护、将自然引入城市。这里生态基础设施主要指自然景观和腹地对城市的持久支持能力。我国学者于2002年引入了"生态基础设施"概念并将其应用于城市规划工作中，认为城市生态基础设施是城市所依赖的自然系统，也是城市和居民享受生态和自然服务的保障基础。这种理解将能提供自然服务的城市绿地系统、林业及农业系统、自然保护地系统作为新要素融入了之前的概念中。

绿色基础设施指一系列能被用于消除或减少雨洪量和非点源径流（包括流向混合排水系统的水和污染物）的技术、手段、管理方法或实践的总称。这里的定义偏重方法和技术。欧盟将绿色基础设施定义为：被规划过的自然或半自然区域的网络，经设计或维持以促进生态系统服务的传递。这个定义偏重地点特性，并将内涵全面拓展至广泛指由生态系统提供的人类福祉，但随着研究的不断扩展和丰富，现在越来越多使用绿色基础设施来描述更广义的内容，包含作物生产、抵御灾害、文化习俗等。

从相关概念的辨析可以看出，无论是生态基础设施还是绿色基础设施，都是为了破解城市生态系统和人居环境压力而提出的应对理念，这里并不局限于实物的概念，一切可以维持生态结构完整性的自然和人工设施都可纳入其中。此外，生态环境基础设施也并不局限于城市生态系统中，在很多自然生态中，也存在着较多的基础设施。在我们的研究中，基础设施是包括电力、交通、通信、水利、教育、生态等在内的所有支撑国家基本功能运转和公用产业的实体公用设施，并具有公共物品和准公共物品的特性。生态环境基础设施正属于此类，所以生态环境基础设施应该指：为人类生产和生活提供生态服务的人工设施，保障自然和人文生态功能得以有序运转的公共服务设施系统，能够促进土壤、水文、大气、生物、矿产在生态系统的有机协调整合，强化支撑能力，是践行绿色发展理念，实现经济高质量发展的重要基础和保证。

12.1.2 生态环境问题及典型基础设施

生态环境基础设施是人类为解决生态环境问题而产生的一类公共设施。生态环境领域覆盖范围从全球气候变化应对到流域治理，再到城市生态环境建设、乡村农业面源污染问题，等等，非常宽广。从不同的空间尺度看，生态环境的基础设施建设类型也有较大的差异。

12.1.2.1 全球尺度生态环境问题及其基础设施

全球环境问题，也称国际环境问题或者地球环境问题，指超越主权国国界和管辖范围的全球性的环境污染和生态平衡破坏问题。其含义为：第一，有些环境问题在地球上普遍存在。不同国家和地区的环境问题在性质上具有普遍性和共同性，如气候变化、臭氧层的破坏、水资源短缺、生物多样性锐减等。第二，虽然是某些国家和地区的环境问题，但其影响和危害具有跨国、跨地区的结果，如酸雨、海洋污染、有毒化学品和危险废弃物越境转移等。当前，普遍引起全球关注的环境问题主要有：全球气候变化、酸雨污染、臭氧层耗损、有毒有害化学品和废弃物越境转移和扩散、生物多样性的锐减、海洋污染等。还有发展中国家普遍存在的生态环境问题，如水污染和水资源短缺、土地退化、沙漠化、水土流失、森林减少等。

遥感与监测设施在解决全球尺度生态环境问题方面发挥了巨大作用。全球有超过30个国家和机构运营对地观测卫星系统，国外共有600多颗对地观测卫星在轨运行。美国在轨卫星数量达到148颗，包括光学、雷达、气象、海洋和环境等多种类型，覆盖全色、可见光、多/高/超光谱、红外等谱段，成像和视频相结合，高、低轨配合，军、民、商协调发展的对地观测卫星体系，是对地观测体系最为完备的国家。美国民用对地观测卫星体系主要有陆地卫星系列、地球静止轨道环境业务卫星系列、极轨气象卫星系列、地球观测系统计划等，分别由美国地质调查局、国家海洋和大气管理局、国家航空航天局负责运行和管理，而美国商业对地观测卫星体系主要由数字地球公司运行和管理。在中国，民用对地观测卫星体系主要有高分卫星系列和资源卫星系列、风云气象卫星系列、海洋卫星系列，分别由中国资源卫星应用中心、国家卫星气象中心、国家卫星海洋应用中心负责运行和管理。近年来，"北京一号""清华一号""京师一号""吉林一号"等小卫星发射，也陆续拉开了商业卫星发展的序幕。图12-1为遥感卫星基础设施。

地球模拟器是提供全球生态环境模拟计算与预警的另一种重要基础设施（图12-2）。地球模拟器是2002年开始运作的，由日本宇宙开发事业团、日本原子能研究所以及海洋科学技术中心共同开发的矢量型超级计算机。它通过在计算机内设置"虚拟地球"，以预测及解析整个地球的大气循环预测、气候变化预测、地壳变动、地震发生等大规模计算为目的而开发，其原型是日本电气股份有限公司的矢量型超级计算机"SX-5"。随着科学研究的深入以及算力的提升，全球许多国家也开展了地球模拟器的研发工作。我国研发了地球数值模拟装置的预研和原型系统，主要基于中国科学院地球系统模式1.0版本的高性能计算机系统，填补了中国地球系统模式大数据实践平台的空白。它是未来中国地球数值模拟装置的缩小版，包含高性能计算机硬件、地球数值模拟应用软件、并行软件支撑框架、可视化系统等多个部分，可满足对地球系统的仿真研究。科学家可借助该系统，在地球系统模式研发、短期气候预测、灰霾治理等方面取得成果。

图 12-1　遥感卫星基础设施

图 12-2　地球模拟器

12.1.2.2　跨区域生态环境问题及其基础设施

流域的生态环境是跨区生态环境问题中的重要问题。当前，我国七大流域中的五大流域（黄河、松花江、淮河、辽河和海河）为轻度污染。营养状态监测的结果显示，被监测的107个重要湖泊（水库）中有28%的湖泊（水库）处于轻度或中度富营养状态；全国有32.6%的县域面积生态质量为较差和差。在制药、化工、造纸等高风险行业企业集聚的沿江、沿河、沿海区域，水环境受体敏感性高，突发水环境事件风险突出。长江、黄河、珠江等重点流域，大量工业企业沿江河而建，特别是化工园区和重点化工企业环境风险预警体系建设不完善，一旦发生突发环境事件，将对流域水环境造成严重影响，危及饮用水安全。环境风险预警防控体系薄弱，重点流域、重要水源地环境风险预警与防控体系尚不健全。安全生产事件引发的次生环境风险事件也不容忽视。2019年底，中共中央、国务院印发的《长江三角洲区域一体化发展规划纲要》中提出，到 2025 年，新一代信息设施率先布局成网，安全可控的水网工程体系基本建成，重要江河骨干堤防全面达标。生态环境共保联治能力要显著提升。跨区域跨流域生态网络基本形成，优质生态产品供给能力不断提升。环境污染联防联治机制有效运行，区域突出环境问题得到有效治理。生态环境协同监管体系基本建立，区域生态补偿机制更加完善，生态环境质量总体改善。到 2025 年，细颗粒物（$PM_{2.5}$）平均浓度总体达标，地级及以上城市空气质量优良天数比率达到 80% 以上，跨界河流断面水质达标率达到 80%，单位 GDP 能耗较 2017 年下降 10%。

我国自然保护区存在显著的生态环境问题。主要体现在以下 4 点：一是违法违规开发矿产资源问题严重。长期以来大规模的探矿、采矿活动，造成保护区局部植被破坏、水土流失、地表塌陷。二是部分水电设施违法建设、违规运行。例如，在祁连山区域黑河、石羊河、疏勒河等流域高强度开发水电项目，共建有水电站 150 余座，其中 42 座位于保护区内，存在违规审批、未批先建、手续不全等问题。三是周边企业偷排偷放问题突出。部分企业环保投入严重不足，污染治理设施缺乏，偷排偷放现象屡禁不止。例如，巨龙铁合金有限公司毗邻保护区，大气污染物排放长期无法稳定达标，当地环保部门多次对其执法，但均未得到执行。又如，石庙二级水电站将废机油、污泥等污染物倾倒河道，造成河道水环境污染。四是生态环境突出问题整改不力。例如，2015 年 9 月，环境保护部会同国家林业局就保护区生态环境问题，对甘肃省林业厅、张掖市政府进行公开约谈。对国家各级自然保护区实施基础设施建设，提升管护站点、巡护道路、标识标牌、防火设施、资源监测等方面的保障能力。

我国湿地的环境问题也非常突出。例如，三江平原是中国重要的粮食生产基地，耕地面积为 350.9 万公顷，但是 20 世纪 90 年代以来，该地区旱灾不断加重，最大受旱面积为 140.6 万公顷，占全区耕地面积的 40.1%，易旱面积为 80.8 万公顷，占耕地面积的 23%。农业用水的大量增加使得湿地内水资源受到巨大威胁，同时湿地内水资源还面临工业废水和生活污水排放所带来的威胁。降低产业用水、增加生态用水、对湿地人工补水任务十分紧迫。我国正在不断加强湿地生态环境治理，包括建立自然湿地保护、退化湿地恢复、湿地生态效应补偿机制、湿地生态红线、湿地生态系统评价和动态监测预警等一系列重要制度，加大湿地保护修复力度，维护湿地生态系统健康。

传统的跨区域治理的基础设施主要依靠传统离散的监测设施体系构成，主要依托于野外台站而建设。野外台站仪器设备（图 12-3）主要包括各种质谱仪、激光雷达系统、太赫兹天线测试系统、超中子堆、电离层测高仪、甚高频雷达、全天空气辉成像仪、钠层测风测温激光雷达、法布里-珀罗（F-P）风场干涉仪、全天空大气重力波成像仪、网络视频监控系统、闪烁体探测器，大面积阻性板探测器、100千瓦全固态长波发射机、250米顶负载全向伞天线、太阳磁场望远镜、天线阵列、中德亚毫米波望远镜、激光人卫测距接收系统、30厘米旋转漂移扫描光电设备系统、近地天体望远镜等。

图12-3　用于生态环境监测的野外设施装备

资料来源：中国科学院野外台站网站. http://www.cas.cn/zt/kjzt/ywtz

12.1.2.3　城乡生态环境问题及其基础设施

在城市生态环境问题中，基础设施可以按照水环境、大气环境、土壤污染以及废弃物清理维度予以区分。对于农村生态环境问题，以面源污染问题最为突出。按照治理对象，城乡生态环境基础设施可分为治水设施、治气设施、治土设施和清废设施，如图12-4所示。

治水设施	治气设施	治土设施	清废设施
·污水配套管网 ·污水处理设施	·工业废气治理设施 ·焚烧烟气和储运系统	·再利用场地土壤治理与修复设施 ·污染土壤异位处置设施	·生活垃圾处理设施 ·大宗固废综合利用处置设施

图12-4　城乡生态环境基础设施

(1) 治水设施

治水设施是以实现污水管网全覆盖、全收集、全处理，大幅提升城镇污水收集处理能力为目标，对合流制排水系统雨污分流改造，或采取截流、调蓄和治理等处理污水、雨水排放的设施。实现雨水资源化利用，可以有效减少城市面源污染。主要治水设施包括：①污水配套管网，包括为污水处理提标而跟进的配套网管建设，以及对管网雨污混接，老旧管网存在破损、脱节、错位等结构性和垃圾淤堵、底泥淤积等功能性缺陷等问题进行修复治理而产生的管网建设。污水管网建设追求"污水零直排区"，即对生产、生活和经营活动产生的污水实行截污纳管、统一收集，经处理达标后再排放到外环境，做到"晴天不排水，雨天无污水"。其中重点工程是雨污分流改造，包括生活区和工业园区的分流改造。②污水处理设施（图12-5），包括半地下地埋式污水处理厂、厂外配套管线及泵站工程等部分，主要实现城镇截污纳管全覆盖和生活污水全收集、全处理，对老旧管网提标改造及扩建工程。一般项目排水采用雨污分流、污污分流。

图12-5　污水处理设施

(2) 治气设施

治气设施以淘汰高排放劣质产能，建立工业废气治理体系，创新不同类型废气排放治理工艺为目标，对工业废气治理设施进行升级改造，合理考虑多因素废气排放标准，应用先进的废气处理技术，实现废气排放的事前、事中和事后把控，有效减少废气排放污染。其中包括：①工业废气治理设施（图12-6），工业废气大多数排放来自工业园，废气治理设施主要集中在工厂附近。在建设适宜高效的废气治污设施上，企业新建治污设施或对现有治污设施实施改造，依据排放废气的浓度、组分、风量、温度、湿度、压力，以及生产工况等选择治理技术。②焚烧烟气和储运系统等，焚烧烟气净化系统采用"选择性非催化还原炉内脱硝+半干法脱酸+干法喷射+活性炭吸附+布袋除尘+湿法脱酸+低温选择性催化还原脱硝"的组合烟气净化工艺，处理后的烟气满足《生活垃圾焚烧污染控制标准》

图12-6 工业废气治理设施

（GB 18485—2014）；渗滤液处理站渗滤液调节池、污泥池、污泥脱水间等系统臭气收集后经管道引至垃圾贮坑，与垃圾贮坑中的恶臭气体一并作为焚烧炉一次进风燃烧处理，确保厂界臭气浓度达到《恶臭污染物排放标准》（GB 14554—1993）厂界二级标准。

(3) 治土设施

为了降低土壤污染对土地可持续利用的不同程度影响，实现土地循环利用目标，按照国家相关规范要求，主要需要应对再利用场地土壤治理与修复和污染土壤异位处置两大问题。相对水体和大气污染而言，土壤污染更具隐蔽性、滞后性和难可逆性。我国长江三角洲、珠江三角洲、东北老工业基地等部分区域土壤污染问题较为突出，西南、中南地区土壤重金属超标范围较大。全国土壤超标率超过16%，土壤修复迫在眉睫。更重要的是，土壤污染的治理成本很高，见效的过程也较为缓慢。再利用场地土壤治理与修复设施是主要的治土设施，主要用于两类土壤修复，一类是工矿企业搬迁后的土壤，另一类是农田土壤。污染土壤异位处置设施（图12-7）包括：预处理系统（碎筛分铲斗、挖掘机、推土机），用于对开挖出的污染土壤进行破碎、筛分或添加土壤改良剂等；药剂混合系统（行走式土壤改良机、浅层土壤搅拌机），用于将污染土壤与药剂进行充分混合搅拌；防渗系统，一般是反应池或是具有抗渗能力的反应场，能够防止液体外渗，并且要防止搅拌设备对其造成损坏，通常做

图12-7 污染土壤异位处置设施

法有两种：采用抗渗混凝土结构；采用防渗膜结构加保护层。

（4）清废设施

实现城市生活垃圾无害化集中处理是城镇居民幸福感提升的重要保障，加快城市生活垃圾无害化处理，推进固废综合循环利用，有利于维护居民生活环境，促进城市建设向集约化转型。生活垃圾处理设施是主要的清废设施之一。建设和改造提升生活垃圾处置设施，以实现集城市生活垃圾无害化处置、拆迁建筑废弃物等固体废弃物资源循环利用的一体化的综合工程。在生活垃圾无害化处理的同时，产生的电能可以弥补用电缺口，增加财政收入。大宗固体废弃物综合利用处置设施是另一类清废设施，固体废弃物主要有焚烧炉炉渣、飞灰、废机油、废布袋、恶臭治理产生的废活性炭、生活垃圾、废水处理污泥、废催化剂、废膜等。炉渣属一般固体废弃物，可以综合利用。

工业固体废弃物资源综合利用设施建设工程。推进建设工业固体废弃物资源综合利用产业体系，以工业固体废弃物管理体系建设为主体，构建闭环管理机制，建立工业固体废弃物资源综合利用产业体系。重点推进冶金等行业固体废弃物综合利用项目，推动工业固体废弃物无害化、规范化、高值化利用。图12-8 为固废处置中心。

图 12-8　固废处置中心

12.2　现代生态环境基础设施发展态势

生态环境基础设施在新时代下，面临着民生和环保产业发展的需求。在新一代信息技术的促进下，生态环境基础设施出现了新的发展形势和应用场景。数字化、智能化、集成化是生态环境基础设施发展的主要方向。

12.2.1　生态环境基础设施的发展需求

从公共事业角度看，生态环境设施直接关乎我国民生健康。2020 年政府工作报告提出，"三大攻坚战取得关键进展""生态环境总体改善"。据《2019 中国生态环境状况公报》显示，2019 年，细颗粒物未达标地级及以上城市年均浓度比 2015 年下降 23.1%。达到或优于 III 类水体比例比 2015 年提升 8.9 个百分点，国控劣 V 类断面比例比 2015 年下降 6.3 个百分点，化学需氧量、氨氮、二氧化硫、氮氧化物污染物排放总量累计分别下降 11.5%、11.9%、22.5%、16.3%。同时，绿色发展水平明显提升，生态文明建设体制改革顺利推进，形成了一批有效方式方法，解决了一大批突出生态环境问题，全社会生态环保意识显著增强。

虽然生态环境取得了明显改善，但是生态环境保护面临的形势依然严峻复杂，"三个没有根本改变"，这是当前生态环境保护的根本特征。一是以重化工为主的产业结构、以煤为主的能源结构、以公路货运为主的运输结构没有根本改变。二是环境污染和生态环境保护的严峻形势没有根本改变。生态环境部日前公布的《2019 年全国生态环境质量简况》显示，全国 337 个地级及以上城市细颗粒物浓度尚未达标，我国环境空气质量达标城市数量仍不足一半，其中京津冀及周边地区"2+26"城市平均优良天数比例仅为 53.1%。三是生态环境事件多发频发的高风险态势没有根本改变。

从基础设施角度看，设施规划与建设是提升我国生态文明建设的重要途径，也是战略选择。科技革命加快推进，科技治污的需求对新技术研发提出更高要求。"十四五"时期，我国有望进入科技红利期，以信息科技为核心的未来网络技术、虚拟现实技术、人工智能技术、无人工厂、无人车间、无人物流、无人售卖将逐步成为常态，对产业结构、社会就业、仓储物流、用户体验等产生革命性影响。以新能源科技为驱动的储能释能技术，以材料科技为支撑的制造技术革命，将全方位革新社会生产、生活、消费等。这既有利于经济社会发展的清洁化、绿色化升级，从根本上改变环境污染特征，同时新技术、新业态也将给生态环境治理带来新手段，有助于持续提升环境治理能力现代化水平。

从产业发展的角度看，生态环境基础设施同交通、能源、通信领域基础设施一样，生态环境基础设施也是经济社会可持续发展的基础支撑，具备相应的产业发展机会和后劲。生态环境基础设施为生产生活提供基础支撑和服务，虽然具有公益化的社会属性，但其提高社会发展的绿色竞争力和可持续发展的独特属性，在高质量发展的当下，有更直接、广泛的社会效益、环境效益和经济效益，可以为众多产业赋能。生态环境基础设施一旦建成，便具有了市场化发展的潜力，并能吸引私人投资更有意愿、有效率。

"十一五"以来，我国环境治理投入力度加大（图 12-9），电力、钢铁、有色、建材、化工、印染与造纸等高污染行业成为治理投入的重点领域。同时，各级政府不断完善环境公共服务体系，加强城镇污水、垃圾和危险废弃物集中处置等环境基础设施投资。据生态环境部统计，2018 年生态保护投资额是 2000 年的 5.4 倍，同比增幅高达 43.0%。"十三五"时期，随着环保执法趋严，我国环境污染治理总投资规模进一步扩大，达到 8 万亿元。大规模环境治理投资有力地拉动了环保产业的市场需求，带动环保产业迅速扩张，结构逐步优化，行业运行质量和效益提高。目前，我国环保产业已从"三废治理"发展成为辐射环保产品制造、绿色技术研发、清洁生产、资源循环利用、节能与环境服务、绿色金融等众多细分领域，跨行业、跨地区、门类基本齐全的新兴产业。

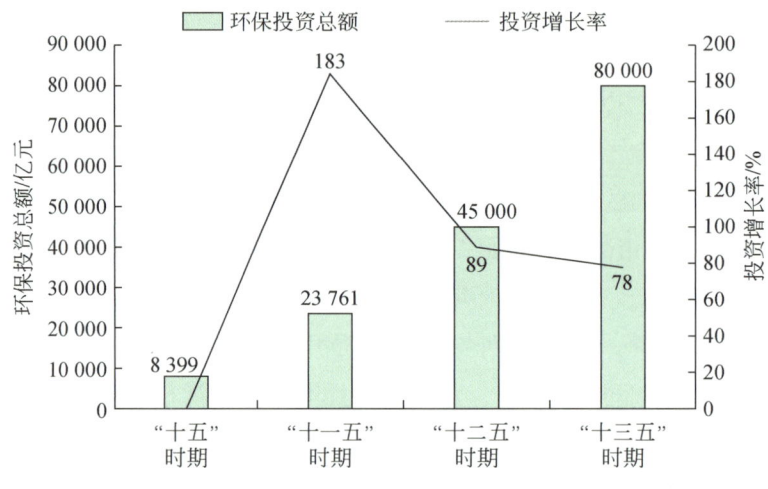

图 12-9 "十五"至"十三五"时期我国环保投资额变化趋势

环保产业是我国战略性新兴产业之首，在推动中国经济转型升级中有着重要的作用。特别是当前疫情全球化的特殊时期，国家对环境治理的要求会越来越高，智慧环保将得到进一步普及。以智慧环保产业为例，5G 的推广将实现移动网络由工业生产端的渗透向万物互联转变，也就是通过搭建数据集中采集、存储、分析的技术体系和基础平台，创立实时监控、科学分析、智能决策、高效管理的智慧环保新途径。在物联网、移动互联、云计算等方面实现关键应用技术突破，能够将环保智慧化共性服务需求的交付成果从工程型走向产品化、可复制化。特别是环境治理相关的产业，将随之呈现出"高质量、系统化、效益化"的行业特征。这也将成为环境产业抓住机会再次大跨步发展的契机，但相应挑战也很大。要想承接这些项目，环保行业必须具备较好的数字化、智能化的能力，只有能够真正解决环境治理难题才能赢得市场青睐，而解决问题就要依靠技术储备。

12.2.2 生态环境基础设施体系

12.2.2.1 生态环境基础设施的基本逻辑架构

在新一代信息技术的推动下，我国在气候变化、大气污染监测、水污染防治等领域已经出现了一些新型基础设施的应用，生态环保类基础设施也有了很大的改善和提升。具体如表 12-1 所示。

表 12-1　我国生态环境新型基础设施

生态环境细分领域	主要设施
大气污染监测	空气质量监测超级站、大数据中心设施等
水污染防治	河长制信息管理平台等
气候变化领域	地球系统模式、地球模拟器等
生物多样性保护	国家重要野生植物种质资源库等
自然灾害预警	国家生存环境模拟系统等
固体废弃物处理	固体废弃物资源综合利用平台
土壤修复	土壤污染防治数据库、地理信息系统监管平台等

在大气污染监测领域，拥有监测和综合数据集成处理的空气质量监测超级站、大数据中心设施等新型基础设施，有力地支撑了大尺度生态系统观测与研究网络功能的实现。我国的生态系统保护还需要采用大量的生态环境监测设施以及大数据中心设施。

在水污染防治领域，我国强化基础设施建设水污染防治，强化生态型污水处理技术应用。我国通过建设河长制信息管理平台，加强水资源的环境监管。未来将发展面向流域水环境质量监测与联合治理平台。

在气候变化领域，我国是全球碳排放大国，一直积极参与和推动气候变化国际谈判和《联合国气候变化框架公约》进程，于 2015 年向政府间气候变化委员会提交了中国"国家自主决定贡献"承诺，并于 2020 年承诺了 2060 年实现碳中和的目标。因此，我国加强了面向全球气候变化的地基、空基监测设施体系，超算中心，地球系统模式、地球模拟器等软硬件基础设施建设，这可为我国实现气候系统变化的科学预测提供稳健支持，将更好地指导我国节能减排和绿色发展。

在生物多样性保护领域，主要通过对生物物种信息的采集、汇集和资源共享，以便于数字化监管和科学研究。如中国西南野生生物种质资源库是国家重大科技基础设施，其主要功能是建设和维护在线服务系统，开展野生植物种质资源管理与共享服务应用技术研究；建立健全国家平台科技资源质量控制体系，保证科技资源的准确性和可用性；开展资源国际交流合作，参加相关国际学术组织，维护国家利益与安全。

在自然灾害预警领域，建立国家生存环境模拟系统等，科学预测气候变化对中国不同区域的不同影响，把对主要自然灾害的模拟、预测和预警提高到新的水平。

在固体废弃物处理领域，建设平台基础设施、固体废弃物协同利用和生态环境修复治理等重点项目，实现包括尾矿、粉煤灰、冶金渣、工业废弃物、建筑垃圾、农林废弃物、废弃锂电池等多种固体废弃物资源综合利用的新途径。

在土壤修复领域，在土壤评估、土壤监测、土壤修复等多个细分领域完善基础设施，利用新技术建立土壤污染防治数据库和地理信息系统监管平台，促进土壤资源永续利用，土壤质量持续向好。提高土壤淋洗、热解析、气相抽提与高温焚烧技术的市场占有。

综合来看，我国生态环境基础设施基本逻辑架构如图 12-10 所示。从下至上依次为：感知层，主要包含传感器、物联网、遥测终端机、监测设备和遥感卫星；数据中心层，主要包含数据资产管控、大数据分析服务、协同支撑服务、数据开放服务和运营监控服务；预警应用层，主要包含环境预警管理、大气环境研判和水环境研判；治理应用层，主要包含网络化监管、污染防治协同管理。

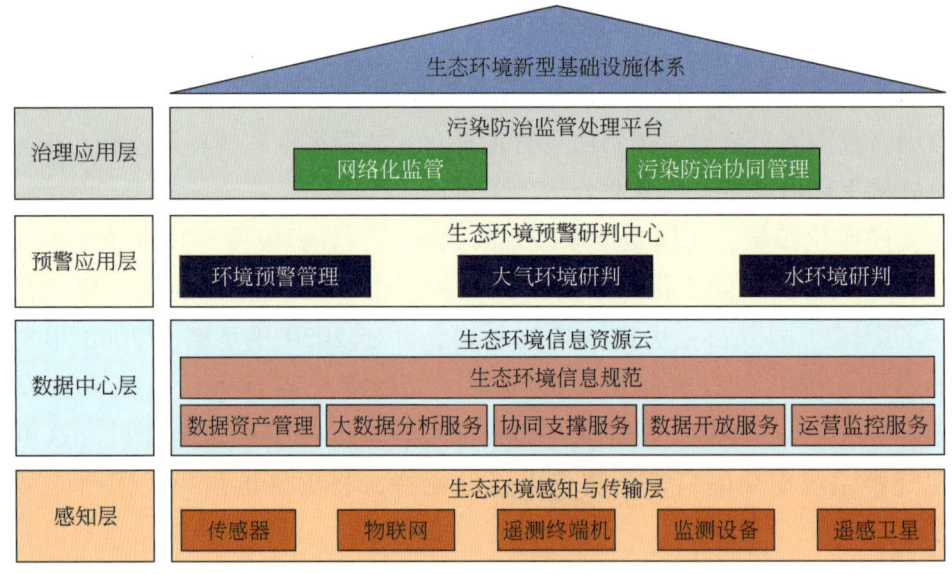

图 12-10　我国生态环境基础设施基本逻辑架构

12.2.2.2　生态环境基础设施的特征

新型基础设施带有浓厚的科技属性，所以无疑具备了智能化、数字化、绿色化的前沿要求。从国家对新基础设施建设的规划及相关要求来看，生态环境领域的新型基础设施将在整合传统和新型基础设施发展的过程中，实现"具有集约高效、经济适用、智能绿色、安全可靠"特征的现代化基础设施体系。

集约高效。我国正经历着高速发展的工业化时期，推进可持续工业化，提高能源资源使用效率，建设绿色环保的产业基础设施可以极大地避免生态环境破坏对经济社会发展造成的严重制约。同时，工业化建设的背后是不得回避的扬尘、颗粒物监测，以及建筑垃圾处置等问题，施工场所是环境监管的重点区域，生态环境基础设施优化的在线监测设施，可以实现与相关部门联网，实时上传数据，将国家产业发展中在环境保护与治理方面的物料数据、工艺数据、设备数据、运营数据、排放数据和管理数据等全部打通、实现共享互联，可以降低以生态环境为代价换取产业规模效益提升的发展成本，节约建设中环境保护运维的投入，大幅提高我国产业发展的运营效率。

经济适用。践行绿色发展理念，将生态环境基础设施建设纳入新型基础设施建设体系，可以提升对经济增长的拉动作用。完善的生态环境对缩小区域差距、提高国民生活质量和健康水平、做强文化旅游产业等均能发挥重要作用。"绿水青山就是金山银山"重要原则作为新时代生态文明建设的指导思想和行为遵循，已经充分阐明并验证了环境效益可以持续地转化为经济效益，可以实现国家高质量发展的整体效益最大化，对全面推进新时代中国特色社会主义建设进程具有重要意义。

智能绿色。新型基础设施建设主要包括 5G 基站建设、特高压、城际高速铁路和城市轨道交通、新能源汽车与充电桩、大数据中心、人工智能、工业互联网等七大领域，各领域产业链的发展无不体现出智能绿色的发展特征。例如，特高压，促进清洁能源电力消纳，尤其是光能、风能开发条件好但本地用电量不大的地区的电力外送，以此达到动态降低全域化石能源污染物排放指数、实现绿色清洁智能目的。从阿里云推出"ET 环境大脑"、腾讯云携手粤海水务打造智慧水务生态圈等发展方向和路径上可以看出，新型基础设施的信息技术手段参与国家智慧环保建设已经成为必然的趋势和选择。

安全可靠。"空天地"一体化环境监测网络、人工智能无人驾驶环卫车/环卫机器人、危险废弃物智慧监管系统等生态环境领域的新型基础设施，无一不刻画出对环境问题的预防、治理、修复、保护全链中安全无害的实现特征，降低传统人工操作处理的危险系数。云监管等"非现场监管"模式，利用遥感、无人机、在线监控大数据分析等，指数级地提升了对生态环境问题监测预警的精准可信，实现防护治理效果的可靠度和有效性，是绿色发展的重要倚仗。

12.2.3 面向创新的生态环境基础设施

12.2.3.1 环境遥感设施的发展与应用

通过整合优化、改建新建设施等方式来加强大气、地表水、地下水、土壤、海洋、辐射等要素的环境监测能力。在基础设施的整体构建上，基于现有近地面常规监测技术以及全新的地基遥感监测（立体探测技术：激光雷达探测、二维多轴差分吸收光谱术、卫星遥感等），同时结合相应的组网观测技术、移动走航观测技术，实现天空地一体化大气环境监测超级站，主要观测对象包括大气化学成分、气溶胶物理特性、气溶胶光学特性、气溶胶化学成分、颗粒物时空分布及气象监测。利用卫星遥感、无人机航拍、视频监控等，构建天空地一体化立体监测体系（图 12-11）。

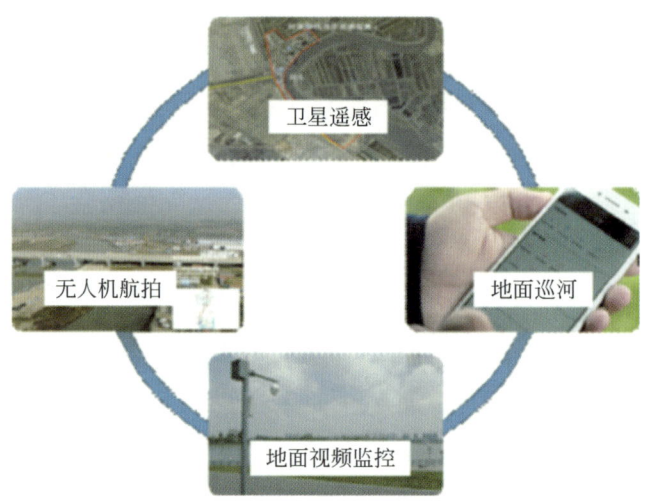

图 12-11　天空地一体化立体监测体系

针对中国环境遥感工程化瓶颈，我国建立了涵盖环境质量遥感监测数据处理、反演、生产全过程的工程方法与技术规范，研发了系列业务化产品模板；提出了基于并行计算的协同处理工程化模式，研发了由内陆水体、区域大气、宏观生态环境遥感监测等 11 个分系统组成的国家环境遥感监测平台，形成了具有天空地一体化环境监测数据获取、处理与应用业务能力的国家环境遥感监测基础设施。面向环境管理需求，建立了包括大气环境遥感监测、水环境遥感监测、生态环境遥感监测、环境监管在内的环境遥感应用业务体系，研发并建立包括基础数据产品、专题数据产品和应用数据产品在内的国家环境遥感监测产品体系。

在过去一段时间，遥感与监测设施为解决全球生态环境问题提供了大量的技术支撑作用。科学技术部国家遥感中心持续开展了"全球生态环境遥感监测年度报告"工作，会同遥感科学国家重点实验室，跨部门组织国内顶尖的科研力量，开展了全球及区域尺度生态环境遥感专题产品研发及监测分析研究，并持续发布《全球生态环境遥感监测报告》。自2012年启动这项工作以来，分7期陆续发布了包括陆地植被生长状况、大型陆表水域面积时空分布、大宗粮油作物生产形势、城乡建设用地分布状况、大型国际重要湿地、全球碳源汇时空分布状况、非洲土地覆盖、中国—东盟生态环境状况以及"一带一路"生态环境状况9个专题系列共18个专题报告，为应对全球气候变化、推动区域可持续发展提供了有力的信息支撑，引起社会各界广泛关注，获得国际同行高度评价。这是我国科技界利用高新技术监测与保护生态环境、推进全球生态文明建设的一项实际行动，也是我国携手全球共同积极应对环境问题，落实联合国《2030年可持续发展议程》的重要举措。

12.2.3.2 生态环境重大科技基础设施

（1）地球系统数值模拟装置

气候和环境危机无法准确预测的关键在于人们对地球系统变化和运动规律认识的局限性，需要从系统的角度来进行地球各圈层自身的演化规律及其相互作用规律的研究。在各类自然灾害中，与气候直接相关的大约占70%以上。中国每年重大气候灾害影响的人口大约达4亿人次，所造成的经济损失占到GDP的1%~3%。因此，地球系统科学应运而生。美国、日本、欧洲等发达国家和地区已建有软硬件结合的面向地球系统的专门模拟装置。中国早期缺乏面向地球系统专用的数值模拟装置，研究结果科学支撑能力不足，导致在国际外交谈判时话语权微弱。我们需要有自己的计算数据作为谈判依据，以提升我国在气候与环境领域的国际话语权。我国正在建设大科学装置——地球系统数值模拟装置。

作为地球系统数值模拟装置的软件，地球系统模式1.0版本包含了完整的气候系统和生态环境系统分量，集成了大气、海洋、海冰、陆面水文、大气化学和气溶胶、动力学植被、海洋生物地球化学等子系统模式或分量模块，并通过一个通量耦合器实现各模块之间的完整耦合，可以更加逼真地实现对大气、洋流、陆面过程、生态等的仿真研究。该项目建设了专用计算机，其峰值计算能力不低于每秒1000万亿次，计算能力目前进入中国前10位；其存储总容量大于5拍字节（PB）；并针对性地对系统进行了地球系统数值模拟加速计算和软件性能优化。用目前这个原型系统，一天可以计算出地球的大气圈、水圈、岩土圈、生物圈等多个圈层6年的变化。

(2) 子午工程

子午工程遵循"边建设、边运行、边产出"的原则，已经为"神舟八号"、"神舟九号"和"天宫一号"等国家重大航天发射任务提供了空间环境预报、警报和现报。子午工程的建成，将大幅提高我国空间天气预报能力和服务水平，有力支撑我国空间科学取得重大原创性成果，为提升中国空间活动能力、保障空间活动安全做出重要贡献。

在子午工程的基础上，中国还推动了以我为主的重大国际科技合作——国际空间天气子午圈计划。该计划将中国的子午链向北延伸至俄罗斯，向南延伸到澳大利亚，并将分布于西经60°附近的地面观测台站纳入联网观测，形成了唯一一个能绕地球一周的地基空间环境子午圈。该计划已经得到了圈上绝大部分国家的响应。

子午工程是利用东经120°子午线附近，北起漠河，经北京、武汉，南至海南并延伸到南极中山站，以及东起上海，经武汉、成都，西至拉萨的沿北纬30°纬度线附近现有的15个监测台站，建成一个以链为主、链网结合的，运用地磁（电）、无线电、光学和探空火箭等多种手段的大气、空间监测网络。其数据量和交互量巨大，所以在中国科学院国家空间科学中心有专门的子午工程数据中心，供科学界使用。

子午工程使中国在空间环境的地基监测方面快速步入有重要国际影响的先进国家之列，在亚洲发挥主导（或中枢）作用几十年。中国卫星的故障40%都与空间环境有关，若故障率下降10%，效益将十分可观；带给通信、导航、资源、气象、地震、减灾、防灾、GPS应用、电力、生态和人类健康以及国家安全等领域的长期累积效益更是难以计算的。子午工程对于充分发挥中国地域优势，获取气球和卫星都无力探测的低电离层、热层区域的环境数据，了解中国上空空间天气变化规律并进行预报，都有极其重要的科学意义和应用价值。

12.2.3.3 生态环境国家科学数据中心

国家科学数据中心既是当前国家创新体系的基础要素，又是未来国家创新体系的重要引擎之一，是变革未来创新模式的重要推手。2018年3月，国务院办公厅正式印发《科学数据管理办法》，《科学数据管理办法》中明确了各部委、科研机构对科学数据管理的职责，对科学数据管理、共享与利用提出了较高的要求。同时《科学数据管理办法》还提出了建设国家科学数据中心的要求，明确其职责包括4个方面：一是承担相关领域科学数据的整合汇交工作；二是负责科学数据的分级分类、加工整理和分析挖掘；三是保障科学数据安全，依法依规推动科学数据开放共享；四是加强国内外科学数据方面交流与合作。2019年，科学技术部、财政部对原有国家平台开展了优化调整工作，经研究共形成"国家高能物理科学数据中心"等20个国家科学数据中心、"国家重要野生植物种质资源库"等30个国家生物种质与实验材料资源库。国家科学数据中心并不是简单的大数据中心，它集成了大科学装置、大数据中心和超算的功能。表12-2中展示了生态环境大数据采集来源及主要内容。

表12-2 生态环境大数据采集来源及主要内容

分类	采集来源	主要内容
地面监测数据	生态环境在线监测系统	气象、空气质量、水文、水质、噪声、土壤、植物、动物、微生物等
遥感检测数据	遥感数据、航空遥感数据等	地形指数、植被指数、裸土指数、湿度指数、地表温度
地理信息数据	遥感采集、地图数字化、现场踏勘和摄影测量等	地形地貌、土地类型、土地覆被、水文土壤、交通运输、行政境界、社会经济数据等
社会统计数据	各统计部门	人口数据、经济数据、污染源普查数据、土壤详查数据、农业数据、林业数据、工业数据、能源数据等
网络抓取数据	互联网、物联网等	网站、论坛、各类APP、物流平台等

资料来源：董玉红等，2017；李文国，2018.

12.2.3.4 生态环境智能化野外台站

野外台站是生态环境监测的重要载体。国务院印发的《生态环境监测网络建设方案》指出，生态环境监测是生态环境保护的基础，是生态文明建设的重要支撑。目前，我国生态环境监测网络存在范围和要素覆盖不全，建设规划、标准规范与信息发布不统一，信息化水平和共享程度不高，监测与监管结合不紧密，监测数据质量有待提高等突出问题，难以满足生态文明建设需要，影响了监测的科学性、权威性和政府公信力，必须加快推进生态环境监测网络建设。2020年，全国生态环境监测网络基本实现环境质量、重点污染源、生态状况监测全覆盖，各级各类监测数据系统互联共享，监测预报预警、信息化能力和保障水平明显提升，监测与监管协同联动，初步建成陆海统筹、天地一体、上下协同、信息共享的生态环境监测网络，使生态环境监测能力与生态文明建设要求相适应。

12.2.4 面向应用的典型生态环境新型基础设施

在新型基础设施建设的推动下,在生态环境领域实施的防控、预警、保护、修复、治理的建设举措和发展方向将会朝着精、细、全、快的方向飞速猛进。并且在新型基础设施建设的推动下,我国未来将全面提升生态环境质量的观测、评估、预警、监控及治理能力。

未来,生态环境新型基础设施将与产业更加深入融合,成为绿色发展模式的实践基础。例如,通过人工智能技术,可以建立智能交通系统,实现减少空气污染、减少自然灾害、废弃物优化循环利用的目的;物联网则是减少能源消耗,减少二氧化碳和温室气体排放的有效途径;5G 技术可以帮助建立智能水供应管理系统,从而降低水文风险;数字孪生技术通过进行灾害风险的事前、事中和事后规划,有效提高产业发展环评水平和环境恢复力。结合物联网技术、大数据中心以及气象模拟系统等设施,开发使用资源环境问题动态监测、分析、模拟与预测预警技术,已经成为智慧城市和数字乡村建设的重要内容和切实举措。

未来,新型基础设施建设还将支撑我国城市智慧环保发展。借助 5G 传输速度快、低延迟等特点,污染防治会将其应用在环境监测、智能处理和数据分析等方面。具体表现为破解传输污染位置、污染成因,用技术解决污染源头定位难的问题,借助物联网技术,把感应器和相关设备嵌入各种环境监控对象中,以云计算为支撑将环保领域物联网整合起来,实现人类社会与环境业务系统的协调共进。全国生态环境监测网络将实现监测与监管协同联动,建成陆海统筹、天地一体、上下协同、信息共享的生态环境监测网络。同时还可以为支撑大数据库多个城市之间提供环保共享数据,协调各地区污染防治联防联控。

12.2.4.1 生态环境云

国家高度重视生态环境云的发展,2015 年,《国务院关于促进云计算创新发展培育信息产业新业态的意见》(国发〔2015〕5 号),鼓励应用云计算技术整合改造现有电子政务信息系统,实现各领域政务信息系统整体部署和共建共用,大幅减少政府自建数据中心的数量。2016 年,《生态环境大数据建设总体方案》(环办厅〔2016〕23 号),明确提出建设大数据环保云平台,实施网络资源、计算资源、存储资源、安全资源的集约建设、集中管理、整体运维,以"一朵云"模式建设环保云平台。实施业务系统环保云平台部署,保障信息安全。2017 年,《政务信息系统整合共享实施方案》(国办发〔2017〕39 号),提出要推动政务信息化建设投资、运维和项目建设模式改革,鼓励推广云计算、大数据等新技术新模式的应用与服务，提升集约化建设水平。

在国家政策的引导下，生态环境部初步建设了生态环保云，目前，拥有42台物理服务器，虚拟能力相当于1000台虚拟服务器；可提供240个中央处理器、14太字节（TB）内存、700太字节存储的基础计算能力；已经支撑"十三五"环境统计业务、第二次全国污染源普查、土壤详查系统、全国电子公文传输等生态环境部169个应用系统。中国环境监测总站完成的京津冀及周边区域空气质量预报业务系统平台是典型的应用案例。该平台搭建依托于每秒175万亿次运算速度的高性能计算机集群的空气质量多数值模式集合预报系统，形成京津冀及周边区域包含常规6种大气污染物浓度的未来7天空气质量形势业务预报能力，并具备污染物来源追因、监测数据准实时同化、污染源应急减排情景模拟等功能，是目前国内空气质量预报领域最全面、最综合的预报业务系统。经过多年探索与发展，京津冀及周边区域空气质量重污染过程预报准确率接近100%，代表城市级别预报准确率高于75%，在国内外均处于领先水平。该系统提供的众多丰富全面的预报产品和高水平、精确化的区域空气质量预报结果，为京津冀及周边区域大气污染精准化管控、区域空气质量持续改善和《大气污染防治行动计划》考核目标的实现提供了强有力的技术支持。

12.2.4.2 河长制数字化智能管理平台

按照《关于全面推行河长制的意见》，明确在全国范围内全面推进河长制，构建省、市、县、乡、村五级河长体系，为更好地全面推行河长制，突出系统治理，注重依法监管、严格考核，加强信息平台建设，建立全国河湖大数据管理信息系统，逐步实现信息上传、任务派遣、督办考核数字化管理的需求，我国顺应互联网发展趋势，集成了地理信息技术、移动定位导航技术等，依据全国河长制的管理特点及需求，研发了河长制APP，将日常巡河、问题督办、情况通报、责任落实、管理统计分析等纳入信息化、平台化管理，及时发布河湖管理保护信息，接受社会监督，开启了"大数据+河长制"河湖生态管理新模式。

河长制信息化管理平台在我国已有较多的应用和推广，它基于河道网格化管理方式，对省、市、县（市、区）分级管理，充分利用现有水利水务信息化资源，采用"互联网+"、物联网、大数据和云计算等技术，整合现有各种基础数据、监测数据和监控视频，建设一个省级云基础数据中心和省、市、县三级平台。图12-12为河长制管理信息系统。

河长制管理信息系统主要是由感知层和传感层完成生态环境信息的初始感知，并传导给数据中心。常见的感知层设备有水质常规五参数监测设备、遥测终

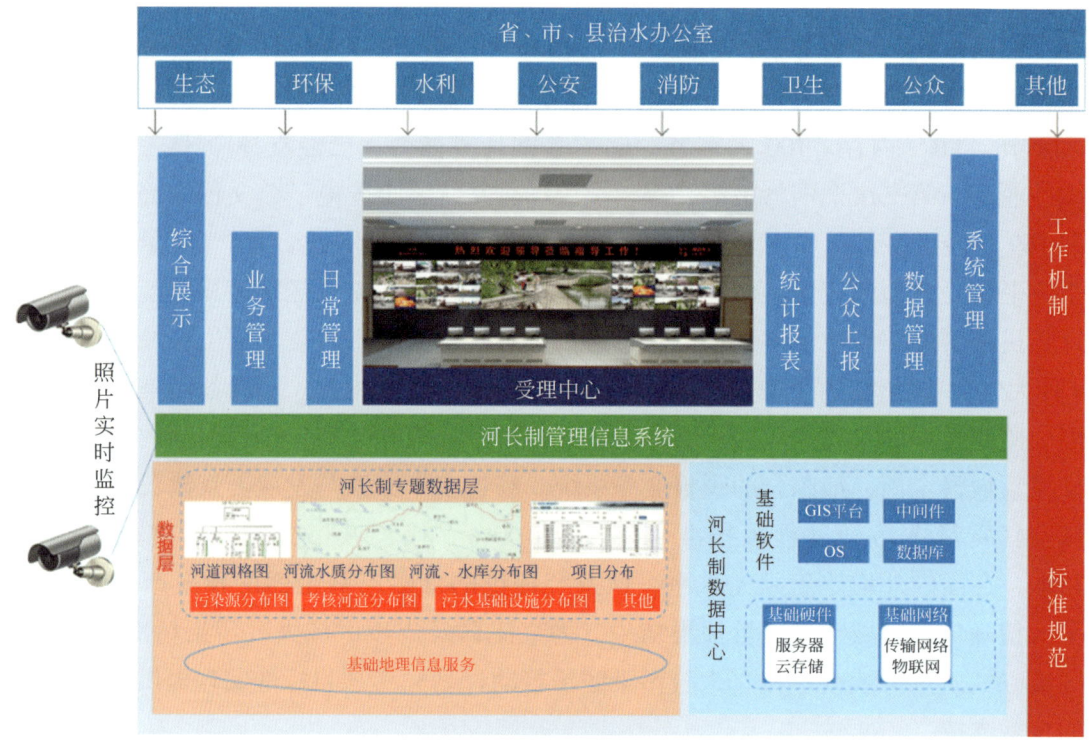

图 12-12　河长制管理信息系统

端机等。利用省、市、县三级传输网络快速收集至管理信息系统，面向各级领导、工作人员、社会公众提供不同层次、不同载体的查询、上报和管理系统。河长制 APP 界面清晰，操作简便（图 12-13），分别设有河流查询、全景河流、问题反馈、河长巡河、反馈查看、统计与管理等几个功能按钮，基层干部及普通民众可轻松上手。各级河长以及工作人员使用 APP 中 GPS 定位开始日常巡河，APP

图 12-13　河长制信息平台决策室及河长制 APP 界面

将实时记录河长巡河 GPS 轨迹和巡河中反馈问题照片和视频，保证实时获取河流问题上报的时效性，还能通过 APP 下达以及接收反馈任务，做到上报下达落实责任。普通民众经过下载注册后也可使用 APP 对发现的河流问题、河流治理进行监督反馈，另外还可及时查看河长制相关新闻动态，及时掌握治河信息，实现全民治水。

12.2.4.3 城市智慧环保建设

当前，基于传统设施升级的新型生态环境数字化基础设施，城市生态环境治理思路已从早期单纯的工业"三废"治理技术，清洁生产工艺、废弃物资源化等技术的升级，拓展到将新型基础设施建设纳入在防治任务的工作布局中。在新型基础设施建设的带动下，生态环保类设施已经发展出了空气质量监测超级站、智慧环保大数据平台等新型基础设施，在城市环境治理设施改造方面，也有大量的应用。

（1）超级站

超级站被称为"空气质量监测特种部队"，可实现大气污染来源的实时诊断，特别是重污染过程中大气污染物来源的精确诊断，实现大气污染防治准确预测、科学决策、精准施治、有效评估。当前，中国环境监测总站、广东省生态环境监测中心等有关机构已基于现有近地面常规监测技术以及全新的地基遥感监测，结合相应的组网观测技术、移动走航观测技术，实现空天地一体化大气环境监测超级站，并发展超级站软件平台，实现对超级站所有监测仪器的基于 Web 访问端的管理，通过该系统平台可实现对灰霾污染等级和光化学污染的预警，并能展示颗粒物时空演变过程；系统同时可提供部分颗粒物化学成分的在线分析结果，完成对灰霾污染颗粒物的源解析，为环保业务管理提供统一的管理平台。进而基于高性能算力以及生态环境算法，可充分利用超级站的监测数据、最新的信息技术及空气质量预报模式，诊断大气污染来源和污染贡献，评估和预测局地及区域环境质量、污染影响的空间范围，助力预警决策、科学治理及区域联防联控。

（2）智慧环保大数据平台

智慧环保大数据平台贯彻"物联网+环保"的建设思路，贯穿"全面感知、标准引领、平台支撑、智慧应用"的顶层架构设计，应用物联网手段和技术实时感知环境质量、污染排放、环境业务过程等信息，构建全方位、多层次、全覆盖的生态环境监管网络；通过环保物联产业标准规范的制订，推动环境信息资源高效、精准地传递；基于智慧环保云支撑平台，支撑污染源监控、环境预测预报、环境监察、公众参与等环保业务的全程智能，全面提升城市生态环境管理精细化、高效化和智慧化水平（图12-14）。

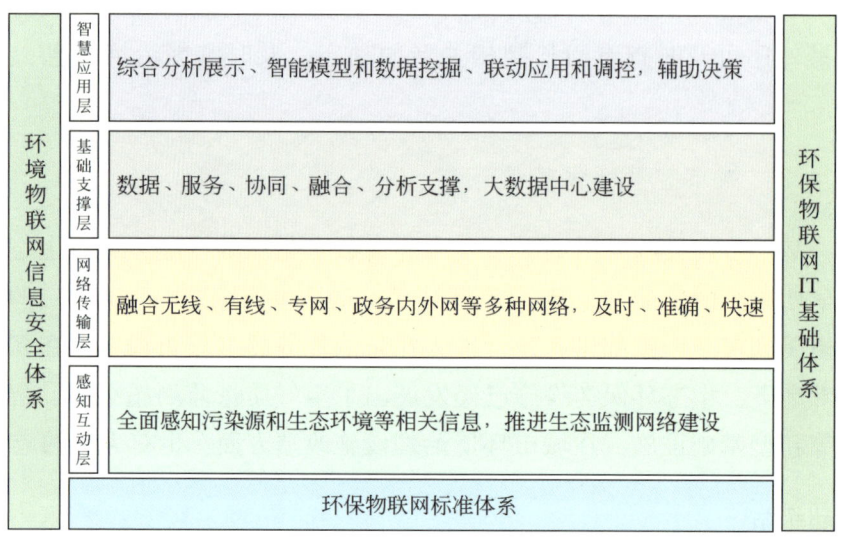

图12-14 智慧生态环保平台设施体系

（3）城市环境治理设施改造

基于传统设施升级的新型生态环境数字化基础设施，将为绿色发展提供新的动力。例如，通过物联网、传感器等技术整合优化、改建新建设施等方式，加强对工业园区和产业集群等污染源头的大气、地表水、地下水、土壤、辐射等要素的环境监测能力，实现工业园区环境监测能力全覆盖，并促进稳定达标排放等一系列以原设施为基底的新型生态环境基础设施建设，这有助于把工业污染防治将从末端治理提升到过程排查和源头防控。

借助物联网技术，还可以把感应器和相关设备嵌入到各种环境监控对象中，以云计算为支撑将环保领域物联网整合起来，实现人类社会与环境业务系统的整合。例如，深圳市智慧环保项目打造了国内一流的智慧环保大数据中心，提供智能分析、综合管理和辅助决策支持的环保综合信息管控指挥平台，打造"天地人"一体的环境信息监测感知网络，全面提升环境管控和监管执法的信息化、科技化、智能化水平；提出"1234+N框架"（1网：环境信息监测感知网络；2中心：生态环境大数据中心、指挥调度中心；3门户：公众门户、企业门户、业务门户；4主线：按照综合决策指挥、污染源全生命周期管理、生态环境质量全要素管理、环境支撑业务4条主线建设；N应用：N个业务应用）的智慧环保整体规划。

在城市治理中，还可将传统环境监测设备与数字化软件设施关联，推动问题整改落实。根据 APP 软件平台的调度，生态环境部可查出疑似问题点位。在系统整合海绵城市、土壤污染治理、深层排水隧道及水环境治理方案的基础上，将城市建设、景观、生态三者紧密融合。例如，美国先进的雨洪管理技术、城市防洪排涝系统模拟分析技术、排水系统运行优化手段以及国内施工经验较为缺乏的透水铺装、绿色屋顶、雨水花园、植草沟等绿色设施施工技术。

12.3 生态环境基础设施体系的治理

生态文明建设日益重要，生态环境基础设施也逐渐成为政府、企业以及居民广泛参与的重要设施，其内容和形式也逐渐数字化、智能化，并与各个领域相互融合和渗透，这要求生态环境新型基础设施的治理体系也需要不断完善和发展。

12.3.1 生态环境基础设施的主要问题

（1）生态环境基础设施在新型基础设施建设规划中体量较小

在我国新型基础设施建设投资计划中，生态环境基础设施份额较小，关注度不够。国家着重提及的七大新型基础设施重点领域，除新能源充电桩与生态环境的保护有关，其他典型生态环境基础设施均未被提及。为落实新型基础设施建设发展战略，在各省级公开公布的 2020 年重点项目投资计划中，生态环境领域基础设施占比从 2019 年的 2.6% 提升至 2020 年 2 月的 6.9%。尽管提升了 4.3 个百分点，但份额仍然较低。生态环境领域的基础设施在我国是具有广泛基础的，虽然质量效能参差，但存量基础设施多、分布范围广、使用频率高、环境数据量大，如此显性存在的一类基础设施，在国家宏观新型基础设施建设战略体系中没有进行相应量级的设计匹配，使未来一段时期内环境新型基础设施建设的规划前沿、建设方向、发展趋势和成长未来等方面缺乏支撑和深意。

（2）传统生态环境基础设施不完善

国务院办公厅印发的《关于保持基础设施领域补短板力度的指导意见》中明确指出，扎实推进农村人居环境整治 3 年行动，支持农村改厕工作，促进农村生活垃圾和污水处理设施建设，推进村庄综合建设。反映出我国当前生态环境基础设施建设方面也存在着发展不平衡、不同步、不完善的现象。在产生经济极化的城市群中，当前生态新型基础设施建设发展重点是高技术智能化，而广大欠发达地区的现实发展需求仍属于人类生活的基本保障范围。例如，不少地区城乡生活污水收集处理能力还不强，污水直排造成周边河道水体黑臭、废弃物处理能力跟不上，存在"垃圾围城"现象。近年来，各地虽然注重推进生态基础设施建设，但建设进度仍然相对滞后于社会发展，这已成为建设美丽中国的一个短板，一定程度上制约了生态环境质量的持续改善。

(3) 生态环境基础设施在机制上存在短板

生态环境基础设施在机制上存在短板，主要体现在投资回报机制的不健全，目前，生态环境基础设施建设仍以政府投资为主，收费机制不健全，对经济增长的间接拉动效应不明显或不易识别。环境基础设施存在建设周期长、投入资金大、耗费人力多、市场化程度低等"不经济"特征，又容易产生使用率不高、产能过剩、监管成本高等压力。但生态环境基础设施公益性强，高质量的设施始终处于严重供给不足的状态，这就要求对设施的建设规划具有超前性、系统性和科学性，而这种能力往往是比较欠缺的。当前，可研、环评、能评、土地预审、规划用地许可等配套政策滞后，项目前期储备工作不足，造成落地性差，很难吸引社会资本投入。PPP、BOT[①]、TOT[②]等运营管理模式和机制也不完善，市场发生重要项目投标建设和后期管理方面的问题。此外，生态环境基础设施在项目实施能力上仍显落后。技术上，数字化转型难度大，进度缓慢，设备互联互通率低。组织上，研究不充分，难以实现多项环境功能融为一体的综合类大型智能项目。

(4) 新技术带来新的环境问题

随着现代科技的迅猛发展，由高新技术引发的环境问题越来越多。例如，核事故引发的环境问题、电磁波引发的环境问题、噪声引发的环境问题、超音速飞机引发的臭氧层破坏、航天飞行引发太空污染等，这些环境问题技术含量高、影响范围广、控制难、后果严重，已引起世界各国的普遍关注。数字技术在解决现有环境问题的同时，也将带来新的环境问题，需要引起注意。

12.3.2 生态环境基础设施的治理措施

总的来说，在当前及未来一段时期内，对生态环境基础设施的建设要准确把握

---

① BOT (build-operate-transfer)，即建设-运营-移交，是基础设施投资、建设和经营的一种方式，以政府和私人机构之间达成协议为前提，由政府向私人机构颁布特许，允许其在一定时期内筹集资金建设某一基础设施并管理和经营该设施及其相应的产品与服务。

② TOT (transfer-operate-transfer)，即移交-运营-移交，是国际上较为流行的一种项目融资方式，通常是指政府部门或国有企业将建设好的项目的一定期限的产权或经营权，有偿转让给投资人，由其进行运营管理；投资人在约定的期限内通过经营收回全部投资并得到合理的回报，双方合约期满之后，投资人再将该项目交还政府部门或原企业的一种融资方式。

区域的差异性，增强设施建设的针对性，坚持以财力可承受、运行能持续、质量需把控、效果要满意为目标，根据自身资源禀赋和发展条件，不断研究探索、规划筛选建设路径与发展模式，把握好宝贵的建设经验。

(1) 将更多生态环境基础设施纳入新型基础设施建设体系，扩充项目份额

践行生态文明理念，推动经济高质量发展，增加生态环境基础设施投入在新型基础设施建设投入中的占比。相关数据显示，全国一般公共预算主要基础设施建设工程支出主要用于城乡社区公共设施、保障性安居工程、交通设施、污染防治、水利工程。应强化基础设施建设投入的各项资源向生态环境基础设施倾斜，引导各地在项目实施中提高生态环境基础设施份额，为存量巨大、高质量供给滞后、发展水平参差的生态环境基础设施提供更大发展空间。

(2) 加大对传统生态环境保护设施存量的改造和提升

相关部门应密切配合，立足全局、考虑长远，加快落实生态环境部发布的《关于进一步深化生态环境监管服务推动经济高质量发展的意见》。提高补短板能力，精准识别不同区域环境基础设施建设的短板和问题，优先建设掣肘环境质量更明显的生产生活基础设施，保障落后地区能够迎头赶上，促进各生态环境治理能力同步发展。具体措施是：推进环境领域的大数据中心和产业互联网平台建设，推进新一代信息技术与传统环境基础设施的深度融合，在环境领域优化一批基础设施，提高现有生态环境产品和服务的供给水平，实现改造一批、新建一批、储备一批的梯次性战略规划。

(3) 拉动对生态环境保护新型基础设施建设市场化的投资效应

鼓励和支持各级政府、产业园区和广大企业加快环境领域新型基础设施的建设。资金筹措方面，规范政府和社会资本的合作，发行生态环境新型基础设施建设专项债券的同时，积极引导社会资本的投入，完善产业发展基金，确保用于环境治理和生态维护的生态环境基础设施投资的稳定，并做好相应投资增长幅度的规划。运营管理方面，地方在设立环境新型基础设施建设投标项目和PPP、BOT项目时，将生态环境基础设施建设与开发项目捆绑实施，让生态基础设施建设项目产生的环境效益为开发项目赢得经济溢出效益，系统实现社会效益、环境效益和经济效益的整体最大化。

(4) 加强生态环境基础设施建设的研究和决策水平

加强国家对地方建设规划、方案、技术、管理上的指导，以及资金的投入。有关部门引领地方根据国家、区域生态环境保护规划，制订生态环境基础设施建设与投融资计划，以治水、治气、治土、清废、环境监测为重点，以 5 年为一个计划周期明确项目实施清单与资金筹措方案，提前布局近期待实施项目的前期准备工作。组织专家开展科学论证、技术研讨、方案论证，做好监督和评价工作保障项目的可行性与可控性研究，确保项目质量。着眼长远，适度增强环境基础设施建设的前瞻性，做好生态环境基础设施项目的储备工作。

第 13 章　国家总体安全基础设施

建设现代化强国需要一个足够韧性的安全基础设施体系的支撑。新型基础设施建设包含了构筑国家总体安全基础设施体系的重要内容。国家总体安全基础设施，是以人民安全为宗旨，集政治、国土、军事、经济、文化、社会、科技、信息、生态、资源、核、生物、环境、食品、健康等重点领域的安全于一体的物质、信息和制度保障体系的复杂巨系统，具有应对国家风险的监测、预警、防范和应急反应能力。新型基础设施中以保障国家安全为目标的各类基础设施，构成了国家总体安全基础设施的基本内容，既包括有形的物质"硬件"，也包括无形的制度"软件"。本章重点围绕网络安全、生物安全和社会安全3类非传统安全讨论新型基础设施建设的相关内容；与传统基础设施建设相比，制度建设和治理能力在新型基础设施建设中占据更加突出位置。

13.1　总体国家安全观的形成与内涵

国家安全是保障人民安居乐业的前提和根本。当前我国面临对外维护国家利益、对内维护政治安全和社会稳定的双重压力，风险因素增多，因而必须要坚持总体国家安全观，统筹内部安全和外部安全、传统安全和非传统安全，建立集中统一、高效权威的国家安全体制，以人民安全为宗旨，以政治安全为根本，以经济安全为基础，以军事、文化、社会安全为保障，以促进国际安全为依托，走中国特色国家安全道路。

13.1.1　总体国家安全观的形成

国家安全观是处理国家安全问题的世界观和方法论。中华人民共和国成立以来，我国总体国家安全观的形成大致经历了5个阶段。

第一阶段，中华人民共和国成立后到20世纪70年代末改革开放前。这一阶段是我国国家安全观的形成阶段，国家安全观以传统安全观为主要特征，将军事安全放到首要和突出的位置，强调国防建设和政治安全优于经济建设。

第二阶段，改革开放到冷战结束。这一阶段是我国国家安全观的转型、过渡阶段，在这一时期我国继承和发展了原有的国家安全思想，国家安全观具有鲜明的改革的时代特征。1978年底召开的党的十一届三中全会确定了改革开放的基调，提出把经济建设作为党的工作重心。1983年第六届全国人民代表大会的政府工作报告中，首次正式使用了"国家安全"这一概念。但是此阶段的国家安全仍然强调的是国家的政治安全和军事安全，属于一种非常传统的强调防御外敌的"国家安全"概念，1992年党的第十四次代表大会的报告中对"国家安全"概念的使用放在了"军队建设"部分。

第三阶段，冷战结束到21世纪初。这一阶段是我国新安全观的形成和发展时期，提出以"互信、互利、平等、协作"为核心的"新安全观"理念。冷战结束后，和平和发展成为世界的主流，我国也在不断总结中探索新的安全观。1997年3月，我国政府在"东盟地区论坛"建立信任措施会议上首次正式提出了适合冷战后亚太地区各国维护安全的"新安全观"。1997年4月，《中俄关于世界多极化和建立国际新秩序的联合声明》中双方主张确立新的具有普遍意义的安全观，认为必须摒弃"冷战思维"，反对集团政治，必须以和平方式解决国家之间的分歧和争端，不诉诸武力或以武力相威胁，以对话协商促进建立相互了解和信任，通过双边、多边协调合作寻求和平与安全。"新安全观"涉及的主要是国家对外安全和国际安全问题，虽与传统的"国家安全"概念有所不同，但其实还是一种只讲外部不讲内部的安全观。

第四阶段，2004~2012年。这一阶段是将外部安全和内部安全合二为一的非传统"国家安全"概念的萌芽阶段。2004年，党的十六届四中全会报告首次对国家安全做了系统的集中表述，指出要"始终把国家主权和安全放在第一位，坚决维护国家安全，针对传统安全威胁和非传统安全威胁的因素相互交织的新情况，增强国家安全意识，完善国家安全战略，抓紧构建维护国家安全的科学、协调、高效的工作机制，坚决防范和打击各种敌对势力的渗透、颠覆和分裂活动，有效防范和应对来自国际经济领域的各种风险，确保国家的政治安全、经济安全、文化安全和信息安全"。2005年9月15日时任国家主席胡锦涛在联合国成立60周年首脑会议上发表了题为《努力建设持久和平、共同繁荣的和谐世界》的重要讲话，再次阐述了中国政府主张的新安全观，即"坚持多边主义，实现共同安全。和平是人类社会实现发展目标的根本前提……我们要摒弃冷战思维，树立互信、互利、平等、协作的新安全观，建立公平、有效的集体安全机制，共同防止冲突和战争，维护世界和平与安全"。这一阶段的国家安全同传统安全概念相比，已经有了实质性的变化，国家安全的内涵包括了外部安全和内部安全两个组成部分。

第五阶段，2013年党的十八届三中全会至今。这一阶段正式提出了"总体国家安全观"的理念并以此来指导国家安全的建设事业。2013年11月,党的十八届三中全会决定成立中央国家安全委员会。2014年4月15日,习近平主席在中央国家安全委员会第一次会议上提出,坚持总体国家安全观,走出一条中国特色国家安全道路。这是首次提出总体国家安全观,并首次系统提出11种安全,包括政治安全、国土安全、军事安全、经济安全、文化安全、社会安全、科技安全、信息安全、生态安全、资源安全、核安全。2015年重新颁布《中华人民共和国国家安全法》,将"总体国家安全观"纳入法制轨道。同时,《中华人民共和国国家安全法》规定每年的4月15日为"国家安全教育日"。总体安全观的内涵和外延随着时代的发展不断拓展。2020年,新冠肺炎疫情发生后,习近平总书记高度重视,强调要从保护人民健康、保障国家安全、维护国家长治久安的高度,把生物安全纳入国家安全体系,系统规划国家生物安全风险防控和治理体系建设,全面提高国家生物安全治理能力。

13.1.2 总体国家安全观的内涵

新时代国家安全体系包括政治安全、国土安全、军事安全、经济安全、文化安全、社会安全、科技安全、网络安全、生态安全、资源安全、核安全、海外利益安全、生物安全、太空安全、极地安全、深海安全等16种安全。国家安全体系可以分为传统安全和非传统安全。传统安全主要是指政治安全、国土安全和军事安全;非传统安全主要是指经济安全、文化安全、社会安全、科技安全、网络安全、生态安全、资源安全、核安全、海外利益安全、生物安全、太空安全、极地安全、深海安全等。传统安全与非传统安全在总体国家安全中形成了互补关系,一起构成了总体安全观的全部内涵。

2015年7月1日第十二届全国人民代表大会常务委员会第十五次会议通过的《中华人民共和国国家安全法》明确了总体国家安全观的内涵:国家安全工作应当坚持总体国家安全观,以人民安全为宗旨,以政治安全为根本,以经济安全为基础,以军事、文化、社会安全为保障,以促进国际安全为依托,维护各领域国家安全,构建国家安全体系,走中国特色国家安全道路。五大要素撑起总体国家安全观的体系架构。

总体国家安全观既重视外部安全,又重视内部安全;既重视国土安全,又重视国民安全;既重视传统安全,又重视非传统安全;既重视发展问题,又重视安全问题;既重视自身安全,又重视共同安全。

13.1.3 非传统安全是当今时代的更大挑战

非传统安全风险,指的是由非军事因素引发,直接影响甚至威胁本国发展、稳定与安全的重大问题。传统的"国家安全"概念是以国家的政治、军事安全为核心，侧重的是防御来自境外的军事侵略和威胁，以拒敌于国门之外，把打赢战争作为国家安全的中心任务。冷战结束后，随着国际安全形势的发展，尽管发动大规模战争的风险仍然存在，但可能性明显降低，而从国家的内部来制造经济、社会、文化等领域的危机，并以此来颠覆国家政权的风险却与日俱增，逐步成为危害国家安全的主要手段。其他非传统安全领域同样更加复杂多样，恐怖主义、网络安全、公共卫生安全、跨国犯罪、全球气候变化、严重自然灾害等问题对国家安全形成的威胁日渐加剧，甚至超过传统安全威胁。非传统安全上升为当今时代重要的安全挑战，在国家安全体系中处在越来越重要的位置（于淼和王晓彬，2020）。

随着信息技术广泛应用于社会各个领域，整个社会的政治生活、经济生活等都被嵌入信息网络之中，网络安全已经逐步成为国家安全的核心内容和关键环节，其地位和作用日趋重要，网络安全是国家的政治"关口"，经济"命脉"和军事"防线"。没有网络安全，就不会有真正的政治安全、军事安全和经济安全，从而没有完全意义上的国家安全。

全球化背景下，重大传染疾病和生物安全风险已经成为全人类面临的重大生存和发展威胁之一，事关国家安全和发展及社会大局稳定。新冠肺炎疫情使得人们切身体会到生物安全对一个国家甚至整个世界的重要性，也凸显了生物安全对民众健康、社会安定和国家战略安全带来的巨大挑战。据世界卫生组织每日疫情报告显示，截至北京时间 2021 年 10 月 20 日 21 时，全球新冠肺炎确诊病例超过 24 141 万、死亡病例超过 491 万，造成的经济损失难以估量。

社会安全是人类和社会发展最基本的要求，既事关国家经济发展和社会稳定，也事关每个社会成员切身利益，对于保障人民安居乐业、社会安定有序、国家长治久安意义十分重大。信息化和全球化影响不断加深，改革发展不断向前推进，各类社会矛盾和重大公共安全事件越来越成为影响社会稳定的重要突出问题，成为维护国家安全和社会稳定的重要挑战。

我们的党和政府深刻洞察国内外安全形势，对新时代面临的复杂安全挑战进行了科学分析研判。从外部环境来看，国际形势风云变幻，当今世界是一个新机遇新挑战层出不穷、国际体系和国际秩序深度调整、国际力量对比深刻变化并朝着有利于和平与发展方向变化的世界；从发展的阶段性特征来看，我国前所未有地靠近世界舞台中心、前所未有地接近实现中华民族伟大复兴的目标、前所未有地具有实现这个目标的能力和信心；从国家安全面临的威胁来看，主要存在国家被侵略、被颠覆、被分裂的危险，改革发展稳定大局被破坏的危险，中国特色社会主义发展进程被打断的危险。当前，我国经济社会发生深刻变化，改革进入攻坚期和深水区，社会矛盾多发叠加，面临各种可以预见和难以预见的安全风险挑战。

13.2 国家总体安全基础设施的特征与构成

国家总体安全基础设施是保障国家总体安全的基础设施，是落实总体国家安全观、实现国家总体安全的物质基础。国家总体安全基础设施建设与国家总体安全治理结构、国家总体安全的法律体系、国家总体安全的技术支撑和国家总体安全的能力维护，共同构成完整统一的国家总体安全体系。

13.2.1 新型基础设施将重新定义国家总体安全的内涵和边界

党的十八大以来，我国在国家安全方面频繁推出新理念，安全能力不断增强，国际安全影响日益增加。国家安全观经历了从整体国家安全观到亚洲以及亚太新安全观的拓展；国家安全的维护手段则强调不断提升和完善国家安全的体系化、加强国家安全能力建设并在安全领域推进国际合作（凌胜利和杨帆，2019）。2014年4月，在中央国家安全委员会第一次会议上，习近平总书记首次提出"总体国家安全观"时指出，"当前我国国家安全内涵和外延比历史上任何时候都要丰富，时空领域比历史上任何时候都要宽广，内外因素比历史上任何时候都要复杂，必须坚持总体国家安全观，以人民安全为宗旨，以政治安全为根本，以经济安全为基础，以军事、文化、社会安全为保障，以促进国际安全为依托，走出一条中国特色国家安全道路"。

近年来，随着以信息技术为代表的新技术迅猛发展，国家安全的内涵和外延、时间和空间边界，都经历了剧烈和深刻的拓展与变迁。在新科技与产业革命驱动下基于地缘政治格局的军事与军备竞争、国家经济发展、生命健康维系及文化与文明交流等，都不可避免地被重塑。一方面，它们为国际交流与合作赋予新的内容，使各经济体的合作空前紧密；但另一方面，通过这些领域，国家安全遭遇挑战甚至攻击的可能性也在不断加大。这主要表现在以下几个方面。

第一，数字技术及其应用越来越成为影响国家整体经济实力的关键要素。数字技术对于经济体之间力量配比与比较优势格局调整的影响作用不断深入，同时会潜移默化地影响国内外民众对经济体认同的构成与变化。

第二，数字技术的应用与扩散，将会对经济体在地缘政治格局中的位势变革和重构产生决定性的影响，这直接表现在新技术和新产品在军事及其他战略性领域的应用水平。

第三，在经济体外部，数字技术也在深刻影响乃至决定国际政治格局及各经济体之间的关系形态，受信息技术支配的民族国家边界不断淡化与基于利益诉求的国家边界明晰化的双重进程在同时加深、加速。经济体之间，尤其是大国间相对实力的变化，都与其在新技术方面的布局息息相关。

因此，以数字技术为代表的新技术的进步和新经济崛起，将会通过推动军事优势、信息优势和经济优势的变革来实现国家整体安全，它们是影响和塑造未来国家安全的关键甚至核心变量。在经济体战略选择上，急需发挥这些技术的正面效应，同时必须强调克服其负面效应，这已成为未来确保国家安全的重要内容。在此背景下，显然，一方面，国家总体安全的实现和维系需要新型基础设施保驾护航；另一方面，新型基础设施的建设与完善程度，也在创造、调整和重构国家总体安全的边界与定义。超越了传统安全观的新时代国家总体安全，与以数字基础设施为核心的新型基础设施之间，形成了彼此定义、相辅相成的关系。

13.2.2 新型基础设施为实现国家总体安全提供物质基础

新型基础设施是国家总体安全体系的物质构成，与国家总体安全治理结构、国家总体安全的法律体系、国家总体安全的技术支撑和国家总体安全的能力维护，共同构成国家安全体系（图13-1）。它是落实总体国家安全观、实现国家总体安全的物质基础与基本保障。国家总体安全的物质结构与法律及治理体系，在表现形式上并非截然分隔的两部分，而是呈现出彼此支撑、相互嵌入的特征。在宏观战略部署下，一方面，技术和设施的建设与完善需要相应法律法规与制度建设作为保障；另一方面，技术创新和基础设施又是实现总体安全战略、建设与维系总体安全能力的基础。它们是国家总体安全的"硬件"和"软件"，缺一不可。

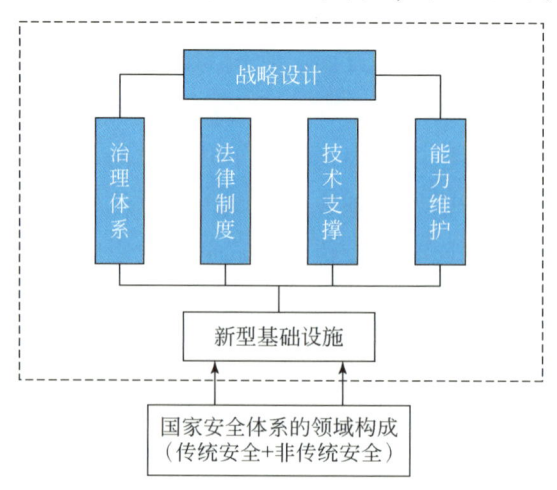

图 13-1 国家总体安全体系的构成

新型基础设施具有实现并维护国家总体安全的内在功能和应有之义。从功能与属性上讲，新型基础设施是为未来阶段保障人类社会物质流、能量流和信息流更加顺畅、安全、高效流动，具有"代际"跃升特征的系统性的软硬件设施网络，为实现"新发展"提供持久性公共服务支撑。面向建设现代化强国的目标，新型基础设施的主要内容和关键领域可被概括为数字化科技创新基础设施、智能化数字基础设施、经济类新基础设施、社会类新基础设施、环境类新基础设施以及保障基础设施等10类新型基础设施（潘教峰和万劲波，2020a）。

随着数据与信息技术在国家安全领域越来越多地发挥出"决策支撑"作用，以数字基础设施为核心的新型基础设施在确保政治安全、国土安全、军事安全、经济安全、文化安全、社会安全、科技安全、信息安全、生态安全、资源安全、核安全、生物安全等于一体的国家安全体系建设与运行方面，将成为核心的技术与系统性支撑力量。通过对新型基础设施的布局与建设完善，支撑国家的经济与金融控制基础设施、工业基础设施、重大科技基础设施等国家关键基础设施的物质体系顺利运转。在这个意义上讲，新型基础设施不是独立于国家经济、科技与社会体系的基础设施，而是内嵌在社会系统内部、旨在支撑整体社会系统及各子系统运行，在这个过程中实现国家安全的应有之义。

13.2.3 国家总体安全基础设施的构成

国家总体安全基础设施，是新型基础设施中以保障国家安全为目标的各类基础设施内容的总称，既包括有形的物质"硬件"，也包括无形的制度"软件"和治理能力。

面对以大数据、人工智能等技术为代表的数字经济的迅速崛起及其给国家安全带来的新问题、新挑战，数字化科技创新和智能化数字基础设施将是国家总体安全基础设施的重中之重。以数字基础设施为核心的新型基础设施也成为实现和维护国家总体安全的重要内容。新型基础设施的重点在于数字基础设施，这是保护以数据作为国家基础性战略性资源、发挥数据在维护国家主权安全和发展利益方面的保障和基础；通过新型基础设施的布局和建设，为数据资源发挥价值保驾护航。随着新型基础设施进一步加速网络空间与物理空间的连通和融合以及"大安全"时代的来临，数字安全的内容已经远远超越了传统的信息安全范畴，全面影响政治安全、国防安全、工业生产安全、金融安全、社会安全、城市安全乃至人身安全，等等。

发达的创新经济体已经着手布局保障国家安全的数字基础设施建设。美国国会研究服务局在其2019年11月发布的《人工智能和国家安全》研究报告中指出，人工智能逐渐成为提升国家国防实力的重要途径，在感知与信息处理、指挥决策、无人系统等军事领域发挥着越来越重要的作用，并直接影响国家安全战略的判断、决策及评估，从而对国家安全产生重要的甚至决定性的影响（王志伟等，2017）。另外，美国近年来相继成立了人工智能国家安全委员会、人工智能特别委员会、联合人工智能中心、人工智能和机器学习政策与监督委员会等机构，这表明美国对人工智能的关注，已经开始从初期的技术伦理层面，过渡、拓展到基于人工智能技术的国家安全战略部署及其技术布局层面。另外，布鲁金斯学会、兰德公司等权威智库以及国防部、白宫科技政策办公室、国会研究局等机构，也就人工智能技术对国家安全战略的影响、人工智能如何塑造美国未来的国家安全相关问题发表了报告（刘国柱和尹楠楠，2020）。

新冠肺炎疫情的暴发与全球蔓延，凸显出生物安全在国家总体安全部署中的重要性，以高等级生物安全实验室和生物安全感知监测体系为核心的生物安全基础设施应是国家总体安全基础设施的重要内容。随着生物科技的进步和病原基因的变异，生物资源作为国家战略资源的重要性日益显现。我国面临的生物安全形势愈发严峻，传统生物安全问题与非传统生物安全问题交织。一系列生物安全挑战有赖于通过强化新型基础设施建设来应对。国际上科技创新枢纽城市，特别是全球生物科技创新高地，通常都建设有多家高等级生物安全实验室，如美国拥有P3实验室221家，而我国国家高等级生物安全实验室体系建设尚未系统部署。我国拥有丰富的生物战略资源，但在实际工作中，我国病原微生物菌（毒）种保藏机构还未全面建立统一规范、对外正式发布的病原微生物菌（毒）种保藏目录制度，导致资源的价值和使用程度降低，很难实现资源的共享，在一定程度上造成资源浪费。

当前，我国进入改革发展的关键攻坚时期，空前的社会变革给我国发展带来巨大活力，同时也带来各种矛盾和挑战。异化的社会思潮、利益分配的不均、显著的贫富差异、网络的催化助推等导致各种社会安全事件频繁发生。新形势下，以保障社会安全为目标的新型基础设施构成国家总体安全基础设施的重要内容。

一方面，以信息安全、生物安全和社会安全等为代表的非传统安全对新型基础设施建设提出了新需求；另一方面，新型基础设施建设也将调整和重构国家总体安全的边界。当国家总体安全风险日益呈现出智能化、多样化、跨国性的特征，亟须构建和形成主动防御的安全治理能力，实现对各种安全风险的主动出击。由此，发展主动防御的安全治理能力，成为国家总体安全基础设施建设的重要组成部分，也是新型基础设施建设有别于传统基础设施建设的重要特征。

13.3 面向网络安全的基础设施

通过信息网络,新型基础设施将传统基础设施、信息基础设施和创新基础设施连接在一起,建成一个网络空间。这个网络空间,被称为是继陆、海、空、天之后的第五疆域,正全面改变着人们的生产生活方式,深刻影响人类文明进程。

13.3.1 网络安全的内涵与特征

13.3.1.1 网络安全的内涵

"网络安全"一词可以溯源到"信息安全"。自 20 世纪 50 年代开始,"信息安全"一词逐渐出现在相关科技文献中,至 20 世纪 90 年代,"信息安全"一词陆续出现在各国和地区的政策文件中。"信息安全"在各类物理安全的基础上,包括了"通信和网络安全"的要素,所涵盖的内容越来越广。伴随着信息化的迅猛推进,网络空间的数字社会与物理的现实社会相比,数据体量更庞大,迭代情况更为复杂。以数字化、网络化、智能化、互联化、泛在化为特征的网络社会,为信息安全带来了新技术、新环境和新业态。网络突破空间的阻碍,带来人与人沟通的新突破,网络安全存在于万物互联、万物互通的交互之中。作为一把双刃剑,网络带来的诸多安全问题不仅成为信息安全发展的新趋势和新特点,也同样带来了新措施和新挑战。"网络安全"一词也因此进入大众的视野。

关于"网络安全"的界定,目前存在多种认知视角。美国国家安全委员会的《国家信息保障词汇表》中将网络安全(network security)的含义等同于信息保障(information assurance),即通过确保可用性、完整性、可验证性、机密性和不可抵赖性来保护信息和信息系统,包括利用综合保护、监测和反应能力来使信息得以恢复,以保障网络安全(王世伟,2015)。从系统安全的角度出发,网络安全被定义为网络系统的硬件、软件及其系统中的数据受到保护,不因偶然的或者恶意的原因而遭受到破坏、更改、泄露,系统连续可靠正常地运行,网络服务不中断(王国才和施荣华,2016)。从多层次安全的角度出发,网络安全指在网络的各个层次和范围内采取防护措施,以便能对各种网络安全威胁进行检测和发现,并采取相应的响应措施,确保网络环境的信息安全。

综合考虑国家安全的软件和硬件组成,我们认为,网络安全可分为网络内容安全和网络运行安全。网络内容安全,主要是指数据和个人信息安全等。网络运行安全,涉及端(智能设备)、管(基站、光纤、卫星等)、云(数据平台)的安全防护。

网络内容安全的基础设施，是为了保障数据和信息安全的基础设施，包括监控模块和标准体系（如 APP 认证标准）、信息保护法律法规体系。

网络运行安全，在当前半导体产业技术-经济范式下，无论是端、管，还是云的环节，都可以从标准层（硬件标准、硬件或软件协议等）、系统层和应用层来设置安全保护。在端的环节，如国家要求的设备监控模块；管的环节，如网络基础设施的防火墙；云上有云盾①（公有云、专有云都有国安监控系统）等。

值得注意的是，与网络安全定义相关的还有网络空间安全（cyber security），两者含义接近但略有不同。网络安全所反映的安全问题基于"网络"，网络空间安全所反映的安全问题基于"空间"。较之网络安全，网络空间安全更注重空间和全球的范畴（王世伟等，2016）。

13.3.1.2 网络安全的特征

网络安全具有载体虚拟化、传播网络化、影响跨国界的特点，注重网络系统软硬件的互联互通，关注网络系统中的数据内容是否遭到破坏、更改、泄露，系统是否连续可靠地正常运行等。网络安全是保障新型基础设施正常工作、提供多样化应用服务的基础，面临着来自不同层次的威胁和挑战。目前网络安全的主要研究内容有网络安全威胁、通信安全、协议安全、网络防护、入侵检测、入侵响应、可信网络等，其主要特征被广泛认为包括以下几点（刘国柱和尹楠楠，2020）。

1）保密性。保密性是指网络中的信息不被非授权实体（包括用户和进程等）获取与使用。这些信息不仅包括国家机密，也包括企业和社会团体的商业机密和工作机密以及个人信息。在网络系统的各个层次上都有不同的机密性及相应的防范措施。在物理层，要保证系统实体不以电磁的方式向外泄露信息；在运行层面，要保障系统依据授权提供服务，使系统任何时候都不被非授权人使用。

2）完整性。完整性是数据未经授权不能进行改变的特性，即信息在存储或传输过程中保持不被修改、不被破坏、不被插入、不延迟、不乱序和不丢失的特性。数据的完整性是指保证计算机系统上的数据和信息处于一种完整和未受损害的状态，即数据不会因为有意或无意的事件而被改变或丢失。除了数据本身不能被破坏外，数据的完整性还要求数据的来源具有正确性和可信性，也就是说需要首先验证数据是真实可信的，然后再验证数据是否被破坏。

3）可用性。可用性是指对信息或资源的期望使用能力，即可授权实体或用户

---

① 云上不分内容的防护是网络安全范畴，涉及具体内容保护的是信息安全范畴。

访问并按要求使用信息的特性。简单地说，就是保证信息在需要时能为授权者所用，防止由于主客观因素造成的系统拒绝服务。

4）可控性。可控性是人们对信息的传播路径、范围及其内容所具有的控制能力，即不允许不良内容通过公共网络进行传输，使信息在合法用户的有效掌控之中。

5）不可抵赖性，也称不可否认性。不可否认性是在信息交换过程中，确信参与方的真实同一性，即所有参与者都不能否认或抵赖曾经完成的操作和承诺。简单地说，就是发送信息方不能否认发送过信息，信息的接收方不能否认接收过信息。利用信息源证据可以防止发信方否认已发送过信息，利用接收证据可以防止接收方事后否认已经接收到信息。数据签名技术是解决不可否认性的重要手段之一。

13.3.2 我国网络安全的发展现状及趋势

数字经济时代，网络发展与大众隐私、财产甚至人身安全紧密相连，网络安全理念及其重要性渐渐深入人心。从世界范围看，网络安全威胁和风险日益突出，并逐渐向政治、经济、文化、社会、生态、国防等领域渗透。网络安全的攻防手段和思路快速迭代创新，竞争日趋激烈。新冠肺炎疫情使远程办公及协作变成常态化，各行各业也正加快转向线上协作，这将会带来如网络诈骗、数据泄露、网络钓鱼等网络安全风险和威胁。与此同时，随着工业互联网接入网络设备、工控设备的快速增长，每天产生海量的生产数据，一旦受到黑客攻击和破坏，将给城市生产生活带来巨大威胁。

习近平总书记多次强调："没有网络安全就没有国家安全，没有信息化就没有现代化。"2014年2月27日，在中央网络安全和信息化领导小组第一次会议上习近平总书记明确指出："网络安全和信息化是一体之两翼、驱动之双轮，必须统一谋划、统一部署、统一推进、统一实施。"当前，我国网络安全发展呈现以下显著特征：政策体系虽基本健全但仍待完善，核心技术仍未实现自主可控，产业发展仍有巨大空间等。

13.3.2.1 网络安全法律法规体系基本健全

（1）综合性法律规定

2015年7月1日，《中华人民共和国国家安全法》公布施行，首次以法律形式提出"维护国家网络空间主权"，并明确提出国家建设网络与信息安全保障体系。2015年7月6日，《中华人民共和国网络安全法（草案）》发布，于2017年6月1

日正式实施。《中华人民共和国网络安全法（草案）》是我国第一部全面规范网络空间安全管理方面问题的基础性法律。此后我国陆续提出或颁布了多个配套法律法规和规范性文件，包括《网络空间国际合作战略》《国家网络安全事件应急预案》《网络产品和服务安全审查办法（试行）》《网络关键设备和网络安全专用产品目录》《公共互联网网络安全威胁监测与处置办法》《公共互联网网络安全突发事件应急预案》《云计算服务安全评估办法》《信息安全技术个人信息安全规范（草案）》等。2019年，又有多项法规征求意见稿发布，包括《网络安全审查办法（征求意见稿）》《网络安全漏洞管理规定（征求意见稿）》《关于促进网络安全产业发展的指导意见（征求意见稿）》《网络安全威胁信息发布管理办法（征求意见稿）》等（张英，2019）。《中华人民共和国密码法》于2020年1月1日起施行，是我国密码领域的综合性基础性法律。这些法律法规和政策的落地极大地促进了我国网络空间法制体系的建设和完善，在保护网络空间主权、防范公共互联网风险、规范企业网络服务和保护个人数据与隐私方面奠定了制度基础。

（2）数据和个人信息安全

数据安全是当前网络安全的重要组成部分。我国在个人信息和重要数据安全保护方面积极出台政策和法律法规，加强法制建设。2018年5月1日，推荐性国家标准《信息安全技术个人信息安全规范》正式实施，从收集、保存、使用、共享、转让、公开披露等个人信息处理活动方面，填补了国内个人信息保护在具体实践标准上的空白。2019年2月，全国信息安全标准化技术委员会面向全社会公开征求《信息安全技术个人信息安全规范（草案）》意见。2019年5月，国家互联网信息办公室发布《数据安全管理办法（征求意见稿）》，对个人信息收集、数据处理使用和数据安全监督管理等方面做出了明确规定。9月，我国发布了第一部专门针对儿童网络保护的法律——《儿童个人信息网络保护规定》。2021年6月和8月，《中华人民共和国数据安全法》和《中华人民共和国个人信息保护法》相继在十三届全国人大常委会第二十九次和第三十次会议上表决通过，作为我国数据安全和个人信息保护的两个基本法，构成了未来中国互联网安全监管的两大法律支柱。数据跨境流动安全和管理已经成为政府关注的焦点。目前，我国有关跨境数据流动及"数据出境"的法规标准越来越多，如《中华人民共和国网络安全法》规定，"对关键信息基础设施的运营者在中华人民共和国境内运营中收集和产生的个人信息和重要数据应当在境内存储"，并对数据出境提供了安全评估要求；《个人信息和重要数据出境安全评估办法（征求意见稿）》提出，要建立"主管部门评估-网络运营者自评估"的两级评估体系，扩大数据出境的评估范围，加强数据出境安全的风险管理等。

《个人信息出境安全评估办法（征求意见稿）》进一步明确了省级网信部门负责审核网络运营者提出的个人信息出境安全评估申请。2021年10月29日，国家互联网信息办公室发布了《数据出境安全评估办法（征求意见稿）》，标志我国数据出境管理进入全面规范的新阶段。

（3）硬件基础设施安全相关规定

为了解决关键信息基础设施安全防护问题日益凸显的问题，我国政府出台了《关键信息基础设施安全保护条例（征求意见稿）》，从关键信息基础设施范围、运营者安全保护、产品和服务安全等方面阐述了相关保护条例（凌燕，2017）。

13.3.2.2 网络安全技术体系有待完善

在基础与通用网络技术方面，发达国家对我国形成的技术壁垒正在被逐渐消除。华为成为全球通信基站出货量最大的公司，长飞光纤光缆股份有限公司是具有制棒、拉纤、成缆一体化制造工艺的光纤厂商，以高超且领先世界的光纤声场技术成为全球最大光纤制造商。在通信标准和协议方面，华为公司等积极争取参与5G通信标准制定权，并获得5G控制信道编码控制权，我国在5G安全新技术方面具备了相当的国际竞争力。

我国在网络安全技术自主可控发展方面仍面临较大挑战。我国网络核心技术高度依赖进口，如计算机的中央处理器核心元器件、软件操作系统等。在计算机整机、操作系统、芯片、中间件和数据库等底层软硬件领域，尚缺乏能够完全替代并且大规模商用的产品。在网络信息安全防护和网络攻击方面，我国与美国和俄罗斯等国家还有很大的差距。

未来网络攻击渠道更为复杂，勒索软件等安全威胁大量变种衍生，分布式拒绝服务（distributed denial of service，DDoS）攻击峰值成倍增长，网络攻击强度不断上升，攻击类型和复杂度不断演进至高难繁杂。在此背景下，相较于数据系统安全技术，我国在网络安全威胁监测技术方面亟须加强。当前我国信息技术安全监测能力不强，对进口网络信息技术和产品的监测分析仍以合规性评测为主，很少涉及软件核心技术。规模化、协同化漏洞分析评估能力较低，难以发现产品的安全漏洞和"后门"，在大数据分析、可信云计算、安全智能联动等重要方面的技术实力不足，难以应对新兴信息技术产品的安全监测工作。同时，我国在网络攻击追溯能力方面存在不足。目前，我国对于海量网络数据缺乏有效的分析方法，对高级持续性威胁（advanced persistent threat，APT）等新型安全威胁的监测技术不成熟，即便监测到这种威胁，由于缺少回溯手段，也难以找出攻击源头（赵爽，2017）。

标准是未来网络安全防护长效机制的基础。在追求网络安全核心技术研发的同时，推动相关安全标准的制定和落地。我国自 2019 年 12 月 1 日开始实施网络安全等级保护制度 2.0 标准，完成对传统信息系统、云计算、物联网和工业控制信息系统等级保护对象的全覆盖，大大提升网络安全体系的标准化。相比于网络安全等级保护制度 1.0 标准，网络安全等级保护制度 2.0 标准在内容上将应急处置、灾难恢复、通报预警、安全监测、综合考核等重点措施全部纳入等级保护制度并实施，把重要基础设施、重要系统以及"云、物、移、大、工控"纳入等级保护监管，将互联网企业纳入等级保护管理（沈昌祥，2018）。此外，我国密码算法标准体系也已经基本形成。我国于 2020 年 1 月 1 日起开始实行《中华人民共和国密码法》，这是我国密码领域的综合性基础性法律。在商用密码算法领域，我国自主设计的 SM4 分组密码算法、祖冲之序列密码算法、SM2 椭圆曲线公钥密码算法、SM3 密码杂凑算法及 SM9 标识密码算法等已成为商用密码国家标准或行业标准。

加速前沿信息技术在网络安全领域的融合应用。随着云计算、大数据、物联网和人工智能等新一代信息通信技术的快速发展，网络安全的内涵和外延也不断延伸，如利用人工智能技术和大数据技术可以提高网络安全治理能力和水平，提升网络安全威胁分析效率。通过不断加强网络安全新技术研究，将人工智能、云计算、边缘计算和区块链等新技术应用到网络安全防护中，实现对网络威胁的预先研判、智能防护和自动抵御，有效提升安全威胁检测、态势感知、应急处置和追踪溯源能力，构建网络安全防护体系的技术壁垒，实现安全防护技术的与时俱进（孙松儿，2020）。

13.3.2.3 网络安全产业加速发展

从产业环境来看，我国网络安全产业处于发展初期。各地纷纷建立网络安全产业园区，各类安全攻防赛事踊跃举办，都为网络安全产业的发展营造了良好的环境。工业和信息化部依托制造业高质量发展工程，从 2016 年起连续 4 年积极开展网络安全技术应用试点示范工作。

2018 年，我国网络安全产业规模约为 393 亿元。虽然行业内涌现出启明星辰信息技术集团股份有限公司、深信服科技股份有限公司、奇安信集团、天融信科技集团股份有限公司和绿盟科技集团股份有限公司等一批综合性网络安全企业，但总体来说我国网络安全产业规模仍较小，行业分布较为集中：政府的市场需求占比最大，达 22.7%，其次为电信和金融两个信息化程度较高的行业，三者需求合计占比高达 59.3%。过去的安全需求主要受事件及政策的刺激和拉动，网络安全立法后，工业制造类企业安全投入增长较快，不过目前占比还处于较低水平。根据互联网数据中心数据显示，2018年我国制造业安全投入同比2017年增速达到71.3%，为所有行业最高，交通、教育、公用事业的安全投入增速也显著高于平均水平，政府仍保持较高同比增速的安全投入。整体上，网络安全行业仍缺少真正的龙头企业，难以与国际巨头竞争。

2019年《国家网络安全产业园区发展规划》报告显示，工业和信息化部与北京市人民政府决定建设国家网络安全产业园区。该报告称，到2020年，依托产业园带动北京市网络安全产业规模超过1000亿元，拉动GDP增长超过3300亿元，打造不少于3家年收入超过100亿元的骨干企业。另据中国信息通信研究院预测，到2025年，我国5G网络建设投资累计将达到1.2万亿元，带动产业链上下游以及各行业应用投资超过3.5万亿元。

当下数字经济时代不仅要求深度融合新兴技术与应用场景，更重新定义了数字化的生产生活场景，因此在这个过程中，网络安全服务业的市场空间与潜力巨大。到2022年，包含安全规划、安全咨询、安全评估与分析在内的中国网络安全服务市场规模将迎来更快增长，达到209.9亿元（孙会峰，2020b）。

13.3.3 网络安全对新型基础设施建设的需求

13.3.3.1 亟须加强可信安全基础设施建设

目前，我国在安全芯片、安全操作系统和安全云与边缘计算等方面，仍落后于国际先进水平。要从硬件层面实现对5G、物联网、工业互联网等应用场景安全性的提升，安全芯片是一个关键环节。安全芯片不仅为网络终端设备提供唯一的身份安全识别号，也为从终端设备所采集到的重要数据提供安全存储和安全传输，甚至能够对某些外部攻击实现更加敏锐的感知。新型基础设施建设涉及领域庞大，作为重要承载之一的操作系统，其所面临的安全压力更为严峻。研发物联网安全操作系统、工控安全操作系统，对于新型基础设施整体安全建设也是一个极为重要的切入点。云计算和边缘计算是解决新型基础设施海量数据算力需求的两大主要支撑，在物联网、工业互联网场景下，云端和边缘侧需要考虑对所汇集的终端设备数据进行真伪性辨别，需要保证所存储的数据不被泄漏，需要保障边缘计算向云端和终端设备所传输数据的安全性、真实性，甚至需要确保边缘侧的算力不会被恶意利用，这就决定了安全的云和边缘计算成为新型基础设施的重要内容。

13.3.3.2 亟须重构"紧耦合"的网络安全架构

新型基础设施融合度高、渗透性强、覆盖面广，使得传统基于物理界限、实体域划分的安全边界概念快速模糊泛化。例如，5G 打造了"通信网络基础设施+网络切片+业务平台+垂直行业应用"的深度融合新业态，运营商网络环境与垂直行业应用场景间的安全边界加速泛化；物联网依托智能感知、泛在接入等技术，实现人与人、人与物、物与物之间无障碍的信息获取、传递、存储、认知、决策与使用，带来了网络形态的持续快速变动，加大了网络安全边界变化延伸的不可预测性；虚拟化技术的全面应用推动新型基础设施的开放性和服务化进程，也使得传统基于实体隔离的安全边界划分方式不再适用。适应这些变化，网络安全要求构筑动态访问控制体系，访问控制机制从网络中心化转向身份中心化，使得安全边界延伸至所有身份实体，同时采取动态访问控制最小化授权，确保在复杂网络威胁形势下有效保障数字化业务的可用性、可生存性和可恢复性。因此，网络安全需要在新型基础设施建设中前置，从过去的零散、局部、被动的建设，升级为构建紧耦合、体系化、主动的内生安全架构（魏亮，2020）。

13.3.3.3 亟须建立系统性的泛威胁感知体系

我国在 21 世纪初就开始了网络安全应急体系建设，在网络安全威胁监测预警与应急处置、安全信息的收集、核实、汇总、发布及对国内应急响应能力的组织协同和国际交流等方面，均已具有相关经验。但由于新型基础设施场景下的万物互联，风险在网络空间加速渗透和传递，风险程度和关联影响呈现出动态变化的特性，因此，要求对风险感知实现系统性的泛在化。所谓风险感知的泛在化，就是既要能够在微观层面感知终端设备的异常危险行为，也要能够在宏观层面实现网络安全威胁感知与安全整体管控的有机融合，通过泛在化的威胁感知，实现泛在的安全联动和泛在的安全管理。这一需求在工业互联网领域表现尤为突出。伴随着生产网络和管理网络不断融合，网络安全从信息技术防护扩展到信息技术+操作系统（IT+OT）防护，即针对业务流程和数据进行的系统性防护，工业互联网安全监测与态势感知能力建设已成为重要趋势（肖新光，2020）。

在未来万物互联的状况下，针对未来网络安全对抗的复杂性和动态性，需要全面收集网络、云、终端、用户和业务等不同维度数据，对数字经济活动进行全面的、持续的安全监测，在安全监测的同时要实现安全的大数据协同计算，防范各级数据中心的高级别网络安全威胁和数据协同流动中的安全风险。一方面，要加强数据中心应对高级别威胁攻击的能力；另一方面，数据中心应具备安全的多方协同计算能力，并充分利用国家数据安全方面的科研成果和机构力量，实现第三方数据安全运营，消除各方对共享数据安全的担忧与顾虑（孙会峰，2020b）。

13.3.3.4　亟须形成场景互联下安全协同生态新格局

新型基础设施建设过程中，可以支持物联网、工业互联网、智能家居、智慧医疗、智慧城市等多样化的交互智能的应用场景，不但要考虑5G、工业互联网、人工智能、大数据中心等自身架构的安全，而且要考虑不同场景下差异性的安全需求。各相关方安全角色的变化将打开全新的网络安全协同局面，进而开启安全场景协同新视角。

例如，5G通过网络能力开放，将业务路由、计费、拥塞控制等网络功能及鉴权认证等5G安全能力开放给上层应用和业务，打通了移动通信网基础业务能力与第三方服务间的流通通道；利用网络切片技术在统一的基础设施平台上实现逻辑隔离、定制化、端到端的网络切分，通过在不同网络切片上动态分配网络资源和能力，延伸了通信行业与OTT（Over The Top）公司业务合作的手段。随着网络建设、业务供需等模式的转变，运营商的安全责任范畴逐渐拓宽，行业用户的安全参与度变得更高，安全企业也从单一的安全产品、安全服务的提供商转变为网络安全基础设施的建设者，甚至是具备安全属性的新型基础设施建设者（何欣和彭赞，2019）。

13.3.4　保障网络安全的新型基础设施建设重点任务

13.3.4.1　规划网络安全防护体系的顶层设计

从整体思维出发，研究制定网络安全防护战略与规划。面向网络安全的检测、响应、防御等威胁应对需求，覆盖终端、网络、服务器等各环节，贯通安全防护、安全运营、应急响应和安全培训等业务体系，形成网络安全防护体系。

根据《中华人民共和国国家安全法》《网络安全审查办法》有关规定，对关键信息基础设施运营者采购网络产品和服务进行网络安全审查。在中央网络安全和信息化委员会领导下，国家互联网信息办公室会同国家发展和改革委员会、工业和信息化部、公安部、国家安全部、财政部、商务部、中国人民银行、国家市场监督管理总局、国家广播电视总局、国家保密局、国家密码管理局等，建立国家网络安全审查工作机制。根据国际国内网络安全形势变化和技术创新发展趋势，建立标准体系并发挥规划布局作用，完善网络安全国家标准体系，发布数据安全、关键信息基础设施安全保护等重点体系建设指南，有计划、有步骤推进标准体系建设工作。

13.3.4.2 强化关键基础设施及数据的保护

各地在新型基础设施建设过程中,同步规划、同步建设和同步运行网络安全基础设施。不断完善国家关键信息基础设施清单,研制网络安全相关基础设施的基础性标准。加快出台关键信息基础设施安全保护条例,落实运营单位主体责任和保护部门的监管责任,统筹开展网络安全检查。加强数据安全管理和个人信息保护,加快出台数据安全管理办法、个人信息出境安全评估办法等相关法规制度和标准规范。建立健全国家关键数据资源管理制度,建设国家网络安全信息共享平台和应急指挥平台,加快公共数据资源跨部门按需共享和向社会开放的速度,加速数据要素发挥作用的步伐。深入开展 APP 违法违规收集使用个人信息专项治理,依法严厉打击针对和利用国家大数据资源和个人信息的违法犯罪活动。

13.3.4.3 做大做强网络安全技术产业

系统部署网络安全技术产业的整体发展,完善支持网络安全技术产业发展的政策措施,培育一批具有国际竞争力的网络安全企业。在支持网络安全企业升级转型适应新型基础设施建设需求的同时,扶持各个行业内数字化程度较高、安全防护能力强的企业进行安全能力输出,推广这些企业在不同应用场景中沉淀的网络空间安全基础设施建设能力和方法在更广泛范围内的应用。

13.3.4.4 加强网络安全人才队伍建设

重视网络安全人才培养,加强网络空间安全学科专业建设,实施一流网络安全学院建设示范项目,加快建设国家网络安全人才与创新基地,形成人才培养、技术创新、产业发展的良好生态。建立政企结合的网络安全人才组织机制,充分发挥国家互联网应急中心对应急支撑单位和相关机构组织协同机制,完善常态化混合值守和紧急人力动员机制。建设并完善由战略支援部队、国防动员部门共建共管,以规模型网络安全企业和关键信息基础设施运营方维护保障人员为主力的"网信民兵组织",应对关键信息基础设施的深度防护和应急响应需求。

13.3.4.5 积极推进网络安全联合治理

坚持网络安全与信息化发展并重,遵循积极利用、科学发展、依法管理、确保安全的方针,鼓励网络技术创新和应用,提高网络安全保护能力。根据网络安全基础设施投资、运营、维护等管理体系的不同环节及网络空间治理、网络技术研发和标准制定、打击网络违法犯罪内容,以及网络安全所包括各领域各自对基础设施需求的特殊性与共性特征,构建以"领域+环节"为构架的管理体系及其治理机制。突出政府发挥管理职能与领域专业性要求的结合,成立部门联席会议和专家组作为网络安全基础设施工作协调推进机制。突出传统治理能力与新型平台化、网格化治理效率的结合,突出多主体治理理念与重点问题重点解决原则的结合。

在全球互联网治理体系变革"四项原则"[①] 和构建网络空间命运共同体"五点主张"[②] 指引下,深化与各国和相关国际组织的务实合作,深入开展网络安全的对话互动,共同应对网络安全的威胁与挑战,携手构建网络空间命运共同体。

13.4 面向生物安全的基础设施

生物安全是国家安全的重要组成部分。与发达国家相比,发展中国家对生命现象和生物过程负面作用的管控体系和能力有欠缺,存在明显的内部性威胁,同时生物科技在许多战略方向存在外在的"卡脖子"现象,有隐性的外部性威胁。随着科技的进步和各种政治经济文化因素的综合影响,技术驱动的生物物种安全、网络生物安全等新兴生物安全危害形态正在浮现(王小理和闫桂龙,2019)。因而,面向生物安全的新型基础设施建设应包含3部分内容:①补短板。补齐管控已知形态生物危害所需的基本类型设施,如高等级生物安全实验室、战略物资储备及其体系。②保命脉。确保技术自主可控、促进重大科技成果涌现的重大平台基地。③管长远。针对生物安全危害未来形态演变,提升国家生物安全治理、践行人类卫生健康共同体的新基础设施。

13.4.1 生物安全的内涵与特征

13.4.1.1 生物安全内涵

学术界目前有几种"生物安全"定义。

第一类定义突出生物安全危害的来源和危害特点,但缺乏明确的生物安全主体,因而缺乏操作性。比较有代表性的观点包括:生物安全是指防止由生物技术与微生物等生物危险物质及相关活动引起的生物危害。这里的危害既包括对环境、对

---

① "四项原则"指尊重网络主权、维护和平安全、促进开放合作、构建良好秩序。
② "五点主张"指加快全球网络基础设施建设,促进互联互通;打造网上文化交流共享平台,促进交流互鉴;推动网络经济创新发展,促进共同繁荣;保障网络安全,促进有序发展;构建互联网治理体系,促进公平正义。

人类的危害，也包括对其他生物的危害。这种危害既可以是具有不确定性的危害，也可以是已经科学或实践证明确实存在的危害（王子灿，2006）。狭义上的生物安全是指人类的生命和健康、生物的正常生存以及生态系统的正常结构和功能不受现代生物技术研发应用活动侵害和损害的状态。广义上的生物安全是指生态系统的正常状态、生物的正常生存繁衍以及人类的生命健康不受致病有害生物、外来入侵生物以及现代生物技术及其应用侵害的状态（于文轩，2009）。

第三类定义突出生物安全的时代特点，直接提出国家在维护生物安全中的地位和角色。例如，生物安全是指全球化时代国家有效应对生物及生物技术的影响和威胁，维护和保障自身安全与利益的状态和能力（郑涛等，2014）。这类定义比较精炼，但弱化了其他行为体的作用，对生物危害的来源、危害水平没有界定。

第三类定义，参照"安全"概念框架，提出生物安全至少由 4 个部分完整组成：引起生物危害的内部因素（安全客体）、外部条件、生物危害表现形式及发生规律（生物安全危害形态）、安全主体与相应的防控策略。国家等行为体有效防范由各类生物因子、生物技术误用、滥用及相关活动引起的生物性危害，确保自身安全与利益相对处于没有危险和不受内外威胁状态以及保持持续安全的能力与行为（刘杰等，2016）。

第三类定义突出了生物安全的主体、客体、生物安全形态及发生规律，更重要的是，突出将相关行为体（如国家）为确保自身安全与利益相对处于没有危险和不受内外威胁状态，应采取特定的行为举措，这既包括物质的侦、检、消、防、治等防控手段，也包括生物安全政策、战略、文化、理论、法律等非物质行为，以保持持续安全的能力等一起纳入生物安全行为。同时这个定义具有扩展性，可以包容更多生物安全范畴。例如，环境变化、科技发展与社会经济全球化加速，不断刺激各类生物因子的扩张与传播所需条件的满足与实现，逐步推动生物安全潜在危机的凸显与激化，导致生物危害来源更为广泛，形式更为多样。

13.4.1.2 生物安全特征

生物安全特征体现在性质、状态和能力 3 个方面（郑涛，2014）。

在性质上，生物安全兼有传统安全和非传统安全的特征。防御生物武器供给是传统安全的重要内容。生物安全作为非传统安全的典型代表，呈现出有别于传统安全的典型特征。一是风险来源的国际性。生物风险既可以源自国内也可以来自国外。二是生物威胁形式的多样性。生物威胁既表现为暴力性的生物恐怖甚至生物武器威胁，也可以表现为相对温和的传染病或实验室生物安全事故；既可表现为直接或显性的威胁，也可表现为间接或隐性的威胁。三是生物安全事件后果的扩展性、灾难性。生物事件后果可小可大，如果蔓延开来，则往往影响到一个地区、一个国家，甚至跨越国界，影响其他国家和地区，既会造成人员伤亡，也会造成很难清除的长期环境生物污染；既会造成巨大的经济损失，也会引起社会动荡和政权不稳定等。

在状态上，生物安全具有常态化的特征。生物风险威胁与防范防御始终处于社会发展过程中的博弈状态，始终处于不同区域、不同国家间的博弈状态并且通常处于动态平衡之中，因此，具有较强的时空特点。风险与威胁是绝对的，且以不同形式一直存在，但是其来源、种类、程度甚至性质是动态的、是不确定的。在有效防范防御措施下，风险和威胁得到有效抑制或威慑，阻止了成灾演化和生物事件的发生，从而使生物安全呈现出不确定性很强的常态化的特征。生物安全常态化特征，要求时刻注意发现和认识不断变化的生物风险与威胁，保持战略警惕。

在能力上，生物安全具有不断发展的特征。生物安全能力主要包括监测、检测、预警、鉴别、处置、恢复及全过程风险管理能力。随着科学技术尤其是生物技术的迅猛发展，生物技术的误用和谬用风险显著增加；随着环境条件的变化，近年来新发、突发传染病呈现出相对增多的趋势；随着西方一些国家冷战思维的延续及其对其他发展中国家主权和发展权的肆意妄为，政治军事斗争也势必将反映在生物安全领域。上述种种因素均给脆弱的国际条约带来挑战，造成国际安全形势的激烈变化。在上述背景下，生物安全风险与威胁也势必增大，对安全防御的能力要求越来越高，不仅要面对已知来源的威胁，而且要面对未知来源的威胁。因此对生物安全能力建设的系统性、周密性和预见性要求很高。同时，随着人口数量的增加、城镇化的发展、交通工具的便捷等，未来生物事件的发生可能来源方式更多、影响范围更大、危害人员更多、后果更严重，这种趋势对于生物安全的能力建设提出了新要求和新挑战。总之，生物安全具有的不断发展的特征，要求注意发现和重视自身能力建设中的不足和缺陷，实施战略发展。

13.4.2 我国生物安全发展现状

中国工程院咨询报告《新时期我国生物安全战略研究总报告》将生物安全问题归结为4个方面：一是生态环境破坏，包括环境污染、外来物种入侵、遗传资源丧失；二是人类健康危害，包括人兽共患病、食源性疾病、医院感染；三是国家安全隐患，包括生物战、生物恐怖、生物实验室事故；四是生物技术的潜在风险，包括合成生物技术、转基因技术、其他现代生物技术等（田德桥，2017）。

生物安全关乎人民生命健康、民生福祉，关乎国家长治久安，特别是关乎中华民族的永续发展，是党和国家的核心利益。生物安全总体上说是一个新兴领域，有明显的不稳定性、不确定性和不可预测性，防控难度大，我国在生物安全领域还有不少瓶颈、短板，进一步增加了潜在风险。具体体现在：新发突发传染病暴发扩散和传播威胁难以即时感知，新型生物技术误用的潜在风险难以有效管控，《禁止生物武器公约》履约谈判和履约机制话语权掌控权不足、面临难以预测的生物战和生物恐怖袭击风险。

13.4.2.1 新发突发传染病层出不穷

近年来新发突发传染疾病不断涌现，人类防控传染病的压力持续增加，我国将长期处于境内传染病暴发流行和境外传染病输入风险并存的状态。世界卫生组织在 2018 年提出未来多种源头的"X 疾病"或将危及数百万人生命，包括人类制造的全新病毒、存在特定生态环境的古老病原体，或是人畜频繁接触而出现新病原体等，未来有可能因宿主、环境等行为改变而容易大流行。

13.4.2.2 面临新型生物战和生物恐怖主义威胁

生物技术进步可能会诱使一些国家恢复生物武器计划，引发新的冲突或重燃军备竞赛，破坏稳定的国际秩序。美国国防部通过开展 20YY 生物战战略和"有望在 2040 年前实现突破的生物新技术"研究，实施《国家生物防御战略》，探索积极的生物防御政策，强势推进军事生物技术现代化。与生物病原体自然发生或人类活动间接导致的新发再发传染病、微生物耐药性、军事实验室生物安全等事件相比，国家生物防御应对的是具有复杂动机的行为体主动实施的具有重大安全影响、生物性质的外部威胁，两者表现形态并无本质不同。例如，重大传染病、微生态环境动荡可能是自然事件，也可能是敌对行为体实施的新型生物攻击。未来生物战、生物恐怖威胁更加难以防范。

13.4.2.3 生物安全实验室资源瓶颈

实验室是开展科技研发活动的基本场所，也是开展传染病研究、流行病学调查与研究、传染病诊断试剂和防治疫苗研究生产、抗病毒药物筛选、病毒溯源、实验室安全设施和安全防护设备的研究与评价及未知病原微生物的检测的必要技术平台。因其涉及各种已知和未知的病原微生物，生物安全实验室和实验室生物安全尤为重要。

根据传染病的传染性，还有实验室物理性防护（由隔离设备、实验室设计及实验实施 3 个方面组成）的不同，国际上将生物安全实验室分为 P1、P2、P3、P4 这 4 个生物安全等级，其中 P4 是生物安全最高等级。P4 和 P3 主要用于开展烈性病原体的监测、感染致病机理、病原生物学、病毒和宿主相互作用关系、抗药性机理、抗病毒药物和疫苗研究等工作。据不完全统计，截至2017年，全球已知有22个国家或地区的73个机构拥有P4实验室。其中，拥有P4实验室最多的是美国，有12个；英国9个；日本2个。2020年我国通过科学部技术建设审查的P3实验室有81个，正式运行的P4实验室2个（白春礼，2020）；与拥有200多个P3实验室和12个P4实验室的美国相比，差距比较明显。同时，还存在设施之间、行业之间缺乏共享的现象。伴随传染病病原的研究，菌（毒）种使用和交流的需求日趋加大，特别是对高致病性病原微生物菌（毒）种研究工作的需要将极大提升，对研究人员能力的要求也随之提升。

13.4.2.4 生物遗传资源采集

国际上围绕人类遗传资源（特别是可导致疫情的重大传染病病原体毒株）的获取和使用，还存在各类"明取暗夺"现象。根据法国《世界报》报道，对2014~2016年非洲埃博拉疫情期间患者检测血液样品的流向情况调查表明，西方国家在这一领域存在大量的"血液外交"现象。

13.4.2.5 网络生物安全新挑战

信息技术的兴起使得生物实验室在连通性和智能性等方面不断完善，但是也有可能带来实验室生物安全新风险——生物数据安全。合成基因组能够携带编码网址和隐藏信息，计算机将DNA样本转译为数字文件时就可能触发恶意软件；而恶意第三方可以利用基因编辑软件和基因数据库来设计或重建烈性传染病的病原体，入侵生物实验室的数据库并篡改数据或自行设计以破坏为目标的新DNA分子（王小理，2019）。例如，黑客分子可以入侵某国一高等级生物安全实验室的计算机数据库，在窃取该实验室正在科研攻关的重大烈性病菌的遗传信息后，自行设计并悄悄篡改了病原体的基因数据，同时还对该实验室的安保设备系统参数进行了修改。这类事件可能导致科研人员无意中对高风险等级的病原体进行了低防护水平的操作，并引发实验室生物安全事故，导致某种具有较强传染性和较高致死率的传染病疫情一定范围暴发，引发社会恐慌。另外一些黑客则在暗网上销售包含个人隐私的生物数据。除了侵入和破坏有关个人的医疗信息之外，对数字健康信息的访问使入侵和操纵军事疾病监视系统变得越来越可行。

13.4.3 生物安全对新型基础设施建设的需求

13.4.3.1 以生物资源实物库、生物资源信息库为代表的战略资源库

形势需求。我国拥有丰富的生物战略资源，但在实际工作中，我国病原微生

物菌（毒）种保藏机构还未建立统一规范、对外正式发布的病原微生物菌（毒）种保藏目录制度。一方面，一些单位和科研人员使用病原微生物菌（毒）种时，不知到何处去查找，主要靠个人之间的联系，获取所需菌（毒）种，并再次对外交流。另一方面，由于缺乏统一的管理，各保藏机构根据不同使用用途，按照各自需求采集有关资源信息，造成不同保藏机构间的资源背景信息标准不一，导致资源的价值和使用程度降低，很难实现资源的共享，一定程度上造成资源浪费（姜孟楠等，2018）。

国际发展现状。美国生物资源已经做到系统整合、面向学术研发的商业化应用支撑的水平。美国标准生物品收藏中心是世界上最大的生物资源中心，可以提供细胞株（3000多种）、菌株（15 000多种）、动植物病毒株（2500多种）及重组物质等类别生物标准品。现已成为可信赖的活体微生物、细胞系等获得、保存和发放的国家资源中心。

13.4.3.2 开展两用技术和生物防御研究的高等级生物安全实验室体系

形势需求。生物科技变革、生物两用、极端环境中新兴病原体的再现等主客观因素，使得新型烈性病原体疫情梦魇一般挥之不去，并可能存在新奇的传染、致病特征，亟须前置开展防控技术和对应防护技术设备研究。强大的病原体监测、检测和疫苗抗体研制能力，离不开强大的、技术成熟的实验室网络。做到重大烈性病原体疫情和生物安全的主动应对，P3和P4实验室是开展常态化、主动防御型研究与创新的基础设施平台（梁慧刚和袁志明，2020）。高等级生物安全实验室是一个精密设施，建设投入大，运行费用高。

国际发展现状。国际上科技创新枢纽城市，特别是全球生物科技创新高地，通常都建设有多家高等级生物安全实验室。美国等西方发达国家两用技术和高等级生物安全实验室建设遥遥领先。利用基因组定向合成技术等理性设计与构建各类型病原菌和病毒等人工生命体，并突破感染和毒理机制、抗药性鉴定和疫苗开发技术瓶颈。根据2016年统计，美国拥有P3实验室的221个研究机构实体中，29个是政府部委直接管理、78个属于政府部委下属机构管理、78个属于学术机构、22个属于商业机构、14个属于私营机构。

13.4.3.3 精确探测、识别生物风险的新一代生物安全感知体系

形势需求。开发快速识别、表征在人类和动物种群、食物、水、农业和环境中的生物剂的多样、多元技术装备平台；防范民众、交通、农业目标或关键设施的生物袭击，提供精确探测、识别和报警；开发下一代"威胁探测"和"报警探

测"感知与验证，具备危机推演能力，综合全面的袭击预警与决策支持系统，辅助重大行政事项决策。通过基于时空特征和生物学特征的分类数据库，设计国家重要监测数据的整合方案，为国家重要监测数据查询与可视化平台建设提供数据保障。

国际发展现状。生物监测预警既是技术、装备与信息系统高度融合的设施体系，也是检测、监测与预警等高度关联的功能体系。生物监测主要包括病例监测、实验室网络监测、环境监测、症状监测及事件监测等，被动监测和主动监测相结合，面向境内和境外任务区。典型系统如生物威胁实验室应对网络、美国实施的生物监测计划和生物传感计划及美军症状监测系统。

生物监测信息数据只有经过分析才能发挥其应有的作用。检测鉴别是生物监测的"触角"，信息数据的传输系统是生物监测的"神经网络"，而数据的加工处理与应用是生物监测的"神经中枢"，监测预警平台则是神经中枢最重要实体的体现，是发挥监测预警作用的信息中枢和实施生物事件应急管理的关键依托。美国等西方发达国家在该领域遥遥领先，它们研制的多个生物监测预警系统管理平台已经投入使用，并且仍在不断发展完善，代表着生物威胁应急管理综合指挥管理平台建设的发展趋势，包括 HPAC、EpiSimS、BioWar、GLEaMviz、NARAC、ARGOS 等系统平台（郑涛等，2017）。

13.4.3.4 国家生物安全战略储备

形势需求。国家生物安全战略储备用来保证有效应对病原体和化学毒剂的药品、疫苗和医疗装备的供应。这就需要提高对重大传染性公共卫生事件等新型风险的认识，前瞻性地加强医用防护服、口罩等关键物资储备、增强应急生产潜力。

国际发展现状。在医药储备方面，相对而言美国的体系建设较为领先。美国政府分期分批大量采购生物安全相关防治产品，作为美国国家战略储备。美国的国家医药和用品应急系统以大集装箱的形式，在美国1300多个保密的战略地点储备应急医药和急救用品，包括疫苗、抗生素、抗体、解毒剂及输液设施等，可在12小时内为美国任何受灾区一次性提供50吨以上的医药和急救用品（仇玮祎等，2012）。根据《生物盾牌计划法案》，国家储备的药品在临床研究中确认有效，则无须通过美国食品药品监督管理局批准便可进行采购，并在项目开始时便支付总货款的50%，完全交货后付清。此举大大提高了制药企业的研发和生产积极性，自此，各大制药企业争相开发生物安全药物。

13.4.4 保障生物安全的新型基础设施建设重点任务

13.4.4.1 锻造生物盾牌与国之重器：建设高等级生物安全实验室体系

锻造国之重器，推进国家高等级实验室体系建设。

一是要严格论证、科学统筹，坚持平时和战时结合的原则，科学规划高等级生物安全实验室（及配套生物资源库、生物信息库）的建设规模、分布和管理运行模式。在建设数量和布局上不仅要满足国家整体战略需求，也要兼顾区域分布；在功能上应满足不同专业需要（如网络生物安全防御模拟），具有通用性。

二是要建立管理机构之间的协调配合和共享机制，形成相关部门各司其职、高效衔接配合的工作格局，打破部门条块分割藩篱，充分发挥设施的功能作用，联合攻关。

三是树立实验室生物安保理念，管理部门和机构实施项目立项前、实施过程中和成果发布的全过程风险评估、追踪和差异化监管。推进两用研究监管，界定两用研究类型和监管边界，对高致病性病原微生物进行基因操作、基因序列合成等两用研究活动进行严格监管，以及风险收益综合评估。

13.4.4.2 织牢生物防护网基础设施：打造新一代生物安全感知监测模拟体系

打造城市生物安全大脑、国家生物安全大脑。

国家生物安全监测平台体系。研制新一代网络式、移动、远程监测装备及体系，开发将传统监测方式（即病原体、环境、健康）与可能影响风险的背景数据（即气象和人口动态）结合在一起的监测方法体系，使其更有效地预测疾病暴发的可能性并确定威胁的潜在影响。研究与开发自动化、智能化和小型化新一代生物侦检技术装备，气溶胶采集器、生物触发与探测器、室内自动化生物侦检系统、便携式生物检测器、移动式生物检测系统、生物毒素检测新技术，基于技术融合、物联网、大数据和人工智能分析新一代监测技术，组建新一代病原体即时监测技术群，提供对潜在病原体背景和峰值情况即时、持续性的监测，提前数日、数周预测重大疾病暴发。实施三维监测战略，建设海外监测、国境监测和国内监测3层监测预警网。

国家生物安全态势感知与决策支撑平台。建立各部门联合机制，制定国家重要监测数据集成、共享、交换的技术体系和服务环境标准规范，将多元、多平台、多尺度和动态化的全国重要监测数据进行抽取、转换、清洗、装载，形成覆盖面广、结构与标准统一、内容完整的"数据中心",为国家重要监测数据库建设提供强有力的数据支持。开发提高生物安全监测数据内容抽取的大数据技术,包括监测数据整合与转换技术,监测数据的筛选与甄别技术,监测数据信息实时获取、整合与分析技术,生物安全相关大数据采集、挖掘和分析技术等,发展实时在线监测预警系统,提高维护日常安全能力。开发成功生物安全事件发生、发展的动力学模拟模型。有针对性地开展重要病原微生物气溶胶在军事要地、重点城市、经济发达地区等不同环境下的扩散动力学及规律研究,建立主要生物危害事件发展动力学模型,评估生物事件的直接、次生衍生危害效应,重塑事件发生、发展及演化成灾的全过程,发展生物威胁态势预测能力。

部署可评估致病微生物全生命周期的监测与评估体系,评估致病微生物的命运、转移、自然发生(土壤、水、食物和气溶胶水平)和生物制剂的地理分布;通过各种暴露和传播途径模拟,对人类、动物和植物的风险进行可靠的估计。

13.4.4.3 形成能力储备:建设生物安全应急储备与反应系统

开展物资储备和能力储备。

建设先进开发与制造创新中心(国家工程实验室等),研发可用于多种药品或疫苗的制造工艺而不是只能生产某一种类型的应急制造工艺技术,以满足在突发公共卫生事件中激增的医疗产品、设备需求,摆脱对国外制造的依赖。储备包括病毒性脑炎疫苗、新型腺病毒疫苗、寨卡病毒疫苗、中东呼吸综合征疫苗、蓖麻毒蛋白疫苗、炭疽疫苗及新型抗流感新药、抗埃博拉病毒药物等;发展户外(包括地表水)、室内、配水和污水-废水系统生物风险降低策略,以减轻生物事件的后续影响。

建设城市生物安全应急医疗反应系统。编制城市生物安全风险清单,对重大生物安全风险源进行实时监控;通过地方公共安全部门、应急管理部门、公共卫生系统和第一现场应急人员之间的协作互动,确保城市在突发生物安全事件的最初48小时内能够有效应急,在全国应急资源调配到现场之前能以自身力量控制危机事态的发展、防止恶化。

13.5 面向社会安全的基础设施

随着我国经济社会快速发展,社会利益关系日趋复杂,社会问题的专业性、多变性、关联性不断增强,社会安全治理面临的形势和环境更为复杂多变。新型基础设施建设为社会安全治理供给侧和需求侧提供了新动能、新机遇。运用科技手段加强和创新社会安全治理,是提高社会安全治理效能和水平的紧迫任务和必由之路。

13.5.1 社会安全的内涵与特征

13.5.1.1 社会安全的内涵

社会安全有广义和狭义之分。广义的社会安全是指整个社会系统能够保持良性运行和协调发展,而把妨碍社会良性运行与协调发展的因素及其危害控制在最小范围内(郑杭生和洪大用,2004)。狭义的社会安全是指社会公众享有安全和谐的生活和工作环境,以及良好的社会秩序,公众的生命财产、身心健康、民主权利和自我发展有安全的保障(寇丽平,2018)。

《国家突发公共事件总体应急预案》《中华人民共和国突发事件应对法》等将突发事件分为自然灾害、事故灾难、公共卫生事件和社会安全事件。社会安全是以维护社会秩序和社会稳定为主要内容的更为具体的安全范畴,社会安全事件主要包括恐怖袭击事件、经济安全事件和涉外突发事件等。

13.5.1.2 新形势下我国社会安全的特征

在我国进入改革发展的关键时期,空前的社会变革给我国发展进步带来巨大活力,同时也带来各种矛盾和挑战。异化的社会思潮、利益分配的不均、显著的贫富差异、网络的催化助推等导致各种社会安全事件频繁发生。新形势下我国社会安全的呈现一些新特征。

(1) 社会主要矛盾转变引发新社会安全风险形态

新时代我国社会主要矛盾已经由"人民日益增长的物质文化需要同落后的社会生产之间的矛盾"转化为"人民日益增长的美好生活需要和不平衡不充分的发展之间的矛盾",人们对社会治理的需求不再仅仅追求物质和文化需要的满足,同时拓展到了对民主、法治、公平、安全、环境的层面。一是环境邻避型事件高发。由于群众对发展权、环境权日益重视,"邻避"问题引发的群体性事件逐渐增多,如厦门、大连、上海等多地民众"散步"反对PX(对二甲苯)项目,辽宁朝阳氧化铝项目引发民众聚集,广东、浙江、湖北等多地民众抗议垃圾焚烧厂的选址。邻避型群体性事件涉及的邻避设施除了垃圾焚烧厂、化工项目、变电站、核电站等,半导体产业、5G基站、养老院、殡仪馆、戒毒所等引发的社会风险问题也逐渐增多。二是公共政策社会风险加剧。近年来随着公众对政策的公平、正义的维权意识增强,社会风险事件逐渐增多,如广东、河南等地殡葬改革引发群体聚集;湖北、江苏"高考减招政策"的出台导致学生家长抗议等。

（2）新社会阶层参与社会安全风险事件增多

当前我国社会分化、社会矛盾、社会冲突与社会阶层的利益关系密切相关。改革开放以来，随着我国社会结构的巨大变迁，产生了新的社会阶层。党的十九大报告指出"做好新的社会阶层人士工作"，新的社会阶层是推动经济社会快速发展的宝贵人力资源和重要力量，也是维护社会稳定的重要力量。近年来，社会新阶层的利益关系协调及收入分配问题比较突出。一是中小投资者"维权"频发。中小投资者是资本市场的弱势群体，存在着经济实力不对等、信息不对称、维权成本高等问题。在大范围P2P平台"爆雷"之后，中小投资者的利益受到严重损失，"维权"行为不断上演。例如，2016年初，e租宝网站及其关联公司因涉嫌"非法集资"被公安机关立案侦查，全国各地投资人纷纷通过贴吧、微信、QQ建立维权交流群。二是互联网等新业态从业者成为新增群体。由互联网企业倒闭、裁员引发的高科技公司职工讨薪维权问题增多。

（3）网络线上动员、线下行动趋势增强

信息时代，网络打破了传播的时空限制，民众的政治参与度更高，传播格局的变化带来了新的安全风险和挑战。"世界经济论坛"发布的《2017年全球风险报告》指出社交媒体给予非理性信息传播空间，加之个体行为的趋同性、从众性更容易导致社会舆情呈现群体极化，进而对政治、社会、经济产生风险。从近年来的社会风险事件来看，一是网络串联组织趋势增强。截至2020年6月，我国网民规模达9.4亿，即时通信用户规模达9.31亿。人群规模大、组织程度高的群体性事件中，微信、贴吧、QQ等社交媒体是发起"上书""联名""请命""维权"等线上动员的主要渠道。二是网络谣言易催化社会情绪。突发事件"后真相"舆论生态仍然严重，网络谣言传播社会愤怒情绪，激化矛盾。

13.5.2 我国社会安全治理举措分析

社会安全治理是推进社会治理现代化的底线工程。党的十八大以来，党中央高度重视国家安全和社会稳定工作，做出一系列重大部署。2014年，习近平总书记首次提出总体国家安全观，将社会安全纳入国家安全体系。2017年党的十九大报告提出"加强和创新社会治理，维护社会和谐稳定，确保国家长治久安"。

13.5.2.1 治理制度：共建共治共享

党的十九大报告提出"打造共建共治共享的社会治理格局"，首次提出"社会治理制度建设"。党的十九届四中全会提出"坚持和完善共建共治共享的社会治理制度",标志着党对当代中国社会治理规律和社会主义社会建设规律的认识进一步深化。"共建"强调制度建设和体系建设的重要性,如完善信访制度,完善人民调解、行政调解、司法调解联动的工作体系,完善社会治安防控体系等;"共治"强调社会治理主体的多元参与,强调发挥党总揽全局协调各方的政治优势、政府的资源整合优势、企业的市场竞争优势以及社会组织的群众动员优势,进而搭建多元主体共同参与的治理网络;"共享"突出社会治理成果的普惠性,让"共建"和"共治"的成果更多更公平惠及全体人民,不断增强人民获得感、幸福感、安全感。

13.5.2.2 治理体系:党委领导、政府负责、民主协商、社会协同、公众参与、法治保障、科技支撑

党的十九大报告提出"加强社会治理制度建设,完善党委领导、政府负责、社会协同、公众参与、法治保障的社会治理体制"。党的十九届四中全会提出"完善党委领导、政府负责、民主协商、社会协同、公众参与、法治保障、科技支撑的社会治理体系"是重大制度创新。将"社会治理体制"上升为"社会治理体系",进一步丰富了社会治理理论的内涵,也为实现社会治理现代化提出了新要求。党的十九届四中全会在社会治理体系中新增了"民主协商"和"科技支撑"两个要素,更好地体现了习近平新时代中国特色社会主义思想,更好地顺应了当代科技进步对社会治理变革提出的新要求。"民主协商",是中国特色社会主义民主制度的重要创新和重要标志。将"民主协商"作为加强和创新社会治理、完善社会治理体系的重要方面,这不仅将人民民主贯穿于、渗透到社会生活的全过程、全领域,更重要的是在国家意志和人民意愿间架起了桥梁(魏礼群,2020)。将"科技支撑"嵌入社会治理体系,促进科技优势与制度优势深度融合,是从根本上把推动生产力发展的要素更有效地发挥到生产关系调整上来,推动社会的全面发展和进步(张文显,2020)。

13.5.2.3 治理实践:市域社会治理

2018年中共中央政法委员会提出"市域社会治理"概念,并在部分城市开展"推进市域社会治理现代化"的试点。党的十九届四中全会认可了这个概念,并把"加快推进市域社会治理现代化"作为"坚持和完善共建共治共享的社会治理制度"的重要内容写进《中共中央关于坚持和完善中国特色社会主义制度推进国家治理体系和治理能力现代化若干重大问题的决定》。2019年7月23~26日,中共中央政法委员会在北京举办第二期新任地市级党委政法委书记培训班。中共中央政法委员会秘书长陈一新在开班式上强调,要认真学习贯彻习近平总书记关于社会治理现

代化的新理念新思想新战略，把市域社会治理现代化作为社会治理现代化的切入点和突破口来抓，发挥"五治"作用，以政治强引领、以法治强保障、以德治强教化、以自治强活力、以智治强支撑，加快推进市域社会治理现代化，努力建设更高水平的平安中国。市域社会治理在国家治理体系中具有承上启下的关键地位。随着新时代经济社会发展，人口等各类要素越来越向市域聚集，推进市域社会治理现代化的重要性和紧迫性愈加凸显。

13.5.3 社会安全治理对新型基础设施建设的需求

党的十九届四中全会提出将"科技支撑"要素融入破解社会治理中的社会关系。2020年，党中央多次对新型基础设施密集部署。新型基础设施建设对满足社会安全治理需求提供了新契机。当前我国社会安全治理对新型基础设施建设的需求主要体现如下。

13.5.3.1 亟须加强社会安全基础设施顶层设计

社会安全基础设施建设时各部门协同不足、标准不一、体系各异，难以从数据的原始底层进行数据的融合，"数据孤岛"问题严重。近年来，国家相继发布《国务院关于积极推进"互联网+"行动的指导意见》《促进大数据发展行动纲要》《政务信息系统整合共享实施方案》等，提出消除信息孤岛，推进数据资源向社会开放，大力推动政府信息系统和公共数据互联开放共享。但由于现有建设模式缺乏顶层设计，缺乏各个项目之间的有机联系，体系各异（胡煜等，2018）。在政府内部、各部门基本呈现纵向隶属管理，大都听从于上级指令，相互独立。

13.5.3.2 亟须推进信息共享和应用的相关规制建立

当前，依托智慧城市、数字政府建设，信息化技术手段在社会安全治理中的资源分配、诉求表达、风险研判、应急管理等方面发挥了很大作用。未来，随着新型基础设施建设项目的落地，各个行业、各个领域的数据信息随着大数据、物联网、互联网等技术的应用不断叠加，数据体量不断增加。公民隐私、信息安全等随着信息技术的深度应用不可避免地带来安全隐患。一是技术层面，如系统漏洞，使得黑客可进入核心部分进行攻击；二是一些人为了获取经济利益，利用非法渠道获取信息进行交易。此外，由于数据共享的制度建设不健全，也阻碍了不同部门间的数据共享和应用场景的扩展。例如，政务信息共享的权责关系不清晰，涉及信息技术、安全保障方面的法律法规和标准规范过于宏观，造成了监管难题。

13.5.3.3 亟须推动市域社会安全治理新型基础设施建设落地

当前我国仍处于城镇化进程全面推进的时期，2019年城镇化率已突破60%。市域社会治理是在市域范围内统筹推进城市治理、县域治理和城乡基层社会治理。在国家治理布局中，市域治理是最容易被忽视的环节，也是最容易潜藏问题的方面。在我国介于省级行政单元和县之间的地级市一般都有上百万、几百万甚至上千万人口，社会阶层利益复杂，流动人口较多，城乡接合部人口结构复杂，治安问题、民生问题等交织在一起，治理难度大、影响大，极易发生较大规模社会安全事件（张文显，2020）。但当前信息基础设施的很多资源与市域社会安全治理智能化需求仍有差距。社会安全治理亟须通过新型基础设施提升城市运行的超强感知、公共资源的高效配置、异常情形的及时预警和突发事件的快速处置等能力。

13.5.3.4 亟须加快科技型社会安全治理人才培养布局

我国各级政府培养的干部队伍和人才队伍，主要着眼于政治素质、领导能力、协调能力等综合素质，同时掌握技术与社会安全治理的人才缺乏。此外，由于政府的主要职能是制度设计、政策制定和行政监管等，政府可以通过引导高科技企业发展、购买高科技服务等方式进行社会治理的"智治"，因此政府没有动力培养政府内部的高技术人才。然而，随着对社会安全治理智能化要求的不断提高，迫切需要提高政府工作人员的科技素养和能力。科技支撑的社会安全治理体系需要大批精通业务和基础数据资源的业务型人才，需要了解新型信息技术，并善于管理的复合型治理人才。

13.5.4 保障社会安全的新型基础设施建设重点任务

当前，国家部署加快推进信息网络等新一代新型基础设施建设，为社会安全治理智慧化升级提供了战略机遇。

13.5.4.1 抓住新型基础设施建设战略机遇，加快我国社会安全治理顶层设计

统筹社会安全治理供给侧和需求侧，注重系统谋划、综合协同、体系化推进社会安全治理新型基础设施建设标准、多元共建、智能决策、配套政策的设计，完善社会安全治理风险预警、创新应用、风险评估、新型预案、应急救援等机制，推动社会安全治理新型基础设施联通、工作联动，切实发挥科技支撑引领作用。

13.5.4.2 完善新型基础设施建设赋能社会安全治理的相关制度保障

《2020年全球风险报告》指出"技术治理不足"是未来全球面临新的风险挑战之一。①进一步加强信息安全保障机制。通过法律法规的明确规定政府、企业、基层社区等治理主体对信息共享使用权限和责任。尤其加大管控涉及国家安全和个人隐私的数据源在跨部门、跨区域流动。②完善新技术的相关法律制度建设。从技术、数据、场景应用安全的角度，划定边界、责任范围。

13.5.4.3 以"市域社会治理现代化试点"为突破口，探索新型基础设施建设赋能社会安全治理的新模式

市域因其社会风险更加集聚、治理资源更加集中，已经成为社会安全治理的关键层级。以"市域社会治理现代化试点"为切入点，把握市域社会风险的区域性和阶段性特征，推进社会风险预判机制、化解纠纷机制、利益表达机制变革与新型基础设施深度融合，特别提高预测预警预防社会风险能力和应对突发事件能力，从源头、传导、转化的关键环节加速新型基础设施建设的赋能作用，防止市域矛盾风险溢出。

13.5.4.4 加强政府科技型治理人才队伍建设

政府加大对5G、大数据、云计算等专业人才招聘力度，完善科技型人才晋升通道；将公务员数字化技能水平纳入培训和考核体系；依托企业、高校等联合开展科技型治理人才培养，畅通政府和企业的人才流动机制。

13.6 形成主动防御的安全治理能力

新型基础设施建设正在重构国家总体安全的边界与定义，当网络安全风险、生物安全风险和社会安全风险等日益呈现出智能化、多样化、跨国性的特征，亟须构建和发展主动防御的安全治理能力，实现对各种安全风险的主动出击。国家发展主动防御的安全治理能力，是应对未知安全风险的高效措施，也是国家总体安全基础设施建设的重要组成部分。

13.6.1 建立主动防御的安全战略

传统安全防护能力需要提前定义威胁，具有三大局限：防护能力是静态的、防护是被动式的、无法防范未知威胁。而现行总体安全风险与威胁更加智能化、多样

化、普遍化，这就对安全防御和治理能力提出了更高的要求：需要及时发现高级威胁与未知威胁，尽可能提高威胁检测预警准确率，能够自动适应环境进行智能调节，具备一定的自主决策与响应处置能力。针对安全防御和治理能力的新要求，安全能力要能够防范未知威胁，并能够在一定范围内自我调节与优化，以应对千变万化、无孔不入的安全威胁，这对面向安全的新型基础设施建设提出更高的要求，将推动安全能力向智能化方向创新和发展。因此，需要改变以往的安全防御模式，积极应用主动防御技术，充分发挥主动防御技术的优势，提高安全防御的预防性，针对安全风险中可能存在的安全问题进行预判与评估，以便获得更好的防御效果，对发生潜在的安全风险进行有效的规避。国家总体安全基础设施建设需要建立主动防御的安全战略，在新型基础设施建设中深化安全与大数据、人工智能、区块链等前沿技术的融合创新。

13.6.2 建立新型基础设施的主动安全能力

新型基础设施主动防御安全治理能力包括以下3个方面：首先，对风险信息的及时感知捕获，增加风险感知敏感度，敏锐嗅出潜在的安全风险，建立主动安全设备感知、专家感知和社会感知能力；其次，及时识别和预警未知安全威胁与攻击，建立主动安全监测预警和分级预警能力，拉起安全保卫战线；最后，在安全受到威胁或突发紧急事件时，建立主动安全的应急响应能力、应急处置能力和应急保障能力，做好安全保卫的后盾，主动采取高效的治理措施。

13.6.2.1 感知能力

新型基础设施主动安全的感知能力是主动防御安全战略的基础和前提，对于风险信息的及时感知、捕获、分析和利用是国家治理现代化的重要体现。

其一，建立新型基础设施主动安全设备感知能力。在新型基础设施整体网络安全架构中形成覆盖新型基础设施的未知安全风险预先感知、行为预判、路径预测和提前阻断能力，在提前感知威胁、预判攻击行为、提升攻击发现和防御实效等方面构筑非对称战略优势（魏亮等，2020）。具体是通过安装信息采集装备，拓展前端数据获取渠道以提供数据支撑，通过大数据更好地感知、分析、预判安全态势，准确把握安全风险发生的规律、动向、趋势，为决策研判提供信息支撑，并进一步增强安全防御能力，化解安全风险。建立态势感知系统，运用科学的技术和方法从微观层面获取完整的安全要素数据，再结合态势感知的系统平台，从中分析数据，发现威胁与异常。其二，建立新型基础设施主动安全专家感知能力。由安全专家团队与新型基础设施领域安全大数据、安全知识库和威胁情报等信息库共同构成的人机协同的分析能力。通过专家感知能力分析和预测未来构成对国家安全威胁的成因、发展态势、影响程度等，为防御安全风险做出科学研判提供准确导向。其三，建立新型基础设施主动安全社会感知能力。社会感知数据包括情感信息、用户行为信息和事件信息驱动下的各类事件和行为信息（赵又霖等，2020）。通过社会感知能力实现对突发事件的趋势分析、应急响应及处理。

13.6.2.2 预警能力

建立新型基础设施主动安全监测预警能力。建立并完善针对网络安全、生物安全及社会安全等国家安全的敏感监测体系和快速反应体系，做到早识别、早发现、早检测、早应对，从而从源头上降低安全风险，做到主动出击。监测预警技术以实现突发事件的全方位监测、精确定位、准确态势预测和全覆盖实时预警为目标，基于互联网的信息收集技术、数据分析技术、趋势研判技术、情报追踪技术、案例搜索技术、决策辅助技术等预警技术对于大数据时代群体性事件预警更为有利。监测预警装备主要包括复杂环境、复杂对象智能感知与监控装备，高危作业环境智能化、无人机装备，新一代信息化智能化检验检测装备，以及城市生命线检测监测预警装备等。通过监测预警能力，实现智能预警、精准防控。

建立新型基础设施主动安全分级预警能力。分级预警技术是将大数据、物联网监测下的环境因素、危险系数、风险发展趋势、紧迫程度等结合并入安全预警分级影响因素中，实施准确的分级预警有利于精准掌握安全风险发展态势，及时有效地控制危险，节省人力物力财力。

13.6.2.3 应急能力

建立新型基础设施主动安全的应急响应能力。将大数据、物联网和5G基础设施建设应用到应急响应体系中，依托信息化技术手段建立信息共享机制，快速反应、精准研判突发事件以提出解决方案。

建立新型基础设施主动安全的应急处置能力。将高端装备技术、物联网技术引入应急处置与救援装备中，涉及现场指挥、现场处置、现场保障及个人防护等相关装备领域，如应急现场高效应急通信集成装备，便携式远距离个人通信装备，大范围和复杂灾害环境下搜索、定位、救援装备。应急处置技术包括灾情评估与综合研判技术、应急决策支持技术、应急现场传感与通信技术、人员搜救与疏散避难技术、现场处置与控制技术等。通过建立应急处置能力，及时应对处置突发事件，节约时间降低损失。

建立新型基础设施主动安全的应急保障能力。将大数据、物联网、人工智能、区块链、云计算等新技术与安全科技结合，为安全与应急管理提供更好的技术支撑。应急保障体系涵盖协调有序的应急队伍、充足完备的物资和药品医疗器械、有序搭建和选择避难场所、合理储备和拨备资金、通信设备等。应急保障技术包括应急过程与能力评估技术、安全数据支撑技术、安全标准化及认证认可技术、安全实验试验与仿真技术、突发事件情景构建与推演技术等。通过建立应急保障能力，主动对突发安全事件采取及时有效解决措施。

第14章 新型基础设施建设政策体系

新型基础设施建设的政策体系是我国新型基础设施建设的重要保障，是构建现代化基础设施体系、支撑现代化强国建设的基础。本章首先介绍了新型基础设施建设政策的基本理念、设计目标与原则，然后梳理了国内外新型基础设施建设政策情况，最后从新型基础设施建设的政策蓝图和路线图两个层次构建了我国新型基础设施建设的政策体系。

14.1 新型基础设施建设的政策导向

新型基础设施建设主要是通过明确基本政策目标导向与基本建设原则，通过政策和相关保障措施，促进新型基础设施的集约化、智能化和安全化发展，更好地促进我国高质量发展。

14.1.1 新型基础设施建设政策的基本理念

新型基础设施建设的相关政策制定需要始终贯彻公共服务导向、创新导向两个基本理念。

（1）公共服务导向

新型基础设施属于基础设施范畴，具有提供公共服务的特性。因此，在新型基础设施建设的投资、运营、管理等方面都需要从促进社会公共服务发展的角度来设计政策。可以从基础设施的排他性和竞争性两个维度来设计，例如规定5G收费标准就是排他性的一种政策设计。

政策的设计需要依据资源的能力做部署和调整公共服务的能力。新型基础设施很多属于信息类基础设施，具有网络性，可以接入大量的用户，通常具有非竞争性。但也存在有限的竞争性资源，例如，早期的物理IP地址，以及当前的5G频谱资源。此外，排他性和竞争性是相互影响的，因为当前的信息类基础设施资源有限，排他性决定用户的多少，用户数量又决定了有限承载力资源的使用效果。政策设计需要详细了解新型基础设施能力，做好顶层设计。提供公共服务的产品主要为公共物品和准公共物品，表 14-1 列出了基础设施的公共服务属性类型。

表 14-1 基础设施的公共服务属性类型

类型	排他性	竞争性	举例
纯公共物品	非排他	非竞争	环保设施，公共场所的免费网络资源等
第一类准公共物品（俱乐部属性）	排他	非竞争	移动通信设施及服务等
第二类准公共品	非排他	竞争	空间通信基站

（2）创新导向

新型基础设施代表了一种创新设施体系。以数字化基础设施、传统基础设施数字化和创新基础设施为依托，是一个能为创新驱动和新技术、新模式、新业态涌现，提供全面支撑的新生态体系。

经济社会跨越发展的背后是生产力与生产关系的跃迁，是技术经济范式变革，是科技创新与制度创新协同优势的发挥。新型基础设施建设要在整个社会形成一种对新技术冲击经济社会影响的快速感知、精准评估、高效决策、实时调整并不断验证优化的基础环境和新治理机制，鼓励"草根创新"，尊重"基层首创"，包容新技术、新模式、新范式探索和实践。

在政策设计上，区别于传统基础设施类公共政策，应当贯彻新型基础设施建设的创新导向。在供给侧方面，围绕创新主体、创新平台、配套设施等方面予以创新政策支持。在需求应用方面，注重支持产业数字化转型的产业创新政策，鼓励并培育需求。在保障措施方面，予以人才、资金方面的支持，尤其是在开放共享制度方面，应予以强化：新型基础设施建设的任务在于全方位解决数据治理、数据安全、数据确权、数据隐私等基础问题，并通过交叉融合、万物互联释放"数据"作为新一代生产要素的价值，需要建立国家标准体系来保障。建设新型基础设施涉及跨领域的互联互通，亟待标准的制定和出台。标准先行，建立相应的标准体系，是新型基础设施发展的重要前提。

14.1.2 新型基础设施建设政策设计目标与原则

新型基础设施建设政策设计目标应当立足于长远，兼顾动态性和阶段性：短期政策目标重点围绕战略设计和规划布局、刺激经济增长；中期政策目标重点围绕产业数字化转型；长期政策目标重点围绕知识社会经济发展。

经济刺激类政策应当遵循产业链的演化规律，我国当前产业链的重心仍在传统制造业，因此新型基础设施建设虽对投资有一定的刺激作用，但是其投资乘数效应上仍不强。在实现产业数字化转型后，新型基础设施充分融入国民经济体系，其投资将充分发挥投资乘数效应。新型基础设施建设政策目标的阶段性见表14-2。新型基础设施建设政策面临的经济社会基础和战略体系见表14-3。

表14-2 新型基础设施建设政策目标的阶段性

阶段	刺激经济增长	数字化转型	知识社会经济发展
短期	与传统新型基础设施结合，发挥投资乘数效应；创造就业问题	以规划布局、政策法规为主，试点运行	以战略设计为主
中期	在国民经济中产业关联性加强，逐渐成为稳定的财政政策工具	实施和普及产业数字化转型	以创新基础设施规划布局、政策法规为主，试点运行
长期	财政政策工具	以监管运行为主，完善法规	以实施为主

表14-3 新型基础设施建设政策面临的经济社会基础和战略体系

阶段	十大战略方向对应的技术发展阶段
短期（2020~2025年）	能源清洁化技术、超远距离超高压电网传输技术；高分辨率地球物理探测技术、资源替代技术；面向"平行世界"系统的无线传感网络，艾级超级计算技术；农业信息服务的网络化；对地观测系统技术、数字地球科学平台等
中期（2025~2035年）	生物质燃料技术、分布式电网技术；人机和谐系统，人机相互适应技术；分组交换的全光网络技术，泽级超级计算技术，情感理解技术；亚洲联网的地球系统模拟网络平台
长期（2035~2050年）	深层地热工程化技术、海洋能技术；地球系统与成矿系统理论关系；脑科学及认知科学重大突破；全球联网的地球系统网络平台；激光超高速通信技术

新型基础设施建设应当遵循以下三大原则。

（1）系统性原则

新型基础设施相比于传统基础设施，其对社会经济影响将更加深远和广泛，政策设计需要具有系统性导向。系统性体现在几个方面：政府与市场的关系；中央政府与地方政府的协调关系；三类新型基础设施之间的关系；新型基础设施与社会经济发展的关系；十大体系的协调发展关系；围绕新型基础设施的人、财、物的统筹与协调；数字化基础设施内部的存储、计算、传输能力协调与匹配等。

政府与市场的关系。政策设计需要考虑到创新引领阶段的新型基础设施建设面临创新的不确定性；方向确定的领域适合自上而下布局，要发挥好政府投资"四两拨千斤"的作用，但不能替代或挤出市场投资；方向不确定的领域适合自下而上布局,要营造有利于创新迭代的应用场景和创新生态,鼓励自由探索和自主试错,重视推广示范。

中央政府与地方政府关系。政府要审慎评估全社会成本与收益,避免一哄而上、盲目投资、重复建设;健全新型基础设施投资回报机制,广泛引导社会资本投入;鼓励建设模式和运维模式创新,提高新型基础设施建设质量和全生命周期使用效率,挖掘提升新型基础设施投资的倍增效应。

新型基础设施建设与社会经济关系。在新型基础设施建设初期,就应提前谋划治理思路,构建治理体系。例如,5G的基站建设存在"邻避效应"引发社会治理的问题。

(2) 安全原则

由于网络信息系统的相互连接性,建立安全保障体系尤其是关键信息基础设施的安全防护体系,已成为新型基础设施建设的核心,因而需要建立多层次的安全保障系统。

复杂性、脆弱性格外突出。基于知识流通、信息网络互联架构的新型基础设施构建的社会经济形态具有高度系统复杂性,同时容易遭受远程网络攻击,因而脆弱性也很突出。例如,互联网在工业控制系统中的应用,打破了传统工业控制系统相对封闭可信的环境,将互联网上的传统安全威胁渗透进了工业领域,使得网络型攻击可以直达生产现场,造成生产中断甚至危及人员生命。国际产业竞争意识形态,存在技术风险,如美国对中国芯片限制。政策设计时,需要重点平衡:①自主知识产权与国际合作关系;②专网与公用网络规划布局。

安全性、隐私性成为关键。新型基础设施是国家数字经济的基础,数字化特征涉及国家数据安全、个人信息安全重要问题,要特别重视因私保护。政策设计时,需要考虑:①完善数据安全的法律法规体系;②规范管理治理能力,新型基础设施是数据和知识的通道与载体,需要公信力部门规范化治理。

(3) 经济原则

社会资源是有限的,新型基础设施建设有社会成本和代价。应当前瞻谋划新型基础设施建设战略布局,在不同阶段集中力量发展核心设施,解决关键问题。

基础设施建设消耗大量资金、土地、能源资源、设施设备、人力等要素,供给过量或过于超前,会带来过高成本及机会成本、使用效率低、产能过剩等负面影响,不利于经济社会持续健康发展。面向2050年现代化强国的新型基础设施建设,是打基础、利长远的先导性、全局性工作,要对长远发展的基础设施需求与供给能力进行前瞻谋划、科学论证、系统布局、接续推进。

14.2 国内外新型基础设施建设的政策现状

在近几年，国内外围绕新型基础设施建设运营及保障措施都采取了一些先行先试的政策。国内外政策各有侧重，这些政策对最终形成新型基础设施建设的治理体系都具有很强的借鉴意义。

14.2.1 国内政策措施现状

(1) 拉动新型基础设施建设需求，建设新型基础设施的新产业链

工业和信息化部印发了《"5G+工业互联网"512 工程推进方案》，明确了工业互联网作为未来 5G 技术落地的重要应用场景之一，在 5G 通信产业和应用场景爆发的初期更要做好夯实基础、探索路径和完善环境三大工作，进一步推进 5G+工业互联网融合创新发展。国务院办公厅印发《关于促进"互联网+医疗健康"发展的意见》，就促进互联网与医疗健康深度融合发展做出部署。交通部等 11 部委联合印发《智能汽车创新发展战略》，提出车联网将是 5G 网络技术的主要应用场景。

(2) 促进5G、大数据中心、工业互联网平台等数字化基础设施发展

在工业互联网领域，2017 年，国务院发布《国务院关于深化"互联网+先进制造业"发展工业互联网的指导意见》。2018 年，工业和信息化部发布《工业互联网发展行动计划（2018—2020 年）》，提出到 2020 年底我国将实现"初步建成工业互联网基础设施和产业体系"的发展目标，具体包括建成 5 个左右标识解析国家顶级节点、遴选 10 个左右跨行业跨领域平台、推动 30 万家以上工业企业上云、培育超过 30 万个工业 APP 等内容。工业和信息化部 2019 年 8 月公布了我国十大跨行业工业互联网平台清单。在人工智能领域，2017 年，国务院发布《新一代人工智能发展规划》，确定新一代人工智能三步走发展战略；工业和信息化部发布《促进新一代人工智能产业发展三年行动计划（2018—2020 年）》，以新一代人工智能技术的产业化和集成应用为重点，推动人工智能和实体经济深度融合。2018 年，国家标准化委员会发布《人工智能标准化白皮书（2018 版）》。在大数据中心领域，2016 年，工业和信息化部制定了《大数据产业发展规划（2016—2020 年）》。

(3) 加强安全防护

工业和信息化部联合多部委发布的《加强工业互联网安全工作的指导意见》，

明确了加强工业互联网安全指导思想和基本原则,制定了工业互联网安全发展的两个阶段整体目标。到 2020 年底,建立监督检查、信息共享和通报、应急处置等管理制度和企业安全主体责任制;制定设备、平台、数据等至少 20 项急需的工业互联网安全标准和评估体系;初步建成国家工业互联网安全技术保障平台、基础资源库和安全测试验证环境;在汽车、电子信息、航空航天、能源等重点领域,形成至少 20 个创新实用的安全产品、解决方案的试点示范;培育若干具有核心竞争力的工业互联网安全企业;工业互联网安全保障体系初步形成。到 2025 年,制度机制健全完善,技术手段能力显著提升,安全产业形成规模,基本建立起较为完备可靠的工业互联网安全保障体系。

(4)提速降费要求

2019 年,工业和信息化部发布《工业和信息化部 国资委关于开展深入推进宽带网络提速降费 支撑经济高质量发展 2019 专项行动的通知》指出,按照中央经济工作会议和《政府工作报告》部署,开展"双 G 双提",推动固定宽带和移动宽带双双迈入千兆(G 比特)时代,100M 及以上宽带用户比例提升至 80%,4G 用户渗透率力争提升至 80%。开展"同网同速",推动我国行政村 4G 和光纤覆盖率双双超过 98%,实现农村宽带网络接入能力和速率基本达到城市同等水平。开展"精准降费",推动基础电信企业面向全国建档立卡贫困户给予最大折扣基础通信资费优惠,中小企业宽带平均资费降低 15%,内地与港澳地区间流量漫游费降低 30%,移动网络流量平均资费降低 20% 以上。2020 年 2 月 21 日,中共中央政治局召开会议指出,积极的财政政策要更加积极有为,发挥好政策性金融作用。减税降费、专项债扩容、引导政策性金融债发行等一系列积极的财政政策发力将持续利好新型基础设施建设。

(5)加强项目建设监管

集中体现在对新型基础设施建设项目节能环保的审查要求。2019 年,《工业和信息化部 国家机关事务管理局 国家能源局关于加强绿色数据中心建设的指导意见》发布。2018 年 9 月,北京市人民政府公布《北京市新增产业的禁止和限制目录》:禁止新建和扩建数据中心(PUE 即电源使用效率值在 1.4 以下的云计算数据中心除外,且仅能在城六区以外区域);上海市发布《上海市推进新一代信息基础设施建设助力提升城市能级和核心竞争力三年行动计划(2018—2020 年)》《上海市互联网数据中心建设导则》,指出要严格控制新建数据中心,确有必要建设的必须确保绿色节能,并制定了 PUE 指标、建设功能、规模体量、选址区域多方面的门槛要求;深圳市发布《深圳市发展和改革委员会关于数据中心节能审查有关事项的通知》,建立完善能源管理体系,实施减量替代,强化技术引导。内蒙古、贵州、甘肃等地区也分别出台了《内蒙古自治区大数据发展总体规划(2017—2020年)》《贵州省关于进一步科学规划布局数据中心,大力发展大数据应用的通知》《关于支持丝绸之路信息港建设的意见》等一系列政策,吸引数据中心到气温低、电力能源充足的西部地区建设。

(6) 对频谱资源规范管理

2019~2020年,工业和信息化部相继印发了《增强机器类通信系统频率使用管理规定(暂行)》《中华人民共和国工业和信息化部公告2019年第52号》《3000—5000MHz频段第五代移动通信基站与卫星地球站等无线电台(站)干扰协调管理办法》《工业和信息化部关于调整700MHz频段频率使用规划的通知》。未来5G的频谱需求量为1490~1810兆赫,而目前各国分配的可用频率通常在几百兆赫量级,其需求将大大超过2G、3G、4G所用频率的总和,是不折不扣的"用频大户"。但移动通信传统工作频段十分拥挤,6000兆赫以下的中低频谱资源非常稀缺;大于6000兆赫的高频段可用频谱资源丰富,但也存在路径衰耗大、绕射性能差等问题。未来如何统筹规划,实现资源约束的突破,亟待研究。

14.2.2 国外政策措施现状

(1) 构建战略同盟

在数字时代掌握核心技术已成为其实现"战略自治"不可或缺的因素,其中,5G网络建设成为建设数字欧洲的重点领域。2019年,欧洲正式开启5G商用。英国、法国、德国等国家通过密集发布一系列战略,包括《下一代移动技术:英国5G战略》《德国5G战略》《法国5G发展路线图》等。包括奥地利、芬兰、德国、意大利、爱尔兰、拉脱维亚、罗马尼亚、西班牙、瑞士和英国在内的主要欧洲国家已推出22张5G商用网络。美国致力构建5G战略同盟,与其他国家和地区形成5G合作框架和协议。

(2) 注重顶层协同

美国参议院和众议院分别通过法案,要求确立国家目标,采取各种手段支持5G部署。两院推进多个法案,推动建立5G发展的领导协调机构:建立国家电信和信息管理局,协调各机构制定5G战略;建立互联网连接和发展办公室,以研究简化行政程序,支持宽带互联网发展;建立联邦工作组和利益相关者指导委员会,协助物联网发展;建立智慧城市机构间协会,协调智慧城市建设;要求联邦通信委员会建立农村电信和宽带咨询委员会,促进农村 5G 部署。

(3) 注重数据治理

当前,数据的使用正在改变经济、政府和社会,成为国家经济发展和社会治理不可或缺的要素,也成为国家间竞争的重要资源。2019 年 12 月 23 日,美国白宫管理和预算办公室发布《联邦数据战略与 2020 年行动计划》,全面描述了未来 10 年联邦政府如何加速使用数据来执行任务、服务公众号及管理资源,同时充分保障安全性、隐私性和机密性。《联邦数据战略与 2020 年行动计划》涵盖 3 个部分,即 1 项使命陈述,10 项操作原则,40 项最佳实践及 2020 年的 20 项行动计划,以指导机构挖掘数据价值。

欧盟委员会发布《欧洲数据战略》《塑造欧洲的数字未来》,提出未来 5 年实现数据经济所需的政策措施和投资策略,其目标是创建单一数据空间——一个真正的数据单一市场且面向世界开放,发展发展服务于人的技术,建立公平竞争的经济,建设可持续发展、开放、民主的数字社会。

(4) 注重安全防护

欧美国家在安全防护方面已经上升到国家战略层面。欧洲国家推行"5G+工业 4.0"战略,抢占 5G 网络安全"桥头堡",举措"保守性"凸显,法国还推行《网络空间信任与安全巴黎倡议》。2020 年 3 月,美国网络空间日光浴室委员会发表关于美国网络安全的最终报告。报告为提升美国的网络安全提出一种新的战略方法:分层网络威慑。该策略概述了达到此最终状态的 3 种方法:①塑造行为。美国必须与盟国和伙伴合作,促进网络空间的负责任行为。②拒绝获利。美国必须阻止对手长期以较低成本利用网络空间获取自身利益,破坏美国利益。③施加成本。美国必须保持必要的能力、职能和信誉,以对在网络空间内和通过网络空间瞄准美国的行为者进行报复。这 3 种方法涵盖 6 个政策支柱,包括改革美国政府的网络空间结构和组织、加强规范和非军事工具,促进国家韧性等。

美国政府发布了《美国 5G 安全国家战略》,正式制定了美国保护第五代无线基础设施的框架。该份文件阐明了美国要与最紧密的合作伙伴和盟友共同领导全球安全可靠的 5G 通信基础设施的开发、部署和管理的愿景,并提出 4 项战略措施,分别是:加快美国 5G 国内部署;评估 5G 基础设施相关风险并确定其核心安全原则;解决全球 5G 基础设施开发和部署过程中对美国经济和国家安全的风险;推动负责任的5G全球开发和部署。

（5）强化对频谱资源的配置

美国强化5G频谱统筹，试图通过国家立法制定长期国家频谱战略，确立美国在5G频谱资源配置与应用领域的全球领先地位。为加速5G建设，欧洲很多国家开始简化频谱拍卖流程，并在频谱拍卖时对网络部署进度和规模提出附加条件。

（6）降低建设成本

美国各州通过立法降低5G行政许可的财务成本，如要求收取的路权使用费必须与路权管理的合理和直接成本相关；要求只有在服务商不支付州市政电信税时，地方才可以征收路权使用费；禁止收取除申请费外的其他费用；要求地方行政当局对收费的成本合理性承担举证责任。欧洲国家面对高昂的5G投资压力，欧洲运营商也像其他地区一样，在部署层面寻求更适合的技术方案。网络共享可在保障覆盖需求的前提下，帮助运营商大幅降低成本，目前越来越多的欧洲运营商已在网络共享方面展开合作。韩国政府要求3家运营商共享站点资源、站址和铁塔，共担物业费等。随着政府倡导的推动，运营商进一步承诺共享现有的管道、光纤光缆和电线杆等资产，用于5G初期部署。

（7）促进应用

第一，运营服务费用实行分级价格。对于定价压力，欧洲运营商一方面加大5G网络覆盖，提升网络体验；另一方面也关注利用视频业务和优质内容绑定来吸引用户，从而获取价格溢价，留住高端用户。

第二，放松监管。放宽监管要求，激发运营商发展5G的动力。例如，韩国政府取消4G时代对运营商话费补贴和终端补贴的限制，并要求运营商提供资费较为便宜的套餐，使运营商可以以成本换收入，大力发展用户。

14.2.3 当前政策不足

我国新型基础设施建设相关政策的突出问题之一是缺乏系统性的战略规划。当前政策的系统性设计不强，各部门政策设计没有统一协调。此外，还存在的问题包括：对投资运营模式尚未形成政策文件；安全问题覆盖尚不全面，监管机制尚不完善；尚未形成促进新型基础设施发展的人才、资金保障措施；未来将面临应用场景发展受限的风险。

14.3 新型基础设施建设的政策设计

新型基础设施建设的政策体系中，大致可以分为两个层次。一是面向未来的新型基础设施建设战略规划与政策蓝图，二是新型基础设施建设的政策实施路线图。结合目前已有的政策，基本可以形成一个较为完整的政策体系。

14.3.1 面向未来的新型基础设施建设战略规划与政策蓝图

新型基础设施建设具有长期性和战略性。因此，需要在新型基础设施建设浪潮之前，做好政策的顶层设计。新型基础设施建设政策的顶层设计可包含战略定位、规划原则与重点及制度安排3部分，具体如图14-1所示。

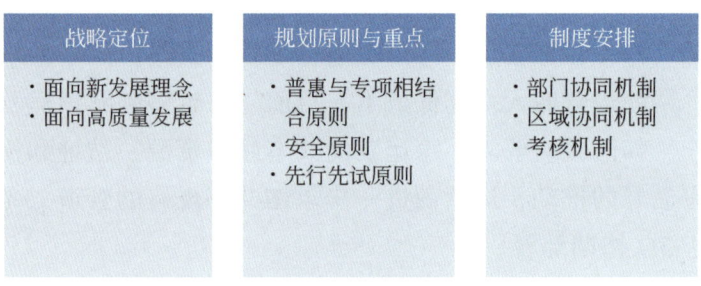

图14-1 新型基础设施建设的政策顶层设计

14.3.1.1 战略规划

我国政府在2016年G20杭州峰会上倡导并签署了《G20数字经济发展与合作倡议》，将数字经济界定为效率提升和经济结构优化的重要推动力的一系列经济活动。并在2017年和2019年将"数字经济""新型基础设施建设"等写入政府工作报告，这是一种战略考量。

实际上，国际上对新型基础设施建设或数字经济的战略规划也是非常重视的。例如，欧盟的《欧洲数据战略》明确提出投资中小企业能力建设，通过"地平线欧洲"计划，数字欧洲计划以及结构和投资基金等，为中小企业带来机遇；美国国际开发署发布了《数字战略2020—2024》；俄罗斯发布了《俄罗斯联邦数字经济规划》。发展中国家也有相应的战略规划，如印度的"数字印度"，巴西的"国家科技创新战略"等。

新型基础设施建设的战略路线图包括中长期战略规划、"十四五"发展规划以及政策。我国未来还应在政策的战略规划中，重点做好以下两项工作。

(1) 加强系统研究

设立新型基础设施研究院等专门机构，持续跟踪研究。由国家发展和改革委员会牵头，联合交通部、能源部、住房和城乡建设部、工业和信息化部等相关职能部门制订新型基础设施建设的总体指导意见，对发展新型基础设施建设予以方向性指引。

将新型基础设施建设列入我国中长期发展规划重点任务，研究制定相关配套政策，从顶层设计上理顺关系，为新型基础设施建设打好战略规划基础。

(2) 建立面向转型和创新的新型基础设置的治理体系

新型基础设施治理的使命是打造知识社会数字空间命运共同体，消除人群、产业、地区和社会之间的数字鸿沟，共同构建和平、安全、开放、合作的数字空间，建立多边、民主、透明的新型基础设施治理体系。

14.3.1.2 规划布局的原则与重点

(1) 建立普惠与专项相结合的政策体系

新型基础设施的投资、建设和运营不同于传统基础设施，需要为其新型基础设施建设设计制定普惠与专项相结合的政策体系，为相关项目的建设、运营提供政策支撑。在我国管理体制改革和政策创新的背景下，研究制定促进新型基础设施建设的财政、金融、税收普惠政策，以及产业、人才等专项政策。

(2) 建立国家安全与个人隐私安全保护机制

从安全问题的来源看，与新型基础设施建设密切相关的安全问题有：网络安全、硬件安全及数据安全。基于知识流通、信息网络互联架构的社会经济形态具有高度复杂性，同时也容易遭受远程网络攻击，脆弱性也很突出。新型基础设施是国家数字经济的基础，数字化特征涉及国家数据安全、个人信息安全重要问题，要特别重视隐私保护。总体来说，新型基础设施是数据和知识的通道与载体，需要公信力部门规范化治理。

(3) 有序推进我国新型基础设施建设的发展

由于各个区域的数字科技发展及应用情况不一致，因此，在新型基础设施的建设过程中，应当秉承区域先行先试的原则。

我国在区域先行先试方面，已经开展了相关的工作。例如，我国积极推进数字经济创新发展试验区与国家大数据综合试验区的建设与发展。2015年9月，贵州启动全国首个大数据综合试验区建设工作。2016年10月，第二批获批建设国家级大数据综合试验区的名单发布，包括2个跨区域类综合试验区（京津冀、珠江三角洲），4个区域示范类综合试验区（上海、河南、重庆、沈阳），1个大数据基础设施统筹发展类综合试验区（内蒙古）。2019年10月20日，国家数字经济创新发展试验区启动会在第六届世界互联网大会（乌镇峰会）召开，河北省（雄安新区）、浙江省、福建省、广东省、重庆市、四川省6个国家数字经济创新发展试验区接受授牌，启动试验区建设工作。

未来，我国仍需要继续沿着先行先试的原则，持续地推进新型基础设施建设的发展。

14.3.1.3 制度安排

（1）建立多部门多区域协同的管理体制

新型基础设施建设流程中涉及部门多、程序多、环节多，为有效实施重点建设，提高规划、投资、建设、运营的协同效率，推进我国新型基础设施建设的快速发展，建议探索试行多部门协同、联动的管理体制。新型基础设施建设过程中，已经暴露出相关的问题。例如，5G基站建设的一种优选路径是沿着已有的高速公路与铁路建设，但是全国高速公路的建设运营情况非常复杂，在建设过程中需要协调不同地方政府和部门，逐一解决问题，这给基站建设带来很大麻烦，其核心问题是缺乏新型基础设施建设的协调机制。又如，高铁上实现5G通信的有效方法是在车厢里安装信号接收器和发射装置，但需要修改高铁车厢的国家建设标准，这就需要协调厂商和国家标准委员会等。

新型基础设施建设不同于传统基础设施建设，新型基础设施建设可分割使用可远程化。因此，如何发挥新型基础设施建设跨区特征的优势，避免跨区的监管短板是政策设计的重点。建议围绕特定的建设目标，按照PPP项目管理模式，整合资源，加强时间和成本管理，提高决策效率。未来，需要建立推进新型基础设施建设多区域多部门协调机制，提供解决建设和运营过程中问题的平台。

（2）新型基础设施建设的监管考核制度

从组织特征的角度，新型基础设施建设的市场主体需要有效监管。新型基础设施的网络化、平台化具有一定的自然垄断性，市场主体有利用自然垄断获取超额利润的能力和冲动，因此需要政府在提供新型基础设施这类公共基础设施时，对排他性和竞争性予以约束，同时需要政府对新型基础设施建设的市场主体进行有效监管。

建立和完善评估监督体系，成立独立、权威的监督评估领导机构。注重引进国际先进管理经验，建立科学的新型基础设施管理体制，细化管理制度和流程，强化定期评估的评价体系。根据实际情况考虑成立高于各建设牵头单位级别、内外结合的监督评估领导机构，如经由国家相关部委和职能部门等组建"新型基础设施监督评估联席机构"，以其独立性、权威性的监督行为，切实提高新型基础设施的建设运营服务效率。

14.3.2 新型基础设施建设的政策实施路线图

在新型基础设施建设的规划蓝图和政策蓝图之下，需要从组织模式、财税政策、金融政策、环保政策及系列保障性措施等角度，构建新型基础设施建设的政策实施路线图，如图14-2所示。

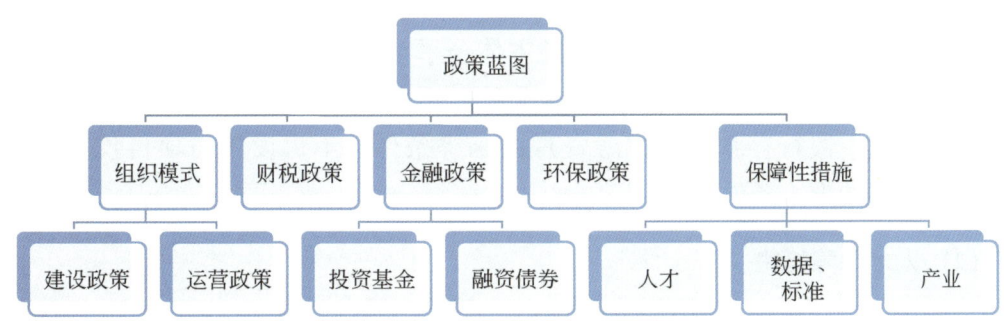

图14-2 新型基础设施建设的政策实施路线图

（1）组织模式

新型基础设施的投资需要在传统投资运营机制的基础上有所发展。首先，新型基础设施相比于传统基础设施，整体性约束减弱，很多企业也可以建设数据中心、发展互联网平台，因此，其投入和运营受技术和组织方式的灵活性大大加强。此外，新型基础设施与新产业、新模式、新业态紧密关联，属于潜在投资回报较高的行业，大量企业具有参与建设的积极性。其次，需要注意新型基础设施建设的网络效应，只有当全民共建共用新型基础设施时，新型基础设施的价值才会发挥到最大。从这一点上讲，扩大投资运营主体是有必要的（表14-4）。这些是新型基础设施建设政策设计时需要考虑的。

表 14-4 基础设施的几种常见投资及运营制度

基础设施类型		投资主体	运营主体	举例
公共型		政府	政府/科研机构	科技基础设施
公私合作型	BOT 模式	政府	企业	5G 基础设施
		民间资本	收回投资后交给政府/公共机构	
	TOT 模式	政府	民间资本	传统基础设施数字化改造
	股份合作，一家或几家企业（或个人）与政府授权的国有资产投资公司联合成立项目公司，对项目进行投资，并按协定比例出资和占有股份	政府与民间资本	政府与民间资本	城际高速铁路和城际轨道交通、特高压
	PPP 模式	政府与民间资本	政府与民间资本	

建议进一步放开基础设施投资领域的市场准入，尤其是为符合条件的民营企业参与基础设施投资拓展渠道、消除限制。全面实施市场准入负面清单，对于清单之外的所有行业、领域，都要给予各市场主体公平参与的机会，真正做到非禁即入、平等竞争。要合理确定投资资格，不得设置超过基础设施项目实际需要的注册资本金、资产规模、银行存款证明或融资意向函等条件，不得设置与项目投融资、建设、运营无关的准入条件。

（2）人才保障措施

人才保障。智联招聘发布的《2020年新基建产业人才发展报告》显示，我国新型基础设施建设核心技术人才缺口长期存在，2020年底为417万人。该人才缺口完全依赖企业和市场自身将难以短期弥补，需要政府在政策措施方面予以支持和补充。新型基础设施建设需要高层次人才及团队。新型基础设施建设中存在不确定因素较多，需要科学、高效地引进最为紧缺的人才团队，并在较短时间内为其提供工作平台，以最大限度激发其活力与潜能。基于新型基础设施建设的复杂性，为充分发挥其潜力，需要其管理者、工程师、技术人员和用户拥有足够的技能。应支持对管理和运行新型基础设施的员工培训和交流，并为关键领域提供充足的人力资源。我国已经通过发展"新工科"建设项目，推进我国新型基础设施建设相关人才队伍建设，但在人才队伍培养、评估和使用机制上仍有待进一步完善。

（3）资金保障

新型基础设施建设的发展需要解决资金来源、管理规范与收益分配等一系列问题。首先，要创新金融服务与支持方式，鼓励政府和社会资本共同发起设立新型基础设施建设投资基金，引导社保基金、保险基金、金融机构、龙头企业等大型投资者投资新型基础设施建设项目，支持项目承担企业为新型基础设施建设项目发起私募投资基金。其次，要创新运营与组织管理模式。有些新型基础设施建设项目的市场需求大，使用者可付费；有些项目投入较大，盈利时间较长；还有一些项目市场需求较小，公益性较强。应当根据项目特点，实施分类管理。同时，探索新型基础设施建设项目不动产投资信托基金，鼓励有条件的新型基础设施建设项目开展资产证券化，加快社会资本的资金回收。最后，要积极发挥政府的财税政策能力，各级政府应积极支持新型基础设施建设项目，简化有关审批流程，按政策规定给予资本金注入、财政补贴、信贷增信、贷款贴息等支持，并纳入中期财政规划和年度预算。鼓励地方财政出资设立新型基础设施建设支持基金，对新型基础设施建设项目进行股权投资、风险补偿和政府担保。将新型基础设施建设项目纳入公共基础设施项目投资企业所得税优惠范围，允许企业对科技基础设施的投资或资助按研发费用享受加计扣除税收优惠。

（4）数据保障

要加强数据治理体系建设。围绕新型基础设施建设安全性及数据安全方面，加强法律法规文件的保障，提升基础设施安全保障能力。信息化、数字化对整体性管理提出了新要求，治理体系和治理能力现代化必须在主权国家框架下妥善协调好"鼓励多元主体创新"和"加强责任规范和风险监管"的关系，建立一个允许新技术、新经济模式不断孕育、发展和扩散的良好环境，同时要在全球范围内共同防范新技术可能带来的风险，约束新技术的误用和滥用，建立能有效管理复杂经济社会形态的治理模式和组织，确保基础设施体系安全、"技术向善"和"创新惠民"。抓紧研发各领域基础通过标准、关键技术标准、业务标准、服务标准等，以标准化促进数据有效使用；推进《中华人民共和国数据安全法》的出台，实现对不同领域、不同类型、不同场景的数据所有权进行明确；以国家数据共享交换平台建设为依托，实现部门间、行业间数据共享、流通、交易，激活数据资源全要素流通，提高要素配置效率。

（5）建立新型基础设施的产业支撑体系

新型基础设施建设过程中能促进制造业技术改造和设备更新，支撑新型服务业和新经济，拉动"强基工程"[①]和"新四基"[②]工程的发展。围绕新型基础设施建

[①] 强基工程：2013年，工业和信息化部发布《关于开展工业强基专项行为的通知》，旨在提升关键基础材料、核心基础零部件、先进基础工艺和产业技术基础发展水平。

[②] 新四基：2016年，国务院出台《关于深化制造业与互联网融合发展的指导意见》，提出了"新四基"，具体指自动控制和感知硬件、工业核心软件、工业互联网、工业云和智能服务平台。

设,重点加强装备制造、电子信息、网络通信、科学装置制造等重点支持产业的发展,建立相应的产业体系。

在与新型基础设施建设相关的重点地区进行重点支撑产业的布局,以此带动区域经济和产业转型发展。

(6) 绿色环保政策

新型基础设施建设的发展对能源需求巨大,5G 基站、大数据中心、超算中心等设施的运行对电力需求较高。据统计,2018 年我国仅大数据中心的用电量就超过了上海市当年的社会用电总额。当前,部分城市的新型基础设施运行已经对居民用电造成了影响,而北京、上海等城市已经出台有关政策,限制大数据中心等高耗能设施在中心城区的建设。从绿色可持续发展的角度看,如何实现新型基础设施的集约化发展,至关重要。一是对新型基础设施的空间布局、建设规模、共享利用制度等做系统性的研究和规划,空间布局上可充分发挥新疆、内蒙古等地区的能源资源丰富、降温效果好等特点;二是改进工艺技术,促进大数据中心等新型基础设施降低平均电能使用效率(power usage effectiveness,PUE)值,减少能源浪费;三是做好能源供给保障工作,加强能源配套、能源转型措施,鼓励发展清洁能源对新型基础设施供电。

参 考 文 献

阿瑟 B. 2018. 技术的本质. 曹东溟，王健，译. 杭州：浙江人民出版社.
白春礼. 2020. 为全面提高国家生物安全治理能力提供有力科技支撑. 旗帜，4：3-15.
柏亮. 2020. 卫星互联网的技术体系、发展趋势与应用. 通信电源技术，37（7）：181-183.
伯纳斯-李 T，菲谢蒂 M. 1999. 编织万维网. 张宇宏，萧风，译. 上海：上海译文出版社.
钞小静. 2020. 新型数字基础设施促进我国高质量发展的路径. 西安财经学院学报，33（2）：15-19.
陈纯. 2019-11-26. 技术革新和产业变革新动能（开卷知新）. 人民日报，（20）.
陈佩雄. 2005. 世界通史. 郑州：中州古籍出版社.
陈平. 2000. 文明分岔、经济混沌和演化经济学. 北京：经济科学出版社.
陈维宣，吴绪亮. 2019. 虚拟世界的经济理论与公共政策. 新经济导刊，4：76-83.
陈振凯. 2020-03-11. 中国加快"新基建"进度. 人民日报海外版，（7）.
董丹丹. 2020. 乡村旅游基础设施建设研究. 农业经济，4：43-45.
董江，王昭. 2020. 智能航运驱动下海洋空间数据基础设施新特征. 中国海事，（8）：55-58.
董玉红，刘世梁，张月秋，等. 2017. 大数据在我国生态环境监测与评价中的应用与问题. 科研信息化技术与应用，8（3）：18-26.
杜经纬，李海涛，梁涛. 2013. 国内外物联网研究现状及展望. 世界科技研究与发展，35（3）：408-416.
樊祥成. 2018. 我国农业基础设施建设政策的演变与发展——以中央一号文件为中心的考察. 青海社会科学，（6）：78-84.
国家图书馆研究院. 2020. 中华人民共和国文化和旅游部《2019年文化和旅游发展统计公报》发布. 国家图书馆学刊，29（4）：14.
韩立民，李大海. 2013. 美国海洋经济概况及发展趋势——兼析金融危机对美国海洋经济的影响. 经济研究参考，（51）：59-63.
何欣，彭赞. 2019. 关于5G网络安全发展趋势探析. 数字通信世界，169（1）：53-54.
何增荣，傅荥. 2005. 高速公路的发展与利用. 北京：中国科学技术出版社.
贺定光. 2009. 高速公路对区域经济社会的影响研究. 北京：中央文献出版社.
胡守仁. 2006a. 计算机技术发展史（一）. 长沙：国防科技大学出版社.
胡守仁. 2006b. 计算机技术发展史（二）. 长沙：国防科技大学出版社.
胡煜，薛文胜，罗欣伟，2018. 关于发展我国新一代信息基础设施的思考，中小企业管理与科技，（21）：104-105.

黄勇，张景丽，金昌海. 2005. 新编中国大百科全书 B 卷 建筑交通（图文版）. 延吉：延边大学出版社.

姜孟楠，王嘉琪，魏强. 2018. 人间传染的病原微生物菌（毒）种保藏机构运行与管理探讨. 病毒学报，34：399-401.

姜文华，王学磊，曾志毅. 2016. 国内外卫星互联网发展现状、风险及对策分析. 信息通信，11：11-12.

蒋慧荣. 2019. 第四次工业革命将如何影响电力能源行业. 电力设备管理，(5)：20.

交通部科学技术情报研究所. 1987. 国外公路管理. 北京：交通部科学技术情报研究所.

金启明. 2003. 欧洲海洋运输发展战略. 全球科技经济瞭望，(7)：23-24.

寇丽平，2018. 社会安全治理新格局. 北京：国家行政学院出版社.

李保明. 2019. 畜禽养殖数字化技术装备. 兽医导刊，(8)：9.

李道亮. 2018. 农业4.0：即将来临的智能农业时代. 北京：机械工业出版社.

李道亮，杨昊. 2018. 农业物联网技术研究进展与发展趋势分析. 农业机械学报，49（1）：1-20.

李道亮，刘畅. 2020. 人工智能在水产养殖中研究应用分析与未来展望. 智慧农业，2（3）：1-20.

李国杰，徐志伟. 2017. 从信息技术的发展态势看新经济. 中国科学院院刊，32（3）：233-238.

李培楠，万劲波. 2014. 工业互联网发展与"两化"深度融合. 中国科学院院刊，29（2）：215-222.

李蓉. 2020. 5G+4K+VR 技术在体育赛事中的应用及发展前景. 科学技术创新，14：46-47.

李天慈，赖贞，陈立群，等. 2020. 2020 年中国智能物联网（AIoT）白皮书. 互联网经济，(3)：90-97.

李文国. 2018. 基础地理信息数据更新体系的应用研究. 智能城市，4（11）：59-60.

李正福. 2015. 科学教育基础设施建设的现状与发展. 中国现代教育装备，230（11）：2-5.

李云鹏，胡中州，黄超，等. 2014. 旅游信息服务视阈下的智慧旅游概念探讨. 旅游学刊，29（5）：106-115.

梁慧刚，袁志明. 2020. 实施国家高级别生物安全实验室规划提高生物安全平台保障能力. 中国科学院院刊，35（9）：1116-1122.

林岗，刘元春，张宇. 2000. 诺斯与马克思：关于社会发展和制度变迁动力的比较. 中国人民大学学报，3：25-33.

林新杰. 2013. 万物由来的寻根故事. 北京：测绘出版社.

凌胜利，杨帆. 2019. 新中国70年国家安全观的演变：认知、内涵与应对. 国际安全研究，37（6）：3-29.

凌燕. 2017. 我国网络安全发展形势浅析. 信息安全与通信保密，7（283）：94-104.

刘国柱，尹楠楠. 2020. 美国国家安全认知的新视阈：人工智能与国家安全. 国际安全研究，38（2）：135-155.

刘杰，任小波，姚远，等. 2016. 我国生物安全问题的现状分析及对策. 中国科学院院刊，31（4）：387-393.

刘涟清，蒲琪，孙章. 2019. 中国高铁发展战略. 上海：上海科学技术文献出版

刘暾. 2020-06-05. 卫星互联网+5G 构建天地一体化信息网络. 中国电子报，(7).

刘曦子．2020-02-25．《德国国家区块链战略》对我国的启示．中国计算机报，(15)．

刘益东．2007．智业革命——致毁知识不可逆增长逼迫下的科技转型、产业转型与社会转型．北京：当代中国出版社．

刘益东．2011．引领 20 世纪科技发展的计算机科学与信息技术//刘兵等．新编科学技术史教程．北京：清华大学出版社．

刘振亚．2020-03-27．推动落实全球能源互联网中国倡议助力构建人类命运共同体．学习时报，(4)．

陆化普．2020．交通强国建设的机遇与挑战．科技导报，38（9）：17-25．

路风．2019．冲破迷雾——揭开中国高铁技术进步之源．管理世界，35（9）：164-194，200．

路甬祥，2010．迎接人类知识文明新时代．在中国科学院第十五次院士大会上的讲话．

马隆龙，唐志华，汪丛伟，等．2019．生物质能研究现状及未来发展策略．中国科学院院刊，34（4）：434-442．

诺顿 M B．2018．特别的人民，特别的国家——美国全史．9 版．黄少婷，译．上海：上海社会科学院出版社．

诺思 D C．2003．经济史中的结构与变迁．陈郁，等译．上海：上海三联书店．

欧阳华．2020．设施园艺精准调控关键技术研究．产业科技创新，2（10）：61-62．

潘教峰．2017．新科技革命与三元融合社会——关于雄安新区建设的宏观思考．中国科学院院刊，32（11）：1177-1184．

潘教峰，万劲波．2020a．构建现代化强国的十大新型基础设施．中国科学院院刊，35（5），545-554．

潘教峰，万劲波．2020b．新基建十大战略方向．瞭望，(10)，25-27．

钱德勒 A D，科塔达 J W．2008．信息改变了美国——驱动国家转型的力量．万岩，邱艳娟，译．上海：远东出版社．

秦灿灿．2008．大型机场旅客集疏运体系规划研究．上海：同济大学．

邱鹏．2019．我国公共体育服务财政投入研究．苏州：苏州大学．

邱鹏，李燕领，柳畅，等．2019．我国公共体育服务财政投入研究：规模、结构与效率．天津体育学院学报，34（2）：105-112．

仇玮祎，余云舟，孙志伟，等．2012．美国生物防御对策研究与国家战略储备药物分析．军事医学，36（10）：777-781．

荣冬梅，卜倩．2018．新加坡自然资源管理经验对海南自贸区和国际旅游岛建设的启示．国土资源情报，(12)：10-15，9．

赛迪智库无线电管理研究所．2020．6G 概念及愿景白皮书．北京：中国电子信息产业发展研究院．

沈昌祥．2018．用主动免疫可信计算3.0筑牢网络安全防线营造清朗的网络空间．信息安全研究，4（4）：282-302．

石元春，程序，朱万斌．2019．当前中国生物质能源发展的若干战略思考．科技导报，37（20）：6-11．

孙德强，张涵奇，张国生，等．2016．第三次工业革命背景下世界油气的发展路径．中国能源，38（5）：12-16．

孙东方．2020-04-03．推动全球公共卫生安全治理．学习时报，(2)．

孙浩林. 2020. 德国国家区块链战略. 科技中国，（5）：96-98.

孙会峰. 2020a. 大数据中心将成为国家竞争力新内涵. 网络安全和信息化，（5）：37-38.

孙会峰. 2020b. "新基建"视野下网络安全新趋势. 中国信息安全，125（5）：43-45.

孙其博，刘杰，黎羴，等. 2010. 物联网：概念、架构与关键技术研究综述. 北京邮电大学学报，33（03）：1-9.

孙松儿. 2020. "新基建"背景下网络安全产业发展的思考与应对. 中国信息安全，（5）：57-59.

孙忠富，杜克明，郑飞翔，等. 2013. 大数据在智慧农业中研究与应用展望. 中国农业科技导报，15（6）：63-71.

索斯沃斯 M，本-约瑟夫 E. 2018. 街道与城镇的形成（修订版）. 李凌虹，译. 南京：江苏科学技术出版社.

谭诗樵. 1992. 高等级公路管理. 北京：中国建筑工业出版社.

汤继亮. 2016. 探讨制药行业的智能制造，流程工业，24：28-33.

唐涌. 2010. 高速公路投融资研究. 成都：电子科技大学出版社.

田德桥. 2017. 中国生物安全相关法律法规标准选编. 北京：法律出版社.

佟立本. 2017. 高速铁路概论. 北京：中国铁道出版社.

汪建丰. 2005. 铁路与欧美主要国家现代化. 长春：吉林人民出版社.

汪旭晖，张其林. 2014. 基于线上线下融合的农产品流通模式研究——农产品O2O框架及趋势. 北京工商大学学报（社会科学版），29（3）：18-25.

王定祥，刘娟. 2019. 乡村振兴中现代农业基础设施投资机制与模式. 农村经济，3：80-87.

王飞涛，樊春春，李兆东，等. 2020. 机器人在设施农业领域应用现状及发展趋势分析. 中国农机化学报，41（3）：93-98，120.

王飞跃，张俊，王晓. 2017. 知识计算和知识自动化：新轴心时代的核心需求. 张江科技评论，（4）：25-27.

王桂林. 1997. 对海洋运输提单的理解与思考. 对外经贸实务，2：21-22.

王国才，施荣华. 2016. 计算机通信网络安全. 石家庄：中国铁道出版社.

王林军. 2010. 论知识型企业的隐性知识管理策略. 经济视角，（1）：43-45.

王麟. 2015. 铁路传奇. 太原：山西教育出版社.

王世伟. 2015. 论信息安全、网络安全、网络空间安全. 中国图书馆学报，41（2）：72-84.

王世伟，曹磊，罗天雨. 2016. 再论信息安全、网络安全、网络空间安全. 中国图书馆学报，42（5）：4-28.

王葳. 2019. 德国政府发布区块链战略旨在推动经济社会数字化转型. 互联网天地，（9）：58.

王小理. 2019-04-24. 网络生物安全：大国博弈的另类疆域. 学习时报，（A6）.

王小理，闫桂龙. 2019. 我国生物安全净评估浅谈//王磊，张宏，王华. 全球生物安全发展报告（2017~2018年度）. 北京：科学出版社：157-166.

王亚军，江永贝. 1998. 高速公路行车指南. 北京：机械工业出版社.

王志伟，程之年，郝威巍，等. 2017. 新美国安全中心发布《人工智能与国家安全》报告. 防务视点，10：56-58.

王子灿．2006．论生物安全法的基本原则与基本制度．法学评论，136（2）：147-154．

王子剑，杜欣军，尹家伟，等．2020．低轨卫星互联网发展与展望．电子技术应用，46（7）：49-52．

王作跃．2017．科技革命与美国现代化．济南：山东教育出版社．

魏江．2002．企业技术能力论—技术创新的一个新视角．北京：科学出版社．

魏礼群．2020．如何认识社会治理现代化．前线，（1）：24-30．

魏亮，戴方芳，赵爽．2020．"新基建"定义网络安全技术创新新范式．中国信息安全，125（5）：40-42．

沃尔玛尔 K．2014．铁路改变世界．刘嫄，译．上海：上海人民出版社．

吴鹤龄，崔林．2008．ACM 图灵奖（1966—2006）计算机发展史的缩影．3 版．北京：蓝色畅想出版社．

吴建平，蒋冰蕾，王渤．2007．英国智能交通发展现状与趋势//2007 第三届中国智能交通年会学术委员会．2007 第三届中国智能交通年会论文集．南京：东南大学出版社．

吴文斌，史云，周清波，等．2019．天空地数字农业管理系统框架设计与构建建议．智慧农业，1（2）：64-72．

郗恩崇．1999．公路经济学．北京：人民交通出版社．

夏聃．2017．国外物联网产业发展概览．中国信息安全，（8）：62-66．

解云鹏，雷波．2020．"新基建"带来数据中心大发展的新契机．通信世界，（7）：18-19．

肖小溪，甘泉，蒋芳，等．2020．"融合科学"新范式及其对开放数据的要求．中国科学院院刊，35（1）：3-10．

肖新光．2020．提升网络安全应急能力，应对社会重大突发事件．中国信息安全，（6）：30-31．

徐昊．2020-05-08．物联网是新基建科技支撑与核心要素．中国电子报，（4）．

徐鸿德．2004．世界海洋运输中的货物流．中学地理教学参考，5：26．

徐家钰，程家驹．1995．道路工程．上海：同济大学出版社．

徐晓兰．2019-12-09．工业互联网是经济高质量发展重要引擎．科技日报，（1）．

徐宗本．2019-03-01．把握新一代信息技术的聚焦点．人民日报，（9）．

闫钊，陈宁宇．2020．"新基建"时代卫星互联网普惠民生力可行、当有为．卫星与网络，（4）：68-71．

杨策，刘益东．2017．中国互联网教育发展历程研究．河北师范大学学报（教育科学版），（6）：78-83．

杨婷婷．2020．教育投入与我国经济发展研究．北京：中国社会科学院大学．

杨文采．2019．思维的点线面——论知识的碎片化与整体化问题，科技导报，37（14）：1．

野中郁次郎，竹内弘高．2006．知识创造的企业：日美企业持续创新的动力．李萌，高飞，译．北京：知识产权出版社．

叶蔼云．1998．汽车发展史．北京：北京工业大学出版社．

银平．2018．区块链上升为国家战略层面．中外企业文化，8（11）：25-27．

尤肖虎，潘志文，高西奇，等．2014．5G 移动通信发展趋势与若干关键技．中国科学：信息科学，44（5）：551-563．

于淼，王晓彬．2020-04-21．切实筑牢国家非传统安全防线．解放军报，（007）．

于文轩.2009.生物安全立法研究.北京：清华大学出版社.

战姿.2020.新冠疫情背景下的国际基础设施发展趋势.国际工程与劳务,(9)：50-53.

张涵奇,孙德强,郑军卫,等.2015.世界工业革命与能源革命更替规律及对我国能源发展的启示.中国能源,(7)：35-37.

张诗雨.2016.我国海洋运输及产业发展的国际比较——《海上丝路叙事》系列之十.中国发展观察,(10)：44-48.

张文显.2020,新时代中国社会治理的理论、制度和实践创新.法商研究,37(2)：3-17.

张祥平.1995.美好的中国人：中西文化互补造福人类.北京：华夏出版社.

张亚鹏,营立成.2020.发展的政治：新型基础设施建设的国家治理检视.学术论坛,43（4）：76-81.

张银峰,彭彦彬.2007.道路桥梁工程概论.北京：化学工业出版社.

张英.2019.打造网络安全坚实屏障——强化网络安全监管,提升服务和保障能力.通信管理与技术,(2)：12-14.

张媛媛,曾艳,王钦宏.2021.合成生物学,2（2）：145-160.

赵春江.2019.智慧农业发展现状及战略目标研究.智慧农业,1（1）：1-7.

赵春江.2020.对发展农业智能科技的思考.机器人产业,（4）：36-40.

赵春江,李瑾,冯献,等.2018."互联网+"现代农业国内外应用现状与发展趋势.中国工程科学,20（2）：50-56.

赵南元.1994.认知科学与广义进化论.北京：清华大学出版社.

赵爽.2017.网络安全产业发展态势与展望.现代电信科技,47（1）：1-6.

赵一洋,王彦.2018.工业互联网的政策解读和发展状况.互联网经济,（11）：34-39.

赵又霖,庞烁,吴宗大.2020.社会感知数据驱动下突发事件应急管理的时空语义模型构建研究.情报科学,39（2）：501-510.

真虹.2014.第三次工业革命对交通运输未来发展的影响.交通运输系统工程与信息,14（1）：9-13.

郑杭生,洪大用.2004.中国转型期的社会安全隐患与对策.中国人民大学学报,18（11）：14-16.

郑纪业,阮怀军,封文杰,等.2017.农业物联网体系结构与应用领域研究进展.中国农业科学,50（4）：657-668.

郑涛.2014.生物安全学.北京：科学出版社.

郑涛,田德桥,祖正虎,等.2014.生物安全是国家战略必需的生命工程.军事医学,38（2）：90-94,97.

郑涛,叶玲玲,李晓倩,等.2017.美国等发达国家生物监测预警能力的发展现状及启示.中国工程科学,19（2）：122-126.

郑西川,孙宇,于广军,等.2013.基于物联网的智慧医疗信息化10大关键技术研究.医学信息学杂志,1：10-14.

郑雪平,林跃勤.2020."一带一路"建设进展、挑战与推进高质量发展对策.东北亚论坛,（6）：95-106.

中国科学院.2009.科技革命与中国的现代化——关于中国面向2050年科技发展战略的思考.北京：

科学出版社．

中国科学院人口健康领域战略研究组．2009．中国至2050年人口健康科技发展路线图．北京：科学出版社．

中国铁路总公司．2016．高速铁路客运服务管理．北京：中国铁道出版社．

钟行明．2018．元明清大运河管理制度的演进．运河学研究，1：98-131．

钟学进．2020．旅游发展、基础设施建设与贫困减少——基于省级面板数据的实证研究．社会科学家，278（6）：66-72．

周神保，刁则鸣．2019．卫星互联网发展现状及安全风险研究．广东通信技术，39（7）：2-5．

周薇．2019．教育信息化进程中的基础设施发展战略．文化创新比较研究，(2)：192-194．

周奕彤．2020．中国文化旅游业国际竞争力研究．哈尔滨：哈尔滨商业大学．

朱宝生．2012．对机场航站楼建设的思考．中国民用航空，142（10）：24-25．

朱家俊．2015．论英国工业革命时期煤炭工业．湘潭：湖南科技大学．

朱梦雨，黄海燕．2020．5G技术在体育场馆智慧化建设中的应用研究．体育科研，41（5）：2-9．

Bobirca A. 2017. Assessing the international competitiveness of tourism services trade. Romanian Economic Journal, 10（23）：29-43.

Jaitman L. 2015. Urban infrastructure in Latin America and the Caribbean：public policy priorities. Latin American Economic Review, 24：13.

Lee C. 2011. Infrastructure and economic development. Faculty of Commerce, 19：25-32.

Levy H. 2004. Rural roads and poverty alleviation in Morocco. Washington D. C.：The World Bank.

Rifkin J. 2011. The Third Industrial Revolution. New York：Palgrave Macmillan.

Snieška V. 2015. Research into International Competitiveness in 2000-2008. The Engineering Economics, 59（4）：23-25.

Solow R M. 1988. Growth theory and after. The American Economic Review, 78（3）：307-317.

Tewal B, Mandey S L, Laode M. 2017. Competitiveness and the increasing strategy of competitiveness in tourism sector of Ternate city, north Maluku province. Journal of Life Economics, 4（4）：11-32.

Withuhn W. 1993. Rails Across America：A History of Railroads in North America. London：Smithmark Publishers.